微警务

贺铁光 / 著

中国民主法制出版社

图书在版编目（CIP）数据

微警务/贺铁光著.—北京：中国民主法制出版社，2022.1

ISBN 978-7-5162-2768-8

Ⅰ.①微…　Ⅱ.①贺…　Ⅲ.①互联网络—应用—公安工作—中国　Ⅳ.①D631-39

中国版本图书馆 CIP 数据核字（2022）第 014986 号

图书出品人：刘海涛
出 版 统 筹：乔先彪
责 任 编 辑：庞贺鑫

书名/微警务
作者/贺铁光　著

出版·发行/中国民主法制出版社
地址/北京市丰台区右安门外玉林里 7 号　（100069）
电话/（010）63055259（总编室）　63058068　63057714（营销中心）
传真/（010）63055259
http：// www. npcpub. com
E-mail：mzfz@ npcpub. com
经销/新华书店
开本/16 开　710 毫米×1000 毫米
印张/20.5　**字数/**346 千字
版本/2022 年 2 月第 1 版　2022 年 2 月第 1 次印刷
印刷/三河市宏图印务有限公司

书号/ISBN 978-7-5162-2768-8
定价/86.00 元
出版声明/版权所有，侵权必究。

前　言

1994 年 4 月 20 日，一个永载史册的日子。

在北京中关村的一间实验室里，中国科学院"中关村教育与科研示范网络"工程的科学家开通了连入 Internet 的 64K 国际专线，首次实现了中国与 Internet 的全功能连接。此举标志着中国成为第 77 个国际上正式承认真正拥有全功能 Internet 的国家，也由此开启了中国互联网时代。

从一根网速仅有每秒 64 千比特的网线连接起步，历经 20 多载的筚路蓝缕，砥砺前行，中国已跃居成为互联网大国。截至 2020 年 3 月，中国网民规模为 9.04 亿，互联网普及率达 64.5%。手机网民规模达 8.97 亿，网民使用手机上网的比率达 99.3%。互联网已成为中国经济社会运行的基本要素和基础支撑，正深度渗透进入政治、经济、文化、社会的各个层面和角落，正深刻改造民众生产生活的思维、方法、手段、效能，正深入推进社会治理理念、质量、动力、效率的变革，正深情描绘文明世界未来、未知、未了的万千气象。

"日月之行，若出其中；星汉灿烂，若出其里。"互联网正全面打造崭新的中国和世界。

一

互联网既裹挟着雷霆万钧的力量，也沉潜着润物无声的气质，正是这种出神入化的神奇，强力推进文明社会的进步与繁荣。

因为互联网，执政理念发生转变。

伴随网络和电信技术孕育的新兴媒体彻底颠覆了信息传播的格局，从单向传播走向双向传播，从意识形态的灌输走向资讯的发布和信息的共享。传统媒体独家垄断话语权的时代被彻底终结，传播的主体走向多元化。为了生存和发展，不管是自愿还是被迫，无论是主动还是被动，传统媒体唯有走向和新兴媒体融合的道路，由此，媒介传播全面走向融媒体时代。传统媒体和新兴媒体相辅相成，主流舆论场和民间舆论场相映成趣，正是当下舆论生态的真实写照。无论来自何种舆论场的声音都代表着一种传播的力量，代表着一种诉求的表达，代表着一种美好的愿景。各级政府都应高度重视并给予充分的尊重，一视同仁。不管是吐槽，还是点赞，官方都应表现出充分理解的诚意，并谨慎地作出回应。政府和官员的一举一动、一言一行在网民的"聚光灯"下都是一场大考，稍有不慎，极有可能招致舆论加身。正是由于网络舆论的不可控性，任何政党、集团企图掌控网络舆论的努力只会是徒劳，"长尾"的力量瞬间可将胁持舆论的图谋击得粉碎。自媒体为民众的诉求表达提供了广阔的平台，人人都有麦克风，随心随意表达，随时随地传播，随机随即交互，成为民众生活的常态。过去，因权势和威严，来自官方的声音总是至高无上。因信息的不对称、不公开，民众往往只有被动地服从、接受，纵使心存怨愤，也只有忍气吞声。现在自媒体在手，只要言语稍有不合，就会网上发飙，甚至招致网下的聚集行动。自从有了自媒体的自由发声，一时间，使干群的沟通、警民的沟通遭遇到山重水复疑无路的困境。来自民众的自由表达代表着网络的力量，代表着民意的宣示，本是弥足珍贵，可惜，因为不理解，不习惯，造成沟通的障碍甚至冲突，代价沉重，教训深刻。在经历相当长时间的磨砺、磨合后，政府和公安机关才终于醒悟，唯有倾听、倾听，还是倾听，才是沟通走向"柳暗花明又一村"的唯一正道，才有政务公开、警务公开，才有网络问政，才有"互联网+"战略。群众的呼声就是行动的信号，成为执政的基本理念。问政于民、问计于民、问策于民成为自觉行动。群众要求什么，就坚持什么，群众反对什么，就改正什么，成为行为指引。

因为互联网，经济结构发生改变。

20多年来，通过技术创新、应用创新、模式创新，中国互联网产业迅速崛起，并诞生出了一大批像百度、阿里巴巴、腾讯、京东等世界级企业。截至2019年12月，我国互联网上市企业在境内外的总市值达11.12万亿元人民币，较2018年底增长40.8%，创历史新高。全球互联网公司市值排名前30位中，美国占据18个，中国占据9个，其中，阿里巴巴和腾讯稳居全球互联网公司市值前十强。新技术、新产业、新业态，"苟日新，日日新"。互联网已经深度融入经济社会发展的各个领域，深刻改变着民众生产生活的各个环节，从消费到社交，从工作到学习，从生产到销售，须臾也离不开网络，尤其是移动互联网的面世，更加剧了民众对网络的依存度，特别是"手指经济"已经深度地左右着民众的生存方式与生活质量。因网而生的信息产业异军突起，正成为推动中国经济转型升级的强劲动力。移动支付打破了网络产业和传统产业的壁垒，实现线上线下的连接，助推互联网和传统产业的融合，重构传统产业的业务流程，帮助传统产业实现数字化转型。在万物互联互通的环境中，分享经济、共享经济充分挖掘市场要素，主导资源配置，激发市场潜能，优化市场环境，促进市场经济的良性发展。

因为互联网，社会文明发生嬗变。

2017年5月，来自"一带一路"沿线的20国青年评选出中国的"新四大发明"：高铁、扫码支付、共享单车和网购。显而易见，无一不与互联网密切相关。可以说，是互联网成就了"新四大发明"。在新媒体语境中，民众的知情权、表达权、参与权、监督权进一步得到保障，彰显政治的文明、民主、自由和清明。当下，"公民记者"业已成为舆论监督中一支不可或缺的社会力量，全面监督政府依法行政，合理表达阶层利益的诉求，减少、缓和阶层的利益冲突，尤为可贵是草根阶层、弱势群体也能不失时机地传播自己的声音，表达个性化诉求，成为和谐社会一道亮丽的风景。来自自媒体的声音虽然有些嘈杂，甚至有点偏激，可也不难理解，正是在万众喧嚣之中，民众的诉求更多指向社会的公平正义。因为在广大民众的心中，社会的公平正义比寒冬的阳光还要温暖。而公平正义正是社会文明的真谛。

因为互联网，社会治理格局发生演变。

互联网及互联网经济不断加剧社会阶层的分化与新生。不同阶层、不同群体纷纷利用网络平台为伸张各自的民主、自由权益而发声。既得利益者希望固化现有的利益分配格局，而弱势群体却为了争取更大的利益空间，摆脱目前的困境而抗争。贫富悬殊的加大、两极分化的加剧对社会治理提出严峻的挑战。过去所倡导的综合治理格局，其实质是政府和部门在唱"独角戏"，民众大多置身事外，不自觉地沦为"看客"。政府的这种良苦用心未能达成希冀的局面，充其量也只是"按下葫芦浮起瓢"。互联网经济不断孕育诞生新型的社会组织和新生力量。新生力量和传统社会管理格局存在着天然紧张关系。新生力量起于草莽，排斥外来强力的干预，但又不希望长期游离于主流社会之外，强烈渴望回归社会、融入社会。究其实质，这些新生的社会力量是社会治理中一支完全可以依赖的充满活力的重要力量。正是对于不同阶层和新生力量的准确理解和把握，新时代社会治理格局才走向共建共治共享。

因为互联网，警务模式发生转变。

新媒体全面渗透公安工作的各个层面，才有了微警务的发展壮大。随着技术的进步和应用改进，微警务的思维、方法、手段、效能获得全面提升，并于无声处引领着基层警务的全面转型，从此，坐堂办案的历史一去不复返。网上与网下，虚拟与现实，微警务左右逢源，得心应手。沟通路上，微警务可冰释前嫌。办案途中，微警务可冲锋陷阵。微防控、微打击、微服务、微发布，等等，无不为公安工作发挥着神奇魔力。大数据成为推动公安工作创新发展的新引擎，培育战斗力生成新的增长点，时刻推动公安工作的质量变革、效率变革和动力变革。大数据、云计算、人工智能技术的广泛应用，强力地推动公安工作走向智慧警务的明天。

因为互联网，未来的一切变和化都在路上。

明天，谁又会站在下一个技术的风口，一切皆有可能。

未来可期，警务变革时刻准备着。

二

无论从何种视域考量，微警务的面世绝非小概率事件。随着网络和电信技术的进步，伴随新媒体的发展和深度应用，微警务应运而生，完全不以人的意志为转移，不管是欢迎还是拒绝，她就矗立在那里；不管是拥抱还是排斥，她早已悄然走进了民警的工作和生活。2010年2月25日，广东省肇庆市公安局在新浪网开通微博"@平安肇庆"，这是我国首个警务微博。于是，有学者以此最具仪式感的事件为标志，宣称"微警务"的来临，后来，此议获得更多学者和实务人士的赞许与认同。其实在此之前的网站、论坛、贴吧、QQ、博客等新兴媒体形态早已在公安工作中大行其道，正是有了这些早先新媒体的探索之旅，才有微警务的扬名立万。微警务孕育于日常警务活动之中，诞生在基层一线，始终延续着无以复加的草根血统。正是这份草根性的活力与张力，才有了微警务星火燎原的伟力。

时代呼唤微警务。

网络的渗透强烈地冲击着政治、经济、文化、社会等传统领域，面对新思维、新技术、新业态的"逼宫"，党的执政理念不由自主地发生转变。网络问政只是最具表象的形式。政府和官员主动放下身段倾听民意，表现出了转变作风的最大诚意。各级政府和部门纷纷开通信息网站，有限地政务公开、警务公开，部分地满足了网民的好奇心理。政府这种政务半公开的做法不可能充分满足民众的信息饥渴，无形中为谣言和小道消息满天飞提供了空间。微警务投入实战的最初、最实用的效能就是资讯的传播，单纯地为传播公安机关的声音提供新的阵地和平台。微警务的主动发声，确实取得了解民众信息之渴的实效。

由网络和电信技术哺育的新兴传播形态层出不穷，长期固化的传统传播格局被打破，公安机关话语权优势不再，公安机关和公安民警直接接受网络舆情的"烧烤"。就因为一时的不适应和手足无措，才发生了"瓮安事件""石首事件""躲猫猫"等负面舆情事件。痛定思痛，公安机关重新审视舆论生态，重新构建公安特色的话语体系，积极组织舆论引导，并向新兴的传播格局发出了

"舆情即警情"的呼声，主动利用微警务传播公安的声音，讲好警察的故事。

在网络空间，人人享有平等的权利——角色平等、表达平等、渠道平等、机会平等。现实社会中存在的身份、权势、机会等方面的不平等，在网民构筑起的"公民社会"里被批驳得体无完肤，一无是处。任何的显摆、炫耀都会招致网民的密集"炮轰"。尊重是网络至高的圣殿。因为尊重才有信息的对称；因为尊重才有交互的顺畅；因为尊重才有正能量的传递。当初，如何学会和网民的沟通成为公安机关的一道棘手难题。适此，微警务的及时出现为警民沟通贡献了新思维、新手段、新方法。

民众期待微警务。

网民来自百姓，百姓都上了网，这是对当下网络生态的基本判断。长期以来，主流意识总是将警民关系比喻成鱼水情深。水流淌到哪里，鱼儿就游到哪里。而今，民众都上了网，警方自然必须跟进，真实了解、掌握网民的所思、所想、所需、所盼。只有这样，才能实现"民有所呼，我有所应"的愿望。微警务正是为警民之间构筑了一条呼唤者和被呼唤者自由应答的通道。

网络全面融入民众生产生活的各个环节，尤其是智能手机依托 4G、5G 技术深度嵌入民众生活的 24 小时，于是有人将智能手机比喻成人体的器官，实不为过。对网络、智能手机的高度依存是民众走进信息时代的生活常态。社交靠网络，消费靠网络，生产靠网络，出行靠网络。网络的泛在化，为民众提供了便利和舒适，也提高了节奏和质量。微警务充分适应民众网络生活的节奏，同频共振，在尽力打造便利舒适服务的同时，也为队伍塑形增添美誉度。

无限的网络空间使民众的诉求表达呈现出愈加多样性，加之主体的多元化，众口难调成为公安机关服务民众时面对的严峻现实，就算拼尽"洪荒之力"提供花样百出的套餐式服务也难以满足民众纷繁复杂的需求，总会有欲壑难填的存在，总会有误解偏见的产生，总会有怨气满腹的宣泄，而微警务依靠网络差异化应用，为不同需求的人群打造定制化服务，充分满足个性化需求，为践行"让群众只跑一次"的承诺提供保障。

实战需要微警务。

网络空间绝不是世外桃源，总有魑魅魍魉隐身其中兴风作浪，网络"黑灰产"甚嚣尘上，欺诈、暴力、谣言横行无忌。网络煽动的"蝴蝶翅膀"甚至引发现实的颠覆性事件。各国政府都将网络安全视同安身立命所在，高度重视，严密防范。公安机关作为网络安全的维护者、捍卫者，有责任、有决心、有能力守护好这一方热土。微警务就是保卫网络安全的锐利武器。微防控、微打击、微发布、微追逃，灵活运用，使微警务在实战中披坚执锐，所向披靡。

网络是人类共有的精神家园。构建网络命运共同体是全体网民共同的责任。网民在充分享受网络带来的便利和舒适的同时，更有义务维护好网络应有的秩序。微警务就是依靠群众，组织群众，动员群众，共同守护精神家园的法宝。警民之间通过顺畅的沟通，实现全要素的协同愿景，为实现中国梦画好同心圆。

在保卫网络的同时，公安机关和人民警察也时刻分享着网络文明的成果。网络和新媒体已全面覆盖业务工作和队伍建设的各个环节。防范、打击犯罪紧紧依靠网络。管理、学习、娱乐、宣传更是须臾离不开网络。而依靠网络和新媒体支撑的微警务更是成为锤炼队伍素质的砥石。

微警务在手，公安工作全都有。

<h2 style="text-align:center">三</h2>

微警务原本是基层公安机关和民警出于对新媒体出神入化的好奇与向往，将之尝试运用到日常警务之中，其背后本无高瞻远瞩、匠心独运的规制，充其量算作无心插柳之举。谁也不曾想，因为"微"与生俱来的草根血统，一旦进入警务领域，仿佛龙归大海，蛟龙潜渊，立刻展现出了旺盛的活力和强大的张力，迅速向公安工作的各个层面渗透。面对新思维、新方法、新手段、新效能，传统的警务模式和勤务方式的弊端立刻暴露无遗。微警务轻而易举地掌控了基层警务的主动权，对一切传统的方式、方法展开批判和扬弃。基层警务的全面变革自然是水到渠成，无须借助外力。

现代警务体制创立以来，警务变革的脚步从未停息，只是因微警务引领的变革更具有独特的风格。一切的变化、变革全都是从话语及话语体系的变革开始。为了走近网民、亲近网民、走进网民，民警不得不封存、弃用长期习惯运用的话语及话语风格，转而重新学习网络语言。只有拥有共同的语言，才能达成沟通的愿景。一时间，警察"卖萌"成为网络奇观。什么"甄嬛体"，什么"元芳体"，这个体，那个体，只要受网民追捧，民警都会快速拿来现学现用。一个"亲"字，瞬间就拉近了时空距离，营造起沟通的氛围。有了话语体系的变革，随之而来的是角色的变革、思维的变革、方法的变革、手段的变革、管理的变革、效能的变革、动力的变革。

变成了时代的主题，凡事都在变。

随着网络技术的不断延伸，警务变革呈现出既有循序渐进式的变革，也有迭代跨越式的变革。信息化建设使公安局、派出所建在百姓家门前变成了现实。百姓足不出户，便可办理证照。动动手指，就能对公安工作的现状了然于胸。移动客户端为特定群体提供定制化服务。证照换领、罚金缴纳等不需再回户籍地办理，免去的不止车马劳顿，还有更多的难以计数的隐性支出。大数据、云计算不仅实现了治安的动态防控，更助力于警务资源的集约化使用，破除分兵把口的旧习，使警务延伸、警力下沉成为可能。警务信息和社会信息的有效整合，为合成作战提供了基础保障。物联网、人工智能的广泛运用，为智能警务敞开了一扇明亮的窗口，也为智慧公安的未来涂上浓墨重彩的一笔。

社群在网络世界里虚拟而真实地存在。说是虚拟，社群确实没有一丝一厘物化存在，没有阶级，没有政体，没有柴米油盐，成员之间完全依靠各种各样看不见又摸不着的连接维系。说是现实，成员在社群中既是节点，又是中心，在节点和中心的相互转换中真切地体会到难以名状的存在感。不论处在节点，还是处在中心，成员的表达都会有一呼百应的效果。网络社群和现实社区在某种程度上相互辉映。网民在享受自由、快乐的同时，也会面临着矛盾、冲突和伤害，特别是有许许多多的不和谐，竟是由现实世界的光怪陆离映射而来。利益纷争是社群环境恶化的主要痛点。这种因志趣、爱好或者某种驱动而形成的社群互构一旦遭遇利益的瓜葛，就会迅速爆发冲突，并在现实社会中同时表现。

通过权力下移和有组织策动、管控，实现社区的平安无事，可谓易如反掌。如果将现实的管理模式移植到社群，显然水土不服。自治是社群管理的最主要手段。相对于私密性、组织性较高的圈层、群组，自治的意义尤为重要。社会的管控力不可能也没有必要覆盖全部社群，唯有依靠群众，组织群众，动员群众，探索网上"枫桥经验"。

群众路线是公安工作放之四海而皆准的法宝。守护网络平安，同样需要坚持和发扬群众路线。微警务利用网络的方法手段实现警务向社群延伸，也并不意味着警方包打天下，包治百病。有限的警力相对无限的网络空间只是沧海一粟。群众，还是群众，才是维护网络安宁的真正力量。微警务就是警民联系的纽带和桥梁。对民众的诉求表达，微警务会在第一时间作出回应，并配合有关部门合理解决民众的诉求。对具有倾向性、苗头性的舆情，微警务在第一时间作出反应，主动抑制话题，预防演变发酵，将危机化解在萌芽。对于具有普遍性、规律性的警情，微警务在第一时间发布预警，指导民众提高安全意识，防患于未然。微警务巧妙地将"枫桥经验"移植到网络治理，或者说微警务实现了"枫桥经验"在网络空间的时代创新。

四

微警务兴起于基层，活跃在基层，褒贬在基层。因草根血统，微警务一时还难以直抵庙堂之上。虽然说在基层的运用已得心应手，但依然难获正统的名号，网络警务、数字警务、民意警务、社区警务等相似度极高的名称也同时在基层一线中流行。此类乱象，根子在于认识的差异。因为思想的不统一，才会有认识、观念、思维上的千差万别，即便技术、应用、业态、模式相似相近，仍会有管理、运行、效能上巨大落差的出现。顶层设计的缺位，基层实操只得各自为战。在某些省市层面出现了统一的意见，甚至高调擎起了微警务的大旗，但是仍普遍存在着思想认识肤浅、偏差，常会导致微警务的应用和运行陷入山重水复的窘境，更何况不平衡不充分发展的客观现实存在，观望、犹豫、局促的态度、情绪在许多地方基层公安机关明显存在。面对技术大潮，基层公安机关都会表现出开放的心态，对各种新业态也会大胆地拿来尝试，但是更多地停留在浅尝辄止。靡不有初，鲜克有终。热度三分钟过后，只剩下一地鸡毛，到处都是僵尸账号。那些破败的惨状，究其根源，还是认识的肤浅，思想的不统一。新技术应用沦为业绩工程、面子工程，形式主义的幌子。其恶果是对新技术的亵渎，对微警务的伤害。

思想、人才、经费是变革图存的三大要素，也是改革创新的三大拦路虎。微警务发展中同样会遇到这三只拦路虎。而最难克服的还是思想上的这只拦路虎。只有有了思想上的求变，才会有行动上的创新。首要的是对微警务准确而全面地认识。微警务是"互联网＋警务""新媒体＋警务"发展的必然结果，任何的质疑都是不应该有的，除了热情地拥抱，不应再有彷徨。大胆使用微警务是唯一的选择。

多年来的探索实践，微警务在基层公安工作中取得了骄人的业绩，并展现出了光明的前景。发展才是唯一的道路，尽管会遭遇到各种风险和阻力，但都不是停滞不前的借口。微警务正全面嵌入公安工作的各个层面，只有一往无前，在创新中确立发展的道路，在发展中找寻创新的风口。

微警务发展不平衡不充分的现状致使相关学术研究成果寥若星辰，可资借鉴参阅的文献一鳞半爪。多年致力于微警务的观察、研究和实务，方成拙稿。不求成一家之言，只希冀抛砖引玉，吸引起更多的同道中人共同襄助微警务发展，为微警务的明天贡献一份绵薄之力。

目 录

第一章　微警务概论

微者，小也。在现代汉语中常和小、少、细等字同义。如：微波、微观、微生物。而微警务的"微"，切不可望文生义，误断为细小。此"微"非彼微，风马牛不相及。曾经也有人用微来修饰、定义警务，将那些案值小、影响轻的案（事）件归入微警务的范畴。此举在实务界引起过争议，甚至被演化成涉警舆情，对此概念，笔者不愿苟同。常言道：群众利益无小事。岂可将那些小案小情视同微小而列入另类。

10年前，笔者曾就一案情分别向多位基层所队长求证答案。某派出所同时接获两起警情。案情一：一农户家的牯牛被盗。正值春耕，没有耕牛，意味着耽误农时。案情二：一家工厂的小汽车被盗。厂长没有坐骑，出行很不方便。而当时，派出所的警力只能应付一起警情。所长很为难，不知该优先侦办哪一件案件。对此，各位所队长提出了两种不同的意见，而且都言之凿凿。其一，优先找牛。时不我待，说不定几小时后，耕牛就会变成市场上的食材。没有了耕牛，农户家的生产生活都难以为继。其二，优先找车。按案值大则优先办理的原则，自然要先投入力量寻找被盗车辆。两种意见相左，根源在案值的差异上。耕牛和汽车的市值相差巨大。如果按案值优先原则，自然要先找车。可现实情况，如果从案件的社会危害论，耕牛被盗就应优先办理。此案此情足可说明，以案值来论警务的大小，显然缺乏科学的依据，更不应将对案值小的案件办理，称为微警务。

本书所论及的微警务的"微"是和微博、微信、客户端等新媒体紧密相连的。有了微博、微信和客户端，才有了微警务。

第一节　微警务的内涵及外延

一、微警务内涵

微警务的发展经历了一个渐进的过程，并伴随着新媒体技术和业态的进步而壮大。以"@平安肇庆"的面世为开端，微警务开启了探索之路。

2010 年 2 月 25 日，广东省肇庆市公安局"@平安肇庆"新浪微博开通，这是我国第一家公安微博。"@平安肇庆"主要用于警务信息的发布并接受网民的咨询。同年的 5 月 11 日，广东省公安厅协同省内 21 个地市级以上公安机关同时开通微博，形成全国第一个公安微博矩阵。7 月底，"@平安北京"上线。公安微博开始井喷式发展。

2011 年 11 月，公安部印发《关于加强公安微博建设管理工作的意见》，明确公安微博的四大职能——警务公开、服务群众、化解矛盾、舆论引导。此举将公安微博引向基层警务实战。各地公安机关结合自身实际，积极拓展公安微博的应用功能。其间，涌现出了三大极具特色的微博模式。

以地市级公安政务微博为主并整合微博群的"广东模式"——以"集群化"为显著特点，以地市级公安微博为枢纽，聚集起各区县公安（分）局以及各科、所、队的官方微博，形成"公安微博群"。

以省级公安政务微博建设为主的"北京模式"——品牌化是其显著的特点。拥有专家团队、官方 LOGO、形象歌曲，同时开通双语微博。

以基层派出所和公安民警为主体开设微博的"厦门模式"——集约化是其最大特点。基层派出所和民警是开设微博的主体。

这三种模式的公安微博都具有"一早三大"（起步早，规模大、影响大、作用大）的特点，具有较高的公信力、感召力和亲和力。这样的公安微博能够准确传播警务信息，提供公安机关职责范围内的各项服务；能够以普通网民的身份及其网络习惯、方式、语言与网民互动交流，并能够从对方的角度考虑问题，对待网友真诚，做不到的事不承诺，承诺的事情全心服务、落地解决。[①]

2011 年，腾讯开发的微信一经面世，便引起公安机关的高度关注。2012 年 9 月 6 日，"平安肇庆"微信公众号开通。这是全国第一家公安政务微信平台。微信相对微博，最大的特点在于沟通更有针对性，更准确有效，信息送达率高，私密性强。针对这一特征，公安机关对微信的应用功能进行拓展开发，广泛应用于业务工作层面，从此，"朋友圈"成为公安工作的重要依靠。

智能手机的投入使用开启了移动互联网时代。各地公安机关利用移动互联网技术，大力开发并推出微警务 APP，并在行政服务窗口大量使用。民众足不出户，在家就可以办理证照，查询车辆违章，预约换领护照等。移动客户端的出现促进了微警务的大发展、大繁荣。

从微博、微信到客户端，新兴媒体技术在公安机关得到了广泛的运用和推广，显然，正是在新媒体的广泛运用中孕育并诞生了微警务。由此，不论学界

---

① 杨骏：《"微警务"长效建设探究》，载《公安研究》2012 年第 11 期。

还是实务界，对微警务的认识基本趋同，对微警务的内涵表述也容易达成共识。

微警务就是利用网络和以"两微一端"为主的新媒体技术应用从事的警务活动。

警务是核心主体，"微"只是手段、方法、模式。

二、微警务外延

随着新媒体技术应用的不断拓展，辐射到警务的界面不断扩大，"微"的运用不断渗透到警务的不同层面、不同领域，致使微警务在公安工作中不断得到延伸。下面从服务、管理、打击三个界面大略分析微警务延伸的形态。

（一）服务界面：微发布、微查询、微办理

微发布。公安机关充分利用新媒体平台，主动传播公安声音，既有资讯的发布，也有治安的预警；既有法律的释义，也有政策的宣讲；既有安民的告示，也有质疑的回应。主动发声本就是微警务的初心，更是微警务发展的原动力。通过微发布向民众汇报公安工作，回应民众的关切，组织舆论引导，密切警民沟通，改善警民关系。

微查询。公安机关利用新媒体的交互功能向民众提供政策查询、流程查询、结果查询等服务。"@平安肇庆"一经推出，便承担起咨询台的角色。每天安排民警24小时值守回答市民的咨询。"平安肇庆"政务微信平台开通后，创建了20多万字的公安业务"问政树"。市民只需输入关键字即可得到自动回复。"平安肇庆"微信平台主要由"提供咨询""交通违法自助查询"和"图说肇警"三大功能模块组成。其中，"图说肇警"以精美的图文方式宣传警察形象，传播警察正能量，让群众对警察和警务工作有更全面的了解和认识，进而帮助更多的群众理解和支持公安工作。[1]

微办理。公安机关通过打造移动客户端和开通微信公众号，将需要窗口办理的事务前移到网络终端，民众足不出户便可通过智能手机和移动终端顺畅地办理有关证照和手续，免去了车马劳顿之苦，又节省了时间和经费。2016年5月26日，网民期盼已久的"北京交警"APP正式上线。首期推出了"事故e处理、交通违法查询、交通违法缴费、交通违法举报、进京证办理、意见建议、信息发布"等7个功能模块。其中，"进京证网上办理"的功能吸足了眼球。"北京交警"APP上线7小时后，就有32万用户下载APP，25.6万人成

---

[1] 刘静：《微警务的历史演进、当下实践及未来趋向》，载《福建警察学院学报》2018年第4期。

功注册，线上办理进京证 1.78 万张，接获交通违法举报 270 件。北京市的 24 个进京证办理点全都位于北京与河北、天津接壤的边界地区，距城区数十公里。以前，车主为办理进京证，往返上百公里，耗费一天时间，油费和路费需上百元。现在，进京证可网上办理，不再需要任何开销。因此，大量的外地车主在网上点赞："网上办理进京证是我们的最大福音。"

（二）管理界面：微接警、微查寻、微查处

微接警。新媒体拥有的图片、文本、音频、视频的表达形式极大地扩展和丰富了沟通的方法、手段，提升现场感，增强真实性。社群的相对私密性给交流双方带来了满满的安全感。110 报警服务台充分挖掘社群传播的优势，全面对接新媒体，全方位、全时空接受民众的报警和求助。山东省烟台市公安局 110 报警服务台依托"烟台公安"微信公众号和 APP，为实名认证的用户提供实时视频、语音、图片、文字等多途径交互的报警方式。此款微报警的功能优势主要体现在三个方面：一是使报警求助更加直观，能够让报警人第一时间与民警发起实时音视频交互，与民警面对面沟通交流，让报警人感受到民警就在身边，更加安全；二是打破传统报警方式存在的环境、场景和现场情况难以实时获取等局限性，这种全新的直播交互式视频报警方式，可以让民警全面直观地掌握现场情况，对于部分犯罪行为及时喝止，快速出警；三是实现警情证据即时固定留存，为警情处置和后续调查提供强大的支撑服务，同时，能够有效防止和处置"报假警"等行为。①

微查寻。利用新媒体传播快、覆盖广的优势，动员网民帮助找寻或提供警务活动事关重大的人和物的线索，甚或帮助还原真实场景。在找寻失踪老人小孩和解救被拐妇女儿童行动中，微查寻发挥了重要作用。2016 年 5 月，公安部儿童失踪信息紧急发布平台"团圆"系统上线运行。该平台旨在通过让全国公安机关特别是打拐民警第一时间上传失踪儿童信息，并通过新媒体及时推送给周边群众的方式，实现警民联动，快速寻找和侦破案件。截止到 2019 年6 月，"团圆"系统上线三年来，共发布走失儿童信息 3978 条，找回 3901 名失踪儿童，找回率达 98%。

微查处。新媒体的交互功能跨越了时空距离，使民警和执法相对人的沟通从面对面转为键对键成为现实，也为公安民警快速办理行政案件开辟出了新的途径。利用新媒体手段实现取证、审核、审批、查处的全过程在交通管理中得到较全面的推广。在交警微信公众号或 APP 上都会设置一款交通事故 e 处理

---

① 孙佳欢：《烟台"微警务"体系的构建与实现》，载《警察技术》2018 年第 5 期。

的模块或软件，就是专门用于快速办理轻微交通事故。一旦发生追尾、剐蹭等轻微的交通事故，车主只需将现场拍摄的图片或视频通过用户实名认证后上传至交警微信公众号。值守系统后台的交警依据快速办理的要求对事故的证据认定、责任审核作出快速裁定。责任一方就可凭此裁定意见申报车辆保险，缴纳违章罚款。

（三）打击界面：微通缉、微追逃、微举报、微证据

微通缉。通缉是警方打击犯罪的重要手段，过去依靠海捕文书四处张贴，后来，依靠传统媒体广而告之。这种点对点、点对多的单向式信息传播方式存在速度缓慢、覆盖面狭窄、送达混乱的严重缺陷，使通缉的效能大打折扣。而新媒体的病毒式传播方式，彻底克服了单向传播的缺陷，使信息的传播迅捷，送达准确，而且全时空、无死角。2011 年 12 月 1 日下午 5 时 30 分，位于武汉市雄楚大道上的建设银行门前发生爆炸，当场造成 2 名路人死亡、15 人受伤。案发后，武汉市公安局组织起超强专班展开侦破。4 天过去了，专案组斩获不多，侦破陷入僵局。12 月 4 日，专案组通过官方微博"@平安武汉"发布了有关爆炸案的监控视频，并悬赏 10 万元征集有价线索。12 月 7 日，"12·1"爆炸案告破。从发案到破案，"@平安武汉"先后 16 次发声，关注用户增至 12 万之多。据统计，群众共提供线索 5800 多条。热心市民不仅提供线索，还协助警方抓获犯罪嫌疑人。

微追逃。追捕负案在逃犯罪嫌疑人归案一直是警方的一项繁重任务。常常是花费大量的人力、财力，可战果却不尽如人意。嫌疑人在逃始终是社会治理的一大隐患，即使困难重重，警方从未放弃追捕的努力。新媒体的出现，使追逃工作取得重大进展有了可能。利用新媒体动员群众和社会力量参与追逃，成为公安工作迫不及待地创新手段。"三国杀"本是一款以三国时代为背景的卡牌游戏，谁曾想却成为警方追逃的利器。2011 年 12 月 8 日，正值全国公安机关"清网行动"收官阶段，南京市公安局白下分局将"三国杀"游戏软件进行改装，用 6 名通缉在逃的犯罪嫌疑人替换三国人物。这款改装的"三国杀"版通缉令经过官网和官方微博向外发布，引起全球轰动。发布不到 72 小时，就有 3 名被通缉的在逃人员迫于舆论压力，主动投案自首。负案在逃 7 年的王某强向警方供述："压力太大了，家人在劝我，民警在劝我，最后，我看到本人上了电视，知道跑不掉了。"自首成了他的唯一选择。

微举报。举报犯罪和不法行为是公民的法定义务，也是民众积极参与社会治理的自觉行动。过去因举报的方式简单落后，使民众有所忌惮。而新媒体社群互动的隐秘性，基本消除了民众对举报行为的顾虑，无形中鼓励和保护了民

众举报的积极性。在警方新媒体中大都开设有犯罪举报的功能。民众可以利用图片、文本、语音、视频等形式举报犯罪，提供线索，警方酌情给予现金奖励。"朝阳群众"是北京市朝阳区社会治理的一张亮丽名片，因在社会治理中屡建奇功而成为网络名词。2017 年 3 月 31 日，"朝阳群众 APP"正式上线运行。在试运行的 2 个月里，就有 5 万多人注册用户，收获线索 3000 余条。朝阳警方通过群众提供的线索破获各类案件 63 起，抓获各类违法犯罪嫌疑人 91人，消除各类安全隐患 245 件。有网友自谑："朝阳群众 APP，我们只是举报的搬运工。"①

微证据。新媒体界面的每一次点击或滑动都是对警务云的一次贡献。面对浩瀚杂乱的数据，依循用户的兴趣、爱好、秉性等总能找寻出千丝万缕的关联。正是这种关联，引导警方顺藤摸瓜，跟踪追击，成功锁定到案侦的关键——电子数据，为案件的侦破获得决战决胜的钥匙。电子证据是一种新型的证据类型。随着互联网的快速发展，不仅是网络案件，越来越多的传统刑事案件也需要电子数据提取。2012 年以前，司法审判实务中，多是将电子数据转化为其他证据类型使用。2012 年，修改后的《刑事诉讼法》将电子数据确立为法定证据类型，从根本上确立了电子数据的独立证据地位。2016 年，最高人民法院、最高人民检察院、公安部联合出台《关于办理刑事案件收集提取和审查判断电子数据若干问题的规定》，进一步统一了公检法部门在司法实践中对电子数据的认识和判断标准，提出了电子数据收集、提取、审查判断的具体方法，明确了电子数据真实性、合法性、关联性审查的原则，确立了扣押原始存储介质为主，提取电子数据为辅，打印拍照为例外的电子数据取证原则。为规范公安机关办理刑事案件过程中电子数据取证工作，公安部制定了《公安机关办理刑事案件电子数据取证规则》，已于 2019 年 2 月 1 日起施行。电脑、智能手机、移动终端是电子数据的重要存储介质。在警务实践中，扣押封存原始存储介质是提取、固定电子数据的重要一环。新媒体界面上的文本、图片、音频、视频，甚至表情包、特种符号都能转化成为夯实犯罪主观故意的证据链。即便在界面上提取不到准确、充分的证据，但是用户的朋友圈、电子地图、消费记录等都明白无误地展现了用户的社会关系、消费习惯、行为轨迹，为案件侦办指明了突破的方向。

随着新媒体的不断渗透，"微"的手段、方法、效能不断在警务工作中表现出来。微审理、微送达、微投诉、微思政等正逐步在基层公安工作中投入运用。重新修订后的《公安机关办理行政案件程序规定》第二十八条第三款规

---

① 李禹潼、王煜：《"朝阳群众" APP 正式上线》，载《新京报》2017 年 4 月 1 日。

定：需要向有关单位紧急调取证据的，公安机关可以在电话告知人民警察身份的同时，将调取证据的通知书连同办案民警的人民警察证复印件通过传真、互联网通讯工具等方式送达有关单位。第三十六条第三款规定：无法直接送达的，委托其他公安机关代为送达，或者邮寄送达。经受送达人同意，可以采用传真、互联网通讯工具等能够确认其收悉的方式送达。其中，互联网通讯工具就包括了新媒体的"两微一端"。

综合分析，微警务之所以能在公安工作中大行其道的缘由有如下几个方面：其一，有深厚的群众基础。以微博、微信为代表的自媒体在我国已拥有数以亿计的用户群，充分满足了民众表达、娱乐、购物等方面的需求。其二，操作简便。下载软件，轻动手指，世界就在你手中掌控。其三，成本较低。微警务完全依赖于移动互联网的支撑，警方和民众无需花费多少投入。网络是现成的，技术也是现成的，用户只需"拿来"便可使用。其四，效能显著。不论是警方，还是民众，都能从微警务的运用中获益匪浅。民众接受警方便利高效的服务，在自娱自乐中向警方输出智力和援手。警方提供真诚务实的服务，收获了理解和支持。微警务达成了警民沟通的最优契合点，实现了"警力有限，民力无穷"的最大集成。

第二节　微警务特征

微警务脱胎于新媒体，自然留存有新媒体的深刻烙印。新媒体具有的数字化、交互性、跨界融合、定制化、即时性、草根性等特征，在融入微警务后，有的仍强势鲜明地存在，有的却走向融合转型。经历了新媒体和现代警务的深度融合后，微警务衍生出鲜明的个性和特质。正是倚仗这种特质，微警务得以不断创新和发展，并展露出权威性、即时性、交互性、草根性、广泛性、定制化的特征。

一、权威性

这是由微警务的主体地位和性质所决定的。公安机关和人民警察是微警务运行的主体。依照有关规制要求，各级公安机关开办的新媒体和以人民警察职业身份开设的自媒体都归入政务新媒体范畴。各级公安机关对政务新媒体制定了纪律规范和行为准则。其言谈举止须与自身法律地位和职业形象相匹配，发布的一字一句，沟通的一言一行，行为的一举一动，都应依纪依规。2017年11月3日，湖南省公安厅发布《湖南省公安新媒体管理办法（试行）》，明确规定，公安新媒体特指以下两类：一是全省各级公安机关及内设机构以单位名义在互联网上开设的官方微博、微信公众平台以及其他新媒体平台；二是全省公安民警以警察职业身份，在互联网上开设的个人工作微博、微信以及其他新媒体工作平台。同时，要求"各市州县（区）公安（分）局必须开设微博、微信公众平台，条件具备的也可开设其他新媒体"。"各市州县（区）公安（分）局开设公安新媒体，须向上一级公安机关政工宣传部门提出申请。内设机构及民警开设公安新媒体，须向同级政工宣传部门提出申请。未经审批同意，不得擅自开设。"公安新媒体管理的严肃和规范有利于传播力、影响力、公信力的提升。微警务的一言一行代表着公安机关的立场和主张，毋庸置疑，自然获得民众的信任与信赖。微警务发布一言九鼎，代表政府和公安机关就时局形势表明明确的态度；就事态发展指明精确的方向；就重大事件作出准确的结论。微警务解读精准把握法规、政策的精髓，为民众适用法规政策提供准确参照。微警务应用察民情、解民忧、纾民难，为民众提供舒适感爆棚的体验。

二、即时性

新媒体的非线性传播方式实现了传播即时、送达即时、回应即时，传播主体和客体之间跨越时空的阻隔，实现实时的联通。如果还需要以时效来表达传播的价值，只能用秒或毫秒来计算。这种传和达的时间差距完全可以忽略不计。应该说，微警务传承和弘扬了新媒体即时性特征，并将即时性发挥到极致。

一是发布的即时。对于关注度较高的话题，公安机关利用网络和新媒体在第一时间发布消息，公布事件真相，表明警方态度，杜绝小道消息的传播，消除涉警舆情生成的"土壤"。

二是回应的即时。对事关重大民生的政策、法规及时回应民众的关切，积极组织政策宣讲、法规解读等服务。通过释疑解惑，把利民、便民、惠民的政策送到民众的心坎上，让民众从中感受到更多、更实在、更可持续的获得感、幸福感、安全感。

三是引导的即时。公安机关动员各方力量，抢抓黄金4小时，牢牢把握舆论引导的话语权、主动权，尽力将舆情化解在萌芽。

四是效果的即时。公安机关快速反应，高效运作，使民众的诉求得到快速满意的解决，赢得良好的口碑和美誉度。

即时的、及时的传播，克服了因时空因素造成的到达延迟，避免了人为因素造成的信息衰竭，使警民沟通更加顺畅，更加紧密，更加逼真。

三、交互性

在新媒体生态中，主体和客体，传播者和接受者的地位生而平等。在进入新媒体传播链条的循环模式后，两者的角色不断地转换。信息的交互传播构成了微警务鲜明的交互性特征。

警方和民警、民众和用户在新媒体传播生态中角色、地位平等，不再有职业、权力的强势存在。人人既是传播者，又是接受者。在非线性传播闭环上，人人既是节点，又是中心。"去中心化"的魔力瞬间就可以解构传统的传播体系。可以说，交互只是微警务交互性特征的表象。其本质却是在非线性传播模式中，所有参与者的角色、地位、权利、人格、尊严在自由、开放、平等的原则下得到充分的尊重。如果公安机关仍然沿袭过去依靠地位、职业形成的优势一味地向民众灌输自我意识形态，只会招致民众的厌恶、反感，甚至对抗。如果公安机关对民众的诉求表达熟视无睹、充耳不闻，必然会招致网络舆情风暴的冲击。在网络平台上，公安机关可以自信、大度地宣示自己的主张和愿景，虚心接受民众的吐槽，有则改之，无则加勉，吸引更多的民众参与互动。对于民众的利益诉求，公安机关应用心倾听，对合理的诉求给予积极回应。面对无原则、超越法治底线的诉求，坚决予以回击。正是这种交互式的沟通，才使公安改革的设计为了人民，主张来自人民，成果让人民共享。因此说，交互性是微警务的灵魂。

四、草根性

但凡能上网，会使手机的民众都能成为微警务的建设者、参与者、受益者。这种技术的低门槛和参与者的普适性，彰显出微警务的草根血统。微警务正是植根于深厚的群众基础，才显露出强劲的张力和爆发力。微信已成为派出所民警日常工作生活不可或缺的重要帮手。曾有媒体就基层派出所民警拥有微信群数量进行微调查。反映民警普遍拥有三四十个微信群，甚者高达上百个。如何管理好如此众多的微信群，民警都是采用区别对待的办法：将重要的工作群置顶，把有必要关注的微信群设置消息免打扰，对可有可无的微信群坚决退出。① 社区民警利用微警务联系、组织、动员群众，并对不同对象提供个性化服务。在这些庞大的群组背后，是辖区群众对微警务的积极支持和热情参与。

民众的参与打造了微警务。民众的热情参与是微警务的社会基础和力量源泉。扫二维码、织"围脖"、下载小程序、刷公号，民众的主动配合才有警方

---

① 民警微论坛：《派出所民警的微信群》，载《派出所工作》2019 年第 5 期。

圈粉的成功。没有粉丝文化的支持，即使最精致的 APP，也只是空中楼阁。

民众的体验提升了微警务。微警务的开发和应用虽说事先都经过征求民意的环节，毕竟理想和现实总有一定的差距，纸上得来终觉浅，只有重新接受用户体验感受并进行修正使之完善。只有在体验和修正之间不停地调试，才能使微警务的品质获得提升。APP 的不断更新换代就是根据用户体验后的提质换挡。

民众的奉献成就了微警务。从技术层面来说，新媒体的不断渗透拓展丰富了微警务，可技术只是一种方法、一种手段、一种载体，根本还在于用户的运用。民众的积极配合才有微警务效能的全面释放。微采集、微追逃、微防控、微举报、微通缉，凡"微"的活动须臾也离不开群众。人民群众才是微警务奇迹的创造者。

五、广泛性

当下的微警务仍只是处于探索阶段，随着"互联网＋警务"的深度融合，微警务必将向公安工作的深度和广度迈进，最终覆盖公安工作的全过程、全要素。公安工作将无时不"微"，无处不"微"，无人不"微"。

微警务将成为支撑大数据、云计算的重要力量。"微"的手段、方法聚合起公安系统内外数据云为云计算提供源源不断的动力。

微警务将引领公安工作体制机制的变革。技术的渗透迫使一些领域和岗位在运行、管理等方面出现机制的嬗变，必将引发局部或全局性的变革。

微警务将引导社会治理格局再造。微警务是社会治理的重要手段，尤其在动员、号召、组织民众方面发挥强大的功能。随着手段的丰富，微警务重构社会治理的动力要素、管理要素，勾画出一种崭新的治理格局。

六、定制化

为满足特定人群的多层次、差异化、个性化需求，微警务打造定制化产品，提供人性化服务，尤为明显的是微信政务平台和移动客户端本身就是为特定用户量身打造的一款服务软件，定制化的特征显露无遗。对此类应用，基层警种和部门喜爱有加，于是就有了治安 APP、户籍 APP、派出所 APP、特行 APP 的纷纷出台。此类产品全都是针对某一类群体的特殊需求而打造。如农家乐 APP 就是针对乡村农家乐而准备。农家乐和民宿在近些年发展迅速，为城乡居民提供了休闲娱乐服务，但是，农家乐和民宿不在特种行业管理的范畴，大多处于基层治理的空白地带，存在较大的治安隐患。农家乐 APP 有效地填补了管理的空白。住宿旅客信息的实时上传，消除治安隐患。定制化服务充分满足了民众的个性化需求，成为微警务最光彩夺目的进路。

以上所述的 6 种特征只是当下微警务运行中所表现出的个性色彩。随着深度融合，还会有更具个性的特征展现出来。

微警务永远在路上。

第三节　微警务功能

当下的微警务四面出击，八面开花，风光无限。在公安工作的各个层面和各个领域，都有"微"的用武之地，非"微"不可攻城拔寨；非"微"不可冲锋陷阵；非"微"不可荣誉加身。自从微警务加入，将公安工作传统的体制机制引爆变革。警民关系步入全新境界，警察形象增添新的光彩。扫视、窥探微警务的神奇和魅力，可从微警务的功能发掘中一探究竟，整理、归纳出微警务的三大功能——宣传功能、服务功能、应用功能。

一、宣传功能

宣传是微警务的看家本领。也正是从宣传起步，微警务才逐步向公安工作的广度和深度延伸。而微警务的宣传功能主要体现在以下几个方面。

（一）资讯传播

在传统的传播格局中，内容和渠道都是管控重点，外人不得染指。从宣传机器里传播来自基层的声音稀缺而又珍贵。各级公安机关为传播自己的声音，坚持不懈地强化宣传阵地的建设，终于在 20 世纪 90 年代，公安宣传进入大发展大繁荣的时期，一批知名报刊、栏目进入百姓的生活。后来，因政策的调整，公安宣传阵地急剧收缩，剩下的已经是寥若晨星。面对逼仄的传播渠道，基层公安机关从未停息追求发声的努力，对一切可以或可能的传播渠道和传播形态展开持久的探寻与进取。手机短信、网站、论坛、QQ、手机报等，凡是能传播声音的渠道都有来自基层公安机关的声音。

新媒体的出现，基层公安机关首先感知到传播的春天降临。广阔的平台，实时的交互正是基层公安机关和民警长久的期盼。由此就不难理解宣传功能首先会在微警务中大放异彩。公安机关和民警利用新媒体积极传播来自基层的声音，巧妙运用网络技巧，使声音传播更久远，更有黏性。民众对来自身边的声音感受到的除了新奇，更多的是亲切。警方的声音充满着柴米油盐的"烟火气"，民众不由得倍感温暖。警方声音的亲和力、穿透力，终于赢得了民众的理解和支持，才会有警民社群的构建和交互。由此，警民关系进入新的境界，开启了微警务建设新征程。

（二）网络问政

网络问政，通俗的解释是指政府通过互联网做宣传、做决策，了解民情，汇聚民智，以达到取之于民、用之于民，从而实现科学决策、民主决策，真正做到全心全意为人民服务。其实质就是公民以网民的身份利用互联网和新媒体行使知情权、参与权、表达权和监督权。

新媒体为民众提供了自由表达的广阔平台，民众在表达中表现出强烈的参政、议政的愿望，党和政府在真切地感受到民众参政议政的渴求同时，也感觉到民意中蕴含的无限智慧和能量，于是，在新媒体平台上，网络问政的民主构想已是水到渠成。

习近平总书记在网络安全和信息化工作座谈会上指出：“古人说：'知屋漏者在宇下，知政失者在草野。'很多网民称自己为'草根'，那网络就是现在的一个'草野'。网民来自老百姓，老百姓上了网，民意也就上了网。群众在哪儿，我们的领导干部就要到哪儿去，不然怎么联系群众呢？各级党政机关和领导干部要学会通过网络走群众路线，经常上网看看，潜潜水、聊聊天、发发声，了解群众所思所愿，收集好想法好建议，积极回应网民关切，解疑释惑。”一直以来，党和政府对民意上网的现象高度重视。2008年6月，时任中共中央总书记、国家主席、中央军委主席的胡锦涛在《人民日报》创刊60周年之际来到人民日报社考察并在人民网“强国论坛”上通过视频与网民进行在线交流。他指出：“互联网已成为思想文化信息的集散地和社会舆论的放大器，我们要充分认识以互联网为代表的新兴媒体的社会影响力。”此举开启党和政府网络问政的先河。有人称赞胡锦涛总书记为网络问政第一人。

各地政府充分利用网络和新媒体开设网络问政平台。2012年，武汉电视台开办“电视问政”栏目，紧盯市民生活的烦心事和操心事，邀请市民和官员到直播现场当面锣、对面鼓，共同直面政府工作中存在的问题和不足，监督有关政府职能部门加以改进，对漠视群众呼声，损害群众利益的人和事进行寻根问责。《问政山东》是由山东广播电视台融媒体中心在2019年精心打造的一款大型问政节目，以问题为导向动真碰硬，聚集百姓关心的热点、难点、堵点问题，督导、督促职能部门践行诺言，狠抓落实。节目每期邀请一个省直部门或地市主要负责人参与，公开向社会和群众解疑释惑，作出答复。《问政山东》作为一个省级媒体问政平台，将一体化推进“电视问政”“网络问政”，形成全媒体联动问政＋政府机关反馈答疑，全媒体发布＋省直部门工作社会打分评价的监督机制。从网络问政到全媒体问政，变化的只是方法和手段，不变的是媒介的初心，那就是舆论监督政府的工作。微传播在电视问政、网络问政、全媒体问政中始终发挥着重要的助攻作用。长期以来，舆论监督是媒介的神圣职责。传统媒体因受制于传播环境，舆论监督的效能很难获得全面释放，容易陷入雷声大雨点少的误区。微传播为舆论监督提供绵延不绝的围观力量，打通了监督的"最后一公里"，保证了监督的及时、透明、彻底。

网络和新媒体成为民众自由表达诉求的广阔平台，柴米油盐，喜怒哀乐都会真实地映射到网络空间。可以说，网络自打出现就成为最聚烟火气的所在。网络问政推动之初正好与公安机关着力打造的"民意引领警务"的理念高度合拍。于是乎，以机制为推手，以解决问题为目标，以群众满意为标准的网络问政在全国公安机关大力推进。随着新媒体的不断壮大，公安机关网络问政的平台也从网站延伸到了微博、微信和客户端。

（三）舆情应对

在"把关人"的掌控下，传统媒体基本上以"一个动作，一种声音"的形象示人。在新媒体时代，民众利用各种各样的传播载体表达自己的观点、态度、情感、意见，并在与他人的交互中，随时构建起庞杂的民间舆论场，横扫千军如卷席。

公安机关是接触民众最广泛、服务民众最直接的执法力量，误解、偏见、矛盾、冲突在所难免，由此，公安机关始终是民众关注的重点，更是舆论关注的焦点。事关公安机关的任何话题在网民的围观下都可能发酵成为热搜，形成吸引眼球的舆情。网络舆情其实就是现实社会的矛盾冲突在网络空间的映射，是社情民意的真实再现，也是一种宝贵的社会资源，因此，公安机关对网络舆情始终保持高度警惕，快速作出反应，尤其是对涉警舆情决不能掉以轻心，必定举全力应对，以最大的可能将舆情化解在第一时间。此时，微警务成为舆情应对最便利的工具。"两微一端"是网络舆情生成、聚集的高地，更是舆情监控、研判、应对的阵地。利用新媒体的方法手段应对舆情，引导舆论已成为公安机关宣传工作的重中之重。

（四）法治宣讲

市场经济就是法治经济，要素由法来确立，秩序由法来维护，矛盾由法来解决，成果由法来捍卫，而作为市场经济的主体，民众学法、用法、懂法的水平直接影响到市场经济的效能。我国从计划经济走向市场经济的时间非常短暂，民众对法的理解、掌握、运用还需要一个相当长时间的磨合，更需要政府和社会力量积极引导和帮助，法规释义、政策宣讲就成为微警务义不容辞的职责。公安机关将学法、用法的大课堂开进网络,利用新媒体交互的便利,实现教学相长,甚至以现场重现向民众提供教科书式的执法案例。随着改革的不断深入,各种各样的便民、利民、惠民政策相继推出,基层公安机关和社区民警利用微警务向辖区群众宣讲政策,使民众在理解政策、享受政策中感受党和政府的关怀,感受社会主义制度的优越,分享改革开放的伟大成果,从而凝聚起磅礴的力量,共同为实现中国梦而奋斗。

二、服务功能

新媒体的不断渗透使微警务运用从表层向深层不断迈进,并开发和丰富了服务的功能。从浅到深,从表到里,从点到面,微警务的服务功能逐渐壮大,深得民众和社会的欢迎与喜爱。

2018 年 12 月,国务院办公厅印发《关于推进政务新媒体健康有序发展的意见》,明确"政务新媒体,是指各级行政机关、承担行政职能的事业单位及其内设机构在微博、微信等第三方平台上开设的政务账号或应用,以及自行开发建设的移动客户端等"。同时也明确政务新媒体的定位,"政务新媒体是移动互联网时代党和政府联系群众、服务群众、凝聚群众的重要渠道,是加快转变政府职能、建设服务型政府的重要手段,是引导网上舆论、构建清朗网络空间的重要阵地,是探索社会治理新模式、提高社会治理能力的重要途径"。来自中国互联网络信息中心发布的第 45 次《中国互联网络发展状况统计报告》显示:截至 2019 年 12 月,全国共有政府网站 14474 个,主要包括政府门户网站和部门网站。经过新浪平台认证的政务机构微博 13.9 万个。各级政府共开通政务头条号 82937 个,政务抖音 17380 个。截至 2020 年 3 月,全国在线政务服务用户规模 6.94 亿,占网民整体的 76.8%。近年来,政务新媒体的发展经历了从无到有、从乱到治、从弱到强的巨大转变,开始进入有序推进的阶段。过去,因多种原因,一些政务新媒体确实存在定位不清晰、信息发布不严谨、建设运行不规范、监督管理不到位等突出问题,"僵尸""睡眠""雷人雷语""不互动无服务"等现象时有发生,对政府形象和公信力造成不良影响。中央政府通过顶层设计强力推进政务新媒体健康有序地发展,并设定工作目标,"到 2022 年,建成以中国政府网政务新媒体为龙头,整体协同、响应迅速地政务新媒体矩阵体系,全面提升新媒体传播力、引导力、影响力、公信力,打造一批优质精品账号,建设更加权威的信息发布和解读回应平台、更加便捷的政民互动和办事服务平台,形成全国政务新媒体规范发展、创新发展、融合发展新格局"。为确保全国政府网站和政府系统政务新媒体健康有序发展,2019 年 4 月,国务院办公厅作为全国政务新媒体工作的主管单位,制定了

《政府网站与政务新媒体检查指标》和《政府网站与政务新媒体监管工作年度考核指标》，其中对政务新媒体设置了"安全、泄密事故等严重问题""内容不更新""互动不回答"等单项否决指标。两份新《指标》的出台对未来政府网站和政务新媒体的发展具有"风向标""指挥棒"的重要意义，对建设"利企便民，亮点纷呈，人民满意的指尖上的网上政府"具有重要作用。

微传播是政务新媒体的重要功能。随着技术进步和社会发展，微传播逐渐从服务宣传向服务民众转型。不单专注于资讯传播，更重要的是凸显桥梁和纽带的作用。在国务院出台的两份新指标考核中，明显加大了政务新媒体交互、服务功能的权重，为政务新媒体的发展指明了方向。没有了交互和服务，微传播就会沦为自导自演、自说自话的"票友"，自我表演、粉饰太平的"话筒"。

微警务服务顺应受众和民众的需求不断地创新变化，展现不同时代特色。时代在变化，微警务服务的方式方法也会随之发生深刻的变化。

（一）服务百姓

微警务的初心就是服务百姓，一切的工作都是围绕着服务好、发展好、捍卫好这个初心而展开，但凡能给百姓带来便利和实惠的技术应用，微警务都会"拿来"投入实战。警察不惜自损严肃威武的形象来装乖卖萌，只是为了亲近百姓。扫码圈粉，只是为了走近百姓。更多不计成本的付出也只是为了营造良好的服务环境。百姓在网上，公安服务就出现在网上。微警务就是为服务百姓而准备。

一是微警务回应百姓关切。"民有所呼，我有所应"是微警务的行为准则。百姓利用自媒体充分表达利益诉求，特别是对民主、自由、公平、正义的强烈渴望，公安机关充分利用微警务和百姓进行沟通协商、回应关切，尽可能地保障百姓的知情权和参与权，哪怕是群体聚集的表达，公安机关秉持人民内部矛盾的处理方式，坚持"三个慎用"原则，坚持以对话协商的方法审慎回应，寻求问题解决的最大公约数。

二是微警务纾解百姓痛点。办证难、办证苦，长期为百姓诟病。微警务的政务平台和移动客户端基本根治了这一老大难的顽症。百姓在家中就可以办理证照，实现了让数据多跑路、让百姓少跑腿。网络电信诈骗让百姓防不胜防，苦不堪言。微警务利用大数据分析研判，实时发布预警，为百姓构筑反诈防骗的防线。

三是微警务惠及百姓福祉。微警务把公安局、派出所搬到网上，建在百姓的家门口，极大地方便了百姓的办事查询、报警求助、纠纷调解。微防控、微办理、微查询等，为百姓带来的不只是便利，更多地是实实在在的获得感、幸福感和安全感。

　　（二）服务实战

　　以宣传为先导，微警务逐渐向治安、刑侦、政工等领域延伸，以新技术、新手段、新方法、新效能不断向旧有的模式挑战，衍生出公安工作的新动能，培育提升战斗力新的增长点，引领体制机制的变革。微警务正成为基层公安工作的锐利武器和创新动力。

　　一是微警务积极培育公安工作新动能。微警务以技术革命的手段不断地调整、改造旧有的思维、方法、手段、模式，引领公安工作全要素的变革。过去，基层公安机关通过不断地拆分警种和力量以应对愈加严峻的治安态势。这种分兵把口的管理模式，看似事事有人管，事事有人做，但是队伍的总体战斗力在不断下降，治安形势依旧严峻不堪。按下葫芦浮起瓢，治安病灶没有从根本上铲除。微警务运行中不断变革警务要素，生成新的动力、新的模式、新的手段。微警务对数据、力量、装备等实行集约化管理，推行大警种、大部门运行，依靠大数据、云计算的手段对治安实施动态管控，对犯罪实施精准打击，对顽症实施靶向治理。

　　二是微警务不断提升公安队伍的战斗力。微警务的触角不断向现实社会和网络空间的角角落落延伸，并激活起社会基层的末梢神经。在这张有形和无形的网络中，任何的风吹草动，蜚短流长，公安机关多能在第一时间捕捉和感知，精准施策，实现以静制动，发挥网络战的强大攻势。对久治不愈的治安顽症，从数据云端探寻历史和现实的病原，实施靶向治理，避免社会的动荡，减轻民众的苦痛。面对严重危害社会安全的犯罪组织，公安机关不再轻易使用大兵团合围的模式，而是抽调精兵强将利用微数据、微轨迹、微举报等全新手段，收集固定犯罪证据链，对犯罪组织实施精准打击，一剑封喉。

　　三是微警务引领警务要素的变革。信息是警务的核心要素。过去，信息的采集、使用归属于各警种、各部门，无形中形成了一个个的"信息孤岛"。微警务的渗透轻而易举地冲破了孤岛的堤防，使分散的、孤立的信息走向共享。也使沉睡的信息重新被唤醒，迸发出新的生命活力。"两微一端"原只是一款社交软件，但在微警务中演变成魔性十足的警用装备，"爱的魔力转圈圈，想你想到心花怒放黑夜白天"。公安机关不断开发应用功能，打造出顺应公安工作实际需要的微追逃、微通缉、微接警等，通过微警务的交互作用，公安机关动员组织新生社会组织和力量，积极投身网络空间的公民自治，民主管理，开辟出专门工作和群众路线相结合的新途径。

　　教育是微警务的一项基本功能，承载着知识、技术、方法、手段乃至思维的学习与传播的职责。微传播突破了时空的限制，真实再现各种各样的现实场景，有助于学习的提升。公安机关利用微警务平台开设警务大讲堂，通过微传播向全警分享新的理念、方法、手段、效能，深得基层和一线民警的欢迎。一是实用。充分利用各种表现形式和手法，真实模拟实战的场景，总结制胜的经验，分析实战中的不足及其教训。二是实在。利用微传播上载警务大讲堂，民警可以利用碎片时间随时学习，解决了工作和学习的矛盾。同时，在实战现场，还可以现学现用。三是实效。在干中学，在学中干，灵活运用，不断地丰富实战技能，提升队伍的战斗力，特别是对先进技术和经验的引进，开阔了视野，拓展了思路。因为警务大讲堂具有的优势、传播的内容已不再局限于警务，向公安工作的各个方面扩展，甚至包括休闲、娱乐、才艺等方面的内容。只要基层民警需要都可以拿来分享。

（三）服务社会

国家层面极力推进"互联网＋"战略，各行各业积极响应，于是便有了"微＋"政务的深度融合，于是便有了微审判、微司法、微调解、微交通、微民政等面世。微警务和千姿百态的微政务相互依赖、相互依存、相互促进，才有了我国互联网政务的姹紫嫣红、繁花似锦。

首先，微警务和政务信息实现分享。以前，各行各业各自为政，形成了信息的壁垒和数字鸿沟，给当前的网络社会和数字经济带来严重的困扰，甚至造成社会政治、经济运行的梗阻。在政府的主导协调下，微警务和其他微政务洞开信息壁垒，基本完成政务信息共享，彻底打通了服务群众的"最后一公里"。

其次，微警务和社会数据互通互访。数据是网络经济的命脉，也是社会治理的重要基础。过去，各行各业的海量数据沉睡海底，造成国家战略资源的重大浪费。而这些闲置的数据正是大数据、云计算的重要依靠。在"互联网＋"的召唤下，沉睡的数据变成越来越炙手可热的资源。遵从合作共赢的原则，公安机关的基础数据为机关企事业单位管理经营提供了安全保障。银行、电力、医疗、教育等部门的数据融入，给治安管理提供了充足的参考。

最后，微警务和网络经济实现发展协同。微警务为网络经济提供优质的安全产品和高效服务，保障网络经济良性运转。微举报、微证据、微查处有力遏制了网络"黑灰产"的蔓延。微警务也从网络经济的运行中借鉴引入先进的管理理念和手段。如向电商学习定制化服务，向滴滴打车学习扁平化指挥。服务主体和服务对象在互帮互学中共同进步。

三、应用功能

新媒体技术的开放特性为进一步的迭代拓展预留了无限的端口。公安机关紧紧抓住这一难得的历史机遇，顺势而上，组织起强大的科技团队纷纷开发出为我所用的应用小程序和创新界面，特别是瞄准移动客户端精准发力，开发了一系列的微警务 APP，助力微警务走出一片新天地。

公安机关自主开发的应用软件都是对标某一警种业务需要或某一特定人群的需求，个性化特征明显，在实际运行中常会表现出以下几个方面的特性。

一是沟通更紧密。应用软件为特需而准备，主体和客体之间的联系沟通都是为了达成明确的目的而直来直去。交通 APP 就是为交通参与者而准备，所有承载的信息资讯特供交通参与者来分享。专业的事让专业的人来做，请专业的人来参与。对公安工作某一方面的专业来说，社会上专业人士的真知灼见就是改进工作的重要推动力和技术参数。公安工作的绩效由专业人才来评判，更加公平，更有说服力。

二是体验更便捷。用户的体验是改进并完善应用的唯一途径。用户的舒适度决定应用的质量，用户美誉度决定应用的品牌。微警务应用就是为了满足民众的个性化需求，成功与否必须接受民众的检验。这就要求应用做到操作简单、体验便捷、运用灵活。微警务应用在充分考虑民众各方面要求后，尽可能将关联业务融入，使体验更加充分、便捷。

三是到达更精准。微警务应用多是倚仗于社群环境来运行，基本上使用一对多的传播路径，保证了送达的精准明确。这种精准性更加深了用户的体验感和获得感。微警务在到达精准度上进一步深耕，提升质量水准，嵌入人性化服务细节，使用户的幸福感增强。

四是效果更直接。微警务的应用本质就是想民所想、急民所急、解民所难。虽说是满足小众需求，但是以积小胜成大德。通过一点一滴的努力，跬步式地满足民众一厘一毫的诉求，解决一丝一缕的困顿，从而赢得口碑，获得赞誉。微警务应用专注民众生活中那些痛心事、烦心事，如证照换领、罚金缴纳、准入审批等民生细节。过去因程序繁琐，民众不得不来回跑、反复跑、多次跑。现在，一款小程序就破解了长期困扰的难题，民众足不出户就可以办理。

网络技术的不断创新，新旧动能的加速转换，微警务应用开发必将向深层次迈进，没有做不到，只有想不到。

第四节　微警务困局

微警务兴起于草根，发展在基层，天生的狂野本性，注定了与生俱来的偏执与粗放的缺陷存在，自然影响到人们的认知和研判，于是，不同的层面和角度，对微警务会产生出不一样的印象和判断，甚至误读。这些纷扰必然会影响和掣肘微警务的健康成长。狂野、粗放、粗糙的秉性总是为精致主义所不容。面对微警务焕发出的蓬勃生机与活力，他们都会视而不见，反倒过度关注其背后的乱象，极力唱衰之能事。基层公安机关本着实用主义的立场，对微警务完全采用拿来主义，缺乏基本的批判精神，漠视天时地利人和，导致微警务运行出现种种水土不服的怪象。网络技术的开放性和不确定性引领融合发展，但也加剧了运行的变幻莫测，给质疑和攻讦无形中提供了口实。种种的疑难和困惑像梦魇一般紧紧地缠绕着微警务，亟须厘清，以便于去粗取精、去伪存真，还原微警务的本色。

一、思想层面：认识模糊

目前，微警务处于探索阶段，并且大都运行在基层，发展在基层，创新在基层，成果体现在基层。囿于基层力量无法承载微警务的理论研究和探寻，基层的实践仍沉浸于摸着石头过河的情景，完全缺失理论的指引。不同层级、不同视角、不同心境对新生事物的认知自会出现盲人摸象的状态，于是，点赞和吐槽的态度，赞赏和唱衰的声音同时存在。认知是行动的先导。认识的模糊和不统一，极易误导微警务走入自生自灭的死地。

一是顶层设计缺位。因"微"，好似和顶层绝缘。微的方法、手段、效果完全不具备气势的表象，自然更难入顶层的"法眼"。大数据、云计算以宏大的叙事和仪式感总会让顶层心心念念，只是因视线的模糊，依存于大数据、云计算背后的微警务总被顶层淡忘和漠视。即便微警务的力量能够直达庙堂，依然难以撼动顶层坚固的神经。在"互联网＋政务"的战略推演棋盘上，微警务披坚执锐，也始终未获得顶层的首肯，未能获得实至名归的身份。处江湖之远，微警务只得自在逍遥。

二是中层指导乏力。因秉持对新生事物好奇、观望的态度，领导机关对微警务总处于一种若即若离、若明若暗的心态。一时无法准确把握微警务的本质和规律，领导机关只能表达出笼统含糊的意见。因不愿被民众诟病，而对微警务建设采取不咸不淡的指导，极易造成工程建设的烂尾。因担心影响到主业，而对微警务的发展轻描淡写、浅尝辄止，致使微警务沦为极少数人的"票友"。领导机关释放出的"态度不坚决，意志不坚定"的信号严重地挫伤了基层民警的积极性，无异于泼凉水。

三是基层定位摇摆。受大环境的影响和掣肘，基层公安机关对微警务容易发生定位的反复摇摆，甚而产生行为的"短视"。抱定好使就用的心态，缺乏宏观布局和通盘考虑，一味发展某一种形态和技术，导致功能的"跛脚"，民众体验不便，整体效能难以体现。单纯将微警务视同为一门新技术、一种新工具，只见树木不见森林，需要时就使用，不需要就搁置，缺少维护和保鲜，最终，微警务只能沦为"僵尸"，招致民怨沸腾。

二、组织层面：各自为政

基层公安机关和一线单位是微警务使用的主体。微警务的开发设计及其运用也多是从自身专业和利益角度考虑，导致实用主义泛滥，造成各自为政的怪圈。刑侦 APP 在功能设计上决不会涉及治安业务。同样，交警 APP 也不会染指刑侦业务。忌惮于权力使用的越界，人为阻隔微警务融合发展的脚步。这种各自为政的恶果就是微警务被粗暴虐待成裹脚的老太婆。权力构筑的壁垒将微警务限定在一亩三分地内。微警务极度渴望通过不断地渗透创造出新的业态、模式及形态。人为设限，将误导微警务陷入死地。

微警务在基层公安机关呈现出发展的极度不平衡不充分的现象，其根源就在各自为政。发展的不平衡主要体现在部门之间、警种之间、地域之间的差距明显，尤其是发达地区和欠发达地区差距悬殊。在不少地区，微警务的发展主要依靠领导的重视和民警的热情，"靡不有初，鲜克有终"，最终只会是热闹过后，剩下一地鸡毛。

微警务未能进入基层基础建设议事日程，更遑论人才支撑、经费保障和机制完善。单纯依靠领导喜好和个别民警热情，微警务只能成为粉饰政绩的盆景。没有专门人才作支撑，没有经费作保障，微警务的运行只会停留在"三天打鱼，两天晒网"的状态。没有了长效机制作保证，微警务只会在误打误撞中走向不归路。

三、管理层面：自行其是

没有统一规范的标准或模式可以参照执行，各地基层公安机关在微警务的开发和应用中只得八仙过海，各显其能。尽管存在地域、环境的差异，民众个性需求不同，在微警务的应用开发上自然会出现不同的特色，但必须遵循共性和个性相统一的原则，这就需要制度设计。哪些应用开发是规定动作，哪些才是自选动作，否则，民众面对五花八门的应用软件和公号，在选择和操作上出现新的不便，徒添新的烦恼。同时，对微警务矩阵的关联造成困难。

各地基层公安机关依靠自身力量对网络技术进行深度开发利用，但因技术力量和管理水平参差不齐，极易造成技术的漏洞和泄密的可能，尤其是通过插件的方式对软件实施更新升级，给网络安全留下极大的风险隐患。

微警务管理还处于一种自发状态，缺乏有效的科学的考评机制，因此，对不同的形态、业态的考评体现出较强的急功近利，那些显性的、有图有真相的效果容易得到重视和褒扬；而对隐性的、后发的基础工作常会被忽视和冷遇，极不利于微警务的长远发展。

四、运行层面：交互疏离

在一些基层单位对微警务的使用上更多看重她的实用、好用，往往对管理维护忽视，特别是对用户的互动和体验漠视，造成缺乏新鲜感和黏性不强，久而久之微警务出现衰退，甚至衰竭。这种交互的疏离主要表现在以下几个环节。

一是圈粉缺少力度。政务新媒体不可能也不允许移植发红包、算积分、造流量等市场手段来吸引粉丝，但政务新媒体可以根据自身的特色来打造粉丝文化。警营开放日、随警作战、讲警察故事等不失为圈粉的重要手段。微警务启动之初，因话题新奇自然会吸引一定数量的粉丝（用户），随着时间推移，缺乏新话题补充和新的手段稳定、扩大用户量，只会使微警务陷入尴尬的境地。

二是体验缺少风度。许多的微警务一经使用，很少会根据用户的体验进行升级换代，仍是我行我素，皇帝的女儿不愁嫁，殊不知，漠视用户体验，只会使用户对产品敬而远之、弃而远之。没有体验的参与，微警务离"僵尸"为期不远。

三是交互缺少温度。平台的管理者没有完全脱离职业的角色，依旧板起正义凛然的脸孔用说教式的语调同用户交流，看似互动频次较高，但是这样的交互缺少服务的温度和诚意，用户感受到的只有程式化的应付，如梗在喉。

四是分享缺少大度。分享是网络技术带给人类社会的福音，但是一些微警务因沿袭于陈规陋习，顾虑再三，还未完全脱离神秘主义的魔咒，对于满足民众的需求也是反复推敲斟酌，提供有限的分享，极度挫伤民众参与微警务建设的积极性。

五是黏性缺少高度。一些微警务的功能设计没有根据民众的需求及时增减，依旧停留在低层次、低水平的服务上不能自拔。不能及时回应民众对美好生活的向往，这样的微警务自然会遭到民众的唾弃。

五、应用层面：重复建设

长期以来，微警务应用开发基本处于各自为政的状态，从微博、微信到客户端等一系列形态的打造和业态重构完全处于一种重复建、反复建、来回建的混乱局势，造成人力、财力的巨大浪费，这与顶层设计和文化支撑缺失有紧密的关联。没有统一的规划和布局，微警务必然会出现一哄而上、一事一端、一单位一应用等重复建设、效能低下的现象。平台的设计、包装、风格、管理等很少体现公安文化的肌理，在新媒体的大潮中未能实现微警务一骑绝尘的佳境，和缺少公安文化的支撑有密切关系。光一个微发布的名称，各地都是标新立异，如："@平安＊＊""@＊＊公安""@＊＊发布"。单从外观标识的五花八门足可窥视新媒体平台建设的混乱，不仅造成用户的困扰，也会给平台公信力、传播力带来伤害。

不可否认，在这种重复建设乱象的背后隐藏着形式主义的作祟。一些领导干部政绩观扭曲，一味追求工作留痕和仪式感，而微警务正好能部分满足这种畸形的心理，至于用户的体验和交互自然被搁置一旁，无人问津。最终结局，微警务沦为一些领导干部彻头彻尾的表演舞台，建设再多的微警务也只是一个个令人嫌弃的"秀场"。

大批量的形态雷同、内容同质的微警务不仅不能给基层公安机关提质增效，反而给基层公安机关带来累赘，挤占基层宝贵的警力、财力，极不利于微警务的正常发展。

第五节　微警务进路

历经千难万险，百转千回，微警务始终没有停歇前进的脚步。满足民众的需求、适应实战的需要、顺应改革的大潮正是微警务生生不息的坚实内核。前行路上，还会面临各种各样的困难局面，但终究阻挡不住基层公安机关和民警守正创新的坚强决心。变革是王道，创新是出路。告别昨日的烦恼，微警务走向充满希望的明天。

一、推动顶层设计

草创之初，各地基层公安机关动员和鼓励各部门和民警积极投身微警务的建设，人人使用微警务，事事运用微警务，迎来了微警务的大发展。毕竟，微警务的探索之旅基本处于摸着石头过河，各地根据形势任务的需要自行其是，囿于人力、财力的限制，时常便暴露出技术、管理、运行等方面的短板，发展遭遇瓶颈，暴露出许多的问题。基层公安机关以一己之力根本不可能克服，其中涉及不少体制机制的拦路虎，更需要通过顶层设计来解决。

首先，需要廓清思想认识。微警务的"微"代表一种新的方法、手段、模式，完全可以运用到公安工作的全过程、全要素，适用于各级公安机关及其工作。各级政府所大力主导建设的警务新媒体其实就属于微警务的范畴。微警务的力量、质量、效果等经过长期的实战检验，充分证明微警务完全符合公安工作各个领域的现实需要。当前，微警务的运用出现基层热、中间缓、上层凉的局面，与现实的需求密切相关。领导机关的职责着重于战略决策和制度设计，履职依靠科层管理来实现，因此，在机关运转中，擅长于微发布的微博平台最受欢迎，其他的新媒体形态在领导机关基本没有用武之地。在管理机关，因自身承担着部分的实战职能，因为现实需要不得不对微警务采取选择性的态度，不冷淡，也不热情。而基层公安机关才是微警务的主战场，微警务带来的新思维、新方法、新手段、新模式、新效能，自然会得到基层民警的欢迎和拥抱。在基层公安机关，微警务的融合发展遭遇到严重的瓶颈，亟须通过顶层设计，得以从体制机制上发力破题。上级公安机关特别是领导机关应从战略的高度和政策的大局来全面准确地理解认识微警务的现实作用和历史意义，从组织、管理、运行、人才、经费、技术等方面对微警务的发展制定出科学、统一的规划，尽快结束散乱的局面，指引微警务健康高效地发展。

其次，尽快达成机制上的协同。微警务的发展受制于政治、经济、社会、文化等各种因素，特别是机制的掣肘。各级公安机关必须牢固树立发展是第一要务的理念，对极力助推公安工作发展的微警务要置于重要位置，高瞻远瞩，并予以积极运用，对一切妨碍微警务发展的机制实施大胆变革，以适应新的技术革命的需要。信息采集是一项重要基础工作，过去单纯依靠人工采集，效率低下，且因扰民屡遭诟病。现在利用网络技术，融合各种有效的社会数据，通过合理转换变成重要的基础数据，并实现实时更新维护，有效保证信息的鲜活。围绕机动车辆从销售、购买、使用、管理等一系列流程环节涉及政府、企业、社会组织等多个管理主体。在每一个相应的环节，各管理主体先后开发出相关的网络服务平台。因信息的不对称，民众在办理有关机动车业务时不得不在各个环节上来回奔走。交警 APP 曾试图关联相关服务平台，但涉及体制机制和利益分配，连接未能达成，亟须从政府层面作出顶层设计，破解体制机制的障碍，尽快实现服务全过程"一网通办"，真正实现让数据多跑路、让百姓少跑腿。

最后，实现跨越式发展。因诸多因素的制约，各地微警务的发展不平衡现象明显，甚至差距较大。通过顶层设计，在技术、保障、人才等方面出台相应的规范性指导意见，删繁就简，革故鼎新，提升发展动力，帮助后进地区在尽可能短的时间内实现弯道超车，缩小地域之间差距，实现跨越式发展。对发展环境较成熟的地区应在政策上倾斜和理念上指引，倡导先行先试，容错免责，闯出一条具有地域特色的微警务发展之路。

二、推行人才战略

人才是微警务的核心竞争力。人才是微警务决战决胜的根本条件。以发展的眼光，人才是微警务成败的决定性因素。起步之初，微警务只是处于浅层次的运行中，单纯依靠复制、模仿便可应付自如，一旦进入移动客户端井喷式的开发，队伍里人才匮乏的短板便愈发显现。顿时，极度渴望专业的事由专业的人来做，人才成为微警务最稀缺的资源，尤其是新媒体、大数据、人工智能等方面的专业人才奇缺。微警务走向全要素，走向智能化的进程中，人才成为难以逾越的瓶颈。如何在较短的时间里快速缓解人才的难题，无外乎三条路径可参照：一是引进人才，通过特殊的人才政策，打破常规，从科研院所、工厂企业招徕所急需的人才；二是培养人才，把那些有热情、懂技术的民警输送到院校"再回炉"，学习掌握前沿科技；三是全员培训，民警是微警务的主体。通过技能培训，着力提高民警的媒介素养和新媒体运用水平，并在实战中全面提升微警务的效能。

微警务应用开发和平台维护等岗位对专业技术要求较高，且只有专业人才才能胜任，因此，对这部分人才的管理需要特事特办。首先在编制上专岗专用，好钢用在刀刃上。其次在政策上倾斜，如薪酬、经费、再教育等方面应有和一般岗位完全不一样的管理办法，尽力为人才营造舒心的工作环境。最后提升政治荣誉感。对作出突出贡献的人才，除必要的物质奖励，还要有相应的荣誉奖励，并在评优、晋升等方面给予适当倾斜。

对人才的褒奖本身就是一种政策示范，就是对微警务大发展的政策引领，并对那些在微警务运用中成绩突出的民警给予大力褒奖，以此，鼓励民警积极投身微警务的建设。2020 年 5 月，公安部党委印发了《关于创新完善新时代公安人才发展机制的意见》，突出实战实用实效导向，抓重点、补短板、强弱项，推动解决制约公安人才发展的体制机制问题，最大限度激发人才创新创造活力，为引得进、留得住、用得好公安人才提供坚实保障。创新公安人才招录引进机制，强化招警政治标准、专业标准和素质标准，对重点涉密要害职位和急需紧缺职位实行特殊招录，切实打通人才"绿色通道"。

三、推进管理创新

微警务是网络社会的新生事物，没有先例可以参照遵循，注定要敢闯敢试，应将摸着石头过河和顶层设计相结合，走出一条适应现实斗争需要，具有地域特色的创新之路。

一是要确立战略定位。微警务是网络技术引领下的警务模式创新，颠覆了传统的行政命令的管理模式，摒弃粗放的管理机制，走向规范化、精细化、智能化的管理。微警务全面渗透公安工作的全过程、全要素，以新技术、新手段、新方法引导公安工作的质量变革、效率变革、动力变革，创立新时代警务模式。微警务以"微"的方法吸引、动员、组织起社会力量积极参与社会治理。以"微"的方案探索自治、德治、法治、善治的完美协同，助力经济社会稳中求进。

二是建树业态标准。微警务孕育、培养了新时代公安工作的新动能，打造顺应网络社会需求的新力量、新业态、新模式。在发展中，新力量、新业态、新模式始终处于调整、充实、提高、规范的过程。微博、微信、客户端等业态构成在引入微警务后，和现实需要相辅相成。在融合发展中，各种业态受实用主义的驱使，乱象丛生，尤其是一些先天缺陷开始妨碍业态的健康成长，必须进行整治规范，重要的是对各种业态制定出既适应生态环境，又顺应现实需要的标准和规范，并要求强制执行。对官方微博，在交互性上要有硬性要求，譬如，活跃度不得低于60%等。对微信公众号和移动客户端在功能开发上要有明确规定，譬如，开发的服务功能必须全覆盖，且对相关的服务必须有关联等。业态标准是刚性的，不得有选择性地使用。

三是探索科学的考核机制。考核是保障微警务健康发展的重要一环。

考核要和职责相衔接。对不同的岗位要有不同的标准，譬如，社区民警侧重在微发布、微防控的运用上。而刑警侧重在微打击方向。

考核要和效能相衔接。微警务的成绩往往可以从绩效能力方面反映出来。用户的交互体验决定公号管理的效果。用户的口碑完全可以判断移动客户端应用的成败。

考核要和管理相衔接。微警务管理是一项重要的日常工作。微警务的运行状态和质量必将决定效能的发挥。粉丝的日积月累，话题的常换常新，体验的惊喜不断，应用的升级换代等，都是考核微警务良性运行的重要依据。

考核要和绩效相衔接。微警务运用的成绩应和培训、奖罚、晋升等紧密相连，该奖则奖，该罚则罚。

四是着力品牌维护。品牌是微警务建设树立的形象，需要悉心维护。创业难，守业更难。难在重新超越自我。品牌并不是一成不变的，在发展中必将遭遇各种因素的挑战，只有不断创新，才能使品牌大放异彩。创新的征途不会一帆风顺，充满风险。因此，对品牌的创新应秉持容错免责的原则，大胆地去闯，放心地去试。

四、推崇发展理念

探索路上，微警务确实面临这样那样的困难，暴露出这样那样的问题，但不能因此而裹足不前，甚至对微警务产生质疑和动摇。常言道：发展才是硬道理，眼前的问题和困难都需要以发展眼光来认识，以发展的方法来解决，以发展的手段来克服，以发展的思路来发展。

首先，微警务向全领域发展。微警务覆盖公安工作的全过程、全要素，必将覆盖全领域，这是发展的必然。微警务引领新旧动能转换过程中，肯定会遭遇体制机制的阻碍，肯定会产生深层次的矛盾，都是可预见的范围，关键是要以发展的眼光和方法去解决。在微警务的进逼面前，任何警种、部门、环节的抗拒都是徒劳的，只有顺应，才是唯一的出路。

其次，微警务向跨界融合发展。在新媒体时代，融合是一种技术，是一种力量，是一种趋势。万物相联相通，融合自然水到渠成。微警务顺应民众的需求，以融合的方法手段不断满足民众美好生活的需要。跨界融合自是题中应有之义。在"互联网＋"战略部署牵引下，微警务的跨界融合正当天时地利人和。民意导向的指引下，数据的壁垒、信息孤岛自然消亡，跨界融合顺理成章。被彻底激活的数据演绎成为最具活力、最有质感的生产力核心要素。数据驱动带给民众更多、更实在、更生动的体验感、获得感。

最后，微警务向智慧警务发展。大数据、云计算、人工智能为微警务发展敞开一条康庄大道。算法技术帮助微警务在服务、打击功能发挥上更精准、更精细、更精致。大海捞针将不再是神话，在云计算面前就如探囊取物。物联网为公安机关清晰勾画出现实和虚拟社会关联图，真实呈现出社会治理的动力要素，为平安建设贡献出充满智慧的治理方案。人工智能充满人性光辉，为社会治理投射出温情的亮光。围绕人的全面发展，社会治理尊崇人性、人权、人格，擘画共建共治共享格局，构筑人类社会平等博爱的和谐美景。

第二章 新媒体全面渗透警务

渗透本是一种化学现象，指由高水分子区域（即低浓度溶液）渗入低水分子区域（即高浓度溶液），直到半透膜两边水分子达到动态平衡。后被引申比喻为某一种事物或势力逐渐进入其他方面。新媒体不仅是一种新兴的网络传播形态，更是一种认知世界、感知世界、改造世界的全新方法与手段。因自身所拥有的开放、个性、智能的特质，新媒体与生俱来对人类精神世界和物质世界具有强大的穿透力和渗透力，深刻影响着经济社会的发展和人们的生产生活。

新媒体相对传统媒体而言，特指伴随网络技术新兴的传播媒介及其业态。随着网络技术的发展，新媒体的内涵也会发生动态变化，关键要把握数字化是新媒体的技术特征，交互性是新媒体传播独有特征。但凡具备上述两种特征，一切传播媒介形态均可归入新媒体行列。当下的微博、微信和客户端（简称"两微一端"）是最具有新媒体代表性的媒介形态。

对警务一词的概念界定多种多样。有的特指警察事务，有的指公安机关和人民警察所从事的执法活动。毋庸置疑，警务的主体自然是公安机关和人民警察。如果从广义或狭义来理解，必然会有不同的定义。为了研究的便利和明晰，笔者采取折中的办法对警务作出基本的界定，就是公安机关和人民警察依法履职所开展的一切勤务活动，包含了公安工作所必需的思维、方法、手段、效果。

新媒体不仅拥有先进的传播技术和管理手段，还具有社交、娱乐、支付等特殊功能。随着移动互联网的推广与普及，新媒体功能被广泛地运用到经济社会的各个层面，或者说新媒体渗透到社会的各行各业。

新媒体具有的传播、交互、教育、娱乐等功能和基层警务需求高度契合。经过改造和融合，新媒体功能大多演变成公安机关战斗力要素重要的组成部分，并在实战中表现突出。"两微一端"在公安机关的全面投入使用，微传播成为常态。从资讯发布，到舆情应对，还有警民沟通，绝对少不了微传播的参与。基层公安机关还将微传播延伸到刑侦、治安、交通等业务工作层面。各种新媒体平台在运行中不断积累了大量的数据，为公安机关的云计算提供了充沛的数据资源。新媒体用户的行为信息为大数据的分析、碰撞打开了希望之门。

新媒体平台遗留下的历史痕迹浩如烟海，许许多多的数据看似毫无存在的意义，但在云计算的魔镜里，那些数据都是构成社会关联的重要节点。通过对虚拟世界里微轨迹的追踪、描述，客观、真实地还原了用户在现实生活中的活动路线、行为方式、政治倾向、消费主张、社会关系等。移动互联网的出现，极大地缩短了警民沟通的时空距离。警务 APP 保证了公安机关的服务得以在云端实现。

新媒体的渗透总是无声无息，然而，不管是感知，还是漠视；不管是拥抱，还是排斥；不管是迎合，还是抗拒，事实上，新媒体正在向公安工作的各个层面渗透，向各个领域迈进。因为眼下，正是新媒体时代。

第一节　无法抗拒的连接

连接是网络技术最基本的手段。在连接的牵引下，网络社会从虚拟走向现实，从无知走向已知，从社群走向云端。无时不在、无时不有的"泛在化"网络帮助人类实现了人与人、人与物、物与物的无障碍联通——信息传递、思想碰撞、商品流通、获得分享，人类的生产生活步入全新的时代，而连接就是网络社会存在的时代标识。网络向人类展现出一种新型社会组织形态，通过线上线下的互动，营造出一个充分满足个性需求的社群，催生出多姿多彩的商业形态、经济模式和社会组织，连接成为网络社会再造的动力源泉。

网络技术的开放、个性、智能的特质在发展中不断地诞生出新的形态、业态及其新的思维、方法、手段，并深刻影响现实社会，一切传统的思维、组织和模式发生嬗变，连接已成为网络社会变革的旗帜引领。

在连接牵引下，实现公安工作和网络技术的全面对接。依循连接的轨迹，新媒体得以不断向公安工作各个领域直接地或间接地渗透。面对新思维、新方法、新手段的进逼，公安工作许多传统的方法、手段日渐式微，基层公安机关和民警惊喜地发现，利用新媒体创造出越来越多的方法和路径，摆脱传统思维的阻碍，实现和民众的直接沟通，连接给民警带来意外收获。

民众时刻在线的现实逼迫公安机关和民警不得不重新审视传统的组织、管理、模式、机制的弊端，深刻反思公安工作创新与发展，于是就有了新媒体引领下的警务变革。

一、无处不有的社群互构

为满足个性化的需要，网民通过线上线下的互动编织起网络组织形态——

社群，这也是网民存在的最小网络空间。在社群里，每一个人既为节点，也为中心；既可是群主，也可是群友。依靠相近的兴趣、爱好、利益等维系着社群的社会关系。因为组织关系的松散凌乱，社群或扩展，或拆封，或重构，都是瞬间的事情。因为随意，社群的存在无处不有。相对浩瀚的网络空间，个体社群的消失根本不足为道。

在网络世界，网民依托社群活动，表达、消费、娱乐、教育等都是在社群中进行。现实的家园都能真实地在社群中呈现，现有的矛盾和冲突也会在社群中映射，而社群关系中产生的利益冲突和矛盾瓜葛也会反射到现实社会中来。

社群不是虚无缥缈的海市蜃楼，而是虚幻而真实地存在。其实就是现实社会社区组织形态的无限延伸，自然是公安工作管辖的责任区域。就是常言所道：群众上了网，公安工作必须跟随到网上。

社群毕竟不同于社区，组织结构、社会关系、力量构成等完全迥异。绝对不可以将社区管理的警务模式照抄照搬到网上，需要探索出新型的管理方法和模式。而顺应网络产生的微警务正是最合乎社群管理需要的新型警务模式，这也是微警务不可推卸的时代使命。

二、无时不有的时空格局

新媒体技术帮助每个人根据个人的需求和爱好，通过搜索、过滤、选择等构建属于自我的世界——因时空的跨越，人际交往不再有地域和时间的限制；因沟通的即时性，依靠兴趣爱好形成的圈层化愈加牢固；因算法推荐形成的信息茧房加剧了对跨时空、全息化、非线性世界的自我沉迷。民众一旦挣脱现实的束缚和顾忌，走进自我构建的时空格局，便可充分享受到平等自由所带来的愉悦和快乐。但是，这种放飞自我的时空格局绝不是极乐世界，在享受快乐的同时，也会产生焦虑和不安。新媒体具备的"时空压缩""时空分延"特性，必然给用户造成时空分裂、现实倒置的紧张感。碎片化阅读带来思想肤浅、信息紊乱、知识苍白等焦虑情绪。信息茧房人为禁锢视野、境界、思路，极易误导陷入极端化的险境。

虚拟社会的时空格局是社会治理面临的重大课题，更是公安工作面对的严峻挑战。沿袭传统的方法、手段，必然会造成时空格局的窒息。网络管理只能运用网络思维、方法和手段。公安机关充分尊重网民的自由民主，更加着力去极端化，全力维护清朗的网络空间。微警务就是公安机关提供网上服务的重要手段。警方和民众通过交互实现便利沟通，完成便捷服务，实现专门工作和群众路线相结合。

三、无人不有的诉求表达

新媒体为民众的诉求表达提供了广阔的平台，使"人人都是麦克风，人人都是公民记者"的愿景得以实现。主流舆论场和民间舆论场的存在使个体利益诉求表达更彻底、更全面、更深入，使网络舆情的生成更快捷，影响更深远，应对更复杂。自媒体在手，民众的诉求表达从量到质都发生深刻的变化，既有利益的维护，也有公平正义的伸张；既有民主政治的渴望，也有知情权、参与权、监督权的满足。

民众的自由发声是民主政治的一剂良药，可以倒逼政府问策于民、问计于民、问政于民。同时，也给社会治理提出了严峻的考验。网络舆情是一份宝贵的社会资源。如何开发好、利用好这份资源正考验着各级政府的政治智慧。

基层公安机关是面对民众最直接、服务民众最全面的执法力量，时时事事在线已是工作的常态。民众对民警的一言一行、一举一动总会在线上即时评判，或点赞，或吐槽，警察故事常能广为流传，而对执法的瑕疵也会直言不讳，甚至放大。

因为强烈的代入感，警民沟通的重点、难点极易成为围观的话题而持续发酵，因此，高发的涉警舆情总是网络的热点，社会的痛点。微警务就是为便利公安机关和民众的顺畅沟通而打造的重要平台，通过网络问政、舆论引导等一系列举措，努力消弭警民沟通的难点、痛点。

四、无事不有的共享存在

新媒体以需求为导向的生产方式必然引发民众生活方式的变革，并影响到政治、经济结构的调整。充分满足个性化的需要，其本质就是彰显市场在资源配置中的决定性作用，为共享经济的确立准备了充实的群众基础。共享经济是网络经济最亮丽的市场形态，既实现了资源配置的最优化，也为民众提供了多样化的生活模式。

共享经济不同于一般商品经济，运行依靠的不是等价交换，而是互惠互利。其运行秩序基本依靠自觉、自爱、自律维系。道德的力量毕竟有限，完全不足以支撑维护起整个共享经济的环境和秩序，致使网络"黑灰产"横行肆虐，尤其是公民个人信息泄露成为最大的治安隐患。

共享经济是社会治理面临的新生事物，传统的安全管理模式显然水土不服。共享经济追求的是互利互惠，如果单纯地追求万无一失而放弃便利，无异于对共享经济的扼杀。为了满足共享经济的新期待、新要求，公安机关亟待对传统的管理方法和模式进行变革。微警务的功能和共享经济的需求高度对接，基本适应个性化的需要。微防控、微查寻等在打击肆意侵害民众信息安全的犯罪中发挥重要作用。大数据、云计算、物联网、人工智能等有效地维护共享经济的运行秩序。

第二节　无法逃避的角色定位

在网络世界，大家共有一个身份——网民，生而自由平等。因运行的需要，依据个体的作用和需要，对网民的角色会有一个简而概之的定位，或主体、或客体、或节点、或中心，而且这种角色定位随时可以转换，从来不是一成不变。新媒体传播格局中人人皆为传播者，人人皆为接受者，完全不用拘泥于现实社会的职业角色和人际关系，只需要尽情地个性飞扬。这种角色重构的自由，一方面出于交互传播的需要；另一方面也是表达去中心化的需要。角色的不断转换使传播更快捷、表达更顺畅、交互更加密切。传统媒体格局中，因社会关系固化和单向传播的局限，媒体和受众自然形成了界线分明的社会角色。受众不管愿意与否只有被迫接受媒体的灌输。新媒体将传播主导权向民众自由开放，传播者和接受者将不再有明显的界线，人人都是麦克风，这就是新媒体原生态。

过去，因职业强势和社会地位，公安机关轻而易举地可以利用传统媒体和社会资源来进行诉求表达。因信息的不对称，民众只有默认和接纳，这样的沟通，效果自然大打折扣。现在，公安机关和民警适应、接受、融入新媒体，角色的转换成为一大难关。淡化职业角色，学会以网民的身份和民众在网站和平台上自由沟通，这是新媒体运行的基本需要，任何的倒行逆施，只会被新媒体抛弃。但毕竟职责所系，民警决不能等同于一般的网民，切忌表达的任性。准确把控拿捏好角色定位，确实考验着公安机关和民警的智慧。

一、传统优势被颠覆

新媒体裹挟新技术、新思维、新方法、新手段不断地向传统社会发起挑战，不仅是传统媒体，还有社会的各个方面，同样受到强力的冲击。感受最直接、最强烈的是许许多多备受社会关系呵护的传统优势瞬间土崩瓦解，发生了颠覆性的变革。新媒体轻而易举地解构传统社会一切固有的利益藩篱，并快速重构起新型的社会关系，任何力量都难以抗拒，只有适应和调整。

（一）非线性传播导致传媒优势被颠覆

新媒体双向、非线性传播技术向民众提供了广阔的表达平台。传统媒体垄断信息传播的时代一去不复返。新媒体传播的即时性瞬间粉碎了传统媒体孜孜以求的新闻时效。通过交互，新媒体迅速汇聚起海量信息，并给用户呈现出所希望的跨时空、全息化、非线性的世界图景。在选择中，用户切身感受到强烈的存在感。面对新媒体的步步逼宫，传统媒体自我感叹江河日下，被迫走向融合。

（二）自媒体表达导致官宣优势被颠覆

民众利用自媒体表达利益诉求和对社会的关切，虽然个体表达的声音微弱，可一旦汇聚起舆论的潮头，便能释放磅礴的力量。面对自媒体的海洋，官宣就如一叶扁舟。古今中外，官方利用掌控的宣传机器和传播体系，站立在道德的高地向芸芸众生发号施令，广布福音。自媒体出现后，民众自发地向官宣的垄断地位公开宣战。首要的是话语权的争夺。来自官宣的一字一句，甚至标点符号都会有网民的围观，稍有差池，便有网络舆情的降临。在传播平台上，自媒体和官宣同场竞技，传播力、影响力难分高下。不论居庙堂之高，还是处江湖之远，任何一种力量再也无法掌控舆论。新媒体手段总能使舆论变幻莫测。舆论只能引导，而引导的主动权就在自媒体的手上。不管愿意不愿意，为了舆论引导，官宣也不得不屈尊纡贵，主动和自媒体携手合作。

（三）民间舆论场导致主流优势被颠覆

主流舆论场和民间舆论场并存是新媒体传播的一大奇观。两大舆论场相互依存，相互制约，为社会监督倾注强大的活力。传统主流媒体不忘履行社会的职责，不时祭出媒体监督的大旗，也对社会的痛点和难点曝光、臧否、质疑。网络舆论的监督权在民众的手中，对于和自身利益休戚相关的社会痛点和难点，都会不遗余力地加以揭露和呼吁，以唤起舆论的关注，督促政府和有关组织快速解决。显然，网络舆论的监督更直白、更直接、更彻底，有时甚至会引发社会的阵痛，可痛定思痛后，不难发觉，网络舆论监督不失为监督政府改进工作、推动社会文明进步的强大动力。

（四）去中心化导致主题优势被颠覆

传统媒体大多具有强烈的政治属性，自然坚定维护政党和集团的利益，积极传播政党和集团的声音。主题宣传是传统媒体传播的核心和优势。围绕主题，调动一切的传播手段，着力宣传政党和集团的主张、观点、方法、策略等，引导和教育民众理解与支持。传统媒体的线性传播特征正好和主题宣传策略高度吻合，有力地保证了主题宣传的政治效果和社会效果完美统一。新媒体非线性传播是一种病毒式传播，通过不断地裂变蔓延，快速实现信息、观点的生产、复制、加工和再传播。这种非线性传播更加剧了"去中心化"的进程。

"去中心化"并不是说没有中心，而是在非线性传播环境中，不断产生或演变出新的中心。一些初始信息和观点经过非线性传播，受到周围各种变量的推动，最终可能转变为具有冲击力的舆论中心，为民众普遍接受，为主流价值所接纳，对社会产生巨大影响。"去中心化"进程中，通过选择和批判，民众对与自身价值观趋同的中心主动地维护、支持，甚至捍卫。没有外力的强加，民众对自己认同的中心、主题，自然心悦诚服。

（五）议程设置导致权力优势被颠覆

舆论的孕育、生成、演变、衰退遵循自身的规律逐步推进。在线性传播环境中，利用信息的不对称，政府充分发挥权力优势，调动社会资源，将舆论玩弄于股掌，左右一切，而到了非线性传播环境中，权力优势顿时烟消云散。只有议程设置才是舆论引导的最有效的方法。谁能掌握议程设置的主动权，谁就左右舆论的进退和节奏。议程设置通过对舆论规律的准确把握，不断分化舆论中心，衰退、减轻或避免社会的阵痛。议程设置是当前舆论引导的不二法门。

二、话语体系被解构

线性传播的规律帮助官方和利益集团掌控话语体系，官方倚仗绝对优势，构建起具有深厚意识形态色彩的话语体系，并通过强权规制，民众只可使由之，不可使知之。话语权始终站立在官方一边。官民沟通就不可能在同一平台上平等交流。官方总会以咄咄逼人的气势居高临下傲视苍生。民众个体微弱的声音常会被官方强大的气场所淹没。开明盛世，官方也会主动广开言路，问政于民，但是能提供给民众自由表达的空间依旧逼仄，来自民间的诉求多数是没有下文。民众的知情权、参与权、监督权早已被束之高阁。新媒体充分满足民众自由表达的渴望，并通过线上线下的交互，创立起具有网络特色的思想理论体系和知识体系。网络的话语体系和官方话语体系在传播中和平相处，融会贯通。

公安机关在长期的实战中逐步构建起具有鲜明职业特色的话语体系。过去，依靠强势地位和信息的不对称，警方利用自己的话语体系在警民沟通中总能高人一筹。现在，网络彻底改造着社会政治、经济、文化形态，也改变着人们的生产生活。警方话语体系依存的社会环境、经济形态、文化底蕴等发生了崩塌，亟须再造。民众利用自创的话语体系在网络发声，如果警方沿袭旧有的话语体系回应，只会是苍白无力。滥觞于计划经济的话语体系根本就无法在网络环境中生存，更不用说和网民的话语体系同台过招。公安机关积极回应人民群众的关切，无疑应从话语体系再造开始。警方的话语体系首先要顺应网络的需要。信息的非线性传播必须简明扼要、通俗易懂，切忌文牍主义、党八股。其次要满足民众的需要。语言、逻辑、风格应和民众语言习惯相匹配，尽量接地气，让民众感知烟火气的存在。最后要适应实战的需要。法无禁止即可为。不能因为简单理解稳定压倒一切，便将稳定盲目前置，枉顾民众的关切，最终的结局只会变得更加不稳定。关于法治的话语及话语体系应根据形势任务的变化作出相应的调整，使之更合乎法治的规范要求和民众的期盼。

新媒体传播的交互性、非线性帮助网民过滤、选择、体验属于自己的美景世界，并共同打造网络的语言、文字、形态、环境、风格等，快速构建起网络的话语体系，搅动起虚拟世界风起云涌。

（一）话题挑动风云际会

网络话题没有现实主题那样凝重、专注、干涩，总是以一种风轻云淡的存在示人。一句话，一个符号，一段视频，一截音频，甚至于一个表情，看似支离破碎，但是在网络力量的推动下都能演绎出丰富的话题，牵引出海量的信息。澎湃的舆情完全不需要宏大的叙事作铺垫，仅需一个话题，便能引发大量网民关注。因此，话题是舆情孕育的因子。网民可以从长篇大论中锁定"躲猫猫"作为话题无限聚焦，穿透"躲猫猫"的迷雾，挖掘出黏附其身后的邪恶。

（二）围观孕育雷霆万钧

网络话题海阔天空，繁星点点，令人应接不暇。民众只会对自己切身利益有直接或间接关系的话题感兴趣，产生真切的代入感，引发高度的关注。跟帖、转帖、评论、爆料、创作，民众极尽围观之能事，甚至和现实的聚集同步，同声相应、同气相求。草根的诉求表达在围观的推动下，便能快速在传播的风口汇聚起气势强大的民意、民怨、民情。在和政府与社会组织的利益博弈中，围观的力量决定着舆论的何去何从。

（三）发酵掀起滔天巨浪

发酵原指复杂的有机物在微生物作用下分解，后被引申比喻事物受外力影响发生某种发展变化。话题原本只是一种表达的形态，在线性传播中，绝大多数的话题很难和舆论产生勾连。而在非线性传播中，绝大多数的话题都能演化成舆论的肇端，其背后就是发酵在呼风唤雨。一个表情在不同语境下释放出不一样的意义。一个表情经意见领袖或者网络水军解读后都有可能发酵成舆论的泪点和炸点。

（四）表情包承载无限可能

表情符号是新媒体传播的特有现象。经历无数次的交互，某些表情符号赢得网民的认同，并在使用中共同捍卫符号所承载的特定意义。在所有的话语体系中，只有网络和新媒体传播接纳、包容、发展表情符号。透过表象，深究背后蕴藏的现代意义和历史意义。

表情符号是时代的留痕。经过岁月的沉淀和时光打磨，网民将美好的愿景融入进看似简单、简洁的符号，寄托对明天的祝福和期许。

表情符号是社会的留痕。狂躁是网络带给社会的普遍病灶。围观会带来网络的狂欢，而碎片化却引发全民焦虑。自由表达容易情绪失控，而去中心化更使人心绪茫然。表情符号真实地表达了民众亦喜亦忧、亦悲亦戚的复杂心态。

表情符号是主体的留痕。传播主体或个人或组织或平台用符号分享自己的喜怒哀乐，悲欢离合，无处不表现自己的存在感。简单的符号融入民众的智慧，包容万千风云。单个的符号闪烁在网络天空，默默无语，但胜却人间无数。

三、自由表达个性飞扬

只有自由的天空，才有个性的飞扬。

有了自由传播的平台，就会有诉求表达的独特风采。

民众利用自媒体既表达各自的利益诉求，也展示自我的个性风采。社会为民众提供的司法、信访的表达渠道因系统操作繁琐，投入成本偏高，实际效果不明显，民众多是敬而远之。倒是自媒体平台备受民众的喜爱。一是低门槛，人人都可自由使用。二是低成本，只要手机在手，表达全都有。三是影响大，在自媒体平台上振臂一呼，就会有应者云集，相关的或不相关的利益群体随声附和，快速展示出围观的力量。四是效果佳，事关群众利益的诉求都是最吸引眼球的话题。在舆论的压力下，政府部门不得不有所回应，以免引火烧身。自媒体因为自我的属性，因此表达起来更加自由自在。

一是无人不会。网络表达拒绝仪式感，更不需宏大叙事，简便实用，甚至怎么方便怎么来。文本、图片、音频、视频等不拘形式，皆可利用，符号、表情、文字等不需排场，皆可运用。会语言就懂表达，和金钱、地位毫不搭界，人人都可以利用网络来进行表达。

二是无话不说。只要没有突破法律和道德的底线，任何的表达都会受到网民的尊重和回应。说自己想说的，听自己想听的，完全由民众自由掌控。因兴趣相投而自发形成的"圈层化"，通过交互，使个性的表达更加紧密，更加彻底。在圈层中，个性表达最易获得满足和提升。

三是无事不用。网络表达不仅带给民众自由心情，还有轻松体验。在交互中，民众完全可以选择一种自然合适的身份发声。"去中心化"瞬间就可以消解权威优势，人人都可成为中心。意见领袖不再是由公众人物垄断。只要表达的诉求相近或相似，总能汇聚起强大的声势，谁也不会在乎表达者的现实职业、地位、收入等因素。民众的表达不再局限于自己擅长的或专业的领域，对于陌生的话题也敢大胆表达。

四是无时不在。表达从不受时空地域的限制。"泛在化"不仅是网络连接的状态，也是网络表达的状态。随时随地发声，随时随地交互，才使网络空间充满生机和活力。新媒体的传播从来也不会按部就班，照本宣科，只有川流不息。正是这种泛在的表达才迅速汇聚起信息的海洋，令传统媒体望尘莫及。

五是无处不连。利益诉求的表达本是民众自觉自愿走向新媒体平台的初衷。随着体验的不断深入，民众开始尝试对已知世界和未知世界的探究和认知。以自身的能力和学识，民众敢于对社会的政治、经济、文化、宗教、历史等无一不表达出自己的关切。即使人微言轻，但是，每一次关切的表达都是对社会进步作出的一份贡献。涓涓细流终究会汇聚成汪洋大海。

自媒体为个性的表达提供无限的可能。平台无边界，表达无止境。网络直播和短视频是当前最受欢迎的表达渠道。据 Quest Mobile 报告，2019 年短视频用户规模已经超 8.2 亿。腾讯发布《2019 腾讯视频年度指数报告》显示：李子柒在综合影响力指数上问鼎短视频达人榜。李子柒只要发布一条视频，一夜播放数量就能达到 1700 万次，播放量最高的视频达到 3 亿次。据艾瑞市场咨询有限公司发布的统计数据，预计 2020 年短视频市场收入将达到 2110.3 亿元。从文本、图片到视频，从形式到方法，表达追求更直观、更便捷、更形象。文本和音频通过文字语言实现表达中心的直接呈现，但缺少客观真实的环境、情景的再现，网民在代入体验中容易走偏，干扰和影响表达的效果。图片可以客观记录真实现场，所谓有图有真相，但遗憾的是图片语言因角度、光线的不同会被解读出不同的含义，误导读者和网民。只有视频最能真实地展现表达的场景、气氛、背景、主题，最能实现表达所需要的愿景。抖音、快手等短视频平台正好满足了民众表达更高质量的需求。即使是十几秒钟的视频，也比数万字的文本更有传播力和影响力。5G 来临，必定会使短视频的表达更快捷、更充分、更久远。

民众的表达早已不再局限于利益诉求，还会将自己的思想、情绪、价值观、信念、感知、态度等精神层面、心理层面逐一向外展现，完全体现出个性化特征。每个人以独特的意识去认知世界，感知世界，才有了个性表达的精彩纷呈。而正是这种个性表达才能真实呈现出一个绚丽多彩的世界，才能推动社会的变革和进步。

个性表达深受思想、政治、文化、环境等因素影响，就算同一话题，也会有不同的表达形式、方法、效果。安全是重要的民生，和每一个人息息相关，但是对安全的表达就会千姿百态。有人侧重人身财产安全；有人注重政治经济安全；有人关注社会环境安全。横看成岭侧成峰，远近高低各不同，就是个性表达的真实写意。英明的政治家往往都是从个性表达的一孔之见中探寻执政的灵感、理念、思路。古代尊崇的"忠言逆耳利于行"和现代所重视的网络问政，其本质是一脉相承，体现民主政治对个性表达的尊重、维护和弘扬。

公安机关和民警时时联系群众，事事接触群众。民众的个性表达给民警执法带来挑战。面对权利和义务的选择，民众大多会选择权利维护，本也无可厚非，利己正是人的本性。网络上经常上演的执法相对人要求民警出示执法证的桥段，对此，不应消极地归咎为民众的不配合，完全可以理解为民众希望通过个性化的表达实现权利的伸张。从法治层面，民众有义务配合公安机关的警务活动，但从执法相对人的角度理解，出于安全的考虑，就有可能拒绝配合。如果一味地强制执行，必定造成冲突与伤害。面对民众的个性表达，执法既要展示法律的刚性，也要体现法律的柔性，规范文明理性执法才是和谐社会应有之义。

首先，要尊重个性差异，杜绝简单粗暴。执法中不能将个性表达简单等同于挑衅、找事，应运用好原则性和灵活性相结合。

其次，要学习个性表达，杜绝官话、套话。个性表达不是伪装术，而是真情实感的外露，自带温度，自带流量。民警在执法中学会用真心真情和执法相对人进行沟通，对身处困难的要施以援手，对犯上作乱的必须严肃查处。

最后，要适应个性表达，杜绝狠话胡话。对民众的个性表达，既不迷信，也不盲从，应该实事求是地作出分析判断，对合理、合法、合情的部分予以采信，而对违反原则、法律的当场拒绝，做到有理、有节、有据。

四、人文关怀备受推崇

在新媒体传播各环节、各形态中，人的主客体地位相互交织，而一旦体现诉求的表达，民众总是站在主体地位上，就如网络社群中，节点和中心随时转换，展现出人人平等的美幻世界。人才是社群所有关系、利益、效果的中心，一切的活动都是围绕人展开。交互中，现实角色已被消解，不用顾忌高低贵贱，人与人之间完全的平等自由。

新媒体坚持以人为本的发展理念。信息传播、交互，多是围绕多元化主体的需要而展开。甚至媒体的业态也是为了满足主体多元化的需要而再造。表达、舆论大多针对利益诉求而展开。相同的利益群体共同维护诉求表达的影响和效果，试图通过不同的方法、手段，达成诉求的目的，实现利益的最大化。应用开发都是围绕用户的体验舒适度来调整运行。为了满足不同人群的体验舒适，而开发出大量小程序，提供定制化服务。

新媒体充分满足个性化需求，特别是表达的个性化的实现。而定制化服务就是针对个性化需求而准备。新媒体的传播方式被全面细化，信息产品更丰富，传播对象更精准，服务手段更人性化。传播者针对不同层面的需求提供极具个性化的产品。接受者完全可根据个人喜好选取满意产品。

新媒体激发人的主动性和创造力。非线性传播帮助民众实现了表达主动、交互主动和体验主动。传统媒体运行完全依靠程式化的管理体系按部就班，不许擅自越雷池一步，而新媒体传播主体的多元化，人的主观能动性获得充分的释放，在探索中创立新的理念、新的方法、新的手段、新的形态、新的模式。新媒体全面渗透，引发经济社会体制机制的深度变革，重构出新的经济业态和商业模式，最重要的是成就了"新四大发明"。

新媒体促进人的全面发展。跨时空、全息化、非线性传播格局帮助实现了人的个性解放和自由平等，尊重人的理性思考，关怀人的精神生活。民众表达不再停留在单纯的利益诉求上，开始向更深、更高、更广的层次、领域探究，甚至对意识形态、经济结构也敢于各抒己见，公开描绘所渴望、理想的美景世界。民众对政治、经济、文化、社会、环境等各方面的诉求纷纷通过新媒体平台进行表达，以一己之力助推社会的文明进步。

新媒体传播嘈杂乱象的背后并不是无章可循。个性表达和精致的利己主义不可同日而语。个性表达充满了人文的内核，昂扬先进文化的旗帜，守护着核心价值的高地，处处体现着人文的关怀。

（一）诉求表达，充满人性光辉

民众诉求的内容多与生产生活息息相关，都是一些真实存在的烦心事、揪心事、操心事。利用网络表达，争取更大的同情与支持，促使诉求尽早地得到较满意的解决。同病相怜，充斥着烟火气的诉求容易吸引网民的围观，容易生成舆论。各方力量的交织博弈，加快民众烦心事的解决。身处困境的民众感受到社会的温暖和关爱。

（二）碎片化，汇聚正能量

碎片化的传播是新媒体独特的魅力。与传播主体多元化、需求个性化的特征高度契合，不仅表现在表达的碎片化，也有内容的碎片化。在这种凌乱的镜像背后都蕴藏着积极向上的价值取向。基于碎片化的拼凑叠加，就能描绘出盛世美景，汇聚起满满的正能量。

（三）代入感，彰显核心价值

将他人的遭遇、命运、结局通过模拟体验接入自己的生活，由此产生强烈的心灵震撼和情感共鸣，就如感同身受，对关注的对象寄予深刻的同情，甚至施以援手。通过代入，深刻体会处于弱势地位对象的困苦、无助、悲怜，进而积极回应关注对象的种种关切，表现出除暴安良、扶危济困的优秀品质。

（四）盘他，守护正义良知

在综艺节目《相声有新人》中，一句"盘他"的台词意外走红，并在网络上掀起了"万物皆可盘"的创意比拼。盘，原专指在文玩圈通过双手按压、揉搓让器物改变颜色，打磨光亮，产生出透明的包浆。"盘他"一旦进入网络，迅速被引申出无限可能。不同语境，更有不同的含义。在现实生活环境中，"盘他"充斥着调侃、戏谑、叛逆的意味，而在舆论场，"盘他"，就具有鲜明的指向，就是对邪恶行径的宣战，对歪风邪气的不齿，对不作为、乱作为的声讨。

（五）分享，感受价值趋同

新媒体交互的功能为传播的主客体提供了广阔的互动空间，相互的交流、分享、臧否等即时实现。分享是最习以为常、最受追捧的交互状态。思想、观点、阅历、认知都是分享的内容，就连逸事趣闻、道听途说也可以拿来分享。凝聚表达者人生观、世界观、价值观、方法论的分享内容给互动对象提供了人生参照和精神指引。在分享中感受人文关怀，体验奋斗的价值，汇聚澎湃的力量。

第三节　无法禁锢的方法革命

新媒体号准传统媒体的"死穴"，通过步步进逼，最后彻底颠覆传统传播格局，赢得王者至尊地位。传统媒体无力反抗，主动融合以求新生。新媒体称霸传播领域后，根本就没有停息攻城拔寨的脚步，向社会的各领域发起攻势。这份霸气、豪情就来自于新媒体引以为傲的技术、理念和方法。

新媒体取代传统媒体霸主地位，完全依靠的是网络技术的强势。非线性传播相较于线性传播，具有不可比拟的巨大优势，传统媒体只有顺从、适应、融入技术革命的大潮，才能适者生存。传统媒体退出历史舞台只是时间而已。

除了传播领域，新媒体还深刻渗透到社会的其他领域，这里不光是技术的引领，其背后最主要的是承载着认知世界、感知世界、改造世界的新方法论。线上线下的交互成就了共享经济的业态、模式。网上的围观和网下的聚集练就了舆论发酵的氛围和效果。线上的期待和线下的回应，造就了微警务 APP 的横空出世。

　　新媒体带来的新思维、新方法、新手段、新效能不断地引领传统概念、机制、模式、业态的变革，深刻地影响着民众的生产生活。变革最本质的内核就是方法的革命。面对新媒体的进逼，传统的理念、体制、机制的弊端立刻显现，孰优孰劣？立判高下。变革自然顺理成章，水到渠成。方法的革命并不意味着对传统的全盘否定，而是在现有的基础上对传统的改造和创新。

　　首先，理念的创新。思想通，路路通。传统的陈规旧习显然不合时宜，应该坚决抛弃。坚持以人民为中心的发展理念，发展为了人民，发展依靠人民，发展的成果让全体人民共享。个性的表达就是人民群众对美好生活的向往。任何时候，发展的理念、方法都应对标人民群众的向往。人民群众同意不同意、满意不满意作为治国理政重要的遵循。

　　其次，机制的创新。任何一种机制都是一种方法论。各要素在某种方法的指引协调下，相互作用，确保体系的正常运转，一旦方法失准，就会运转失灵。因此，机制的创新就是方法的调整创新。最终，机制的创新必然引发体制的创新。当前，经济社会的生产、供给机制和人民群众日益增长的美好生活需要严重脱节，亟须供给侧结构性改革，使产品的供给从数量到质量充分满足人民群众的个性化需求。

　　最后，模式的创新。新的技术、新的方法不断改造旧有的模式，不断创新新的模式。新媒体的社交、消费、娱乐等功能和实体商业营销模式的结合，创造出电商模式，数千年来的店铺销售走向网络销售。信息采集是基层公安机关的一项重要的日常工作。长期以来，信息采集主要依赖"串百家门，知百家情"的手工操作。而现在依托信息化平台和大数据、人工智能的结合，创立了信息采集的自动抽取模式，实现从面对面走向键对键。

　　随着新媒体技术的发展，新方法论也将不断丰富和拓展。伴随移动互联网诞生的移动客户端将服务从平台推向了云端。针对不同客户群的个性需求而开发的客户端，随着方法运用的不同，而使客户端的形态、内容、体验、效果完全不同。足不出户，就可以满足办证、消费、娱乐、教育等个性需求。这种由方法革命所带来的真实体验正在向社会更宽广的领域拓展。

　　明天，方法革命将为民众构筑起所向往的美景世界。

一、助推阳光警务

　　新媒体渗透的最基本姿态就是公开，这是由新媒体的公开性特质所决定。这样的公开多数不以主体的意志为转移，自愿也罢，被迫也罢。在新媒体的倒逼下，公开才是主体的唯一选择。信息的封闭循环，一旦遭遇网络舆论的挑战，只有被迫开放信息闸口，引导舆论泄洪，封堵的最终结局只会是自绝于舆论的汪洋大海。

公开是警民沟通的前置条件，也是重要手段。传统媒体时代，公安机关即使面对媒介的管控，也没有放弃警务公开的努力，广泛利用海报、小喇叭、坝坝会等原始的传播方式去争取警务公开效果的最大化，可毕竟人际传播的影响力极其有限，公安机关和民警毕其功于一役的努力也难以掀去自身的神秘面纱。进入新媒体时代，微传播为警务公开拓展了广阔的平台。

警务公开早在20世纪末在全国公安机关推行。1999年6月10日，公安部发布了《关于在全国公安机关普遍实行警务公开制度的通知》，决定在实行多年的"两公开一监督"等警务公开形式的基础上，在全国公安机关普遍实行警务公开制度，由此，开启了阳光警务模式。为了保障公民、法人和其他组织依法获取政府信息，提高政府工作的透明度，建设法治政府，充分发挥政府信息对人民群众生产生活和经济社会活动的服务作用，2007年4月5日，国务院颁布了《中华人民共和国政府信息公开条例》。此条例的发布，使警务公开有法可依，指引阳光警务步入法治轨道。2013年1月1日起施行的《公安机关执法公开规定》，进一步明确公安机关执法公开的具体内容和要求。

警务公开、执法公开是阳光警务先导性、基础性工作，其本身并不等同于阳光警务。警务的制度、流程、进展、结果，以及警务运行的机制、质量、效果等全面公开才能构成阳光警务的有机体系。眼下，不少地方将阳光警务狭隘地理解成警务公开，于是，有点阳光就灿烂。长期以来，将警务公开停留在浅层、表面的认知与操作上，固步自封，浅尝辄止。新媒体时代，随着技术的进步和民众需求的迫切，警务运行的不适应变得越来越明显，越来越直接，在传播平台上，民众对这种不适应直接、充分地表达出现，助推阳光警务向更深层次迈进。

第一，技术助推。新媒体为警务公开提供了宽广的平台。传播的即时性保证警务公开的影响力和新鲜感，将信息精准地送达民众的手中。通过互动交流，警方向民众主动宣讲执法的依据、流程、进展以及结果，尽可能地消除误解、猜忌、偏见，减少执法阻力，民众积极表达对警方执法监督意见，及时指正执法的偏差，减少不信任。移动互联网帮助实现了警务信息随时可申请、可查询、可兑现、可复制。2018年12月起施行的重新修订的《公安机关执法公开规定》，就专门增加了一章"网上公开办事"，规定："公安机关应当开展行政许可、登记、备案等行政管理事项的网上办理。除法律、法规、规章规定申请人应当到现场办理的事项或者环节外，公安机关不得要求申请人到现场办理。"推行网上公开办事，为民众提供方便快捷在线服务。

第二，理念助推。人民当家作主自然享有充分的知情权。2019 年 4 月，国务院对《中华人民共和国政府信息公开条例》进行修订。条例的修订积极回应人民群众对于政府信息公开的需求，体现近年来政府信息公开工作的新进展、新成果，解决实践中遇到的突出问题。一是坚持公开为常态，不公开为例外。明确政府信息公开的范围，不断扩大主动公开。二是完善依法申请公开程序，切实保障申请人及相关各方面的合法权益，同时对少数申请人不当行使申请权影响政府信息公开工作正常开展的行为作出必要规范。三是强化便民服务要求，通过加强信息化手段的运用，提高政府信息公开实效，切实发挥政府信息对人民群众生产生活和经济社会的服务作用。国务院确定的"公开为常态，不公开为例外"指导方针为警务公开明确了前进的方向。公安机关执法办案和行政管理工作，除法律法规规定不能公开的事项外，凡能公开的都全部公开，应该公开的尽早公开。

第三，舆论助推。近年来，随着经济社会发展和社会主义民主法治建设的推进，民众的维权意识不断增强，对公安机关执法公开透明的要求越来越高。网络舆论对公安机关的执法监督越来越精细。公安机关和民警执法的程序、效率以及执法的结果、质量都会受到民众的品评，稍有差池，极有可能演化成舆论事件。任何环节、细节上的遮掩、含糊、瑕疵都会引发舆论话题，为民众围观提供了丰富的联想空间。

第四，发展助推。坚持以人民为中心的发展思路，就是要坚持以民意为导向的警务实践。当前，社会越来越开放，民众的知情诉求、参与诉求、监督诉求比以往任何时候都要更强烈、更迫切，对警务公开的呼声很大，要求更高。一般层次和层面的警务公开远远不能满足民众的需要。遮遮掩掩，雾里看花，只会适得其反，使得人民群众不得不从其他非正规途径获取信息。这在一方面降低了人民群众对公安机关的信任度，另一方面也容易引发舆论和猜疑，甚至散布谣言，误导公众，导致公安机关和人民群众之间的隔阂，影响警民关系。因此，我们的选择只能是深化警务公开，不隐瞒，不保留，原原本本、真真实实，只有这样的态度和行动，才能让公众享有更充分的知情权，也才能更好地回应民众的关切，满足公众的需要。①

2014 年 1 月 7 日，习近平总书记在中央政法工作会议上发表重要讲话，指出："阳光是最好的防腐剂。权力运行不见阳光，或有选择地见阳光，公信力就无法树立。执法司法越公开，就越有权威和公信力。涉及老百姓利益的案

① 金伯中：《没有公开就没有公信力——谈深化警务公开》，载《公安学刊（浙江警察学院学报）》2012 年第 1 期。

件，除法律规定的情形外，一般都要公开。要增强主动公开、主动接受监督的意识，完善机制、创新方式、畅通渠道，依法及时公开执法司法依据、程序、流程、结果和裁判文书。对公众关注的案件，要提高透明度，让暗箱操作没有空间，让司法腐败无法藏身。"

警务公开是实现阳光警务最有效的方法。而警务公开必须严格遵循制度安排。随着改革的深入和社会信息化的快速发展，警务公开的顶层设计在实施中必然会遭遇新情况、新问题、新挑战。特别是民众的知情权受压抑时，就会毫不迟疑地拿出新媒体作为"杀手锏"，公开向制度设计发难，倒逼警务公开更深入、更全面、更彻底，希望执法更加公开、更加公正、更加透明。正是这种自上而下的设计和从下而上的倒逼相结合，才使得阳光警务愈加充满阳光与活力。

其显著的变化有三：

一是从制度公开到办事公开。警务公开是队伍管理的制度设计，按照公安部的要求，公安机关的执法办案和行政管理工作，除了法律法规规定不能公开的事项外，都要予以公开。从执法的依据、流程、进展、结果到时限安排、质量标准、服务态度都逐步向社会公开，并自觉自愿地接受民众的监督。新媒体时代，微警务开辟了警务沟通的新渠道、新方法。基层公安机关探索警务公开的制度设计嵌入微警务应用中，为民众办事提供了真实的情景体验。办事全过程、全流程即时呈现在民众的阅读终端。民众足不出户即可实时掌握办事的进展、办事的效率、办事的质量，并对民警的服务态度、水平等作出评判。办事流程的可追溯、可复制，使民众的监督更明确、更具体、更直观。办事公开是阳光警务的伟大进步。从形式到内容，从程序到结果，公之于众。随时随地接受民众的监督，对于公安机关的执法能力和水平都是严峻的考验。

二是从程序公开到权力监督。推行警务公开、执法公开，对公安机关和民众来说都是双赢的选择，既服务了群众，保障了群众的知情权、监督权、参与权，又降低了公安机关执法成本，强化执法活动的外部监督。民众依据警务公开的执法依据、立案通知、时效、进展、结果等对公安机关的执法实时跟踪监督，并对程序运行中的不足和缺陷提出意见与建议，督促办案主体立即整改。自媒体的表达加大了督促的力度，将公安民警的权力运行中的每一个环节都纳入有效监督之中，减少或避免权力的暗箱操作和权钱交易，从源头上预防执法腐败。70码成为网络热词源起于2009年5月7日在杭州发生的一起交通事故。是日晚8时许，在校生胡某驾驶一辆三菱跑车在杭州西湖区文二西路由东向西行驶到南都德迦西区门口时，撞飞正从斑马线过马路的男青年谭某，导致谭某当场死亡。这起交通事故立即引起媒体的高度关注。5月8日下午，在舆论的压力下，西湖交警大队匆忙举行新闻发布会，向媒体和社会发布了一份模棱两可的调查结论。比如，肇事车辆速度为 70 码；暂不能认定为改装；没有逆向行驶；不能认定死者是否走斑马线；等等。依据模糊的推断和臆想，甚至采信肇事一方的证词，仓促作出了调查结论，致使程序和证据漏洞百出。面对这份任性的调查结论，媒体、网民表达了极大的愤慨。一时间，各种各样的小道消息满城飞舞。迫于压力，杭州警方重新调查。5 月 14 日，杭州市公安局新闻发言人向媒体和社会公布最新调查结果。肇事车辆存在违法行为，时速在每小时 84.1 公里至 101.2 公里范围。肇事车辆被改装或部分改装。程序公开暴露出的种种疑虑和漏洞，其根源是执法的不作为和权力的任性。俗话说，举头三尺有神明。群众监督和舆论监督就是执法敬畏的神明。

三是从结果公开到公平正义的维护。执法结果的公开意味着公安机关执法全过程的完美收官。民众站在各自的视角对警方的执法质量、效率纷纷作出评判，特别是那些引人关注的案事件，民众更是表现极度热情，不惜笔墨和口舌表达强烈的诉求愿望。媒体和网民更是高度聚焦敏感事件和相关话题，竭尽所能，纷纷还原"后真相"，助推舆论沸反盈天。网民在享受舆论的狂欢后也会尝试理性地反思。2009 年 5 月 10 日晚 8 时许，湖北省巴东县雄风宾馆梦幻城发生一起命案。当地镇政府的三名工作人员在梦幻城消费时，对服务员邓玉娇多次挑衅骚扰。邓玉娇持水果刀反抗，失手刺中一人的喉部、胸部，致其死亡。邓玉娇当即拨打 110 报警。11 日，巴东县警方以涉嫌故意杀人罪对邓玉娇采取强制措施。案件经媒体报道后立即成为舆论焦点。"官员""娱乐消费""女服务员""命案"等敏感话题迅速掀起舆论的狂欢。媒体和网民竭力深挖案件背后的信息，不断制造传播的副产品。喧嚣过后，媒体和网民转而对邓玉娇和案件本身开始理性思考。舆论表现出一边倒地支持邓玉娇的正义行为，声讨官员的腐败。一时间，邓玉娇成为烈女的代名词。最后，当地法院依法判决对邓玉娇免予刑事处罚，此案处理成为司法进步的标志性事件。网民的围观与交互，也从这堂法制大课堂上收获了生动的法治教育。在后来的于欢案、于海明案的舆情中，网民再次感悟到正当防卫的法治精神和社会意义，感受到公平正义的神奇力量。

二、坚持底线思维

进入新时代，社会的主要矛盾发生历史性的转变，发展的内部外部环境也在发生着深刻变化，并带来全新挑战。改革开放的压力和发展的不确定性最终都会通过层层传导表现到社会稳定的表层上，而治安就是稳定的晴雨表。随着改革进入"深水区"，固化的利益藩篱将不断被打破，新的矛盾与冲突将不断呈现，必将加剧社会稳定的风险，社会治安态势仍将高位运行。

　　社会稳定是发展的前提条件，有了稳定的环境作支撑，发展才有了可靠的保证，否则，发展只能是空谈。因此，"稳定压倒一切"成为各级政府治国理政的共识。在实施中，取得了不少成功的经验，但也付出了一定的代价，其根本的症结就是对稳定的认识出现偏差，导致将稳定绝对化。在一些地方，稳定被固化成政绩工程，甚至演化成某些领导的执政形象。思想的僵化必然导致发展的停滞不前。

　　如何客观科学地认识评判稳定，底线思维提供了全新的方法论。稳定和发展是客观存在的统一体。改革开放既要追求稳定的质量，更要追求发展的速度，而发展必将带来稳定的风险和各种不确定性，反过来，稳定既能促进发展，也能遏制发展。如何正确处理好发展与稳定的关系，辩证唯物主义为我们提供的方法论有助于破解这一难题，这就是底线思维——既承认风险的存在，又提供化解风险的有效方法。

　　对于底线思维的认识和把握，经历了艰难的过程，也交纳了高额的学费。过去，一些地方政府片面追求高速度的发展，痴迷 GDP，严重损害群众利益，导致群体性事件和重大安全生产事故频发。在维稳的高压下，政府和警方大都采取简单粗暴的方式处置，严重撕裂了党群关系、警民关系，造成社会的严重对立，教训深刻，带血的 GDP 也严重违背了和谐社会的初衷。痛定思痛，社会各界开始对发展风险进行审慎思索。

　　进入 21 世纪，风险评估与管控机制逐渐融入政府的施政实务中，尝试将风险的事后处置转向事前管控。党的十八大以来，以习近平同志为核心的党中央一再强调："稳中求进是当前和今后一个时期党和国家工作总基调。"为正确处理好稳定和发展的关系指明了方向，提供了遵循。党的十九大确立了习近平新时代中国特色社会主义思想，而坚持底线思维则是习近平新时代中国特色社会主义思想的重要组成部分。2019 年 1 月 21 日，习近平总书记在省部级主要领导干部坚持底线思维着力防范化解重大风险专题研讨班开班式上强调："坚持底线思维，增强忧患意识，提高防控能力，着力防范化解重大风险，保持经济持续健康发展和社会大局稳定，为决胜全面建成小康社会、夺取新时代中国特色社会主义伟大胜利、实现中华民族伟大复兴的中国梦提供坚强保障。""面对波谲云诡的国际形势、复杂敏感的周边环境、艰巨繁重的改革发展稳定任务，我们必须始终保持高度警惕，既要高度警惕'黑天鹅'事件，也要防范'灰犀牛'事件；既要有防范风险的先手，也要有应对和化解风险挑战的高招；既要打好防范和抵御风险的有准备之战，也要打好化险为夷、转危为机的战略主动战。"当前，就业、教育、医疗、食品药品等方面还有不少风险隐患，涉黑涉恶案件时有发生，社会治理存在粗放、低效等问题，如果处置不当，应对失策，就有可能产生连锁反应，甚至酿成重大事件，对此，习近平总书记明确要求："维护社会大局稳定，要切实落实保安全、护稳定各项措施，下大气力解决好人民群众切身利益问题，全面做好就业、教育、社会保障、医药卫生、食品安全、安全生产、社会治安、住房市场调控等各方面工作，不断增加人民群众获得感、幸福感、安全感。"

现实社会和网络空间相互映衬，现实中的风吹草动大都会在网络中表现出征兆，因此，网络空间成为防范化解重大风险的前沿阵地。

一是要从舆情的青蘋之末敏锐捕捉风险的因子。舆情就是社情，就是民情。舆情生成绝不是空穴来风，总是和风险紧密相连。公安机关对舆情具有天然的敏感，于是有了"舆情即警情"的防范意识。舆情应对本质就是对风险的评估、防控的过程。从复杂的舆情中敏锐捕捉到社会稳定风险的诱因，以专门工作和群众路线相结合的方法加以迅速化解。

二是从个性表达中尽早发现风险的苗头。个性表达不仅体现维护个体利益的诉求，其背后往往隐藏着深刻而复杂的政治、经济、社会等方面的风险。个性表达往往为某一种社会现象、某一特定群体代言、站台、张目。通过对表达的语言、姿态、气势、交互等的研判，迅速发现隐藏其背后的稳定风险苗头，并将风险化解于无形。

三是从用户体验中真实感悟风险的存在。层出不穷的新兴媒介形态给民众带来受之不尽的体验感受。比照之后，民众往往选择偏爱那些黏性强、舒心顺手的媒介，并沉迷于信息茧房不能自拔。在算法的哺育下，自我欣赏、自我陶醉于痴迷的信息之中，对其他的信息形成天然抗体。单一信息的过度加持极易诱导走向极端化。这种由技术变革带来的风险往往是系统性、全局性，甚至是颠覆性的，必须高度警惕。

"凡事预则立，不预则废。"风险无处不在，发展时刻与风险同行，应是对当前社会风险现状较客观的判断。而应对风险最科学、最有效的方法唯有底线思维，首先应直面风险的存在。这种存在是一种客观存在，不以人的意志为转移，不管见与不见，它总矗立在那里。因此一切的防范化解风险工作都应是基于对风险客观存在的充分认识而展开，做到不夸大，不缩小。其次应充分认识风险的可控。风险形成完全有规律可循。只要对风险规律准确认识和把握，完全能够将风险化解在红线之内。与风险同行，有效防范化解风险，就是底线思维的基本要义。公安机关和人民警察工作在社会的最基层，坚守在维稳的最前沿，对于稳定风险，培养出一种敏锐的洞察力。在关键节点、敏感时段，公安机关对于稳定风险的把握基本收放自如。这样的效果就来自于底线思维的坚持，来自于对稳定风险的高度警惕性和能动性。历经长期的探索实践，公安机关在底线思维方面总结出一些基本的遵循。

一是强化顶层设计，做到降风险、少阵痛。通过顶层设计，有效规避系统性和全局性的风险，努力使发展的成果让全体人民共享。涉及国计民生的重大改革和政策调整，更需要有精致、精细、精准的顶层设计，维护绝大多数群众的根本利益，防止社会动荡的发生。加强政策宣传的力度，引导、教育群众理解、支持、维护党和政府的主张、方针、路线，共同捍卫政策的权威，保障决策的有效实施。

二是完善预警机制，做到早发现早处置。预警机制包含了风险的评估、风险的控制、风险的监测、风险的处置等环节，缺一不可。立足于早发现则是打造预警机制的出发点和初心。通过扎实的基础工作，及早捕捉稳定风险的苗头，并加以克服。对那些发展中的不确定因素更要加强风险的监测，一旦发现具备转向稳定风险的趋势就应及时处置，清除风险的源头，坚决"不让小风险演化为大风险，不让个别风险演化为综合风险，不让局部风险转化为区域性或系统性风险"。

三是提升快速反应能力，做到打小打早。风险处置是风险管控全过程的最后一招，也是制胜的一招。立足于打小、打早，既能减少处置的成本和社会的代价，最要紧的是极大提高成功的胜算。打小就要在风险刚刚显露时加以克服，不使风险加剧。打早就是要在风险扩散前加以遏制，不使风险扩散形成危害。因此对于任何稳定风险必须做到快速反应，加以有效处置，任何的迟疑和犹豫都是错误的。

三、昂扬民本情怀

新时代以人民为中心的发展思路和传统的全心全意为人民服务的宗旨融会贯通，一脉相承，那就是一切为了人民群众，一切依靠人民群众。一切警务活动都是为了维护人民群众的根本利益而展开。群众喜欢什么，公安工作就坚持什么；群众反对什么，公安工作就查处什么；群众期待什么，公安工作就发展什么，将民本思想贯穿于警务活动全过程，将民本情怀体现在执法的每一个细节、每一个环节。

网络构筑起人类共有的精神家园。经过交互、过滤、选择，民众锁定自己所向往的美景世界，随着依存度的提升，民众不由自主地将现实生活不断地映射到网络空间，特别是在陌生人的环境中，民众更愿意，更不加约束地将自己的思想、观念、认知、情绪、态度等呈现出来，自然也会将生活中的焦虑、痛苦、矛盾、不安等表达出来，希望尽可能多地获得理解与同情。由此而形成的网络社群汇聚起海量的社情民意。那里积聚了民众的高兴事、开心事，也汇聚有民众的操心事、烦心事。

社情民意始终是公安工作的决策参考和行动指南。针对不同的社情民意采取不一样的方法、手段，投入不一样的警力、物力、财力。过去，对社情民意的收集无外乎两种渠道：面对面的人际交流和点对面的线性传播。问卷调查、坝坝会、媒体反馈等成了惯常手法。由于渠道的狭窄、信息的陈旧、传播的迟缓，对社情民意的评判不可能客观、公正、实时，加之受环境因素的制约，长官意志往往主导评判的结论。于是，对于社情民意的异常现象容易选择极富人治色彩的方法和手段应对，习惯于高压、严打等非正常方式，但结果也多是头痛医头、脚痛医脚。现在，民众的个性表达将生活的苦辣酸甜、爱恨情仇真实呈现，汇聚起网络舆情，勾画出社情民意的真实图景。因此，公安机关对网络舆情喜爱有加，视同宝贵的警务资源。面对民众的新期待、新要求，公安机关积极转变工作理念，改变工作作风，实施民意主导警务。

社情民意是社会稳定的晴雨表。民众的诉求多和柴米油盐等民生事务相关联。民生的难点、痛点、堵点，多是社会治理的重点。公安机关以人为本，积极对标民众的关切，认真实施民生警务。出行难、办证难，长期困扰着民众的生产生活，公安机关及时调整工作部署，创新工作方法，瞄准难点持续发力，久久为功。"中国式过马路"是长期形成的陋习，严重危害交通安全，困扰民众的出行质量，天怒人怨。过去，公安机关曾多次进行治理，都没有得到根治。"中国式过马路"是网民对部分国人集体闯红灯现象的调侃，即"凑够一撮人就可以走了，无视红绿灯的存在"。话题一经推出立即引发网民的共鸣，媒体和各方力量都纷纷参与讨论。"中国式过马路"已成为城市交通管理的"痼疾"，探究这一现象的原因不仅有国人规则意识的淡薄，更有政府管理手段的乏力和无奈。而管理无可奈何的根本就是对路权的无序争夺。路权是人人应享有的一种权利，按理说，行人、非机动车、机动车都享有相应的路权，彼此应尊重他方的权利，可是在道路资源有限的背景下，各方相互争夺、互不相让的现象比比皆是，导致交通秩序的种种乱象。经过各方的充分讨论和分析，探明问题的症结就在"路权分配"，于是，公安机关和其他政府部门瞄准路权对症下药，一方面积极改善路口的交通通行环境，同时，加大现场处罚的力度。北京市把全面治理行人及非机动车交通违法行为作为交通秩序整治的重点，通过纠正、教育、批评和处罚等措施治理"中国式过马路"现象。浙江省策动起"一号行动"，着力于车辆行人闯红灯等8类严重交通违法行为。深圳市开发智能行人过街系统，保护引导行人过马路。

社情民意是社会稳定的风向标。社情民意承载纷繁的利益诉求，交织着复杂的利益关系。党和政府治国理政的一言一行都和民众的利益有着千丝万缕的关联，因此，群众的满意度是检验政府依法施政的基本标准。金杯银杯不如群众的口碑。政府制定的法律、规章、政策等都和千家万户的利益休戚相关。法律政策的制定必须以尊重群众的利益为前提，法律政策的效果必须以维护群众的利益为标准，只有这样，政府的法律政策的推行才能切实得到群众的支持与拥护。过去，群众意见的反馈多以人际传播的方式实现。因覆盖面狭窄，传播速度迟缓，信息容易衰竭等局限性，很难代表绝大多数人的意见，因此，法律政策的制定就注定存在先天不足。现在，各级政府充分利用网络问政，法律政策的制定前、实施中都会广泛征求民众的意见。不同阶层、群体从各自的立场表达利益维护的关切。政府虚心接受民众的意见和建议，综合考量各方利益的均衡，维护社会的公平正义，努力实现社会效应、经济效应、法律效应的统一。近年来，以网络电信诈骗为代表的非接触类犯罪高发、频发，严重地危害到民众的生命财产安全。因犯罪跨时空、跨地域、非接触，使案件的管辖面临现实的法律难题，加之打击手段的不适应，导致立案难、取证难、破案难、打击难，群众意见较大。2019 年 1 月实施的《公安机关办理行政案件程序规定》明确规定："针对或者利用网络实施的违法行为，用于实施违法行为的网站服务器所在地、网络接入地以及网站建立者或者管理者所在地，被侵害的网络及其运营者所在地，违法过程中违法行为人、被侵害人使用的网络及其运营者所在地，被侵害人被侵害时所在地，以及被侵害人财产遭受损失地公安机关可以管辖。"通过完善管辖、受理制度，彻底破除了长期困扰基层执法的报案、立案的难题。针对来自网络的不法侵害，民众可以随时随地报警求助，基层公安机关可以实时立案查处。

社情民意是社会稳定的"安全阀"。和谐社会所推崇的稳定绝不是僵化的、一成不变的、死水微澜的稳定，而是动态的、可控的稳定。发展的风险处处冲击稳定的堤坝。在各方利益博弈中，不失时机地释放风险的压力，以底线思维，保证风险的适度可控，加固稳定的堤坝。民众的诉求时时撞击法律、道德、社会的底线。在人民内部矛盾视阈下，充分保障民众的知情权、表达权、参与权、监督权，积极打造舆论的"泄洪"机制，方便民众的牢骚、不满及时宣泄，保证民众利益诉求的合理解决，减少或避免社会阵痛。城市生活，不同阶层群体自主选择不同的交通工具满足出行的需要。公共交通、私家汽车、非机动车、步行等充分满足个性需求，但是城市稀缺的道路交通资源和旺盛的出行需求成为一对相生相克的矛盾统一体。人、车、路的尖锐矛盾已严重地影响到了市民的生活质量和社会治安稳定，成为久治不愈的城市病。政府和公安机关为保证城市的良性运转，只有锲而不舍地加大城市交通治理力度，在改善道路通行环境，增加公交运能的前提下，不得不对市民的出行工具和方式进行引导和干预，以缓解道路交通的压力。2016 年 3 月，深圳市公安局在经过广泛调研和征询民意的基础上，开展了一场被称为史上最严厉的"禁摩限电"集中整治行动，重点打击在地铁、公交站点、口岸和商业区聚集非法拉客违法行为，超标电动自行车成为重点治理对象。行动刚开始 10 天就查扣电动车 17975 辆，拘留 874 人。风暴行动效果立现。但是，这种叫座的行动并没有赢得市民的一致叫好。反倒是来自网络的质疑声此起彼伏，"风暴行动"反陷入舆论的风暴中。电动自行车是低收入人群和低端行业高度依赖的交通工具。"禁摩限电"影响到底层群众和行业的利益，尤其是刚刚兴起的快递行业的生存。来自城市底层人群的强烈诉求迅速引起政府和公安机关的高度重视，多次邀请媒体、市民、企业主座谈，共商大计。欢迎市民利用网络和新媒体发表意见，共同参与交通治理。政府态度明确坚定："任何行业的发展不能以牺牲公共利益、公共秩序、公共安全为前提。"同时，政府也积极回应民众的关切，一方面增加快递行业的电动自行车的配额，另一方面帮助快递企业加强自律，主动清理，杜绝使用电动三轮车。刚性的法条和柔性的执法相统一，使民众感受到更多、更实在的获得感、幸福感和安全感。

四、守护公平正义

公平正义不仅是中国特色社会主义的内在要求，而且是社会主义核心价值观的重要内容。实现社会公平正义是中国共产党人的一贯主张，是发展中国特色社会主义的重大任务。党的十八大以来，习近平总书记始终高度关注社会公平正义问题，习近平总书记多次对实现社会公平正义进行了深刻阐释，强调："国家建设是全体人民共同的事业，国家发展过程也是全体人民共享成果的过程。我们一定要适应改革开放和发展社会主义市场经济的新形势，从政治、经济、社会、文化、法律、行政等各方面采取有力措施，促进社会公平正义，实现好、维护好、发展好最广大人民根本利益，特别是要实现好、维护好、发展好广大普通劳动者根本利益。"

公平正义是人类社会共同的价值追求。古往今来，人们对公平正义的理解千差万别。习近平总书记深刻指出："在不同发展水平上，在不同历史时期，不同思想认识的人，不同阶层的人，对社会公平正义的认识和诉求也会不同。"中国的《论语》中记载："丘也闻有国有家者，不患寡而患不均，不患贫而患不安。"古希腊思想家柏拉图在其《理想国》一书中认为，公平正义的实现在于每个公民必须在其所属的地位上尽自己的义务。美国著名政治哲学家罗尔斯在其名著《正义论》中阐释：正义是社会制度的首要价值，正像真理是思想体系的首要价值一样。中外众多的公平正义观，都试图从美德、良善、平等、自由、安全、福祉等不同方向找寻答案。

公平正义的内涵深邃而具体，精神而物质，实体而程序，既宽泛深不可测，又具体可触可感，但都和民众的利益息息相关，因此，公平正义比太阳还要有光辉。公安机关和人民警察既是公平正义的实践者，又是公平正义的守护者。坚持公正文明规范执法就是实现社会公平正义的具体行动。不同的阶层和群体对于公平正义自有不同的诉求表达。民众不仅渴望分配的公平、机会的公平、表达的公平，更期盼平等参与、平等发展的权利保证。面对民众的新期待、新要求，公安机关和人民警察不仅要保持不畏浮云遮望眼的政治定力，还要坚守公正文明规范执法的责任与担当，努力实现好、维护好、发展好最广大人民的根本利益。因发展、环境、腐败等诸多因素影响，社会的不公正现象还比较严重地存在，公安机关和人民警察有责任对侵害社会公平正义的现象和行为进行不懈的斗争。守护好、捍卫好、发展好社会的公平正义是公安机关的神圣职责。

（一）用发展守护公平正义

新时代社会的主要矛盾是人民日益增长的美好生活的需要与不平衡不充分发展之间的矛盾。发展的不平衡不充分在民生领域突出表现在机会的不均衡和分配的不公平。一些地方官商勾结，巧取豪夺，权钱交易，更加剧了不平衡不充分的矛盾，人为造成阶层对立和民众对政府的不信任。民众普遍表达的就业难、看病难、升学难等民生疾苦，无一不是对社会公平正义的强烈诉求。政府一方面要通过制度的设计，铲除腐败毒瘤，破除利益的藩篱，营造风清气正的社会风气；另一方面着力发展经济，不断丰富社会物质财富，健全基本公共服务体系，促进基本公共服务均等化，做大做强分配蛋糕，使民众在发展中有更多、更实在的获得感、幸福感。

绝对的公平正义是空想社会主义者勾画设计出的一幅人人平等的公正画卷，为人们提供了一个社会发展的理想目标。在社会主义初级阶段，这种理想目标具有一定的抽象动员蕴含，它以巨大的精神力量指引和激发人民群众的奋斗热情。在社会财富积累到一定程度之后，人们的动力需要一定的物质财富和精细化理念支持。收入和财富的公平正义既是当代西方发达国家注重解决的理论和实践问题，也是我国当前需要解决的突出问题。[①] 公平正义的理念不是空想主义的乌托邦，和财富、权益、精神追求等因素紧密相连，具有强烈的现实意蕴，具体可感触，又具有鲜明的发展愿望，显性可期待。2016年5月20日，

---

① 陈凤艳、郭永良：《论警察执法中公平正义的实现——以社会冲突为背景》，载《河南警察学院学报》2018年第6期。

中央第 24 次全面深化改革领导小组会议上，审议通过《关于深化公安执法规范化建设的意见》，就"执法规范化"提出具体方案，要求努力让人民群众在每一项执法活动，每一起案件办理中都能感受到社会公平正义。这也是中央所倡导的公平正义观对公安工作的明确要求和具体目标。"每一项""每一起"的公平正义，不论当下，还是将来，都是公安工作必须实现的标准。在当前社会矛盾凸显、社会冲突多发的背景下，公安机关必须毫不动摇地坚持这一标准。公安机关通过具体执法活动，将抽象的公平正义理念具体化、显性化、可触摸化，以点带面，缓和社会矛盾，化解社会冲突，推动社会正能量的传播和良好法治氛围的形成。

（二）用改革守护公平正义

党的十八届三中全会将司法改革确定为全面深化改革的重点领域之一。以审判为中心的刑事诉讼制度改革，在顶层设计的指引下，一路涉险滩、闯难关、啃硬骨头，成为改革涉及层级最多、触及利益最多、最需要改革勇气的重头戏。长期沿袭的以侦查为中心的刑事诉讼样式——"公安做饭，检察院端饭，法院吃饭"，存在着较多的体制机制的弊端，容易引发冤假错案，也为人情案、金情案、关系案留下较大的操作空间，严重地损害了人民群众利益和司法公信力。司法改革牢牢扭住司法责任制的"牛鼻子"，全面检视现有各方面体制机制和政策规定，哪里有不符合促进社会公平正义的问题，改革的利刃就削向哪里；哪个领域、哪个环节问题突出，改革就在哪个领域、哪个环节发力；群众有什么不满意，有什么利益诉求，改革就回应什么。

（三）用法治守护公平正义

公平正义是治国理政的价值追求和坚定信仰。"法者，天下之公器。"促进社会公平正义离不开法治的有力保障。而法治建设关键在科学立法、严格执法、公正司法、全民守法。法律的不健全就会使不法分子有机可乘，甚至胆敢挑衅法治的底线，肆意侵害他人的合法权益。通过科学方法，将公正、公平、公开原则贯穿立法全过程，完善体现权利公平、机会公平、规则公平的法律制度，保障公民人身权、财产权、基本政治权利等各项权利不受侵犯，保障公民经济、文化、社会等各方面权利得到落实。法律面前人人平等，任何组织和个人都必须遵守宪法法律权威，都必须在宪法法律范围内活动，都不得有超越宪法法律的特权。推进公正司法就是要从确保依法独立公正行使审判权、检察权，健全司法权力运行机制，完善人权司法保障制度等方面，着力破解体制性、机制性、保障性障碍，不断提高司法公信力，发挥公正司法对维护社会公平正义最后一道防线的作用。依法治国是一个系统工程，各级领导干部应带头依法办事，带头遵守法律、担当起法治建设的责任。在全社会营造守法光荣、违法可耻的氛围，使全体人民都成为社会主义法治的忠实崇尚者，自觉遵守者，坚定捍卫者。

（四）用规范守护公平正义

2019年5月7日，在全国公安工作会议上，习近平总书记指出："公平正义是执法司法工作的生命线。"这一论断指明了公安工作的价值追求，回应了亿万民众的热切期盼。

时代发展要求公安执法规范。公安机关是与民众联系最广泛，沟通最直接的执法力量。新媒体时代，民警执法活动总是展露在舆论的聚光灯下，一言一行、一举一动都会接受民众的审视，执法过程、执法效果都会受到民众的评判，稍有瑕疵极有可能被放大，成为舆论的话题。

依法治国要求公安执法规范。民警执法服从于法律和制度的约束，一举一动有法可依，一张一弛有章可循。执法的全过程、全要素都在法律的轨道上运行，使民众切身感受到规范公正文明执法就是看得见摸得着的公平正义。

司法体制改革要求公安执法规范。以审判为中心的诉讼制度改革要求庭审实质化，法庭对侦查机关提供的证据不再直接采信，要求通过质证方式来确定证据的合法性与客观性。程序上的不合法或来源不明的证据，一律被列为非法证据，予以排除。只有执法的规范才能保证实体合法和程序合法。

守护公平正义是公安工作最重要的价值取向，也是执法规范化建设的根本目标。公平正义在不同历史时期会有不同的价值取向和原则操守。守护社会的公平正义，公安机关就必须顺应时代的要求和发展需要，积极回应人民群众的新期待，不失时机地调整变革警务机制和体制，不断以新的理念、新的方法、新的手段、新的效果实现好、维护好、发展好最广大人民的根本利益。

民众对美好生活的向往内涵丰富、诉求广泛、表达深刻，现实社会的回应不可能事无巨细、面面俱到，只有坚守公平正义的原则，才能使社会不同利益群体各尽其能，各得其所，和谐相处。制度的安排和创新必然触及部分阶层群体的切身利益。为了减少阻力和代价，在进行制度安排和创新的过程中，必须牢固守护好公平正义的原则，才能取得社会各阶层的共识和认同，使出台的政策举措获得最广泛的社会支持，从而得以顺利实施。改革开放涉及各种不同利益关系的再调整，为了避免社会的动荡与阵痛，更必须守护好公平正义的原则，争取绝大多数成员受益，才能取得社会不同群体的广泛支持和拥护，有效整合社会各种资源和力量，实现全社会的团结与合作，保证社会既充满活力又安定有序。

第四节　无法封存的用户体验

网络和电信技术的发展，催生出新兴的媒体形态，为民众提供不一样的用户体验。用户体验后所表达的真情实感决定用户对新兴媒体的黏性和忠诚度。对此，腾讯的创始人马化腾深有感触地说："在腾讯，用户体验比一切事情都大。"因为，用户体验决定了新兴媒体的成败与兴亡。

回首新媒体发展的历程，有些新兴媒介顺应时代的发展大潮，一时风光无限，天下无双，不久，却在自我陶醉中灰飞烟灭。博客是为知识精英打造的一方展示自我的平台，指点江山，激扬文字，一时间，风云激荡，舍我其谁，知识精英积蓄已久的表达欲望获得充分的释放。博客完全成为博主自产自销的一畦菜园子。和传播客体稀疏的交互，也如师生课堂上的应答一般，博主永远站立在道德的高地，傲视苍生。接受者始终只是茫然的看客。后起的微博迅速取代了博客成为新媒体的核心。与其说是技术超越了博客，不如说是用户体验秒杀了博客。从此，用户体验被新兴媒体推向至尊的地位。随后的"两微一端"无一不是对用户体验关怀备至。

用户体验一般是指用户使用一个产品或系统之前、使用期间和使用之后全部感受，包括情感、信仰、喜好、认知、印象、生理和心理反应、行为和成就等各个方面。显然，用户体验主要表现在纯主观的感受。受使用者状态、系统性能以及环境等主要因素的影响，不同用户自然会有不一样的主观感受，而归根结底就是"这个东西好不好用，用起来方不方便"。好用、方便成为用户体验最直接的感受，也是产品质量最根本的评判标准。

计算机技术和互联网的发展使技术创新形态正在发生转变，以用户为中心，以人为本越来越得到重视，用户体验也因此被称作创新 2.0 模式的精髓。新媒体利用交互，广泛收集用户体验的感受。然后对标感受，不断改进创新技术，以满足用户不断增长的美好生活需要。从初始的传播表达功能，逐步扩展到社交、娱乐、交易、教育等功能，随着用户体验的不断丰富，新媒体技术不断向人们生产生活宽广领域渗透。网络和新媒体技术始终追求以人为本的至终目标，不断满足、适应用户体验，使新媒体技术日臻成熟。

用户体验是微警务发展壮大的命脉所系。民众走向网络，公安工作的重心也逐步向网络转移。微警务就是在充分回应民众新期待、新要求的社会背景下孕育产生的，并在不断满足民众对美好生活需要的进程中发展壮大。同样，用户体验对微警务建设来说至关重要。

用户体验是推动微警务发展的动力。为了充分满足民众的个性化需求，公安机关不断开发新的应用（产品）和新技术，主动提供定制化服务，全面体现产品有用的属性。在运用中，根据民众的感官、交互、情感的感受，不断地调整丰富功能设置和版本升级，充分实现产品的好用属性，不断回应民众的新期待、新要求，增强民众对产品的活跃度、忠诚度和黏性。可以说，以人民为中心和以用户为中心理念的同一性在微警务得到了充分的实现。

用户体验是决定微警务成败的根本。民众是微警务服务的主要对象。民众的酸甜苦辣、柴米油盐都是服务的内容。微警务产品的功能设计必须紧贴民众生产生活的迫切需求，切忌虎头蛇尾，更忌讳"假大空"。不接地气的产品（服务），民众只有敬而远之，产品自然被淘汰。微警务的任一款产品（服务）都是为满足民众个性需求而存在，为特定的人群提供定制化服务。产品追求个性品质，切忌"高大上"，防止在光鲜亮丽的包装下丧失了个性的根本，沦为可有可无的"大路货"。用户体验始终贯穿于产品的设计、创新的全过程。产品高扬以用户为中心的服务理念，注重人的全面发展，因此，在使用前、使用中、使用后，用户体验始终发挥引导作用。时刻围绕用户体验适时技术创新，为用户体验提供更好、更全的舒适度。如果罔顾用户体验，产品的命运只会是"僵尸""空壳"，被用户抛弃。

用户体验是倒逼现代警务变革的要素。微警务产品（服务）的开发和运用，进一步促进公安工作的便民、利民、惠民。警民沟通也从面对面开始走向键对键。基层公安机关通过线上线下的用户体验，反观、检视产品（服务）的质量和效能，以便针对工作的漏洞和薄弱环节加以改进和技术创新。特别是用户的交互体验，更直观、更生动地反映出公安工作的缺点与不足，并督促公安机关加以改进。用户体验本质也是一种监督，在交互中，公安机关和民警的工作作风、服务理念、创新意识等无不客观、真实地展现在民众的面前。进步与差距，民众都是心明眼亮。来自民众的呼声成为改进创新工作的第一信号。公安工作就是从民众不满意的地方改起。

任何时候，用户体验都寄托着对美好生活的向往，这种向往也是产品技术变革、质量变革、效率变革的动力源泉。一方面通过线上对产品功能的拓展使民众美好的向往变得触手可及，另一方面通过线下对警务体制机制的变革使民众的美好向往尽快变成现实美景。用户的需求永远是微警务变革创新的强大动力。

社会主要矛盾的历史性转变，微警务的发展面临重大时代课题。人民群众对美好生活的需要要求微警务提供更丰富、更便捷的产品（服务），以进一步满足个性化需求。不同阶层群体对美好生活的预期和愿景千差万别。这种需求的层次性、差异化，迫使微警务开发出更多个性化产品，加快推进公共安全产品（服务）供给侧结构性改革，提供优质、高端服务。发展的不平衡不充分的现实警示微警务的发展不仅要坚持普惠式服务，更要强调差异化服务。从用户的体验中完全可以反映出区域的不平衡、城乡的不平衡、分配的不平衡、文化的不平衡等社会现象，要求微警务产品（服务）更精准、更精细。

用户体验无穷无尽，微警务的发展永远在路上。

一、业态重构永无止境

相对于传统媒体，新媒体只是一个相对的、始终处于变动状态的概念，新旧之间并没有历史的时间分水岭。从古至今，每一次传播技术的进步都会引发传播格局的变革，由此衍生出一系列的新兴媒体。21世纪初，网络技术的发展，快速催生出一系列的新兴媒体，给人类社会带来了剧烈的震荡。人们的思维方式、生活习性、行为习惯等在新兴媒体的影响下正在发生渐进的变化。紧密的交互培育了民众对新兴媒体的高度依存，丰富了媒介生态，提升了媒介的黏性。每一种新兴媒体形态都是以新的技术、新的业态面世，通过交互的方法、手段不断渗透民众生产生活的各个领域。微博如此，微信亦如此。

新兴媒体始终坚持以人为本的发展理念，不断满足用户体验的舒适感。而舒适感的实现更多依靠新技术、新业态。微博利用蜂窝状的人际关系实现病毒式传播。微信利用摇一摇、扫一扫、看一看、搜一搜等新技术、新业态呈现情感体验的美景世界。移动客户端紧贴个性化需求，将线下的场景移植进入线上，极大提升了用户的舒适度。近年来，网络直播和短视频风头正劲，新业态层出不穷且更替频繁。据《中国青年报》的调查显示，49.1%的受访者每天浏览短视频半小时以上。搞笑有趣、可以消磨时间和能学到不少生活"妙招"是用户被短视频吸引的三大主要原因。2017年以来，短视频呈现出草根化的发展趋势，以普通用户内容生产为主的短视频构成了"快手""抖音"等大众类短视频社交平台的主要推送内容。由于平台内容和生产主体的草根化，促使短视频内容生产门槛降低，内容具有易模仿和社交属性，普通用户参与度高，难度小，易上手。

随着网络技术的进步，微警务的产品（服务）不断提级升档，通过业态重构，实现服务的精细、精准。任何一款微警务产品的设计开发都从聚焦主责主业着手，随着用户体验的深化，服务功能不断地拓展，并衍生出新兴的业态。围绕主责主业，逐步扩大丰富服务的方法、模式、技术和体验，充分满足用户感官、交互、情感体验的需求，一方面提供资讯发布、政策咨询，引导民众学法、懂法、守法，另一方面将现实场景植入线上，提供感官体验，避免沟通的误解和错判。譬如，交警APP的"缴款"功能使用，不仅要执法公开，提供关于执法依据、时效、程序、结果的法律规定，还要事件公开，提供交通违法的图片、视频、法律文书等。

服务提供的越精细、越精确，用户体验就越真实、越舒适。特别是服务创新，必定产生出新的模式、方式、技术或体验，必定呈现出新兴业态。在微警务中，公安机关创新服务的方式、手段，同样能产生出新兴业态。证件的网上办理，将传统的一条龙服务全部引向线上。信息核查、甄别，照片的上传、获取，证照的生成、发放等一系列的服务环节都告别手工劳作，依靠人机协同来完成，避免了人为误差，提升了服务的质量。

与此同时，技术要素、社会制度要素发生创新，或者有明显变化也成为新兴业态产生的重要节点。信息采集是基层公安机关的日常工作。过去依靠人工入户采集，现在依靠大数据和人工智能自动抽取生成，由此衍生了庞大的信息采集产业链条。在垂直技术的各个层面都产生出新的业态。信息的汇聚、分析、研判、萃取、融合等方法、手段日臻成熟，充分满足实战需要。

近年来，可视化技术的应用与研究在需求和资金的推动下突飞猛进。公安机关适时将此项新技术引入舆情应对工作之中。可视化技术能够对复杂的舆情数据实现文体抓取、文本聚类、热点话题的情感分析。利用离散图、树状图、数字地图、关键词文字云等数据图形对舆情分析，实现实时图形化处理与呈现。

二、跨界融合永不止步

跨界融合是新媒体的独特魅力。融合来自技术的渗透和用户体验的引领。在数字技术的平台上，任何的跨界融合皆有可能。数字化是融合的前提和基础。在数字化的驱动下，任何形态都会显露出融合的接口和条件，万事万物才有了互联互通的契机和可能。网络推动人类社会走向融合发展的道路，传统的和新兴的融合，新兴的和新兴的融合，在融合中诞生出新的形态、新的技术和新的业态、新的世界。

用户对产品充满了新期待、新要求，促使产品不断地技术变革、服务变革、质量变革。用户的需求不但关注于传统领域和现实美景，更多的是对未知世界的向往和憧憬。对未知的探究必然引发跨界的融合。正是这种不断地探究，才有跨界融合的永不止步。

"互联网＋"战略为跨界融合提供制度设计。通俗地理解，"互联网＋"就是"互联网＋各个传统行业"，但不是简单地两者相加，而是利用信息通信技术以及互联网平台，让互联网与传统行业进行深度融合，创造新的发展生态。它代表一种新的社会形态，即充分发挥互联网在社会资源配置中的优化和集成作用，将互联网的创新成果深度融合于经济社会各领域之中，提升全社会的创新力和生产力，形成更广泛的以互联网为基础设施和实现工具的经济发展新形态。很显然，融合发展始终是在政府主导下，秉持互联网思维循序渐进。互联网＋零售打造了电商的蓬勃发展。由国家驱动的媒体融合，历经多年的发展，新闻传播进入融媒体时代。政务新媒体按照"先开设，后联通，再提高"的原则，开始进入数据互通共享和政务服务升级的阶段。面对发展中存在的数据共享难、系统互通难、业务统筹难等固有问题，各级政府纷纷出台制度破除阻碍信息共享互通的顽症。2017 年 5 月，国务院印发《政务信息系统整合共享实施方案》，旨在切实解决政务信息化建设中的各自为政、重复建设、信息孤岛等问题。2017 年 12 月，中央网信办、国家发改委等联合印发《关于开展国家电子政务综合试点的通知》，准备通过开展两年试点工作，探索有效可推广的电子政务发展模式。依遵顶层设计，各地各部门相继出台了实施细则。2017 年 8 月，陕西省印发了《陕西省政务信息资源共享管理办法》；2017 年 8 月，国家体育总局印发了《加快推进体育总局政务信息系统整合共享工作方案》；2017 年 10 月，江苏省印发了《江苏省政务信息资源共享管理暂行办法》。

2019 年，全国 31 个省（区、市）和新疆生产建设兵团、40 余个国务院部门建成政务服务平台。2019 年 11 月，国家政务服务平台整体上线运行，联通 32 个地区和 46 个国务院部门，对外提供国务院部门 1142 项和地方政府 358 万项在线服务。平台实现了八个方面的创新：第一次建立全国权威身份认证体系、第一次实现全国电子证照目录汇聚和互信互认、第一次实现全国政务服务事项标准化、第一次实现全国政务服务统一评估和投诉建议、第一次解决地方部门平台间用户信任传递问题、第一次构建全国政务服务大数据、第一次实现地方部门政务服务数据共享需求统一受理和服务、第一次实现全国政务服务平台安全一体化管理。①

微警务作为政务新媒体的组成部分，发展中同样遭遇信息共享不顺畅的难题。信息孤岛、利益藩篱不仅存在于各警种、各单位，同样也存在于各系统、各部门，严重地影响着用户体验的舒适感。大量的垂直信息系统和企业、社会组织上下关联，要实现互联互通，难度较大。小汽车作为大众交通工具早已进入千家万户。围绕小汽车的证照手续涉及政府、企业和社会组织。每年为了办理相关的证照手续，用户不得不四处奔波。尽管有关的证照手续完全可以线上办理，可是政出多门，用户仍难免车马劳顿。遇上信息不共享的环节，用户不得不多次跑、来回跑。再多的 APP，也只是解决垂直信息系统中的某个环节，还有大量的 APP 得不厌其烦地去应付。如果真有一天，围绕小汽车的信息能

---

① 中国互联网络信息中心：《第 45 次中国互联网络发展状况统计报告》。

够在政府、企业、社会组织之间实现互联共享，用户才能真正享受"只跑一趟"。2018 年，全国"两会"的《政府工作报告》提出，深入推进"互联网 + 政务服务"，使更多事项在网上办理，必须到现场的也要办事做到"只进一扇门""最多跑一趟"。只有加快全社会信息系统的互联互通，打通信息孤岛，美好的愿景才能实现。

三、深度学习永不停歇

阿尔法（AlphaGo）围棋是一款围棋人工智能程序。由谷歌旗下 Deep Mind 公司戴密斯·哈萨比斯领衔的团队开发。其主要工作原理是"深度学习"。2016 年 3 月，阿尔法围棋与围棋世界冠军职业九段棋手李世石大战五局，终以四比一的总比分获胜。2016 年末 2017 年初，阿尔法围棋在中国棋类网站上以"大师"为注册账号，与中日韩数十位围棋高手进行快棋对决，连续 60 局无一败绩。2017 年 5 月，在中国乌镇围棋峰会上，阿尔法围棋与排名第一的世界围棋冠军柯洁对战，以三比零的总比分获胜。三场人机大战，阿尔法围棋完胜，电脑战胜人脑。欧洲围棋冠军樊麾战后深有感触地说："如果没有人告诉我，我一定不知道它是电脑。它太像人了。它一定在思考。按照人的说法，它应该有棋风吧。"

阿尔法围棋的全面完胜，还不能由此就宣称机器人比自然人更先进，此言为时过早。人机大战最终极的胜者应是人工智能。阿尔法围棋的胜利为人工智能打造了一场全球性的科普，也为人工智能技术开发带来崭新的希望。1956 年，计算机科学家相聚达特茅斯会议，提出了"人工智能"的概念。此后，人工智能开始在科研实验室中慢慢孵化。社会对人工智能一直存在两种绝对的意见，或歌颂或攻讦。人工智能始终在两极反转的目光中慢慢变成现实。人机大战后，人们才猛然发觉人工智能早已渗透到每一个人的工作和生活中。深藏于实验室的人工智能早已秘而不宣地走向"深蓝"，为人类的吃、住、行、玩提供便利和舒适，未来的人工智能将为经济和社会的发展提供强大动力。

人工智能是一门科学。机器学习是目前最主流的人工智能的实现方法。而深度学习则是机器学习的一个分支，也是当下最流行的机器学习的一种。深度学习帮助计算机理解大量图像、声音和文本形式的数据。利用多层次的神经网络，计算机能像人类一样观察、学习复杂的情况，并作出相应的反应，有时甚至比人类做得还好。深度学习成功应用于计算机视觉、语音识别、记忆网络、自然语音处理等领域。阿尔法围棋的核心系统就是基于神经网络的深度学习。模拟人脑神经网络，通过大量数据分析学习 3000 万步的职业棋手棋谱，再通过增强学习的方法自我博弈，寻找比基础棋谱更多的打点来击败人类。难怪世界排名第一的围棋冠军柯洁面对对手哀叹："在我看来，它就是围棋上帝，能够打败一切。"

近年来，人工智能进入爆发期，首先得益于 GPU 的广泛应用，使得并行计算变得更快、更便宜、更有效，还有无限拓展的存储能力和骤然爆发的数据洪流，使得图像数据、文本数据、交易数据、映射数据全面海量爆发，这些都为人工智能的发展创造了厚实的基础。以机器学习、知识图谱为代表的人工智能逐渐普及，从车牌识别、人脸识别、语音问答、推荐系统和自动驾驶深度渗透到人们的生产生活。其中的人脸识别正成为公安工作的新方法、新手段、新模式，广泛应用于刑侦、治安、服务等层面，发挥了重要的作用。过去，视频检索完全依靠肉眼逐帧逐段地阅读、查找，耗时耗力，效果还不甚理想。现在基于深度学习技术的视觉识别改变了一切。先进的监控系统依靠强大的人工智能支持瞬间从视频中识别出人脸、车牌等。只要给系统输入嫌疑人的照片，神经网络可以飞速地从海量视频中锁定目标，并自动生成目标移动轨迹，固定电子证据链。

深度学习重点作用于神经网络，将用户体验的感受预判、预知、预设并经过反复的训练，使得机器的学习实现众多的应用，并拓展了人工智能领域范围，使所有的机器辅助功能都变为可能。无人驾驶汽车、预防性医疗保健等美景指日可待。

四、智能治理永无终期

基于深度学习技术掀起的人工智能浪潮正强烈地冲击着传统产业的根基，深刻影响民众的生产生活。世界各国敏锐洞察到人工智能给传统产业带来的转型升级、提质换挡的契机，纷纷从国家战略层面布局人工智能，主动引导智能革命。2016 年，美国政府先后发布了《国家人工智能研究与发展战略规划》等三份报告。同年，英国也发布了关于人工智能的战略报告，倡导以发展人工智能来提升企业竞争力、政府治理能力和综合国力。中国政府积极主导人工智能的研发和推进，并将人工智能作为淘汰落后产能，实现传统产业腾笼换鸟、转型升级的重要手段。2015 年 7 月，国务院发布《关于积极推进"互联网＋"行动的指导意见》，其中就提及发展人工智能。2016 年 5 月，国务院再次颁发《"互联网＋"人工智能三年行动实施方案》正式公布人工智能产业纲领。2017 年 3 月，"人工智能"写入全国"两会"的《政府工作报告》。中国的高端企业和科研院所积极参与人工智能的研发工作，并取得不少骄人的业绩。在某些领域领先世界先进水平。智能物流、智能地图、无人驾驶等开始造福人类。

百度公司创始人、董事长兼首席执行官李彦宏在《智能革命——迎接人工智能时代的社会、经济与文化变革》一书中对智能革命的美景曾有一番精彩的描述：语音识别能力、图像识别能力、自然语言理解能力，包括为用户画像的能力，这些都是人的最本质的智慧能力。当计算机拥有了人的这些能力时，一场新的革命就会到来。以后速记员和同声传译人员可能会被机器代替，计算机可以做得更好。以后也许不需要司机了，车自己就可以开起来，更安全、更有效率。在企业里，金牌客服可能人人都可以做了，因为有了智能客服助手。人工智能对人的这种赋能，超过了以往任何一个时代。工业革命解放了人的体力，过去一些像搬石头之类的粗活需要人类自己来干，现在机器可以替你把更大的石头搬起来。智能革命到来之后，原本很多费脑子的事情，机器也可以帮你做。未来20—50年，我们会不断看到各种各样的变化，收获各种各样的惊喜。这是一个很自然的过程。

数十年来，一代代的科研人员致力于人工智能的研发，不懈奋斗，终于掀起人工智能的浪潮。一方面得益于互联网汇聚起科学家梦寐以求的海量数据，另一方面得益于深度学习的技术支撑。人工智能不仅是用机器、系统替代传统的繁杂手工劳作，解放生产力，更重要的是给经济社会带来了全新的理念、方法、手段、模式，彻底地引爆一场智能革命。社会治理是经历智能革命收效最明显、收益最多的领域。智能交通、智能消防、智能警务正发挥着较好的社会效益、政治效益、经济效益。百度地图不再是一份简单的电子地图，经过不断地赋能，成为功能强大、效果凸显的系统和平台，全面融入社会治理。依靠智能手机的定位功能，百度地图可以实时更新路况监测结果，精确地告诉每一个位置用户当前自己所面对的路面情况，方便用户及时作出合理选择。通过数据可视化技术和各种评估手段，百度地图可以准确描绘出任何时间节点城市车流、人流的数据变化，为城市管理提供决策参考。百度地图每天提供位置服务次数最高突破720亿次，每一次都是人类的活动记录。海量的数据是经济社会的重要资源，也是社会治理的重要参照。2016年11月，百度正式接入公安部儿童失踪信息紧急发布平台，每当有儿童失踪事件发生时，百度地图和手机百度就会把失踪儿童的姓名、面貌特征、失踪时间等重要信息精准推送给失踪地点周边的用户，使用户可以第一时间参与找回失踪儿童的过程。而在失踪儿童被寻回后，百度地图和手机百度也会及时更新结案标识，让社会各界人士随时了解进展。

各级公安机关和企业、院所密切合作，将智能革命引入警务实战中，在智能交通方面斩获最丰硕。根据车流、人流，及时调整交通设施，提高车辆通行速度，一举消除交通瓶颈，使交通参与者感受到路顺人畅。

智能警务刚刚起步，前方的征途道阻且长。

第三章　微传播力

　　资讯传播是微警务在基层公安机关兴起的初心。后随着新媒体的全面渗透，微警务的功能从资讯传播不断向全领域、全要素扩张，乃至全覆盖。

　　微传播是指利用"两微一端"为主要平台的传播行为。微传播始终是微警务最强劲的核心功能。

　　传统媒体格局中，传播的渠道和内容由"把关人"严防死守。传媒人严格依照学院派的清规戒律，坚定地捍卫传播的价值和时效，恪守宏大主题的要求和完备的新闻要素的军规，摒除一切零碎的、细微的诉求表达。民众的家长里短，街谈巷议，嘈嘈切切，碎片而凌乱的信息中折射不出宏大的主题和新闻价值，自然被传媒漠视而冷落。民众对传统媒体除了敬畏，只有远之。基层公安机关的日常警务多是一些婆婆妈妈式的琐碎事，而这些繁杂的琐碎中既没有新意，也没有时效，自然难入传媒的"法眼"，可就是这些婆婆妈妈式的琐碎中透着民意、民心、民情、民生。公安机关和民警绝不敢有丝毫的大意和懈怠。而这些不具有新闻价值的"琐事小情"，都是公安机关需要着力传播的大事、要事。政策宣讲、警情预报、安民告示大都只能依靠人际传播来完成，从海报、黑板报、标语、传单，到小喇叭、坝坝会、咨询台等全都拿来使用，沿用了上千年的人际传播方式、方法仍在基层警务中大显身手。

　　新媒体为民众提供了自由表达的广阔平台。基层公安机关和民警迅速把握住这一千载难逢的机遇，将新媒体传播的理念、方法、手段引入警务工作，首先从资讯传播环节破局，以"两微一端"为抓手开启了微传播新局面。基层民警随时随地向辖区群众传播最新的资讯，汇报最近的工作成绩，宣讲最新颁布的法规政策，发布最急的治安预警。微传播在传播者和接受者之间迅速完成，而且不用担心因介质原因出现信息的变异和衰竭。通过圈粉、组群，社区民警将辖区的居民紧密地吸引进社群，保证了信息送达的准确，有利于传播的真实、新鲜。通过交互，基层民警实时掌握来自社会神经末梢传导出的社情民意，及时调整工作部署，有效防范化解社会稳定的风险。针对用户体验，公安机关不断开发和创新传播产品（系统），以新的理念、新的方法、新的效能满足民众对美好生活的向往，不断提升微传播的影响力。

第一节　微传播的基本要素

自由表达是微传播的显著特征，没有了层级化的"把关人"，把关的天职传导给了微传播的主体，即传播平台和传播者，其实就是人人都是传播者，人人都是"把关人"。但凡会操作电脑，会使用手机的都能成为传播者。这种传播的低门槛正是新媒体兴旺发达的群众基础。

自媒体传播渠道的自由开放，民众的表达权获得充分尊重。民众随时随地表达自己的诉求和愿景，并在交互中寻找到利益相同或相近的同盟军，共同维护各自阶层群体利益的舆论，构造和谐社会的美景。民众充分利用自由表达的渠道，积极行使参与权和监督权，守护社会的公平正义，构建共建共治共享的社会治理新格局。

微传播和传统传播在内容、结构、流程、管理等方面存在天壤之别。内容上，没有明确的立意、时效和新闻眼；结构上没有"金字塔"，没有固化的体裁；流程上更没有程式化的管理，只有自由地表达。微传播往往以一种碎片化的样式呈现，内容和结构不连贯、不完整、不全面，总会表现出一种凌乱无序的镜像。但是，表面看似凌乱的微传播，其实传播力、影响力一点也不微弱。因为微传播最及时、最真实。

真实的，才最有传播力。

微传播彻底颠覆线性传播的形态、特征和规律，积极依循交互式、全息化、非线性的传播规律，构建微传播的基本要素，打造微传播生态。

一、网络语言

网络语言是伴随网络的发展而新兴的一种有别于传统平面媒体的语言形式。起初只是为了网友交流便利和满足某种特殊的需求而采取的方式，久而久之就形成了语言形式，包括中英文字母、标点、符号、拼音、图标和文字等多种组合。绝大多数的网络语言根本不符合现代汉语的语法规则，因此被拒绝纳入国家汉语言文字体系，但也有部分网络语言历经岁月的磨练，焕发出持久的语言魅力，承载着丰富的时代内涵，为大众所接纳。如给力、点赞、吐槽、硬核等。尽管不规范、不正统，但网络语言仍旧在网络传播和表达中展现出了独特的语言魅力。一个"亲"字，在网络环境中营造起自由、平等、祥和的氛围，传达了丰富的内涵，任何规范语言都难以企及。

2019年初，中国青年报社社会调查中心联合问卷网对2002名受访者进行的一项调查显示，93.4%的受访者平时会使用网络流行词。67.4%的受访者认为过多使用网络流行语会使代际沟通更加困难。语言学家对网络流行语大多持积极态度。优美的汉语都是从蓬勃旺盛的草根语言中发展出来的，禁止草根语言，语言就没有了生命力。语言的自然发展一定是健康的，在语言的历史长河中永远是大浪淘沙，无须杞人忧天。① 语言本无对错美丑之分，关键是每一种语言表达都是适应题旨情境的，在什么场合，什么角色关系中，就要说什么话。网络传播中积极使用网络语言是理所当然的。

微传播解构了传统社会因地位、角色所拥有的一切优势，在自由的平台上，人人平等、人人交互。长期以来形成的官话、套话的语言风格和体系显然与微传播特征格格不入，这也是基层公安机关和民警掌握微传播面临的重大难题。在长期的传统传播中，公安机关基本形成了自成体系的语言风格和话语体系，依靠职业和地位的优势，不经意间都能透射出管理者咄咄逼人的气势，动辄使用禁止、不许、不能等禁止性词汇，被管理者除了服从遵守，根本就没有沟通的富余空间。这种单向的线性传播，接受者的知情权、表达权、参与权轻易被剥夺，构成表达权的现实不平等。微传播向固化的语言风格和话语体系提出了严峻的挑战。学习网络语言成为公安机关和民警迫切的时代课题。

网络语言是民警走进网络，走向网民的重要工具。淡忘身份，放下身段，学习、熟悉、掌握网络语言成了基层民警的一项基本功。以平视的心态，娴熟的网络评议，在平等的传播平台和网民实时交互，才有可能被网民接纳，和网民打成一片。用词用语的另类极有可能被网民抛弃，甚至引发围观，点燃舆情。

装乖、卖萌都是网络语言的基本形态，也是微传播的必修课。现实中，装乖、卖萌和警察职业威严完全不搭界，但是为了微传播，民警必须放下职业的严肃，熟练乖巧，习惯拧巴，从不适应、不习惯中学会混搭。于是，冷面的警察居然掀起了"卖萌"的狂潮，组织起一幕幕网上的警民狂欢。凡客体、淘宝体、元芳体、甄嬛体……来自公安机关微传播的段子，无一不引来网民极大的关注和追捧，转发和评论数量迅速飙升，粉丝量成倍增长。无怪乎网民惊叹："人类已经无法阻止警察卖萌！"

微传播熟练地运用网络语言标志着公安机关迈出了改文风转作风的坚实步伐，虽说只是微警务的一小步，但是在改善警民关系上走出了一大步。长期以来，公安机关拘泥于社会管理者的角色，习惯于以"铁面"示人，虽励精图治，期望根治"门难进、脸难看、话难听、事难办"的顽疾，但总与百姓的

---

① 《调查显示：九成受访者会使用网络流行语》，载《中国青年报》2019 年 3 月 21 日。

要求存在一定的差距。网络语言再次为公安机关和民警亲近百姓提供了良好的渠道和契机。基层公安机关紧紧把握住这一难得的机遇，以整体装乖、卖萌的实际行动实现了华丽的转身，赢得了广大网民的热情点赞。

二、粉丝文化

粉丝，是英语 Fans 的音译，源起于追星一族，只是在不同的传播环境下对于热心追随者的不同描述。在线性传播中，追星族崇拜的偶像主要是当红的影视明星和歌星。偶像们虽不能完全掌控传播的渠道，但可以巧妙地利用议程设置，将自己进行完美的包装乃至神化，因为信息的不对称，影迷和歌迷很容易被偶像的包装和煽动所迷惑，被动陷入情感的狂热中不能自拔。非线性传播中，偶像及其团体紧紧利用交互的手段，实现线上的行动和线下的活动相呼应，激发追随者强烈的身份认同，聚合起庞大的粉丝群体，产生出粉丝文化现象。

粉丝群体因特有的群体认同感和集体意识感，在微传播中拥有强大的传播力。偶像始终是粉丝关注的焦点。当偶像组织活动时，粉丝的团结性就会变得异常强烈。当黑粉对偶像进行攻击时，粉丝群体会自发抱团来维护偶像的形象。粉丝群体无论是对话风格，还是思维方式，都具有高度的统一性，节奏贯穿于社交的始终，处于同一偶像下的粉丝群体总能达成协调一致，互通有无的节奏韵律，同时，这种节奏感可以使粉丝群体的共识感和认同感达到最大化。当明星进行活动宣传时，粉丝群体最强烈的快乐来源于全身心地投入到同步进行传播活动中，拥有共同的焦点使其无比团结，共享群体情感能量。[1] 在粉丝群体的追捧和置顶下，偶像在微传播中很自然被拥戴成为具有一定影响力的意见领袖。某些"偶像"盛名之下，三观出现歪斜，带偏粉丝群体，无底线恶意炒作，造谣滋事以吸引流量，毒化社会风气，更有甚者，利用情感绑架，煽动粉丝对不同利益群体疯狂实施网络暴力，冲击法治底线。对于粉丝群体及其文化，不同的阶层群体自有不同的认识和判断。因为粉丝群体容易出现极化现象而认定其属于亚文化范畴。因为强大的传播力，而认定粉丝群体是传播的中坚力量，其文化应该得到弘扬。粉丝文化属于大众文化现象，伴随新媒体传播应运而生。新媒体的优势在粉丝文化中明显地表现，如紧密地交互。新媒体的劣势也会在粉丝文化中体现，如极化现象。对于新生事物，切不可一叶障目不见泰山，粉丝群体及其文化在微传播中的积极意义应该得到首肯。

粉丝文化有利于意见气候的形成。粉丝群体作为民间舆论场的主流和中

---

[1]　马梦峤：《基于互动仪式链理论的粉丝文化传播机制研究》，载《今媒体》2019 年 1 月 15 日。

坚，其自身就具备意见气候形成的强大能量。在偶像或意见领袖的加推下引爆网络狂欢，瞬间点燃网络舆情。偶像和粉丝群体的持续围观，甚至有可能影响到舆情走向。由此，舆论引导时必须对意见领袖和粉丝群体给予高度关注。

粉丝文化伴随媒介发展而进步。不同的传播形态孕育出不同的文化生态。全息影像、虚拟现实和人工智能等传播技术的出现让偶像的形式变得更加多元。交互传播进一步破除了粉丝与偶像之间的壁垒，人人皆偶像，人人皆粉丝的场景成为可能。偶像不再是明星的专利，粉丝也不再是影迷歌迷的特有。不同的阶层群体在利益诉求中纷纷拥戴自己追随的偶像，聚合起另类的粉丝群体。群体的认同感不再是单纯的兴趣或好恶，更多的是价值观相向、诉求趋同。达人、大咖、英雄、科学家等具有时代风范的人物纷纷成为新型偶像。在他们的周围聚集起数量不等的粉丝群体。时代在变，技术在变，价值追求也在变。

粉丝文化是微警务传播不可或缺的群众基础，一方面吸引、组织粉丝群体参与公安传播，另一方面培育壮大具有公安文化特色的粉丝群体。通过粉丝文化和公安文化的融合，造就出一支传播公安声音的中坚力量，培养出公安偶像和意见领袖。警察是一门充满风险和挑战的职业，是一方培养偶像、产生偶像的富地。浩瀚星空，公安英雄辈出。英模的浩然正气，惊天地、泣鬼神的传奇故事培育出一代代粉丝群体。基层公安机关应充分利用好粉丝文化，动员、组织粉丝群体共同传播好公安声音，讲好警察故事。

三、眼球效应

无论传媒传播还是微传播，追求的美好愿景都是效果的最大化，实现社会效益、政治效益、经济效益的统一。而实现传播效果最大化的捷径便是引发受众尽可能快而多的关注，产生"眼球效应"。传播者利用各种可能的方法和手段造成醒目、轰动的效果，以便把别人的目光吸引过来，引起受众的注意，以此来宣传自己，推广自己，从而达到某种目的，这便是"眼球效应"的基本内涵。

任何传播都会有受众，有针对性，有目的性，而检验传播力和影响力的重要参数就是"眼球效应"。于是，各种传播平台和参与者为了吸引"眼球"，方法手段无不用其极，矢志追求轰动效果，努力达成理想的愿景。标题党成为追求"眼球效应"的急先锋。一千多年前，一代诗圣杜甫身陷乱世之秋，面对波涛汹涌的江水，引发了无限感慨，留下了七言律诗《江上值水如海势聊短述》。"为人性僻耽佳句，语不惊人死不休。老去诗篇浑漫兴，春来花鸟莫深愁。新添水槛供垂钓，故著浮槎替入舟。焉得思如陶谢手，令渠述作与同游。"其中"语不惊人死不休"为传世名句，道出了杜甫诗作的特色，反映了诗圣认真的写作态度，留传后世，激励后人。为了获得关注度和流量，标题党们早已遗忘了一代诗圣的良苦用心，只是机械地、僵化地追求形式上的"惊世骇俗"，割裂了内容上的完美。最后的结局往往是标题党和虚假信息狼狈为奸。

微警务传播同样对"眼球效应"有着刚性需求，这也是新时代、新技术对公安工作的呼唤。

一是新媒体传播需要"眼球效应"。碎片化阅读面对海量信息，油然而生选择的焦虑症。而标题党就是利用这种焦虑症乘虚而入，肆意妄为。公安的声音有广度、宽度，警察的故事有温度、亮度，自然和标题党们水火不容。但是要提高传播的送达率和准确率，必须适应"眼球效应"。

二是警民沟通需要"眼球效应"。警民沟通的渠道四通八达，沟通的内容宽广无边，没有固定的模式和套路，只有依靠"眼球效应"找寻到最直接的路径。

三是公安文化再造需要"眼球效应"。微警务的变革创新为公安文化注入了新的内涵和形态。为了扩大公安文化的覆盖面和影响力，必须依靠"眼球效应"。

微警务传播的受众主要是辖区百姓，营造"眼球效应"的初衷是为了提高信息的送达率和准确率，完全隔绝了眼球经济的染指。为了吸引民众的关注，不仅要在传播渠道上标新立异，还要在传播内容上新颖别致，在海量信息中闪烁出警察蓝的亮色。

四、品牌经营

网络平台是微传播的重要阵地。不同的媒介形态支撑不一样的传播平台，方法、手段、效果也会不相同。有人戏谑，微博主信息，微信主服务，客户端主交互，虽说不是很绝对，但也从一个侧面反映出"两微一端"的主责主业。各地公安机关应根据工作需要，合理选用传播平台，加强传播阵地建设，打造具有一定的知名度、美誉度的品牌。

网络平台或产品只有经历了用户体验和市场的考验，并具有一定的文化价值，方能释放品牌效应或品牌价值。

品牌是一种口碑。用户体验后对产品表现出良好的美誉度，强化了用户的黏性和忠诚度。

品牌是一种价值。用户对品牌所透射出的理念、形象、价值表现出极大的认同感，提升了品牌文化的魅力。

品牌是一种力量。品牌往往代表的是一种先进的生产力和先进的文化，拥有强大的穿透力和传播力。

因此，品牌具有一种不可抗拒的吸引力和号召力。在信息的海洋中，品牌就是指路定向的旗帜，永远指向正能量。

品牌绝不是与生俱来的，需要苦心经营和耐心磨练。不忘初心，方得始终。首先，准确定位。任何一款传播平台（产品）都不是万能的，产品的选择必须和实际需要紧密结合，明确定位，切不可包打天下。其次，形象的塑造。通过用户体验感受产品的差异化特征，经过不断地变革创新后，充分满足用户的个性化需求，不断在用户心中树立起良好形象。

微警务传播不仅要加强阵地的建设，更要实施品牌战略。

品牌是微传播的旗帜引领。品牌通过不断调整服务功能和场景再造，提供丰富的用户体验，以满足个性化需求。品牌通过交互，不断壮大粉丝群体，强化集体认同感。

品牌是微传播的文化高地。品牌积极回应人民群众的呼声，不断开创便民、利民、惠民的服务举措，让人民群众有更多实在的获得感、幸福感和安全感。品牌旗帜鲜明、针锋相对地同一切腐朽没落、反动的文化现象进行坚决的斗争，动员、组织群众检举、揭发黄赌毒、"黑灰产"、暴恐、黑恶势力等违法犯罪线索，共同打造并维护清朗的网络空间。

品牌是微传播的价值标杆。品牌积极宣讲党的路线、方针、政策，吸引、组织、凝聚人民群众理解、支持党的主张，共圆中华民族复兴的中国梦。品牌坚决捍卫群众的利益，公开反对批驳侵害群众利益的不良言行，维护社会的公平正义，汇聚起舆论场的正能量。

2019年9月20日，正值"@中国警方在线"成为全国首个粉丝量突破3000万的政务微博之际，国务委员、公安部党委书记、部长赵克志寄语"@中国警方在线"，对"@中国警方在线"取得的成绩表示热烈的祝贺。希望"@中国警方在线"坚持正确的政治方向、舆论导向、价值取向，不断推动传播理念、内容、形式、方法、手段创新，加强同公安其他媒体特别是新媒体的协作联动和共融共通，着力打造富有公安特色的新媒体矩阵，建设具有强大影响力的新型主流媒体，进一步增强公安新闻舆论工作的传播力、引导力、影响力、公信力。

五、媒介素养

每天来自网络的海量信息深度的影响民众的生产生活乃至于思想、理念、情绪。因受环境、文化、学识、职业等各种因素的影响，面对海潮般的信息流冲刷，传播者和接受者已很难做到时刻头脑清醒、立场坚定，致使微传播鱼龙混杂，泥沙俱下。微传播将"把关人"的职责让渡给传播者自己，"把关人"其实已名存实亡。民众利用自媒体自由地行使表达权、参与权、监督权。一些人滥用表达的自由，将自媒体视为发泄不满的工具，甚至把自媒体沦落成滋生暴力、色情的温床，更有甚者，利用巧妙的伪装，以高级黑、低级红的方式，不断挑战国家的政治红线和法治底线。越来越多的网络算法推荐运用于微传播，利用信息茧房强化用户和受众的黏性和忠诚度。在特定的传播格局中，用户和受众深度沉浸于单一信息体验，接受某种思维习惯、行为方式的洗礼，容易滋生出极化的现象。越是在这种复杂的传播环境下，媒介素养更是难能可贵。

媒体素养是指民众面对信息传播所具有的选择、理解、质疑、思辨和批判的能力。来自于传统媒体的信息事先已经历了严格的"把关人"的筛选，受众比较容易表现出自己的思辨和批判的能力。即便根据好恶，也能对信息作出清晰的选择。而微传播主体的多元化，诉求的复杂化，交互的实时化，使媒介素养面临严峻的考验。过载的信息令人应接不暇。虚假信息、低俗信息利用伪装混杂在信息狂潮中。面对信息泛滥，民众很容易丧失理解力，特别是在社群环境中传播，交互的信息，民众更容易丧失批判的勇气和能力，无意中沦为"炮灰"和"羊群"。

微传播对于公安机关来说，民警的媒介素养尤显重要。民警既是传播者，又是接受者。在交互中，民警所展示出的媒介素养代表着传播的影响力。微传播首先必须真实准确地传播好公安的声音，讲好警察的故事，同时，对社会和网民高度关注的话题，公安机关和民警有责任表明态度和意见。对正能量给予积极的点赞，对于虚假信息迅速给予回击。对于高级黑和低级红，公安机关和民警要高度戒备并在第一时间作出反应，剥下高级黑、低级红的伪装，揭露其险恶的用心。

随着新媒体的发展，对公安民警的媒介素养提出了更高的要求。

首先，提高对话题的洞察力。话题是舆论的前兆。从细微之处明察话题的舆论基因，风起青蘋之末，化解舆论生成的可能。

其次，提高对信息的思辨能力。民众对网络的高度依存，面对纷繁复杂的信息，基本缺乏对真伪低俗的思辨力和判断力，容易人云亦云。公安民警应时刻保持清醒头脑，坚定立场，面对嘈杂的声音，坚守人民警察的核心价值观。

最后，提高交互的批判精神。公安机关和民警充分尊重传播者的自由表达的权利，但对于胆敢挑战法治、道德底线的行径，勇敢亮剑，表明警方的态度和立场，捍卫社会的公平正义。就是在关系紧密的社群传播中，公安民警也不能丧失批判的精神，以正能量的传播为网络空间奉献一份清流。

为了解各地公安民警的媒介素养情况，有学者选取了6个城市近600名民警为样本进行问卷调查。就"媒介使用动机"问题，29.4%是为了获取新闻资讯，21.3%是为了"与人交流、通信"，20.9%是为了"学习知识"，18.2%是为了"休闲娱乐"，5.4%是为了"消费购物"，4.8%是为了"消磨时间"。关于"警察是否对各种媒介传送的信息进行思考和怀疑"的主题，72.6%的警察偶尔持怀疑态度，14.7%警察经常怀疑。在"新闻媒体对公安工作报道的准确性"的调查中，44.7%的民警认为"有失偏颇"，42.7%的民警认为"不够全面"，认为十分准确和不清楚的分别占6.8%和5.8%。同时，调查中也反映出一线民警借助媒介平台解决问题的频率较低、应对媒体能力较弱、学习愿望没有得到充分满足等问题。① 新媒体传播环境中，一线公安民警的媒介素养和微警务发展还存在较多的不适应、不匹配，亟待提高改进。

媒介素养是微传播的必备素质和核心竞争力。当下，提升基层民警的媒介素养应着眼于三个方面发力。

一是强化制度设计。各级公安机关要充分认识新媒体对公安工作的重要影响，认识警察媒介素养对公安工作的重要意义，一方面加大投入力度，为基层民警配备工作必需的各类媒介装备，建设与工作相适应的各类微警务平台，开发工作急需的各类微警务应用和产品；另一方面，将民警媒介素养纳入目标考核范畴，对不同的警种、岗位确定相应的考核规范和要求。

二是强化信息污染源的监测。落实传播主体责任，从源头上遏制不良信息的产生和传播，对掩饰纵容不良信息传播的平台坚决予以取缔，对编造、散布虚假信息的不法行为坚决予以查处。

三是强化全警媒介素养的培训。媒介素养是基层民警的基本技能，一方面要加强自我学习、自我教育，在实战中不断提升媒介素养的水平。另一方面加大培训力度，在警务培训和实战大练兵中适当增加有关新媒体运用的课目，提高民警使用新媒体的能力，同时，以"走出去，请进来"的方式，选派民警到科研院校参加职业培训，邀请专家学者走进警务大课堂，传授新媒体知识。

第二节　微传播的时代魅力

这是一个传播格局大变革的时代，传统媒体不断式微，新兴媒体不断壮

---

① 乔雪、吕向文：《我国警察媒介素养调查分析》，载《湖北警官学院学报》2018年第6期。

大。新媒体的传播技术和管理方法拓展了公安宣传的视野，丰富了公安宣传的手段，便利了警民沟通。进入新媒体时代，公安宣传积极适应形势发展变化，面对新使命转换新理念，变化新手段，接受新挑战，与时俱进，实现从平面向立体、从线性向多维、从单向向全时空的全面转化。以"两微一端"为主导的微传播颠覆了长期形成的宣传部门独领风骚的传统模式，人人都是宣传员，人人都是传播者，打造了上下贯通，左右互动，全面覆盖的大宣传格局。

微传播和传统意义上的宣传不可同日而语。没有刻意的设计安排，没有程式化的固定套路，更没有宏大的叙事和高深的主题，唯有碎片化——碎片化的传播，碎片化的信息，碎片化的阅读，碎片化的交互。正是这种碎片化构成了微传播的显著特征。

微传播形"微"而力不微，同样能掀起舆论的惊涛骇浪，同样能孕育正能量的沃野千里。

因为"微"，吸引起无数的粉丝群体；

因为"微"，造就无限的"眼球效应"；

因为"微"，展示了无限的时代魅力。

一、全时空传播

新媒体非线性传播全面破除传统媒体传播存在的时间空间的局限，实现随时随地地传播。时效始终是传播的生命线。传统媒体不遗余力地追求时效的突破，调整出版（发行）周期，打乱播出安排，尽全力展现出时效的成果。可惜的是，传媒人的种种努力最终都会被新媒体秒杀。如果说传媒以小时为时效的推进单位，而微传播却是以秒为时效计量单位。因为受制于传播技术和管理，传统媒体不得不将信息传播的话语权主动拱手于新兴媒体，这是不以人的意志为转移的。没有了时间和空间的限制，微传播的行动自由有了可靠的保障。

全时空传播为警民沟通提供了充分的便利。没有了时空的阻隔，公安机关实时将公安的声音传递给辖区的群众，及时向群众宣讲党和政府的方针、政策，发布警情预报，让群众亲切地感受到警察就在身边。

二、全要素传播

传统的公安宣传属于意识形态的范畴。新闻报道、典型推树、政策解读等无一不是主题先行，最后的落脚点都是树碑塑形。自然，宣传归属到政治工作的领域。微传播赋予公安宣传新思维、新方法、新效能。从此，宣传走出了意识形态的圣殿，走向公安工作各个层面、各个领域。这既是时代赋能，也是民众的期待。从队伍管理到业务建设，从打防管控各个层面到人、财、物、事各个环节，须臾都离不开微传播。塑造队伍的良好形象主要依靠微传播讲好警察的故事。执法公开主要依靠微传播来向社会广而告之。警情发布、通缉悬赏、服务指南等都是通过微传播来完成。微传播成为公安工作的重要工具和助手。

三、全过程传播

不拘泥于新闻主题，不流连于文本体裁，不固步于段落结构，只要有需求，微传播都能大显身手。围绕关注自由表达，实时实地现场直播。从话题到舆情生成，到舆论引导，微传播总是推波助澜，左右逢源。为了新颁布法规的实施和新政策的落地获取最大的"眼球效应"，基层公安机关巧妙利用微传播，从事前的造势、到事中的追踪、到事后的反馈，不断掀起网络的狂欢，实现社会效果、政治效果、法律效果的统一。就连案件的经营，公安机关也大胆尝试全过程直播。从案发到立案，从现场勘查到证据收集，从案情分析到固定证据，每一个环节、每一个步骤都通过网络平台现场直播，和网民互动，分享基层民警娴熟的业务技能。利用鲜活教材，通过案侦全过程传播向网民奉献精彩的法制大讲堂。

四、全媒介传播

任何新兴媒体都具备传播的功能，至于微传播倚重于何种媒介形态，难有定论。网站、微博、微信、移动客户端等各有千秋。新兴媒介的运用关键在于任务的需要和民众使用的便利。"两微一端"只是使用机会和频率最多的媒介形态，但不能由此而忽略网站、论坛、博客等媒介形态的存在。它们依然在运行，依旧能发挥出人意料的效果，依旧能挑动起网络舆情的狂风暴雨。微博利用病毒式的传播扩大信息的覆盖面。微信利用社群关系保证信息推送的准确率。移动客户端利用定制化服务充分满足了用户个性化需求。微传播就是全媒体传播，关键在于"运用之妙，存乎一心"。

五、全主体传播

公安机关和人民警察都是微传播的主体，人人都是传播者，人人肩上有重担。各级公安机关首先应加强新兴媒体平台的建设，利用国家大力发展政务新媒体的机遇，将新媒体平台的建设纳入基础建设的"一揽子"中规划，稳步推进。其次是加强新媒体的管理。以严肃的法律和管理规范，引导民警科学地使用新媒体。最后要加强民警的新媒体技能的培训。教育民警学好新技术，掌握新媒体，传播公安的声音。各级公安机关一方面要积极鼓励民警使用新媒体主动发声，另一方面要规制民警的自由表达，杜绝杂音和不良信息的出现。

六、多样化传播

随着新媒体技术的进步，传播的新方法、新手段不断呈现，文本、图片、音频、视频的样式不断翻新。面对眼花缭乱的方法、手段、形态，微传播始终坚持选对的、不选贵的原则。哪种传播方法最丰富就选哪种方法；哪种传播手段最直接就选哪种手段；哪种传播形态最生动就选哪种形态。近年来，网络直播和短视频深得网民的追捧，成为理想的形态。2017年，江苏省常州市公安局推出的一款微视频《民警李建国》立即引爆网络。同是宣讲安全防范，从文本、动漫到微视频，变化的是传播的形态，不变的是为民的情怀。

七、交互式传播

交互是微传播独具特色的功能，不仅表现在传播主体和客体地位的互换，更表现在信息内容相互互换。受众对信息实时作出评论、转帖、点赞等回应，鲜明生动地表明态度和意见。传播者根据用户的反馈可以及时调整或重新组织信息传播。在平等的平台上，传播者和受众相互尊重、相互依存，实现传播效果最大化。微传播为警民沟通提供了全新的渠道和方法。通过交互，民众表达对公安工作的新要求、新期待，公安机关及时掌握民众的操心事、烦心事，广泛收集社情民意，通过调整警务部署，纾解民众的急事和难事。

八、分众化传播

线性传播无限放大了人际传播的覆盖面，实现了传播的大众化，这种单向的传播模式存在着与生俱来的局限性：用户体验的空间逼仄，完全漠视了用户的个性需求。单一的产品极容易引发用户的审美疲劳，产生自然或不自然的抗拒与排斥，特别是产品一旦出现质量问题，引发受众的不信任，落入"塔西佗陷阱"，遭受灭顶之灾。非线性传播完全突破了线性传播的局限性，不仅有点对点、点对多、多对多的传播模式，更有交互的模式，使传播满足个性化需求成为可能。从个性化需求出发产生出分众传播、小众传播。平台、渠道、信息、交互等只针对某一特定的群体，使传播更精准、更精细。移动客户端就是分众化传播最典型的代表。一款 APP 就是为特定的人群而准备，用户体验获得了充分的实现。微传播利用客户端对特别受众实施精准推送和实时交互，不断提升产品的黏性，培育忠诚度，虽然受众的覆盖面有所收窄，但是传播的效果最佳。

九、宽领域传播

新媒体的病毒式传播便利了信息的互联互通。没有了人为设限，传播者和接受者对信息选取完全以需求为导向，用户体验至上。任何平台无力也无须向广大受者提供普适服务，主要立足于擅长的专业和优势，提供更精、更深的传播服务。微传播立足于公安工作的各个层面各个领域做细做精做深，横向到边、纵向到底，以专业的精神、专业的态度、专业的水准展示出专业的风采。公安工作和经济社会各个系统、行业联系广泛而紧密，牵一发而动全身，因此，微传播不仅提供专业的信息，更要提供关联的信息，不断满足人民群众对美好生活的向往。户籍是重要的民生内容，围绕户籍的管理是各级政府和公安机关的一项重要工作。户籍政策的些微调整都会涉及人民群众的根本利益，还会引发社会治理的系统性变革。户籍总是和就业、上学、社保、医疗、交通等民生领域息息相关，因此，在宣讲户籍政策时，必须传播好和民众利益攸关的民生信息，帮助民众更全面、更彻底地了解新政，拥护新政，支持新政。

十、泛文化传播

公安文化是中华民族文化的重要组成部分，在长期的发展中，公安文化和其他先进文化不断地相互融合，相互影响，不断壮大。公安文化的核心价值不断吸收融入中华文明和世界文明的精华内核，凝聚成先进文化的代表力量。来自公安的声音和警察故事最具公安文化核心价值的表征。微传播就是新媒体时代弘扬公安文化的重要高地。忠诚、为民是微传播的永恒主题。对于一切先进的文化、理念、技术，微传播从不排斥，并且有责任、有担当去传承好、维护好、实现好。公平正义代表着先进文化的价值取向，是人类社会的共同追求，是人民群众日益增长的美好生活的需要，传播好公平正义的价值观是微传播当仁不让的职责，守护好、捍卫好社会的公平正义更是公安机关和人民警察的神圣使命。

第三节　微传播的文化特质

微传播的碎片、凌乱、混沌的生态环境，如果和传统的传播规程相对照，确实会有杂乱不堪的感觉，但透过这种乱的表象，仍然可以把握到微传播的规律性和文化内涵。主体的多元、形式的多样、诉求的多端，自然表达的形态会是多姿多彩，不可能和主题宣传一样。即便在同样一种语境中，多嘴多舌的表达，呈现出的必定是杂乱的表象。这就是微传播的本质特征。也正是这样的特征，凸显出微传播特有的文化质感。公安机关的微传播始终坚持传播公安的声音，讲述警察故事，在新媒体生态中，像一股清流，沁人心脾。无论网络生态如何变化，始终坚持 8 个坚守，乱云飞渡仍从容，展现出公安文化的自信与力量。

一、坚守忠诚的品质

无论从何种角度来解读微传播，不单是资讯发布、警民交互，就连以民警个人身份进行的自媒体活动都应归集为公安机关大宣传的有机组成部分。所有的微传播活动都可视同为职务行为，自然，微传播应严格遵守宣传的政治纪律和政治规矩。

公安宣传是公安工作的重要组成部分。公安宣传时刻都姓"党"，这是由公安机关的政治属性所决定，绝不允许有半点的犹豫和动摇。宣传工作必须体现党的意志，反映党的主张，维护党中央的权威，捍卫党的团结，在思想上、政治上、行动上自觉地同以习近平同志为核心的党中央保持高度一致。面对异常复杂的舆情环境，全体公安民警必须增强政治定力，站稳政治立场，坚定正确的政治方向，决不能发表同党中央不一致的声音，决不能为错误思想言论提供传播渠道。中国特色社会主义进入新时代，广大公安民警坚持以习近平新时代中国特色社会主义思想武装头脑，自觉增强"四个意识"，坚定"四个自信"，做到"两个维护"，深刻理解把握党在新时期的纲领、路线、方针、政策，通过积极传播和广泛宣传，使党的纲领、路线、方针、政策让广大民众所熟悉、理解、认同，并自觉自愿地把党的路线、方针、政策付诸实践，为共同实现中华民族伟大复兴的中国梦凝聚起磅礴的力量。

公安机关的政治属性决定了必须毫不动摇地坚持党对公安工作的绝对领导、全面领导，必须时刻牢记"对党忠诚、服务人民、执法公正、纪律严明"的总要求，坚持政治建警、科技兴警、改革强警、从严治警，锻造出"铁一般的理想信念，铁一般的责任担当，铁一般的过硬本领，铁一般的纪律作风"的公安铁军。2017 年 5 月 19 日，习近平总书记在会见全国公安系统英雄模范立功集体表彰大会代表时动情说道："和平年代，公安队伍是一支牺牲最多、奉献最大的队伍。大家没有节假日、休息日，几乎是时时在流血、天天有牺牲。这些年来，每当看到公安民警舍生忘死、感人肺腑的事迹，我都深受感动；每当听到公安民警在血与火、生与死的考验面前赴汤蹈火、流血牺牲的消息，我都深感心痛。"公安机关和广大民警有责任、有担当宣传好党在新时期公安工作的路线、方针、政策，传播好"不忘初心、牢记使命"的决心与行动，讲述好人民公安为人民的感人故事。

二、坚守法治的思维

中国特色社会主义进入新时代，我国发展站到新的历史起点上，社会主要矛盾已经转化为人民日益增长的美好生活需要和不平衡不充分的发展之间的矛盾，这对党和国家的工作提出了新的要求，社会治理面临更严峻的挑战。不同阶层、不同群体对美好生活的需要不同，诉求表达也不同，公安机关深刻回应民众关切的方法手段自然也要有所不同，但万变不离其宗，就是依法依规。党的十九大提出："全面依法治国是国家治理的一场深刻革命，必须坚持厉行法治，推进科学立法、严格执法、公正司法、全民守法。"公安机关和人民警察是依法治国的重要力量，必须坚持运用并擅于运用法治思维来履行新职责，完成新使命。坚持法治思维就是想问题、作决策、办事情都要从法的角度出发，时刻遵循法律依据和法律程序，牢记法律法规不可逾越，法律底线不可触碰，形成办事依法、遇事找法、解决问题用法、化解矛盾靠法的良好法治自觉。

法律是公安机关履职的工具和武器。公安机关不仅有责任有义务学习法律，更要运用好法律。普及和推广法律基本常识是微传播的一项重要职责，民警结合实战以案释法最能获得普法的社会效果。一条标语、一段视频都能以教科书式的执法案例向民众传播法的精神和法的原理，展示公安民警严格公正文明执法，向社会传递法治的理念和法治的威严，法无禁止即可为，法无授权不可为，准确地传播、诠释法律的指导原则，在全社会营造起全民学法用法的氛围。

面对嘈杂的舆论环境，公安机关以法治思维积极回应民众的关切，守护社会的公平正义。网络空间同样充斥着暴力、欺凌、诈骗等社会丑恶现象，公安机关不仅要查处编造不良信息的行为，还要为受侵害、欺凌的网民伸张正义，讨回公道，维护网络清朗的空间。

三、坚守服务的本色

微传播是公安机关为民服务最直接、最广泛、最实用的方法和手段。在传统的坐堂办案的警务模式中，警民沟通受制于理念、环境、管理等多种因素，造成信息的不对称、不透明，为民服务也多陷于程式化的套路，服务者和服务对象之间难以形成同频共振，极易产生误解和错读，甚至造成警民关系的生疏和僵化。微传播彻底破除警民沟通之间的技术和思维的阻碍，在同一个平台上交互，民众的所求所盼，警方所需所愿，彼此之间心有灵犀一点通。

网络汇聚起的社情民意，真实地、客观地、生动地展示了民众的新期待新要求。公安机关瞄准社会治理的难点、痛点和焦点，精准发力，久久为功，逐步缓解民众的上学难、出行难、办证难。针对民众生产生活中的痛心事和烦心事，加大工作力度，精确打击网络诈骗、套路贷、"黑灰产"，为民众追回被骗走的上学钱、看病钱、养老钱。公安机关扭住信息化建设的"牛鼻子"，加快深度应用开发，不断推送新的服务产品，提供定制化服务，释放技术红利和改革红利，让民众有更多更直接更实用的获得感、幸福感和安全感。

四、坚守时代的使命

一代人有一代人的使命，一代人有一代人的追求，一代人有一代人的担当。走进新时代，实现中华民族伟大复兴的中国梦就是这个时代的使命和追求。当代人就应肩负起应有的担当。伟大的斗争、伟大的事业、伟大的工程、伟大的梦想，为微传播提供了广阔的舞台和不竭的资源。不负这个伟大的时代，微传播首先坚持正面宣传为主，把握正确的舆论导向。改革开放全面进入"深水区"，面临的新情况新问题前所未有。微传播必须遵循团结、稳定、鼓劲、正面宣传的方针，弘扬主旋律，传播正能量，巩固壮大主流思想舆论，激发起全民族共担使命的豪情和壮志，讲述追梦人的平凡而伟大的故事，动员、组织亿万民众投身伟大的复兴之路。微传播秉持实事求是的科学态度、深刻回应民众的关切。实事求是是微传播的基本要求，也是安身立命的根本。一切从实际出发，坚持用事实说话，用事实说理，用事实说法。对取得的成绩不夸大、不缩小。对存在的问题不回避、不掩饰。对于来自网络的质疑，第一时间作出回复，以真诚的态度回应关切，挤压流言谣言的生存空间。微传播全面聚集主责主业，坚定捍卫清朗的网络空间，大张旗鼓地传播公安的声音、讲述警察的故事，同时阻击流言谣言的袭扰，揭露"高级黑"、"低级红"的祸心，警示一切不法行径的蛛丝马迹。

五、坚守奉献的风采

社群构造了警民关系的新形态，而微传播就成了这种关系的强力黏合剂。克服时间地域的阻隔，虽不常见面，但能紧密沟通，时时交互，通过微传播，服务者和服务对象都能够彼此紧密相连。这就是社群的魅力、微传播的魅力。警民之间时时地联通，方便了民众，密切了鱼水情深，其背后是基层民警的艰辛付出——民警24小时不下班，时时在线；派出所24小时不打烊，事事回应。

为了提高社群的吸引力和用户的忠诚度，公安机关和民警必须精心地维护、经营好微警务，尤其是用好用活微传播。最常用的方法就是不断地推出新的话题以吸引眼球，提高用户的活跃度。这是对民警的理论、文化、知识的全面考验。同时，对民众的呼声期待作出及时的回应。社群交互的紧密程度，从根本上决定了社群存在的价值。交互紧密，活跃度高，社群存在的价值就高，反之，社群只会名存实亡，甚至会沦为警民关系的伤痛。良好的社群会为公安机关提供不竭的力量支持和文化支撑。因此，公安机关和民警对社群的建设殚精竭虑，高度重视，宁可付出巨大的代价，也要保证社群的鲜活。

六、坚守创新的追求

技术的赋能和民众的新期待，使微警务的新形态不断呈现，微传播的方法、手段、效能不断推陈出新。不同的阶层、群体因文化、知识、阅历的不同，媒介素养不同，自然对新媒体的运用和需求也是千差万别，微传播就需要有不同的方法、手段来适应和满足民众的个性化需求。伴随网络和新媒体成长的 80 后、90 后对于微传播有着与生俱来的适应和需求，现在他们已成为社会的主体，对于微传播的方法、手段完全按照自己的喜好习惯进行选择和体验，只追随自己喜欢和熟悉的形态，对其他的具有天然的排斥。算法推荐技术的出现更加剧了新生代对自己喜爱的形态和方法的追捧。网络直播和短视频是新生代的最爱，而且，容易沉浸其中。文本和图片已难以激发体验的冲动。网络直播和短视频因为真实客观、生动地情景再现，最能吸引年轻一代关注的目光。微传播长期以来以文本、图片、动漫为手段已经完全不能满足民众的需要，急需向微视频方面转型。微视频的传播涉及表演、文学、编辑、多媒体等方面的知识，对基层公安机关具有一定的难度和挑战性。但为满足民众的新期待，基层民警勇敢地走向了表演的舞台，和新生代一起以影视手段传播公安的声音。

七、坚守严明的纪律

公安机关的微传播都有严格的组织纪律和明确的操作规程，绝不允许个人主义、自由主义的存在。一举一动、一言一行要符合法度和组织要求，因为微传播代表着政府和公安机关的主张、政策、方针等，代表着群众的利益。账号的名称、界面的设计、语言的风格等都应和公安机关的形象相映衬、相匹配，从话题的围观、议程的设置，到舆论的引导都应合乎群众路线、群众观点和群众利益。

专门工作和群众路线相结合是公安工作的制胜法宝，任何时候都应一以贯之。在复杂的传播环境中，微传播更要防止陷入孤芳自赏的泥淖。警民鱼水深情，切不可人为地制造两者的割裂。传播公安声音的同时，实时回应群众的关切；展示专业风采的同时，更要展示群众的力量。

　　基层公安机关与民众的接触最广泛，沟通最直接，执法环境最复杂，因政治、经济、文化等多种原因的影响，挑衅、侵害基层民警执法权威的事件仍时有发生，维护好、实现好民警的执法权威成为各级公安机关的紧迫课题。首先，大张旗鼓地宣传尊重、维护民警执法权威。各级公安机关旗帜鲜明、立场坚定维护民警的执法权威，任何的侵害、挑衅行径都是不允许的，在全社会营造尊重、维护民警执法权威的舆论氛围。其次，在第一时间大胆发声。一旦发生妨害民警执法权威的事件，公安机关应在第一时间发布事件真相，避免被炒作、被歪曲，防止虚假信息的抹黑和干扰。最后，积极地舆论引导，对于不同的声音，公安机关应从法和理上积极作出回应，以理服人、以法治人，将舆论引向法制课堂。

八、坚守文化的自信

　　网络空间风云际会，不同的价值观、人生观、世界观相互交织、相互碰撞、相互较量。通过不断地交互，民众自主选择，维系三观相同或相近的朋友圈，共同守护着趋同的价值取向。不同的价值取向决定着不同的文化引领，传播着不同的生活方式和话语体系，表达着不同的利益诉求。由此，意识形态的交锋映射到网络空间表现更加激荡和惊险。自由平等的表象下其实暗流涌动。公安机关的微传播始终牢记人民公安为人民的初心和使命，坚定捍卫社会主义核心价值观，立场坚定，旗帜鲜明，充分展现了道路自信、理论自信、制度自信、文化自信。

　　敌对势力处心积虑地抹黑、丑化、攻击我国的社会制度和共产党的领导，甚至利用舆论事件挑起煽动民众对党和政府的对抗，企图制造内乱。网络上的反颠覆、反渗透、反暴恐的斗争异常激烈。公安机关利用微传播对敌对势力的险恶用心给予坚决地回击，揭露敌对势力的图谋，挫败一切不法行径。

　　对于充斥网络空间的信念缺失、精神空虚、价值虚无、享乐拜金的不良现象，微传播无时无刻不在进行针锋相对的斗争，对于公然违背公序良俗的丑恶现象给予揭露和批判。微传播时刻高昂主旋律、捍卫核心价值、讴歌真善美、鞭挞假丑恶。

第四节　讲好警察故事

　　微传播对说教灌输式的宣传模式具有天然的抗体。说教极容易引发受众的强烈反感和愤慨，但不能由此就质疑或否定微传播的宣传功能和政治属性。传统的线性传播对于传播者和受众来说就是一个最简单的传与受的过程。传播者利用地位和资源的优势，轻易地向受众灌输传播者所推崇的意识形态。为获取最佳的说教效果，传播者往往都会不遗余力地推树典型，以佐证所推崇的意识形态的伟大、光荣、正确，那些"概念＋口号"的典型大多会产生政治招牌的效应。出于某种意识的需要，经过一番苦心经营的装扮，典型大都裁剪成精致的、梦幻般的"盆景"，可望而不可即，"此景只应天上有，人间哪得几回闻"。可惜这种内容同质化、主题趋同化的典型推树极易产生审美的疲劳和心理的反感。传统典型推树的程式化显然与微传播大相径庭，于是，有人高唱"典型宣传过时论"和"典型宣传消失论"。此类论调一叶障目，不见泰山，应该说是有失公允。微传播同样肩负着意识形态宣传的使命，同样需要典型的推树。典型宣传既要遵循新媒体传播的规律，又要尊重受众的心理感受，而最能符合两者需要的切入点就是讲故事。

讲故事不是对典型宣传的否定，而是对传统典型宣传的创新——理念、方法、手段的创新。

讲故事不需要仪式感。随时随地记录、传播所见所闻的人和事，直接地表达自己的真情实感，爱恨情仇。那些最具烟火气的故事最能慑人心魄。

讲故事不需要主题先行。不囿于条条框框，不拘泥于成见，完全遵从于自己的内心感受，对身边有趣的人和事有感而发。

讲故事不需要宏大叙事。一个片段、一句话、一个动作乃至一个眼神都能构成故事，即使不完整，但仍不影响故事的感染力和传播力，因为真实，直戳受众心中最柔软的地方，引发心灵的共鸣。正是这样无数个不完整的片段不断地丰满、鲜活了故事主人翁的形象，有血有肉，形象而生动，真实而可爱。故事的零碎便利了受众的"碎片化"阅读，正是这种碎片化的故事吸引着受众不由自主地加入到故事的传播中，不断扩大故事的传播力和影响力。

一、警察网红拒绝套路

网红即网络红人的简称，是新媒体传播中特有的文化现象，和传统意义上的名人不可同日而语。网红不再是某些特定职业人群的专利，而更多的面向芸芸众生。因某一个事件或某一个动作引发网民的高度关注而走红，为草根走向网红提供了广阔的机会，无关乎职业、收入、学历，只和受众的学识、情趣、品位、追求等内在感受紧密相关。因此，对网红难以作出明确的评判标准，大凡都是情人眼里出西施的审美心理，网民只追捧自己所认同的偶像。正是这种评判的模糊性和不确定性，网红的产生充斥着无限的操作空间。为了牟取可观的流量，斩获一定的经济、社会、政治等方面的利益，网络推手、媒体、受众都会不遗余力地营造吸人眼球的话题、事件，人为地制造出网络红人，甚至不惜铤而走险，依靠噱头、低俗、出格等方式制造网红，尽管能暂时吸引到一定数量的流量，但是依靠网络狂欢制造的"喧嚣泡沫"，很快就会烟消云散。数不清的网红就如吹起的肥皂泡炫目而易碎。

基层民警时时事事都和普罗大众同呼吸共命运。在新媒体的聚光灯下，一言一行、一举一动都会被真实地记录甚至无限地放大。一句话、一个动作、一个眼神极有可能成为话题，引发关注。民警完全就有可能在无意识中变成网络红人。

警察故事和民众的生产生活息息相关，充满了烟火气。民众最容易从警察故事中找寻到真实的生活场景，体会到酸甜苦辣的境况，自然容易产生情感的共鸣，自觉或不自觉地加入到警察故事的传播行动中，不由自主地成为警察故事的一分子。显然，警察网红和低俗的套路水火不容。因为警察故事客观真实存在，即便不完整，也是真实的一部分，不夸大、不做作、不矫揉，故事有血有肉，有眼泪，也有欢笑，有柴米油盐也有爱恨情仇。因为警察故事讲述的都是发生在民众身边的人和事，最能吸引民众关注的目光。民众常会自觉地将自己摆进故事的情节之中，感同身受，与故事的主人公同悲喜、共进退，甚至将自己的爱恨倾注到主人公身上，增添故事的可塑性。2009 年 8 月，几位中国政法大学的学生在路经北京长安街府右街路口时，被伫立路中央指挥交通的青年民警的手势所吸引，当场用手机拍录下民警指挥交通的视频，并上网传播，标题为"帅哥交警超酷手势"。视频中青年民警挺拔的身姿、阳光的面容、超酷的手势，立刻引起网民的喜爱。中央电视台、新华社等主流媒体跟进深挖，纷纷讲述"京城最帅交警"孟昆玉的人生故事。经过媒体和网民的传播，一个忠于职守、规范执法、阳光帅气的警察形象被成功塑造出来。一时间，青年交警孟昆玉成为名动四方的网络红人。正如电视连续剧《渴望》的片尾曲中所唱道："故事不多，宛如平常一段歌，过去未来共斟酌。"

正因为平常，警察故事才会扣人心弦，百转千回。

二、警察故事自带流量

人民警察是英雄的群体，从不缺乏可歌可泣的英雄故事。既有铁马冰河的豪情，也有气吞万里如虎的激情，更有嘘寒问暖的柔情。英雄的故事总能激荡起受众心中深藏的英雄情结，自然会主动地为英雄喝彩，为英雄点赞。2019 年 8 月，中宣部、公安部联合印发《关于组织开展"最美基层民警"学习宣传活动的通知》，决定在全社会广泛开展"最美基层民警"学习宣传活动，引发了中央和地方主流媒体以及广大网民的热切关注。各地公安机关通过层层发动，采取组织推荐、媒体推荐、群众推荐等多种方式，深入挖掘基层民警立足本职、履职尽责、担当作为的感人事迹，选树了一大批可亲、可敬、可学的公安先进典型。人民日报、新华社、中央广播电视总台等中央媒体在重要版面、重点栏目对"最美基层民警"学习宣传活动进行了持续广泛的报道，向读者、观众展现了 70 位"最美基层民警"候选人的风采。新华网、中国网、法制网等主流网络媒体通过各种形式实时传播"最美基层民警"的宣传活动信息。学习强国、今日头条、抖音等网络平台同步上线"最美基层民警"候选人事迹展播专题。通过传统媒体，公安政务新媒体和社会自媒体的广泛传播，一个个基层民警的鲜活形象以各种形式展现在群众眼前。广大网民纷纷为"最美基层民警"候选人点赞。宣传活动启动的前两个月，"最美基层民警"相关话题在公安新媒体矩阵平台上阅读量点击量就超过 40 亿次，抖音话题"民警的24 小时"播放次数达到 30.3 亿次。点赞、致敬，网民们通过不同方式向身边的基层民警表达崇高的敬意。

在我们的周围，生活着这样一群人：和平时不能享受和平，危险之中，不能规避危险，他们就是人民警察。从来就没有岁月静好，只是有人在为你负重前行。他们就是人民警察。正如歌中唱道："金色盾牌热血铸就，危险之处显身手。"这就是人民警察的本色。任何时候，警察故事偾张着青春和热血，昂扬着忠诚与担当，承载着安定和希望，自带话题，自带流量，自带热度，出于感动、出于召唤、出于激动，民众都会自觉自愿地加入警察故事的传播行动中来，让警察故事传遍神州大地。2018 年 12 月 20 日 18 时 20 分，贵阳市公安局花溪分局贵筑派出所民警马金涛在缉毒行动中壮烈牺牲，年仅 30 岁。当晚 9时许，"@贵阳公安"发布了马金涛壮烈牺牲的消息。随后，有关马金涛的故事大量地在网络和自媒体平台上传播。马金涛的战友、亲人、辖区群众不约而同地利用自媒体讲述"小马警官"生前的点点滴滴。有关组织的请功材料还未形成，英雄的故事早已传遍了神州大地。不需要引导，更不用彩排，英雄的故事有温度、有厚度、有深度，民众自觉自愿地参与到故事的传播行动中来。传播者以不同身份、不同语态、不同视角讲述英雄生前最真实的过往点滴，还原了英雄平凡而伟大的人生，丰富地塑造和展现了英雄的光辉形象。故事亲切而生动，真实而感人，具有极强的感染力、传播力、影响力。

三、警察故事充满"硬核"

人民公安为人民是公安机关永远不变的初心和使命。警察故事中始终昂扬着为民、便民、利民的主旋律。公安机关坚持以人民为中心的发展思想，时刻将群众的利益放在首位，深刻回应人民群众的新期待、新要求，不断破除体制机制障碍，创新群众工作的思路、方法、手段，推出便民、利民、惠民的改革举措，让人民群众有更多、更直接、更实在的获得感、幸福感和安全感。基层民警时刻站在群众当中，成为群众的核心和主心骨，和群众同呼吸、共命运、心连心。公安工作取得的成绩，队伍发生的变化，群众都最先感知，最有发言权，也会在第一时间向外传播。

"不要人夸颜色好，只留清气满乾坤。"来自群众的口碑，就是警察故事最大的"硬核"。警察故事中不乏惊天动地的英雄壮举，不乏视死如归的英雄气概，不乏荡气回肠的英雄情怀。"改革先锋"邱娥国扎根基层 27 年，虽没有干下惊天地泣鬼神的壮举，但是以一脉真情温暖一方人心，一腔忠诚保一方平安，一身正气创一方文明，把真心奉献给辖区居民，为群众化解了生活中的一个又一个难题，平凡的故事一直在群众中传诵。邱娥国退休 12 年，但为人民服务的精神一刻也没有退休，他带领志愿者打造的"邱娥国工作室"全天候为辖区群众提供服务。

常言道，群众利益无小事。这是因为人民群众是中国共产党的力量源泉和胜利之本，这是党从历史和实践中总结出的经验。"一切为了群众、一切依靠群众"始终是公安工作不竭的力量源泉。维护好、发展好、实现好人民群众的根本利益是一切公安工作的出发点、落脚点。人民群众反对什么、痛恨什么就坚决防范和纠正什么，坚持以人民群众的呼声为检验标准。凡是涉及群众切身利益和实际困难的事情，再小，也要竭尽全力去办，绝不因善小而不为。基层公安民警在为民服务中产生了丰厚的故事素材。民众在传播警察故事时总会将自己的情感、心理倾注其中，更增添了故事的生动鲜活。

警察故事充盈着民众的关爱。通过点赞、好评、转帖、创作等自觉行动，主动表达了对公安工作的赞颂和对民警的钦佩。

警察故事充溢着民众的期许。利用故事充作话题，表达对公安工作的期望和要求。

警察故事充满了民众的向往。巧借故事的真实场景，表达对美好生活需要的愿景。

民众的参与既丰富了故事的表达，更增强了故事的"硬核"。

从群众的视角讲述警察故事，更增添了故事的说服力和感染力。群众以亲历者的口吻，讲述身边的人和事，极大地增加了故事的既视感。受众倍感亲切，仿佛故事就发生在自己的身边，油然而生对故事主人公的敬仰、钦佩之情。

故事的情节总是和民众生活的柴米油盐紧密相连，毫无违和感。基层民警时刻将民众的安危冷暖记挂在心头，把群众的难事愁事当作自己的事来办，把群众的烦心事当作家里的事来办。

　　故事里充满了烟火气，主人公就如邻居大哥一般阳光而亲切，民众自然愿意欣赏和传播这样的故事，更期望这样的邻居大哥降临到自己生活的场景中。

　　故事的铺陈平凡而生动，容易使受众产生代入感，将自己摆进故事的氛围中，感受到主人公能忍受常人难以忍受的苦痛，直面常人难以面对的牺牲，承担常人难以承受的付出，对警察的职业乃至警察队伍形象产生一种全新的观感和认知。

　　警察的故事由民众来讲述、来传播自会产生令人意想不到的亲和力和影响力。

第四章　微警务与警民沟通

沟通既是理解的熔点，也是冲突的触点。

沟通既是和解的因子，也是结怨的种子。

沟通既是谅解的善缘，也是误判的业障。

沟通是人世间最美妙而又最复杂的活动，因承载着向善的情感、向往，沟通寄托着最美好的愿景；因为杂糅着千丝万缕的利益关联，沟通涵括了零零整整的期许。不同的阶层、不同的群体、不同的环境，直面现实的利益场景，沟通的愿景都会是美妙而复杂。同理，警民沟通总是向世人展现出一幅幅美丽而绚烂的图景。警民共同编织和谐的盛景，总能传唱出"警民一家亲"的颂歌。一旦遭遇现实利益的横亘，警民沟通就有可能历经百转千回，曲径通幽。冷酷的现实时刻拷问着沟通的理念。从广义上理解，警民沟通是指公安机关和人民群众通过信息、思想和感情的交流，达成情感上认同，行为上协同，效果上赞同的过程。"一切为了群众，一切依靠群众"是公安工作不竭的力量源泉。依靠群众的前置条件必须建立起良好的警民关系，而警民关系的基础就是沟通。只有通过良好的沟通才能实现和谐的警民关系。除此无它。因此，在追求和谐警民关系的历程中，公安机关总是不遗余力地努力争取，只要有利于和谐，各种各样的沟通方法、手段都会拿来尝试。广播、电视乃至坝坝会、传单、标语、口号等都成为警民沟通的方法、手段、介质。进入新媒体时代，微警务引领警民沟通进入一片新天地。

微警务提供警民沟通的新方法、新手段。不仅继续沿袭人际传播、传媒传播的各种方法、手段，微传播的文本、图片、音频、视频等业态全都适用于警民沟通，特别是日渐火爆的短视频以全新的视角、丰富的手段呈现出沟通生动、鲜活的场景，最易引燃情感上的共鸣。

微警务创造警民沟通的新场景、新格局。微警务的交互功能将现实的场景真实地映射到网络平台，便于找寻到沟通的临界点，克服或减少沟通的阻力和干扰，寻求最大公约数，从而，警民共画实现中国梦的同心圆。

微警务实现警民沟通的新效能、新愿景。微警务达成了警民沟通从面对面到键对键的良好愿景，通过打造定制化的服务产品，从而满足个性化的需求。

进入新时代，社会的主要矛盾发生历史性转变，警民沟通将面临许许多多新情况、新问题，亟待从理念、方法、手段、效能上进行全面变革创新，而微警务正是当下警民沟通最实用、最有效的工具、方法、手段。

第一节　警民沟通的现实意义

任何时候，公安机关对警民沟通未敢有丝毫的懈怠。为了群众、依靠群众是一切公安工作的出发点和落脚点，一旦脱离了群众，公安工作就会成为无本之木、无源之水。时刻保持同人民群众的血肉联系是公安机关永远不变的追求。无论风云如何变幻，警民沟通始终具有重大的现实意义和深远的历史意义。

一、构建和谐警民关系的核心

公安工作和人民群众的生产生活息息相关，举手投足之间全都关乎着群众的切身利益。自然，构建和谐的警民关系是公安机关履行使命的必然需求。增进群众的理解，吸引群众的参与，动员社会的力量，组织社会的治理，这一切的一切都离不开警民的沟通。沟通是一种理念；沟通是一种方法；沟通是一种力量；沟通是一切行为的核心。

（一）增进理解

打击犯罪，保护人民是公安机关的天职。公安机关依法履职的思维、方法、手段、质量、效率等都具有特殊属性和专业技能要求。实务中亟须群众的理解和配合。公安机关应主动地、积极地和民众进行沟通。

一是主动宣讲。宣讲好党的公安工作路线、方针、政策；宣讲好新颁法律法规；宣讲好公安机关的便民、利民、惠民政策；宣讲好公安工作取得的成绩，帮助民众进一步了解公安工作。

二是积极发声。面对复杂的治安和突发事件，公安机关要在第一时间利用新媒体明确表明态度，并提出应对的方案，消除社会恐惧心理，压缩虚假信息传播的空间，并做好舆情应对，让民众真切感受到克服时艰的希望。

三是正确引导。利益格局的调整必然加剧社会矛盾冲突，严峻的治安态势必将在相当长的时间内处于高位运行。对于复杂的利益诉求，特别是高发的群体性事件的应对不可能毕其功于一役，需要有长期的思想准备。对于不同的利益群体在尽可能地满足诉求的同时，应全力做好引导工作，努力减轻社会的阵痛，避免阶层的撕裂。非紧急状态坚决慎用警力，慎用枪械，慎用强制手段，杜绝因处置方法失当使人民内部矛盾事件演变成警民对抗的恶性事件发生。

（二）凝聚共识

不同的阶层、群体，利益诉求不一，愿景不同，情感、认知上更是存在巨大的差异。公安工作的顺利开展离不开群众的理解和支持。事前、事中、事后达成情感、认知上的统一成为公安机关的首要任务。

首先要坦陈相见。通过警务公开、执法公开，以真诚的态度，尊重人民群众的主体地位，营造良好的沟通环境。利用媒体及时公布公安机关的任务、要求、目的，便于群众的理解与配合，避免和减少不应有的阻力与干扰，保障警务的顺利进行。坚决克服神秘主义和官僚主义作风，杜绝漠视、侵害群众利益的行为发生。

其次要依法履职。公安机关的每一项职权都是法律赋予的，严格规范公正文明执法是人民群众的要求。公安机关的一举一动都应做到依法依规，杜绝"人情案""关系案""金钱案"的发生。法律面前人人平等。公安机关通过严格规范公正文明执法，使群众亲切感受到社会的公平公正。

最后要求同存异。因受环境、文化、宗教等多种因素的影响，警民之间必然存在着较大的认知差异，即便出现认识上对立的现象，也是属于人民内部矛盾的范畴，不必大惊小怪，关键在于公安机关通过耐心细致的工作，尽快地化解、破除对立，化消极因素为积极因素。求大同存小异，也是民主政治的一种积极表现。

（三）克服偏见

偏见的成因多种多样，历史的、现实的、哲学的、宗教的、利益的、虚幻的，等等，而最根本的是沟通的不畅。偏见是和谐警民关系的大敌，务必克服。

第一，认真倾听。倾听是一种态度，是一种方法，是一种自信。民众利用自媒体平台自由表达自己的诉求及愿景，只要没有突破法治和道德的底线，都应在允许的范围。对于工作上的批评、质疑，公安机关应有包容的胸襟，耐心倾听、认真倾听，对不同的声音应做到有则改之，无则加勉。

第二，及时响应。将群众的呼声作为第一信号是公安机关应有的态度。不同的声音代表着不同的关切。即便不能包打天下，但首要的是及时作出回应，切忌小事拖大，大事拖炸，对群众呼声的冷漠是对群众感情的极大伤害。漠视网络的声音，极有可能导致重大舆情的发生，后患无穷。

第三，平等对话。在网络平台上，地位和职权被自然消解，传播者和受众自由平等。交互活动都应在平视的氛围中坦诚相见，不需要套路、炫技，只需要真诚、平等。公安机关直面问题，不夸大、不缩小、不偏袒、不掩饰，和网民平等对话。对工作中出现的失误要主动担责，并表现出改正的诚意。对于民众的误解应及时纠正，避免以讹传讹，三人成虎。

（四）促进趋同

稳定是民心所向，是警民沟通追求的至臻目标。不管有多少种诉求，不管有多少种表达，社会稳定是全体人民共同的美好愿景。警民沟通就要紧扣社会稳定的主脉，和人民群众同频共振，患难与共，同心同德同向。群众的呼声就是行动的方向。

一是凝心聚力。社会稳定不能光靠公安一家唱独角戏，需要全社会的齐心协力，共同维护。稳定是最大的政治，稳定是最大的民生。稳定压倒一切。任何组织、群体、个人的诉求表达行为都不允许触碰稳定的高压线，一切的胆大妄为必定会咎由自取。公安机关作为社会稳定的主力军，坚持底线思维，积极化解稳定的风险，动员组织一切积极力量投身社会治理，切实将矛盾化解在基层，解决在当地，将隐患消除在初始，实现社会稳定有序又充满活力的大好局面。

二是相向而行。公安机关坚持以人民为中心的发展思路，坚持把人民群众安全感、满意度作为衡量和检验公安工作的根本标准，着力解决人民群众最关心、最直接、最现实的利益问题，使人民群众安全感更加充实、更有保障、更可持续，做到群众赞同什么就坚持什么，群众反对什么就查处什么。2019 年，各级公安机关针对影响人民群众安全感的突出治安问题，适时组织起一波又一波的专项治理行动，全力保障人民群众的生命财产安全。"云剑"行动瞄准网络电信诈骗、套路贷、民族资产解冻类诈骗和负案在逃人员精准发力；"昆仑"行动精确打击"食药环"领域犯罪；"净网 2019"专项行动锋芒直指侵犯公民个人信息、黑客攻击破坏等网络违法犯罪。

三是共画同心圆。实现中华民族的伟大复兴是亿万中华儿女共同的心声。今天，我们比历史上任何时候更有信心、更有能力实现这一目标。实现伟大的梦想需要全国各族人民凝心聚力，努力做到心往一处想、劲往一处使。大家都是追梦人，都是奋斗者，更加迫切需要和谐稳定的社会环境。当前影响社会稳定的风险依然大量存在，既要防范"黑天鹅"事件的发生，更要防止"灰犀牛"事件的出现。共画同心圆，争做社会稳定的维护者、捍卫者，共同迎接伟大的新时代。

二、警务遂行的保障

公安机关开展警务活动大都和群众产生密切联系，沟通不可或缺，或者说，警民沟通本身就是警务活动的重要组成部分。

沟通是前提。一切警务活动都是从沟通开始。沟通的效果、质量甚至决定了警务活动的成败。沟通顺畅，民意基础雄厚，警务活动就能取得最佳的效果，反之，警务活动极易遭到外力干扰和破坏，甚至发生不可预测的后果。

沟通是技能。沟通最直接的愿景就是最大可能地赢得民意的理解和支持，减少或避免干扰和阻力。任务不同，沟通的方法自然千变万化，但是万变不离其宗：理解万岁。信息采集是基层公安机关最基础的业务。过去全部依靠人工上门采集，沟通繁琐、费时。现在，移动互联网的出现实现了信息采集从面对面走向键对键，从指尖走向云端。警民沟通更直接、更便捷、更顺畅。

沟通是文化。从沟通的姿态、愿景到方法，无不体现公安工作全心全意为人民服务的宗旨。为了确保警民沟通的质量、效果，公安机关推出了系列的制度设计，就连处理违章先敬礼、男民警不得单独讯问女嫌疑人等细微之处都制定规范。制度设计有效地保证了警民沟通的顺畅与安全。

沟通作为警务的有机组成部分，有力地保障了警务的顺利开展。

（一）创造良好的执法环境

执法行动的每一步骤、每一个环节都是和自然人打交道，利益攸关，直接涉及执法相对人的切身利益，支持与反对，拥护与对抗，相对人的态度和举动大都与利益的得失密切相关。刚性的法律只是执法赖以依存的工具和武器，但不能左右执法的环境和效能。好的环境能有效提高执法的效率，降低执法的成本。坏的环境会使执法充满风险，甚至造成有法不依、执法不严、执法犯法等不良后果。而执法环境的改善和确立，沟通是最主要的手段。普法是一种最高层面、最有质量的沟通。在全体国民中树立起法律的信仰，营造有法可依、有法必依、违法必究的执法环境，让法成为民众生产生活的基本遵循。但凡涉及相对人既得利益的每一个执法环节，都需要沟通先行，为执法清障。任何的简单粗暴对执法毫无益处，反而会危及执法者本身的安全，给队伍形象抹黑。即便为了争取更大的成效，也绝不可舍去沟通的环节。没有了沟通，任何一项执法都是不完整也是不安全的。自始至终，沟通贯穿于执法的全过程，毫不含糊。

以沟通实现理解。通过耐心细致的宣讲，使民众了解警务活动的目的、要求、效果，进而理解、配合，有效地避免摩擦和掣肘。当警务效果和民众愿景基本趋于一致时，民众自然会积极支持公安机关的工作。

以沟通维护权威。公安民警的执法活动有法可依，理应受到尊重和拥护，但是时常还会出现挑衅和对抗的极端情况，究其缘由，沟通的不顺畅、不到位是主要的原因。沟通不到位、信息不对称，容易被别有用心的人所利用，裹挟不明真相的人群挑起对抗行动，挑战执法权威，危害执法者自身安全。

以沟通消除对抗。执法出现对抗的极端现象，原由有多方面，而消除对抗的唯一方法就是沟通，晓之以理，动之以情，以情感人，以法服人。沟通应尽可能选用非暴力的手段，但不放弃暴力性手段，避免不必要的流血牺牲。沟通不到绝望的地步，不要轻易使用暴力性手段，以暴制暴必定会给社会政治、经济、文化、民生等带来一系列严重的后遗症，不可不三思而后行。

公安机关的警务活动和大量的社会关系产生联系，甚至波及社会结构，政治的、经济的、文化的、宗教的等，牵一发而动全身，对警务活动乃至整个公安工作产生严重的反作用力，沟通绝不能缺席。党委和政府的理解与支持是关键。公安机关应积极地、主动地向当地党委、政府汇报工作，争取党委、政府的大力支持。社会力量的配合必不可少。公安机关应通过媒体或其他形式定期或不定期地向社会公布中心工作及其所取得的成绩，争取社会的广泛了解，减少不必要的阻力。执法环境和社会的大环境密切相关，只有大环境的改善，执法环境的向好才有希望。同时，执法环境的改善也能促进大环境的趋稳向好。

（二）调动一切积极因素

社会治安是一项社会治理系统工程，其本身也是社会的晴雨表。社会的各要素、各系统的阴晴圆缺都会从社会治安的层面表现出来，拷问稳定的底线。社会治安的治理就是从全社会系统的望闻问切开始，号准脉搏，找准病灶，对症下药，否则，只能是头痛医头、脚痛医脚，按下葫芦浮起瓢，打不胜打、防不胜防。社会的乱点、痛点往往都是治安的病灶。社会治理首要的是选准这些乱点和痛点发力。

首先，沟通需要直面矛盾的勇气。乱点、痛点的出现大多有复杂的历史和现实的原因，非一日之寒。乱点、痛点严重地损害了绝大多数群众的利益，危害着社会的公平正义，天怒人怨。根治乱点、痛点必然会遭遇部分利益集团的强烈反对甚至对抗，沟通充满了凶险。为了维护绝大多数群众的利益，公安机关只有勇往直前，义无反顾，向一切乱点、痛点集中火力，彻底根治。沟通中有可能遭遇暴力对抗，民警甚至会付出鲜血和生命的代价。只要为了人民的利益，公安民警赴汤蹈火在所不辞。

其次，沟通需要区别对待的策略。治安的乱象总是和各种利益关联在一起，沟通时必须讲究策略，不同群体应区别对待，切忌"一刀切"，鼻子眉毛一把抓。根据不同的情况制定轻重缓急的对策，严格区分两类不同性质的矛盾。对于人民内部矛盾基本立足于教育和挽救，避免阶层的对抗，减少社会的阵痛，团结一切可以团结的力量，调动一切积极因素，共同投身实现伟大梦想。

最后，沟通需要化腐朽为神奇的技巧。警民沟通面对的利益诉求千差万别、千奇百怪，没有统一的标准可以参照，更多的是见招拆招。就是最硬的骨头，最难的险滩也不能退缩，只有一往无前，一关关地过，一道道地迈，以愚公移山的精神挖山不止，久久为功。沟通没有捷径可走，只有脚踏实地，坚韧不拔地闯难关，过险滩。在实战中摸索点石成金、化腐朽为神奇的技巧，唤醒起最广大的同盟军，共筑起社会治理的铜墙铁壁。

（三）汇聚强劲的社会活力

我国警力的万人占比在全世界仍处于较低的水平。近 200 万的警察队伍对于 14 亿人口和世界第二大经济体的国度，有些捉襟见肘。在警力不可能短时间快速扩充的形势下，公安机关立足于内部挖潜，巧借民力，就有了"警力有限，民力无穷"的口号。长期以来，吸引、动员、组织广大人民群众积极投身到社会治安治理是公安机关的一项重要的工作。警民沟通贯穿于公安工作的全过程、全要素。

一是顺应民意。警务活动的事前、事中、事后，警民沟通一以贯之，事前宣讲方案，事中宣讲成绩，事后宣讲效果。沟通中时刻检视警务活动是否合乎群众的利益，是否合乎群众的心愿，是否合乎群众的向往，一旦发现存在损害群众利益的现象立即修改行动方案；发现和群众的心愿有差距，立即调整行动部署；发现和群众的向往有出入，立即修改行动节奏。只有警务活动真正地合乎绝大多数群众的利益和心愿，才能得到群众的拥护与支持。因此，应将群众拥护不拥护、支持不支持作为检验警务活动成效的试金石。一切脱离群众、脱离实际的自导自演、自弹自唱、自说自话的警务活动必将陷入神秘主义和官僚主义的泥淖。只有警务活动的方向、效果和群众的利益、愿景同心同向，高度契合，才能获得不竭的力量源泉，才能立于不败之地。

二是巧借民力。蕴藏于群众中的力量无穷无尽，但不可由此而随意索取，挥霍无度。首先应是同心同德。通过沟通，务必使群众从警务活动中感受到直接的、实在的获得感和幸福感。而不是虚头巴脑的噱头和云山雾罩的形式主义。群众最痛恨官僚主义和形式主义。警务活动就应是冲着维护群众的利益而来，冲着实现群众盼望的愿景而来，冲着解决群众柴米油盐的苦恼而来，除此无他。其次是共享资源。社会资源应由全社会共同拥有，共同享用，任何的垄断和霸占都是对群众利益的伤害，对社会公平正义的危害。任何组织、行业都不应以执法为由头肆意霸占应由全社会共同享有的资源。公安机关的警务活动应在不妨害群众利益的前提下共同享用社会资源，不得随意设置禁区，规定禁止选项。对社会资源的随意掠夺和侵占其实质就是对群众利益的践踏。其恶果必然疏离党和人民群众的血肉联系，加剧社会的离心离德。最后是共建愿景。人民群众对美好生活的向往就是公安机关的奋斗目标。公安机关的努力和群众的愿景高度合拍时，群众自然会无条件地支持、拥护公安工作。

三是输入民智。人民群众的智慧经历从实践中来、到实践中去的淬炼，充满了人性的光辉和哲学的思辨。将群众的方案、群众的设计、群众的期许巧妙地运用到警务实战中，成功地打造出专门工作和群众路线相结合的典范。公安工作和群众利益息息相连，将群众的智慧巧妙地嵌入警务实战中就能轻易地找寻到闯险滩、过难关的密钥，就能快速地动员、号召起强大的社会力量，投身到共建共治共享的社会治理之中。

三、社会稳定的基石

社会的转型和改革的深化，必然引发各种社会矛盾的凸显与叠加，加剧社会稳定的压力，尤其是群体性事件的高发，越级上访和缠访屡禁不止，时刻冲击着社会稳定的临界线，撞响维稳的警报。面对复杂而严峻的治安态势，一方面通过制度设计破除利益固化的藩篱，消解改革的阻力，确保改革的行稳致远。另一方面，通过沟通协商，畅通民意表达的泄洪渠道，为社会稳定活血化淤，为改革深入创造良好的治安环境。

（一）号准民意脉搏

倾听是警民沟通的基本姿态。民众的喜怒哀乐、爱恨情仇常常在不经意间表露出来，因此，倾听的表情、姿势、话语、动作等细微之处都会影响到沟通的效果。认真听，从民众表达的字里行间感悟到痛点和难点。真心听，民众诉求中的逆耳之言往往流露出真心实意。用情听，民众愿意把头痛脑热之类的琐事烦事向警察倾诉，自然充满期许。只有真正地认真听，民众才会敞开心扉，畅所欲言。在倾听民众的充分表达中，才能会民意、察民情、知民忧。

新媒体时代，民众的表达平台更宽广，公安机关的倾听方式更丰富，沟通的效果更直接。虽说警民之间"零距离"沟通的机缘、条件在减少，但丝毫也没有减弱沟通的效能，通过指尖和云端引领，警民沟通进入一种全新的意境。

倾听更加及时。民众随时随意地表达自己的利益诉求，公安机关完全可以不受时空的限制，实时地倾听民众的声音，感知、感觉民众的所思、所想、所爱、所恨。

倾听更加广泛。非线性传播将民众的声音在两个舆论场之间不停地回旋，不断地去中心化。微警务帮助公安机关和民警非常便利地倾听到各种各样的声音，顺心的、逆耳的、真实的、虚假的，不仅有涉及民生的，还有广涉政治、经济、文化、宗教等社会的各个方面。

倾听更加真实。民众不仅用文本、图片、音频、视频表达自己的诉求，还用动漫、微电影、短视频等真实再现场景，形象、生动、客观表达诉求，使倾听更加逼真、立体、易懂。

传播的平台上充斥着五光十色的诉求，弥漫着五颜六色的民意。本着民意引导警务的思路，奔着民生问题而来，就能轻易地找寻到民意的痛点和难点，从而确立起公安工作的重点和着力点。

（二）坚持源头治理

任何社会矛盾的根源都能回溯到利益的源头上，因此，只有从源头上进行有效治理，才有可能从根本上化解社会矛盾，那些暴风骤雨式、运动式的管理手段只能治标，不能治本，不可能从根源上消除矛盾，即使是利用强制手段，短时间内摆平、勾兑社会矛盾的冲突，但不久又会死灰复燃。过去惯常使用的以大兵压境式的强制手段去维稳，社会投入的成本很高，但收效甚微，而且越打压，群体性事件越多，显然这种思路已经完全不合时宜，社会治理应从事后的处置转向源头治理。而警民沟通就是实现源头治理的先手棋，通过沟通，充分发挥两个方面的重要作用。

一是将矛盾纠纷化解在基层。基层公安机关的治安触角延伸到社会的方方面面、角角落落，社会面的风吹草动，最先感知；百姓的头痛脑热，最先感觉；基层治理的神机妙算，最先感悟。基层矛盾多是和群众的切身利益攸关，即使是小事小情，也是和群众的利益相牵扯，切不可"善小而不为"。因为群众的利益高于一切，公安工作就是要维护好、发展好、实现好人民群众的根本利益。小洞不补大洞受苦，芝麻小的纠葛往往都能酿成惊天的冲突。调解是化解矛盾纠纷的基本手段，也是警民沟通的常态。通过双方和多方的反复沟通，找寻到最佳的利益平衡点，达成事了纷止。民间纠纷和轻微犯罪都属于人民内部矛盾的范畴，自然适用于人民调解和行政调解。警方居中主持调解，不仅要注意掌握沟通的话语权，更要把握好沟通的节奏。欲速则不达，瓜熟才能蒂落。传统的调解主要依靠三方的沟通来实现，耗时耗力。而且这种旧有的、程式化的、文牍色彩浓厚的调解方式、手段显然与社会的发展有些格格不入，常易招致民众特别是新生代的吐槽和排斥。2019 年 1 月开始施行的《公安部关于修改〈公安机关办理行政案件程序规定〉的决定》在更加突出人民调解作用的同时，不仅简化了治安调解的程序，而且赋予了调解各方较大的协商自由度，明确当场调解情况在现场录音录像中明确记录的，不再制作调解协议书。对符合治安调解条件的案件，"当事人申请人民调解或者自行和解，达成协议并履行后，双方当事人书面申请并经公安机关认可的，公安机关不予治安管理处罚"。本来是被动接受调解的甲方、乙方，现如今完全可以通过协商达成和解，实现事了纷止。社会力量主动参与调解，新媒体主动融入调解，使矛盾双方更容易寻找到利益的支撑点和平衡点，更有利于矛盾的化解，这也是新时代"枫桥经验"的创造和发展。

二是将风险隐患消除在初始。稳定的风险都有一个形成的过程，或长或短。不同阶段消除风险隐患的成本、效果完全不同，自然，将风险隐患消除在初始状态，成本最小，效果最好。治安大排查以及专项行动是公安机关发现并消除风险隐患的最常规手段。大排查、大行动必然影响群众的正常生产生活，事先的沟通至为重要。只有得到群众的完全拥护和支持，行动才能获得理想的效果，否则，沟通出现梗阻，极易造成警民冲突。大排查、大行动的目标紧扣民生，必须对标群众的安全感。凡是损害群众安全感的风险隐患必须坚决彻底地清除。对于那些单纯秀肌肉的形式主义要坚决地摒弃。清除隐患必须坚持两个原则：一是消灭在萌芽。对于带有苗头性的风险必须彻底、干净地清除，打早、打小，决不能任其坐大成势。二是露头就打。凡是损害群众安全感的现象，坚决清理。凡是危害群众利益的行为坚决打击，决不姑息。要坚持好这两项原则，需要公安机关具备敏锐的洞察力和果敢的执行力。

（三）深刻回应关切

回应是警民沟通的关键。民众表达的初衷就是为了获得政府和有关部门的积极回应。回应的质量决定了沟通的成败。只有舒心的回应才有顺畅的沟通，否则，沟通难以为继，甚至沟通会演变成为一场社会治安灾难。瓮安事件、石首事件就是前车之鉴。

回应是一种硬功力，考验着公安机关"立警为公，执法为民"的能力和水平。公安机关的工作理念、服务意识、本领能力等都能从回应中一一体现出来，优胜劣败，民众一目了然。以套话、官腔、官样文章作回应耍花腔必然招致两个舆论场的共同声讨。

回应是一种软实力，全面考验着公安机关的文化承载力。民众的诉求千差万别，警方的回应都必须依法依规。时时检验公安队伍的职业素养、为民情怀、形象展示。在聚光灯下，一言一行都要接受网民的检验，稍有差池，就会引爆舆论危机。

非线性传播环境陡然加剧了回应的难度。呼唤和回应在实时交互，稍有延迟，都会引发围观行动。回应成为新时代各级公安机关面临的一场大考。时代是出卷人，警方是答卷人，群众是阅卷人。回应就是新时代的一道重要考题，公安机关不能不小心谨慎作答。面对纷至沓来的诉求，时代和社会不可能提供标准的答案，只有在实践中去寻找。但有些重要参照是答题中应有之义。

一是回应要紧扣民生。民众的表达大多充盈着柴米油盐、生老病死的诉求，充满了民众对美好生活的向往。公安机关应瞄准民生的急难愁盼作出积极回应，着力解决出行难、办事难，不断推出便民、利民、惠民的改革举措，让民众有更多、更直接、更可持续的获得感。

二是回应要紧扣利益。不同阶层、群体的诉求表达都是意图维护本阶层、本群体的利益。既得利益者迫切希望政策的固化，底层群体强烈渴望社会变革。面对不同的诉求，警方的回应不能忽视表达者的利益考量。无论贫富贵贱，表达者的利益诉求都应一视同仁地受到尊重和保护，不可厚此薄彼，公开、公正、公平地对待。任何的偏袒都会加剧社会的恐慌和不安。

三是回应要紧扣关切。随着社会的发展，民众的关切不仅有切身利益的维护，更有民主、法治、公平、正义等方面的伸张。民众利用自媒体自由行使知情权、表达权、参与权、监督权。民众对民主、法治、公平、正义的关切是民主政治的表现形式，是日益增长的美好生活需要的重要内容。公安机关理应作出积极的回应，并吸引、动员、组织民众参与社会治理。社会组织和民众广泛参与社会治理是社会和谐稳定的基础。

第二节　警民沟通的力量源泉

尽管沟通的路途千难万险，公安机关从未有过片刻的停歇，只因警民沟通承载着太多太多的希望和期许，唯有一往无前，即使前路山重水复，也要矢志不渝。

沟通是公安机关的使命。和谐警民关系是公安机关战无不胜的法宝，而和谐的愿景来自于沟通，这是公安机关神圣的使命和担当。以沟通增进理解，消除偏见，促进和谐。

沟通是公安工作的力量。矛盾纠纷是社会稳定的风险隐患，各级政府和公安机关不遗余力地加以化解，政治的、经济的、文化的、社会的，不惜动用各种各样的手段和方法，而最核心、最关键、最有效的方法、手段就是沟通。只有沟通才能从根本上彻底地消除风险隐患。以沟通洞察苗头，消除隐患于无形。

沟通是公安队伍的文化。公安文化是中华民族文化百花园中的一朵，是在公安机关和广大人民群众的密切交往联系中凝聚而成。而警民沟通是公安文化的活水源头，赋予公安文化独有的特质。忠诚是警民沟通的底色。在漫长的沟通实践中，公安机关开拓出了一条忠诚于党、忠诚于祖国、忠诚于人民、忠诚于法律的忠诚道路，始终保持和人民群众的血肉联系，并在沟通中摸索形成了专门工作和群众路线相结合的基本方针。越是任务繁重，越是环境凶险，越需要密切警民沟通。在沟通的背后蕴藏着无穷无尽的动力源泉。

一、时代要求

在长期的革命斗争中，以毛泽东同志为主要代表的中国共产党人形成了一切为了群众，一切依靠群众和从群众中来、到群众中去的群众路线，是毛泽东思想活的灵魂，是中国共产党的生命线和根本工作路线。群众路线，过去是、现在是、将来仍然是我们党的根本政治路线和组织路线，是群众观点在党的工作中的运用，也是党的根本领导方法和工作方法。1943 年，毛泽东同志在《关于领导方法的若干问题》一文中指出："在我党的一切实际工作中，凡属正确的领导，必须是从群众中来，到群众中去。这就是说，将群众的意见（分散的无系统的意见）集中起来（经过研究，化为集中的系统的意见），又到群众中去作宣传解释，化为群众的意见，使群众坚持下去，见之于行动，并在群众行动中考验这些意见是否正确。然后再从群众中集中起来，再到群众中坚持下去。如此无限循环，一次比一次地更正确，更生动，更丰富。"

坚持党的群众路线是党在长期的革命和建设中制胜的法宝。在不同历史时期，和中国社会实践紧密结合，党的群众路线不断获得丰富和发展。任何时候，任何环境中，公安工作始终坚持党的群众路线不动摇。一切为了群众是公安工作的出发点和归宿。一切依靠群众是公安工作的力量源泉。从群众中来，到群众中去是公安工作根本工作方法。公安工作的路线、方针、政策都是来源于群众的观点，缘于群众的利益，并交由人民群众讨论、执行，然后，不断根据群众的意见进行修正，使之逐步完善。

从群众中来，到群众中去的全过程、全要素，沟通是基本的姿态和方法。倾听群众的呼声，汇聚群众的意愿，收集群众的意见，是公安机关部署工作最常用的先手棋。以群众的呼声作为第一信号，群众反对什么就查处什么，群众赞同什么就支持什么，时刻以群众的口碑和安全感作为检验公安工作成败的根本方法。

走进新时代，人民群众对美好生活的向往就是我们的奋斗目标。随着经济社会的发展，人民群众会有新的期待、新的要求，警民沟通就要认真研究经济社会的新变化和群众工作的新特点，积极探索并掌握适应新形势要求的沟通新途径、新方法、新机制，充分运用微警务开展广泛联系，展开密切地沟通，就改革中的难点、焦点、重点和民众进行充分的对话协商，破除认识的误区，凝聚共识，形成合力，共同推动改革行稳致远。

在发展的道路上，还会遭遇许多前所未有的困难和阻力，更需要警民密切沟通，帮助群众正确认识改革发展中遇到的暂时困难，鼓舞起必胜的勇气，引导群众自觉地与党和政府同心同德。在警民沟通中，时刻察民情、知民意、解民忧，针对不同时期，群众反映最普遍、最强烈的问题，集中力量攻坚克难，千方百计为群众办实事、办好事，让群众有更多的获得感。

二、社会期待

经济社会的发展进程中，新生的社会组织和社会力量不断诞生，成为社会治理面临的新情况、新问题、新考验。新生的社会力量往往代表着新的思维、新的经济成分、新的生产力，能量大、影响大，甫一问世，对社会充满渴望和期待。新生的社会力量充分利用先进的传播工具和各种机会广泛表达各自的诉求，渴望拥有平等、公正的地位和机会，维护合法的利益，成为影响社会稳定不容忽视的因素。对于新生的社会组织与社会力量，公安机关切不可小觑，必须高度重视，应主动走进这些新生的力量，积极开展沟通和联系，将之纳入社会治理的管理体系之中。

新生的社会力量多游走于社会的边缘，远离主流意识，为了生存和发展争得一席之地，千方百计刷存在感。社会大众对新生力量需要有一个认识和理解的过程，其间，难免会出现误解和冲突。新生力量为了尽快地适应和融入主流社会充满了渴望和期待。社会的理解、包容、关怀对新生力量的健康成长至关重要。新生的社会组织和力量是社会发展的产物，是经济社会不可或缺的组成部分，公安机关理应将新生的社会力量纳入社会治理之中，主动地了解、关怀、组织这支重要的力量，积极回应他们的期待和要求。

一是主动地倾听他们的呼声。长期处于社会的边缘，权益难以获得伸张，必然会表达出强烈的利益诉求。公安机关应主动走近这些群体，倾听他们的诉求，了解他们的痛点，回应他们的期待。通过沟通协商唤起他们对社会主流价值的认同。

二是尊重他们的价值观。新生的社会力量在求生存、求发展的奋斗中形成独特的价值观，有些和主流社会价值观格格不入。只要是不危害到社会的和谐稳定，社会就应给予必要的尊重和包容，公安机关就应提供保护，慎用限制、禁止选项，保证共享社会的公平正义。

三是维护他们的利益。新生社会力量发展中必然会遭遇传统势力的打压，难免产生矛盾冲突。公安机关应加强各方力量的沟通协调，敦促各方共同遵守市场规则，保障机会均等，促进人的全面发展。当新生力量仍处于弱势地位时，公安机关应充分利用政治的、经济的、法治的、社会的方法和手段维护好、发展好、实现好他们的利益。

四是完善新生力量的制度设计。新生力量是社会的组成部分，首先应从政治上、法律上获得存在的认可，提升社会地位，增强归属感、荣誉感、成就感，将新生力量纳入社会治理体系，共享教育、医疗、社保等社会资源。

五是吸纳新生力量参与社会治理。新生的社会力量长期游走于社会边缘，容易被忽视、被遗忘，多是社会治理的薄弱环节。公安机关将新生的社会组织和力量纳入社会治理的目标体系中，通过建立自治组织，吸引、动员、组织新生力量参与社会治理。

三、民心向往

40 余年的改革开放，经济社会积累起丰厚的财富资源，人民群众的美好生活正一步步变成现实。美好生活不仅包括生产生活的美好，还包括民主政治、公平正义、机会均等、人的全面发展等方面美好。人民群众在追求美好生活的过程中，时常会遭遇到各种各样的揪心事、痛心事、烦心事，如权力的腐败、社会的不公、假货的泛滥、犯罪的猖獗等。对于权力的腐败和社会丑恶现象，人民群众忍无可忍，纷纷利用自媒体表示出强烈的愤慨和关切。各级政府和公安机关在第一时间积极作出回应，通过沟通找准社会关切的痛点和难点，集中力量加以克服。网络电信诈骗是近年来高发、频发的新型犯罪，群众防不胜防，苦不堪言。公安机关迅速调整工作部署，集中优势力量严打此类犯罪。一方面利用各种传播渠道开展反诈宣传、营造起全民反诈的强大声势，同时，主动联络社会各方技术力量组成统一战线，对网络电信犯罪展开反击。不管犯罪嫌疑人逃到地球上的哪个角落，也要将之缉捕归案，尽力追回赃款赃物，减少被骗群众的损失。

党的十九大明确社会的主要矛盾已转化为人民群众日益增长的美好生活需要和不平衡不充分的发展之间的矛盾。在相当长的时期里，不平衡不充分的发展仍将存在，主要矛盾必将尖锐突出。有效缓解矛盾冲突，主要的手段依旧是加强和民众的沟通协商。一是帮助民众提高认识。发展是硬道理，只有发展才是实现美好生活，破解主要矛盾的王道。二是努力改善民生。民生改善、安全感增强就能有力地化解和降低稳定的风险。三是完善社会保障机制。对困难人群和弱势群体实施社会救助和司法救助，人人共享改革发展的红利。

四、警察初心

人民公安为人民是公安机关永远不变的初心和使命。坚持以人民为中心的发展思路，每一项决策、每一次部署都应将人民的利益置于最高的位置，把人民群众的冷暖安危时刻记挂心头，就必须加强警民沟通，密切同人民群众的血肉联系，听民情、会民意、察民情、解民忧是一切公安工作的出发点和方法论。通过紧密的沟通，探索并确立公安工作的基本思路和方法。

一是以群众的观点认知客观世界。人民群众是历史的创造者，也是历史的主人，对客观世界的认知最有发言权。客观世界的认知应坚持辩证唯物主义和历史唯物主义，杜绝唯心主义和形而上学。只有对客观世界具备了正确的认知，才能确立客观科学的工作思路。人民群众是社会变革和发展的真正动力。人心思变是改革创新的原动力，也是推动社会进步的活力源泉。公安工作的创新变革必须和人民群众的呼声与要求同频共振，那些脱离群众、脱离实际的所谓变革只是形式主义的闭门造车，孤芳自赏罢了。民心是最大的政治，水能载舟也能覆舟。任何公安工作都应顺应民心、合乎民心、尊重民心。公安机关始终坚持人民的利益高于一切的原则，把全心全意为人民服务作为根本宗旨，把是否符合最广大人民根本利益作为衡量一切工作的最高标准。

二是以群众的方法探究客观世界。人民群众在战天斗地的伟大实践中，摸索并掌握许许多多客观世界的发展规律，这些规律就是把握世界、改造世界的钥匙。公安工作就是要通过对治安态势的规律性认识与把握，下好先手棋，打好主动仗，因此，公安工作通过学习群众的方法，主动把握客观规律，做到未雨绸缪，以不变应万变。

三是以群众的智慧改造客观世界。通过对客观世界规律性的把握，逐步推动改造客观世界历史进程。在改造客观世界的征程中，人民群众积累了丰富的方法和智慧。社会治理必然面临利益纠葛和矛盾梗阻，来自群众的方法和智慧就能轻而易举地扫除这样和那样的障碍。诞生于基层的"枫桥经验"被奉为社会治理的灵丹妙药，就是坚持以群众的方法和智慧破解基层社会治理的风险隐患。人民群众中蕴含着丰富的智慧和力量源泉，向群众学习就是警民沟通的第一要务。

五、党政支持

在中国革命和建设的不同时期，群众路线是中国共产党带领人民取得一个又一个胜利的法宝。各级党组织和政府部门始终将群众工作置于极端重要的位置。沟通是群众工作中最基础、最便捷、最有效的方法和手段，自然，党和政府全力支持党群之间、干群之间、警民之间的沟通和联系。

一是为沟通提供制度设计。党和政府出台了一系列有关政务公开、党务公开、警务公开的规章和政策，充分保障了人民群众的知情权、参与权、表达权、监督权，为沟通创造了宽松的社会氛围，将沟通引入到立法、司法的各个环节、各个程序之中，倡导宽严相济的司法原则，通过司法调解、司法救济等手段，为沟通营造了和谐的法治环境。

二是为沟通提供力量支持。党和政府利用社会制度的优越性，动员、组织各方社会力量参与到群众工作中。非官方的民间组织充分发挥各自的优势，在调解、仲裁、沟通、协商等方面取得了难以替代的作用。主流媒体主动就社会的焦点、难点和民众展开沟通交流，回应关切，在消除社会焦虑和认知分歧方面发挥了重要的作用。

三是为沟通提供系统保障。警民沟通时常遭遇到体制性、机制性的障碍，需要政府协调和社会的配合。党和政府及时调整、动员、完善社会系统的保障机制，为警民沟通提供充分的便利。政治的、经济的、文化的、社会的、科技的，只要有利于警民沟通，应有尽有。公安机关组织开展的系统性或全局性的专项行动，各级党委和政府总是全力支持，要钱出钱，要力出力，要政策给政策。有了党和政府作坚强后盾，警民沟通中的许多老大难问题就能迎刃而解。

六、舆论监督

自媒体的快速发展，使舆论的监督更丰富、更直接、更广泛，警民沟通的一言一行，甚至细枝末节都有可能演化成一场涉警舆情。舆论监督迫使警民沟通更精细、更直白、更有效。聚光灯下的警民交互，有来言必有去语，还有留痕。公安机关面对民众的呼声和诉求作出的回应，必须冲着民众的痛点而去，真实而客观，切忌云山雾罩，大话连篇，对群众具体的诉求能解决的马上解决，一时不能解决的，提出解决的时限，在沟通中体现公安机关为民服务的真心和诚意。

在舆论的高压下，警媒关系至为重要。公安机关和媒体各自肩负着重要的社会职责。监督是媒体的神圣使命，公安机关应有正确的认识。监督是媒体参与警民沟通的常用手法，因此，公安机关应以积极的心态，主动接受媒体的监督。媒体对公安工作的批评和建议，公安机关应虚心接受，立整立改。公安机关要主动加强警媒互动。首先应建立起信息通报机制。对工作部署、中心任务等适时通报媒体，并为媒体的采访报道提供便利。其次是建立舆情应对协同机制。主流媒体参与舆情应对有利于话语权的掌握，有利于舆情的快速化解。最后是建立宣传协调机制。吸引、动员媒体参与公安宣传，不仅有资讯的传播，还有社会的动员与协调，调动起一切积极的因素参与到社会治理中来。在警民沟通中，警媒沟通的难度系数相对较大，确有其复杂的缘由。

一是职责不同。相对而言，媒体和警方的社会角色是监督与被监督的关系，职责使然。警方的言行举止都会受到媒体的监督和舆论的监督。在某些时候，警方的专业能力与水平要求难以达到媒体的期望，同一性的效果自然难以实现，甚至触发警媒冲突。

二是话语体系不同。不同行业、不同系统的话语体系的形成和发展与时代相关。媒体及媒体人作为时代的瞭望者，对时代风云的变幻具有天然的敏感，因此，媒体人的话语体系，总是走在时代的最前沿，记录历史，传播最强音。警方的话语体系受制于体制机制，难以和媒体的话语体系同步合拍，传播力、影响力相对弱化，沟通上更容易出现脱节的现象。

三是表达方式不同。媒介凭借各式各样的传播渠道、丰富多彩的方式自由表达自己的诉求。而警方就相对苍白而软弱。表达方式、手段不对应、不对称，警媒沟通难免出现鸡同鸭讲的尴尬局面。千难万难，但警媒沟通绝对不能缺位。媒体监督、舆论监督是促进公安工作进步不可或缺的力量。公安机关在尊重媒体、善待媒体、保护媒体的同时，积极探索警媒沟通的方法与手段。

七、文化驱动

在公安文化的全要素中，警民沟通贯穿始终，特别是警察公共关系全流程中，沟通是最重要、最紧密、最迫切的内容。公安文化的创新发展更是须臾离不开警民沟通。

沟通体现的是一种形象。警民沟通是公安机关全心全意为人民服务宗旨内化于心、外化于形的真实体现，是公安机关自我塑造亲民形象的真实实践。公安民警积极转变工作作风，放下身段，主动走到群众当中，和群众打成一片，行动意义远远超出其本身。开坝坝会、演街头剧、网上交互，沟通形式五花八门，凡是适用的全都拿来，以真心诚意赢得民心。

沟通体现的是一种力量。一切依靠群众是公安工作的力量源泉。公安工作的每一个步骤、每一个环节都需要群众的理解，沟通无所不在，无时不在。公安机关不遗余力地宣传公安工作的方针、路线、政策、部署乃至中心工作，最根本的目的就是要赢得人民群众的最广泛理解与支持。公安机关主动地向人民群众联系、汇报、沟通、协商，充分表现道路自信、理论自信、制度自信、文化自信。通过沟通，吸引、动员、组织起最广大的人民群众积极投身社会治理，汇聚促进社会稳定的磅礴力量。

沟通体现的是一种方法。公安工作不断遭遇到新的情况、新的问题，既有社会发展的大背景，也有利益分配不公的小环境，不可能以一种模式去应对、去化解，更多的是见招拆招，而沟通则是最为有效的方法。新情况、新问题必然是由新诉求带来的。现有的体制机制一时还难以满足或化解新的诉求，只有通过沟通来实现或部分实现诉求，力求抓早、抓小，迅速化解社会稳定的风险。

沟通体现的是一种制度。从顶层设计到基层实践，警民沟通总是处于突出的地位。公安机关着力于破除体制性障碍和机制性难题，解决深层次矛盾，总是以沟通为先导，以沟通来破题。眼下，公安改革正进入深水区，涉险滩，闯难关，沟通正处于制度设计的核心位置。以沟通找寻改革创新的突破口，以沟通尽力减轻社会的阵痛，以沟通努力实现社会各方的共赢。

八、技术支撑

传统传播时代，受制于传播渠道，警民沟通多是以面对面、点对点的姿态进行，传播力、影响力大打折扣。进入新媒体时代，网络新媒体技术为警民沟通拓展了宽广的前景。

沟通的姿态更绚丽。从面对面走向键对键，又从指尖走向云端。这种非接触式的姿态，使沟通更自由、更灵活、更轻便。民众的表达不再拘泥于环境、气氛、风向等，不平则鸣，有感而发。公安机关面对的沟通对象也从稳定性走向了不确定性，从特定性走向广泛性。

沟通的视野更宽广。民众利用自媒体平台自由发声，不再是单纯的切身利益的诉求，也有对社会分配不公、权力腐败、铺张浪费的控诉，更有政治、经济、文化、宗教乃至人类命运共同体的关注。警民的沟通早已超过了"一亩三分地"的范围，开始共同探讨民生、民主、人权。

沟通的交互更便捷。你有所呼、我有所应是传统沟通的基本形态，但是因受环境、条件、资源的影响，在节奏、衔接、理解等环节时常出现偏差，致使呼唤者与被呼唤者总是脱节，严重影响沟通的效果。新媒体交互克服时空阻碍，保证实时、保真的沟通。信息的及时送达，保证了沟通的顺畅连贯。实时交互，避免了理解的偏差。

沟通的手段更丰富。非线性传播使人类社会所有的传播方法手段都能适用于沟通，不再只有单纯的语言传播，尤其沟通紧密依靠真实的场景呈现，更有助于效果的实现。手段的丰富使沟通的氛围更轻松，节奏更明快，理解更直观。视频记录、地图定位真实还原违法场景和行车轨迹，有效地避免了交通处罚的无端纠缠。

顺应网络、新媒体技术诞生的微警务就是基层公安机关警民沟通的便利工具和得力助手，特别是移动客户端，实现警民沟通最紧密、最积极、最全面，网络技术的发展必然涌现出新的传播形态，使警民沟通的手段更加丰富。

第三节　自媒体语境下的警民沟通

自媒体宽广的平台为民众自由表达提供了无限的可能。

一是视阈拓展。非线性传播环境里，传播者和接受者的角色自由地切换。人人都是麦克风，自由地表达切身利益诉求，坦露对于相关利益群体的关切。从家长里短、鸡毛蒜皮，直到江山社稷、人类命运共同体都是网民的关注点。在风云激荡的舆论场，意见领袖站立潮头翻云覆雨，引领着粉丝群体标新立异，惊世骇俗。社群交互的中心和节点相互转换，去中心化永不停歇，不断掀起舆情的惊涛骇浪，地动山摇。自媒体蕴藏的传播能量深不可测，穿透力无坚不摧。

二是渗透全面。网络和新媒体技术的开放性，极大地便利了传播的思维、方法、手段、效能的渗透，从客观世界到主观世界，从意识形态到经济基础，从信息传播到政治、经济、文化、社会各领域、各层面。自媒体无孔不入，深刻地影响着经济社会的发展与进步，深刻地融入民众的生产生活，逐渐改变民众的思维方式、生产方式、生活方式、交流方式。

三是交互紧凑。网络空间充斥着既紧密又松散的社群环境，民众身处既熟悉、又轻松的人际关系氛围中更利于随意表达，任性十足。而对来自熟人圈、朋友圈的声音，民众多会不由自主地迅速作出响应，极大地加速了信息流，扩大传播的覆盖面。特别是对熟人、朋友的话题，民众更容易明确表明自己的态度，快速形成舆论的焦点，加剧舆情的聚合。在社群中，中心和节点实时转换，人人都是中心，人人皆是节点，使去中心化分秒之间实现。去中心化的神出鬼没，极大地增加了舆情应对的难度和风险。

四是手法缜密。自媒体的传播完全遵循网络的发展规律，适应网络生态的发展要求，从话题的切入开始，到舆论的生成，不同阶段、不同过程适用于不同的传播方法、手段，人为的封、堵、删已完全无法扼制舆论的形成，唯有引导。民众利用自媒体，完全依托网络的力量快速掀起舆论的狂潮，以期提高诉求表达的穿透力和影响力，促进诉求的尽快解决，并达成小闹小解决、大闹大解决的目的。

自媒体表达给警民沟通提出了严峻的挑战，尤其是表达中各种不确定性加剧了沟通的复杂性和难度系数。传统中的一对一、点对点演变成了一加一、点对群的局面，不由得使沟通的困难和风险陡增了 N 倍。

一、自媒体及其特征

（一）自媒体概念

自媒体一词最早出现于 2002 年，国外学者将其称为"媒体 3.0"。2003 年7 月，美国新闻学会首度对自媒体的概念作出解释，认为自媒体是经由普通的民众借助数字化、网络化以及全球信息体系对各种新闻事件进行采访、传播、评论等，借以反映普通民众对于现代新闻事件的真实看法和客观报道。由此可见，自媒体主要是一种传播的形态。正如美国学者托马斯·弗里德曼在《世界是平的》一书中描述：上传正在成为合作中最具有革命性的形式之一。我们比以往更能成为生产者，而不仅仅是消费者。书中所指的"上传"，就是网络世界的信息生产和传播。个体参与信息的生产和传播，便是自媒体发轫的萌动。1995 年，一款社交软件 MSN 在美国诞生，一经面世立即风靡欧美。MSN不仅可以实时在线聊天，还可以互相收发邮件。MSN 和后来的腾讯 QQ 极大地满足了网民的社交需要，引领了即时通讯时代，而真正开启自媒体时代的标志性事件却是博客的推出。随后的微博、微信、客户端使自媒体的传播形态更加丰富和成熟。可见，自媒体是伴随网络技术发展衍生出的以自我为中心的传播形态。

（二）自媒体特征

1. 广泛性

自媒体的传播主体大多以民众个体为主，具有强烈的广泛性。只要会操作电脑或手机，便可以发布自己希望发布的信息，自由表达自己愿意表达的观点。这种低门槛、制作简单、操作简便的传播格局使"人人都是麦克风，人人都是记者"成为可能。私人化、平民化、自主化的传播生态培育出了具有广泛代表性的"草根记者"，其自觉或不自觉地传播公民新闻。民众自由发声、自我表达，汇聚起磅礴的舆论声势，展示出广泛的社情民意，蕴藏了民主政治不竭的活水源头。

2. 即时性

自媒体来源于即时通讯，随着新媒体技术的发展，传播的方法、手段、形态得到丰富和加强，但不管方法、手段如何变化，即时性的传播方式和快节奏、碎片化的生活方式高度吻合，自然获得民众的喜爱，随时随地传播信息、表达意愿，加之多种多样的传播手段，使自媒体高度嵌入到民众的生产生活中，并不断地向经济社会的不同领域不同层面渗透。

3. 交互性

传播者和接受者的角色实时转换，来自第一时间、第一现场的信息，通过交互极大地增强了传播的吸引力、感染力、影响力，通过交互实现自我表达的同声相应、同气相求，快速汇聚舆论的中心焦点，快速掀起舆情的风浪。正是这种交互的神奇力量使自媒体成为公共舆论的重要源头，也是越来越多的草根利用自媒体自我表达诉求的心理依靠。自媒体正日益成为社情民意的有效表达平台，受到民众的热烈拥护，获得党和政府的高度关注。

4. 自组织性

自媒体的非线性传播时常处于自由、自我、自负的环境，但并没有表现出一盘散沙一样的状态，反而表现出某种组织状态的存在，按照某种规律呈现有序地运转，这就是自组织现象。其实，自组织现象在自然界和人类社会普遍存在。一个系统自组织属性愈强，其保持和产生新功能的能力就愈强。在非线性传播系统中，自组织能力表现尤为突出。20世纪60年代末期发展起来的自组织理论，就是将复杂自组织系统（生命系统、社会系统）的形成和发展机制问题作为研究对象。按照自组织理论解释，"自组织"是指一个系统在内在机制的驱动下，自行从简单向复杂，从粗糙向细致发展，不断提高自身的复杂度和精细度的过程。自媒体以其特有的传播理念和方式，颠覆了传统传播格局，消解了传统媒体的传播优势，影响着主流媒体的发展方向，左右着舆论场的风云变幻，特别是没有了"把关人"的传播格局，自媒体并没有陷入混沌之中，反倒是在两个舆论场中占据重要的地位。在民间舆论场，自媒体更是独领风骚。显然，自媒体的生存、发展完全依靠自组织性。而法律、道德、伦理等要素就是驱动自媒体不断发展的内在机制。在社群环境中，自组织的作用显而易见。道不同不相为谋，道就是自组织的发展力量。

（三）自媒体的社会影响

非线性传播助推自媒体充分展现"微"的形态、"微"的力量、"微"的效果。自媒体依靠微传播汇聚起数量庞大的用户量。截至2020年3月，我国网民规模达9.04亿，其中农村网民2.55亿；手机网民规模达8.97亿，网民使用手机上网的比例达99.3%；网络购物用户规模7.10亿，占网民整体的78.6%；2019年，全国网上零售额达10.63万亿元，其中实物商品网上零售额达8.52万亿元，占社会消费品零售总额的比重为20.7%。同时，我国网络新闻用户规模达7.31亿；网络视频（含短视频）用户规模达8.50亿；在线教育用户规模达4.23亿；在线政务服务用户规模达6.94亿。以上数据从一个侧面印证自媒体正深入渗透经济社会的各领域、各层面的现状，正深刻影响着人类生存质量和经济社会的发展进程。

1. 积极改造民众的生活方式

自媒体为民众提供了广阔的自由表达的平台，文本、图片、音频、视频等形式随心所欲地使用，部分地保障了民众的知情权、参与权、表达权、监督权。民众在参与教育、文化、社交、消费等方面的活动中，自媒体更是须臾不可或缺。最典型的莫过于民众在自媒体的引导下，全面享受娱乐化的生活，充分感受网络文化"娱乐至死"所带来的狂欢与刺激。随着经济社会的高速发展，人们的生活日益碎片化，社会交往日益疏离。微信的崛起，全面满足了民众社交的需求，并且已成为民众社交的主要方式。2020 年 1 月 9 日，微信官方公布了《2019 微信年度数据报告》，截至 2019 年 9 月，微信月活跃用户数达 11.5 亿。午饭前、下班后是使用微信的高峰期。晚上 9 点是浏览微信公众号最多的时候。年轻人喜欢看动漫，中年人喜欢看孕产育儿。小程序日活跃用户达 3 亿，午饭前后，下班晚饭后是打开小程序的高峰期。朋友圈里，男性喜欢分享工作、游戏，女性喜欢分享美食、情感。国内打卡最多的地点是广州，而国外打卡最多的地点是韩国首尔。捂脸、龇牙、偷笑、强、玫瑰花等黄脸表情是用户使用频率最高的。微信支付数据表明，吃饭时 59% 的单由男性买，超市百货购物的 57% 的单是女性买。在收红包方面，每月男性收到 42% 的红包，女性收到 58% 的红包。

2. 打造民间舆论场

几年前，在网络上流传着一种说法，当你的微博粉丝超过 100，你就是一本内刊；超过 1000 就是一个布告栏；超过 1 万，就是一本杂志；超过 10 万，就是一份都市报；超过 100 万，就是一家电视台；超过 1000 万，就是一省级卫视；超过 1 亿，那你就是 CCTV。这足可形象说明自媒体的影响力和传播力。自媒体初现江湖，就彻底解构了长期一统的舆论格局，打造出代表草根阶层利益的民间舆论场，并在与主流舆论场的博弈中，力量越来越强劲，地位越来越显著，话语越来越鲜亮。自媒体首先发声，挑起话题，新媒体和传统媒体快速跟进，制造舆论，经网络发酵后掀起舆论的重重波浪。这已成为当下舆情的固化模式。民众往往为维护自身的权益，或伸张正义，随时随地都可利用自媒体自由表达，经关注、转帖、扩散，就能在较短的时间里，在相关利益群体或非直接相关利益群体中形成民间舆论场，再次的助推、扩散，迅速演化成社会热点。这种利益的关联性构成了民间舆论场快速聚合、发散的强大内生动力。

3. 有效监督政府权力运行

自媒体彻底颠覆了传统媒体对话语权的垄断地位，为芸芸众生提供了自由表达的平台。民众利用自媒体不仅表达各自的利益诉求，也对民主、政治、公平、正义、分配、环保等层面表示高度关切，积极行使参与权和监督权。

一是监督政府依法行政。权由法授。政府的每一项决策、每一次执法都应于法有据，但凡涉及大多数民众利益的决策必须事先听证，广集民意。民众利用自媒体表达诉求，对照权力负面清单监督政府的权力运用，对于越权、滥权行为和现象，挑起话题，引发围观，监督政府按照法定权限和程序行使权力。

二是督促政府改进工作。政府工作中的形式主义、官僚主义以及不作为、乱作为的现象仍然大量存在，严重地损害了群众利益和政府公信力。对此，民众深恶痛绝。即使是当面敢怒不敢言，民众往往将心中不平事、愤怒事晒到网上，希冀借助网络力量督促政府知错即改，有错必纠。

三是支持政府反腐倡廉。民众对现实存在的腐败、不公、不诚等丑恶现象，以及政府部门中存在的失职、渎职行为都会通过自媒体表达自己的观点、看法和情感，甚至直接实名举报。民众将言论自由和舆论监督有机结合起来，勇敢地走上反腐的主战场。近年来，自媒体日益成为反腐利器。

党和政府充分尊重人民群众的知情权、参与权、表达权、监督权，坚持以民意为导向，以问题为导向，调整和改变执政方式和理念，积极推行公开、透明、互动的执政模式。各级政府和部门积极打造网络问政平台，密切与群众沟通交流，问计于民，问策于民。由此，自媒体成为网络问政的主要渠道。

4. 提升市场经济的活力

自媒体以社群为基础的传播方式以及信息传播速度快、送达准确的优势，让企业感受到了无限的商机，微传播被广泛运用于品牌打造和产品营销。"微信＋电商"式的熟人经济就是自媒体渗透市场的最典型现象。微信支付更是自媒体对市场拉动最强有力的表现。以"微信公众号＋微信支付"为基础，将线下的实体店移植到微信平台。如微信支付和滴滴打车软件合作，为滴滴打车带来了强大的市场份额。根据艾瑞咨询的预测，2018 年，我国互联网广告将达到4914 亿元，同比增长31.04%，其中电商广告占比31.7%，信息流广告占比23.9%。信息流广告作为新的广告形式，2018 年达到1173.5 亿元，同比增长70.4%，到2020 年将高达2754 亿元。

（四）自媒体的隐忧

自媒体传播完全依靠社群关系的自组织性维系运转，在自觉、自醒、自尊的自我意识约束下，刻意表达人性的真善美，营造出清朗的氛围。可毕竟社群只是一种松散、稀疏的人际关系，完全没有刚性的制约，也没有"把关人"的守护，一旦自组织出现崩塌，社群顷刻间沦陷，人性的假丑恶暴露无遗，自媒体便会沦落成邪恶势力的帮凶，为虎作伥。

1. 谣诼的源头

"把关人"的缺位，为流言和谣言大开方便之门。为了满足私欲，一些个人和组织恣意妄为，不断突破言论的法治、道德边界，无事生非、造谣滋事，导致社群传播乌烟瘴气，鸡犬不宁。部分网民缺失媒介素养，对信息缺少必要的分辨、批判的能力，非常容易沦为谣诼役使的羊群，加剧谣诼的传播和毒害。在新闻反转事件中，往往都是羊群效应在推波助澜，导致是非不明、黑白颠倒。自媒体环境中，谣诼的流行必然毒化社会风气，离间干群关系、警民关系，抹黑党和政府的形象，甚至煽动起社会的动乱。

2. 风险的温床

自媒体不断渗透经济社会的进程中带来各种各样社会稳定的风险。一是意识形态的斗争波诡云谲。敌对势力千方百计地利用自媒体传播丑化、污蔑中国共产党领导和社会主义制度的言论，利用舆论事件煽动民众和政府的对抗，挑起民族矛盾，宣扬腐朽没落的思想观念，毒害青少年。二是网络暴力恶行昭彰。泄愤、寻仇、人肉搜索、曝光个人隐私等恶行大都在自媒体的掩护下得以实施，且因依法查处的难度较大，一些网民更是胆大妄为。网络水军公然以公关为名向企业和公众人物实施信息敲诈。三是网络犯罪防不胜防。不法分子利用网络技术，巧立名目，手法翻新，利用民众的好奇心理实施犯罪。电信诈骗、套路贷、"黑灰产"正疯狂地掠夺民众的看病钱、上学钱、养老钱，民众防不胜防，苦不堪言。还有用户信息泄露、黑客攻击等无一不加大了网络空间稳定的风险。

二、自媒体传播对警民沟通的挑战

民众拥有自媒体，人人都是麦克风，随时随地为自己的利益代言。诉求表达更直接、更迫切、更率性。线上线下、网里网外紧密交织，使警民沟通的渠道更广泛、格局更宽广、方式更丰富。线上的沟通完全处于非接触性，由此而生发各种不确定因素，随时影响着沟通的主题、节奏、氛围、效果，给警民沟通带来了许多的新情况、新问题。公安机关在准确把握自媒体传播规律特征的同时，积极应对自媒体的挑战。

（一）话语的挑战

公安机关在长期的警民沟通实务中摸索并确立具有鲜明特色的语言风格、表达方式乃至话语体系。以理服人一直被奉为警民沟通的至高准则。在信息、地位、角色极度不对称的背景下，公安机关倚仗绝对的话语权比较容易达成以理服人的愿景。当地位、角色、话语的优势一旦被消解，对理的诠释、遵循、贯彻就有可能陷入公说有公有理、婆说婆有理的窘境，导致沟通沦为无休止的纠缠乱局。

民众利用自媒体表达诉求多是不平则鸣、率性而为，流俗化的行为色彩极其鲜明，给警民沟通提出了严峻的考验。网络传播中，官话、套话、官样文章是沟通的死穴，是舆论冲突的触点，毫无立足之地，应彻底摒弃。对于流俗化的行为方式、语言色彩，公安机关必须保持清醒的认识，对粗鄙、低俗的行径应进行坚决抵制，积极学习掌握用群众的语言开展警民沟通。土话、俚语最接地气，使用得当能使警民之间更好地交流。

民众的诉求大多涉及柴米油盐、家长里短。因为这些琐碎事务中不仅承载着民众的切身利益，还关联着民心向背、家国情怀。公安机关贴切地回应往往带有浓厚的人性温情，极易获得以情动人的效果。在网络传播中，警民沟通坚持以人为中心的发展思路，更加突出人性化，更强调人的全面发展。

网络传播的渠道、粉丝、场景、流行文化不断地变化，必定带来传播语境再造。新的语境需要有新的语言风格、表达方式相适应。在不断调整变化中，语言风格愈加趋向于娱乐化、人格化。一些看似莫名惊诧，甚至流俗的话语反倒吸引了民众的关注而广为流传。在这些不规范、不正经的言语符号中，网民倾注了复杂的情感寄托。在传播的狂欢中，表达出了朴实的内涵。

这种人格化传播给警民沟通提出了考验。是规避、还是顺从，已不再是一个简单的选择，关乎群众立场、群众情感、群众路线的重大命题。来自警方的声音代表公安机关的立场、观点、方法、态度。为了表明正统、规范，往往采用严肃的语言风格，严谨的表达方式，惜墨如金。在网络传播中，这种文牍式的语言风格、表达方式显然呆板陈旧，很容易招致网民反感，尤其是新生代对于一板一眼的应答了无兴趣。自媒体传播的人格化表达充分融入情感，无形中拉近了沟通的心理距离，较容易产生起情感的共鸣，获得较好的社会效果。显然，警民沟通就应该适应并掌握人格化的语言风格、话语方式。

（二）情绪的挑战

自媒体的聚光灯下执法，民警的一举一动、一言一行，都能成为舆论的话题，以至于民警情绪的喜怒哀乐都可能引发无限的解读。警民沟通时常面临情绪的考验。关于情绪定义，100 多年来，心理学家和哲学家仍在争论不休，难以达成统一认识。按照《心理学大辞典》的解释：情绪是有机体反映客观事物与主体需要之间的态度体验。不管是正面的、负面的情绪，还是直接的、间接的情绪都是主观意识作用的结果，大多会通过语言、表情、形态、手势、动作等表现出来。在警民沟通中，民警的情绪表现，民众都会看在眼里，记在心里，甚或传到网上。民警情绪的好坏，直接影响到沟通的效果，一句"态度不好"，就有可能使沟通的种种努力顷刻化成乌有，更有甚者，负面情绪被直播到网上，引来围观，挑起舆论，使民警身陷漩涡。因此，在网络传播环境中，情绪管理已成为公安机关和全体民警急迫需要学习的课程。

据百度解释，情绪管理是通过研究个体和群体对自身情绪和他人情绪的认识、协调、引导、互动和控制，充分挖掘和培植个体和群体的情绪智商，培养驾驭情绪的能力，从而确保个体和群众保持良好的情绪状态，并由此产生良好的管理效果。同理，警民沟通中，无论个体还是集体，情绪管理对效果的达成至关重要。

对于个体而言，情绪管理就是用对的方法，用正确方式，探索自己的情绪，然后调整自己的情绪，理解自己的情绪，放松自己的情绪。民警依法履职代表法律，展示的是群体的形象，情绪管理尤显迫切。因环境、氛围、认知等因素的差异，不可能存在情绪管理的统一规程，更多的是随机应变。种种的不确定性，致使情绪管理具有多样性。因此，情绪管理更着重于个体的培养。身处复杂的执法环境，面对嘈杂的纷争和外部刺激，民警首要的是管理好自己的情绪。

情绪的管理不是要去除或压制情绪，而是在感知情绪后，调整情绪的表达方式，学会以适当的方式在适当的情境表达适当的情绪。俗话说，在什么山上唱什么歌。不同的氛围，不同的语境，就应有不同的情绪表现。对于民众的诉求，无论繁复，还是尖锐，公安机关和民警都应以积极的情绪去应对，做到不卑不亢，不矫不枉。

（三）节奏的挑战

传统的沟通方式紧紧围绕中心议题逐级逐层展开，有条不紊，清晰明了。自媒体的去中心化总能使沟通主题节外生枝，节奏变得凌乱不堪。这种看似混沌的状态，并不是表明沟通的失利，反倒是对沟通的节奏考验。去中心化并不是不要中心，而是由节点来自由选择中心，自由决定中心。任何中心都不是永久的，而是阶段性的。任何中心对节点都不具有强制性。去中心化并不是否定了沟通的节奏，只是在交互中，节奏缺少了层次感，变得更加迅捷和多变。唯快不破就是非线性传播的节奏感。

线上沟通，传播者和接受者的平等地位，谁也无法主宰、掌控迅捷且多变的沟通节奏，唯有以快对快，以快制快。任何的迟疑和犹豫都会造成沟通的脱节，形成梗阻，甚至演化成舆论事件。沟通突出第一时间、第一现场就是为确保沟通的节奏顺畅。

对于迅捷多变的沟通节奏，并不是意味着只有一味地追随和被动地迎合。长时间处于被动状态，极有可能丧失话语权，反而难以实现沟通的愿景。利用交互，完全有办法、有能力去影响、引领沟通的节奏，那就是议程设置。

议程设置是大众传播媒介影响社会的重要方式。长期以来，传统媒介利用优势地位通过向大众提供新闻报道和信息传播活动以赋予各种议题不同程度的显著性方式，左右影响大众关注哪些事实和意见以及谈论的先后顺序。大众传媒，无法决定大众怎么想却可以影响大众想什么。新媒体传播具有强大的交互功能，民众可以自由地选取信息和表达诉求，议程设置在网络传播中的作用虽然不如传统媒介那么明显和强烈，但是在舆情应对和线上沟通上仍具有重要的意义。

将议程设置运用到警民沟通之中，一是可以保证主题的延续。去中心化的过程就是不断确定中心的过程。有的中心可能和沟通的主题关联紧密，有的就可能离题万里。巧妙地设置议题，引导民众的表达始终围绕主题，使沟通朝着理想的方向推进。二是有效减缓节奏。不断地去中心化，除了营造网络的狂欢，对于沟通的积极意义有限。民众在接受狂欢的愉悦后剩下的只有一地鸡毛，狂欢只会使沟通陷入混沌之中。适时地设置议程，可以有效地降低交互的频率和节奏，使沟通有板有眼地接续。三是有助于实现理想的愿景。网络的思维大多是发散性的。正如蜂窝状的传播形态，完全不同于传统思维由点到面的方式。网上的议程设置忌惮于线性的思维路径，容易引发网民的抗拒，大多采用发散的方式，正是这种不经意的引导，最后取得失之东隅，收之桑榆的效果。

（四）技巧的挑战

有关人际沟通及其技巧的理论、专著可谓多如牛毛。可是，自古至今，在实务中能够熟练自如地驾驭沟通技巧的达人可谓凤毛麟角，而在网络传播环境中能驾轻就熟地运用技巧的更是寥寥无几。来自网络传播的最大考验就是习以为常的沟通技巧总能被自媒体表达轻易地化解，而且一旦运用失常、失真、失准都会弄巧成拙，演变成新的话题，点燃网络的狂欢。"躲猫猫""七十码"等网络词汇就是警民沟通留下的硬伤。自媒体聚光灯下，就连民警的仪表、眼神、语气、站姿等细微之处存在的瑕疵都会招来围观，引发无限解读，而那些在人际沟通中运用自如的技巧完全有可能被线上表达撞破，陷入窘境。

按照常理，一旦沟通处于胶着状态，惯常使用冷一冷、放一放、瞧一瞧的方法与技巧，虚与委蛇，可这种冷处理的技巧正好为舆论的引爆提供了口实。加上网络水军和黑恶势力的煽风点火，舆论的风暴可能带来社会的灾难。

毕竟是环境、氛围、人设的不同，在网络环境里，对于人际沟通的技巧选择必须要有非常明智的判断，橘生淮北则为枳，因为水土不服，同理，人际沟通的技巧在网络传播中就存在着非常明显的水土不服。人际沟通只是点对点，你来我往，在诉求表达的博弈中比较容易达成共识。而网络传播中的沟通则是点对面，围观的力量随时随地深度干预沟通的节奏、氛围、议题，特别是沉默中的"长尾"足可以给沟通表达注定基调，完完全全地改变原定的议题，诱使沟通走向背离初衷。各种不确定因素和力量时刻干预、扰动沟通的进程，迫使技巧毫无用武之地，增添沟通的难度。

在自媒体的逼视下，警民沟通的技巧确实处于老办法不能用、新办法不敢用的两难地步，与其误用、错用技巧招致网络舆论，倒不如不用、弃用。探索新媒体时代警民沟通技巧成为公安机关的一项紧迫的课题。

三、聚光灯下警民沟通的基本遵循

自媒体传播消解了公安机关在警民沟通中的地位、角色、话语的优势，以平等的地位、视角对话交流。人际传播环境中，民警完全可以利用信息、话语权的不对称，自如地掌控沟通的局面，争取获得理想的效果，但是在网络传播环境，即便是最寻常普通的沟通场面，民警都会成为关注的焦点和重点。在聚光灯的追逐下，民警的言谈举止可能被无限放大，自觉或不自觉地接受舆论的拷问，紧张、焦虑、无助的情绪徒然增生，种种的不适应自然而然暴露出来。

概括来说，这些不适应主要表现在以下三个方面。

第一，表达卡顿，缺乏沟通的基础。

其一，言语生硬。害怕言多语失，授人以柄，干脆少说或不说。顾虑重重中反而容易爆出雷人雷语、胡言乱语、官话连篇。

其二，表情僵化。担心眼神、表情、手势、肢体动作传导出错误的信息或被错误解读，只得表现出一副僵硬的表情，大义凛然，拒人千里。

其三，思维混沌。害怕正面的交锋加剧舆情的生成，只有被动地附和对方的诉求表达，无原则地放弃自己应有的立场、观点、方法，使自我表达不知所云。

其四，节奏凌乱。一味地顺从对方的思路，反而全盘打乱交流的节奏与氛围，只有被动地应付，东拉西扯，远离主题。当表达陷入混乱或僵化状态时，交互就难以为继。自我设障使沟通发生流变。

第二，动作变形，缺乏沟通的动力。

其一，心浮气躁，倾听不专注。倾听是沟通的前提条件。倾听的姿态、情绪能有效地营造起沟通氛围，心无旁骛，专心致志地倾听能快速切入沟通的中心议题，而三心二意、东张西望的情绪显然是对对方表达的公然漠视，更是对沟通的强烈抵触。

其二，颐指气使，对话不平和。官威作祟，淡忘对话双方的平等地位，在官气、官威中刷存在感，满足虚荣心，高高在上，自以为是，目空一切，对群众吆五喝六，作威作福。

其三，寡言少语，沟通不主动。担心失误被问责，对群众的诉求表达三缄其口，惜字如金，惜墨如金。更忌惮于引导沟通，宁可受辱受屈，也坚守骂不还口、打不还手。

其四，简单粗暴，回应不理性。受环境、文化、教育等方面的影响，民众的表达时常会表现出语言粗鄙、动作粗野的冲动。此时的回应更需要理智和冷静。有时为了尽快平息事态，贸然使用简单粗暴的手段回应，反而使沟通走向对抗。动作的简单、随意、变形、失常自然会释放出令人不安的信号，民众不由产生失望、痛苦的情绪，沟通自然出现梗阻。

第三，业务不精，缺乏沟通的必要素质。

其一，说不过。本应耳熟能详的法条、政策竟会在关键时刻卡壳，面对执法相对人的咄咄逼人却无力招架，主动的态势反而变成被动。正常的执法行动却在沟通环节上落入下风，尴尬又无奈。

其二，打不赢。面对挟带有暴力倾向的诉求表达，民警总会投鼠忌器，不敢或不能果断地以警务技能制止暴力的延伸，不但保护不了自己，也保护不了群众。

其三，追不上。民众熟练地运用网络传播的方法、手段充分表达自己的利益诉求。民警的回应既跟不上表达的节奏，更赶不上表达的速度，只能落入窠臼、拾人牙慧。沟通双方的位置发生反转。

其四，解不脱。调解是警民沟通最常见的形态。民警代表政府、代表法律居间调解民间纠纷，寻求双方可以接受的利益平衡点。因为不能熟练地运用群众的思维、群众的观点、群众的方法去调解矛盾双方的利益诉求，难以提交出双方均可接受的解决方案和路径，反而加剧了矛盾冲突，使调解陷入剪不断理还乱的麻团。民众的矛盾、纷争大都是属于人民内部矛盾的范畴，通过平等对话、交流、协商完全可以达到事了纷止，需要民警以专业的姿态，精湛的技能，娴熟的业务展现风采。

警务实战中，时时要沟通，事事要沟通。沟通始终贯穿于警务活动的全流程，各个环节。面对自媒体传播的步步紧逼，警民沟通确实遭遇了种种的不适应、不协调、不完美，可是，无论如何不能因为不适应而放弃沟通。放弃沟通，公安工作将一事无成。愈是在复杂的社会环境中，愈能凸显出沟通的价值。2016 年 6 月，公安部制定并印发了《公安机关现场执法视音频记录工作规定》，对执法记录仪配备、使用、管理等方面作出了系统规定。执法记录仪的运用标志着公安机关执法规范化建设迈出重要一步，同时，也意味着警民沟通借助科技力量开始有益尝试。民警也开始学习、适应、习惯在镜头下、话筒前执法履职。民警勇敢迈出的一小步，却是公安机关执法规范化建设前进的一大步。

公安机关在探索网络环境下警民沟通的方法、节奏、技巧的同时，警民沟通应有基本的遵循。

（一）原则性与灵活性相结合

在和民众诉求表达博弈中，公安机关坚持以人民为中心的发展思想，将一切为了群众作为行为准则，以群众的呼声作为第一信号，快速反应，主动作为，积极作为。民众的诉求形形色色，横贯物质和精神两个层面。有限的警力不可能一一作出准确回复，更何况，大量的诉求和法律、政策紧密关联。公安机关应以法律的精神、政策的情怀深刻回应民众的关切。法律面前人人平等。任何个人和组织不得凌驾于法律之上。严守法律的底线、政策的底线、道德的底线，就是对社会公平正义的最直接的维护。

物欲横流，时时冲击着民警心中的法治和道德的堤防。风云变幻，时刻考验着民警的定力和心智。五光十色中，警民沟通时刻面临着大考，稍不留神，就有可能迷乱双眼，沦为物欲的俘虏，背弃道义和信仰，为虎作伥。越是在复杂的环境，民警更要保持清醒的头脑，站稳立场，坚定党性，坚持原则不动摇。

诉求的起因总是和历史、现实相勾连，和政治、经济、文化、社会相关联，警民沟通不可能以一个步调、一个尺度作出全面回应。正如俄国伟大文学家列夫·托尔斯泰在其创作的小说《安娜·卡列尼娜》开篇所说："幸福的家庭都是相似的，不幸的家庭各有各的不同。"来自弱势群体、困难群体的诉求总是和柴米油盐相关，充满着生活的酸甜苦辣。警民沟通应立足于纾困解难。在不违反原则的前提下，区别对待，真心帮助群众解决烦心事，以实际行动赢得民心。群体性事件是社会转型时期民众诉求表达的一种非正常行动，多属于人民内部矛盾的范畴，因此，警民沟通成为化解群体性事件的主要手段。对群体诉求的回应在不违背法律法规的前提下，采取灵活机动的策略，引导群体性事件向着积极的方向发展，避免事态的恶化与失控，严防动乱发生。

（二）非暴力与暴力性相结合

警民沟通中，非暴力是常态，而暴力性只是特例。回应民众的诉求，公安机关大多采用对话、交流、协商等机制来实现。在平等的基础上各抒己见，求同存异，寻求最大公约数。不同阶层、不同群体的诉求表达寄托着各自的美好愿景，只有采取对话的方式，全社会才能达成共识。通过开诚布公、坦诚相见，共同聚焦各阶层、各群体认同的核心价值观，引导全社会共同遵守和维护。社会治理需要全社会的参与和支持。政策调整、机制的创新，必定会牵扯部分群体的切身利益，更需要通过对话达成共识，避免社会震荡。

不同时期，党的路线、方针、政策为了取得群众的理解和支持，事先都需要宣传，需要交流，让群众对党的路线、方针、政策有初步的认识，并化作自觉的行动。公安机关的决策、部署都离不开群众的参与和支持，公安机关应主动和群众宣讲、交流决策、部署的积极意义和重要作用，获得群众的配合和支持。如果没有事先的宣传、事中的交流，即便最精致的决策部署也不能获得完美的结局。

深化改革就是对既得利益的再调整、再设计，社会阵痛难以避免。为了减轻社会阵痛的代价和风险，和不同阶层的沟通协商不可或缺，争取以最小的代价赢得最大的收益，维护好、实现好、发展好最广大人民群众的根本利益。经济社会的发展，尤其是改革开放的深入，必然触动部分人的既得利益，这些人很有可能会阻碍改革开放的深入，企图固化利益藩篱，时常以过激的、非理性的方式表达自己的诉求，妄图倒行逆施，甚至铤而走险，大肆煽动、裹挟、蒙蔽社会弱势群体组织非法聚集行动，扰乱社会的正常秩序，甚至以实施犯罪来给社会施加压力。

警察职业的特殊性，赋予这一特殊群体特有的正义形象和暴力色彩。警察暴力是指人民警察依法履职中享有的法律赋予的国家强制力量。警察暴力是合法的，源自它的双重属性——防卫性和职权性。防卫性体现在警察履行职务过程中，突然遭受犯罪嫌疑人及其亲友、周围无关人群的袭击，在自身合法权益受到威胁且不能寻求及时、有效的公力救济的情况下，所采取的暴力性正当防卫行为。职权性是指警察采取拘留、抓捕、逮捕等强制性措施或制止正在发生的不法侵害所实施的暴力性控制手段。[①] 显而易见，警察执法的暴力性和暴力执法是两个不同的概念，也是两种性质完全相悖的行为。警察暴力执法行为已经不具备警察暴力的双重属性，不再具有合法性，如刑讯逼供、滥用枪械、挑拨防卫等就是典型的执法犯法行为。两者切不可混为一谈。公安机关对于那些公然践踏法律尊严，肆意侵害群众利益的不法行为，果敢地采取暴力性手段和方法予以回击，维护社会的稳定和公平正义，必然赢得社会的肯定和拥护。

网络空间绝非一方净土。在网络治理中，警民沟通不只有和风细雨的交

---

① 房坤：《警察暴力执法行为的心理成因及对策》，载《湖南警察学院学报》2018 年第 4 期。

流，也需要有雷厉风行的霹雳手段。对于煽动颠覆、造谣滋事、巧取豪夺的不法行径，公安机关必须毫不迟疑地运用暴力性手段给予制止和打击，守护人类共有的精神家园。

（三）正面宣传与积极引导相结合

自媒体挑起的民间舆论场风云激荡，各种观点、方法、理论激烈交锋，猛烈冲击着意识形态的堤坝，形形色色的思潮、流变粉墨登场，极力兜售各自主张。大批天然缺乏免疫的网民轻易地沦为幕后推手役使的"羊群"，意识形态的斗争呈现出异常复杂的局面。面对前所未有的新情况、新问题，警民沟通和宣传工作必须遵循团结、稳定、鼓劲、正面宣传的方针，弘扬主旋律，传播正能量，巩固壮大主流思想舆论，激发全社会团结奋进的强大力量。船到中流浪更急，行至半山路更陡。改革开放进入"深水区"，遭遇到的困难会更大，阻力会更多，这时候，就更需要以正面宣传鼓励民众、激励民众凝神聚气，共同克服前进道路上的艰难险阻。

新媒体全面颠覆传统传播格局，信息传播四通八达，网络舆情波涛汹涌。自媒体在手，民众自由表达自己的诉求、观点、主张、愿景，同声相应、同气相求，民间舆论场内不同的声音、不同的表达相互搏杀，相互分化，搅动周天寒彻。纷纷扰扰之中，网民们四顾茫然，此时，最需要的是积极引导。大是大非面前，立场坚定；风云变幻面前，旗帜鲜明，第一时间表明公安机关的立场、态度、主张，并引导民众积极跟进。当下，网络传播的思潮、流变中，高级黑、低级红具有高度的欺骗性，以正面为幌子误导、蒙蔽民众，企图达到不可告人的目的。公安机关应及时戳穿高级黑、低级红的阴谋伎俩，教育民众提高识别能力。

第四节　微警务运行中的警民沟通

微警务脱胎于新媒体，自然和新媒体传播存在天然的血缘亲情。新媒体所具有的舆论生态、传播形态、交互模式等，微警务也都一应俱全。警民沟通的方式方法从线下开始向线上转移，微警务当仁不让地充当起急先锋。微警务不仅创新变革警民沟通的思维、方法、手段、效能，更营造出了警民沟通的全新意境。

一是隔空对话。不再拘泥于时间、地点、环境等，随时随地隔空对话，甚至虚拟场景、诉求、对象等模拟对话。诸多因素的不确定性，使对话的主题、节奏、效果等更加不可控。

二是指尖交流。没有面对面的表达交流，完全依靠网上的交互。诉求表达和回应都是从键盘、屏幕上实现。没有情绪的干扰，方便以多种多样的方式来自由表达。社群的熟人环境没有了拘束和顾忌，容易使沟通交流的议题变得尖锐繁复。

三是情感汇聚。不再忌惮于对方的地位、权威，民众自由表达诉求、主张、意愿等，传播平台汇聚的舆论信息明白无误地显露出民众对公安工作的爱憎、臧否，更多的是呼唤和期盼。

一、微警务运行中警民沟通新姿态

非接触只是排斥了时空的距离、地理的距离，丝毫也不会妨碍到表达，影响到交流。网络已将接触的点和面放大到无限，又将这种无限宽广的点和面非常便利地连接到了一起。非接触绝不是沟通的障碍和屏障，更不会有"一日不见如隔三秋"的焦虑。非接触这种真实的场景反倒给警民沟通带来了意外的惊喜和愉悦。新的姿态、新的方法给警民沟通带来更直接的获得感、幸福感。

（一）从面对面到键对键

一直以来，"串百家门，知百家情，认百家人，办百家事"备受警民沟通的推崇。在相对封闭的社会环境中，公安机关和民警的努力完全有可能将辖区内的治安信息排查的像玻璃板、水晶球一般清澈透亮。20世纪五六十年代，公安机关在局部地区确实创造出了如此奇迹，打造出了"路不拾遗，夜不闭户"的太平盛世。改革开放后，人、财、物的大流动，彻底地颠覆了静态的社会管理体制和模式，公安工作的管理体制和警务模式发生了根本性的变化，特别是社区警务战略的实施，公安工作随之由被动型向主动型、由管理型向服务型转变。公安队伍的思维、作风、形象也发生了根本性的转变。从坐堂办案到主动服务，变化的不仅是角色、地位，更多的是方法、手段、效果。召开坝坝会报告公安中心工作，街头摆摊设点宣讲政策法规，深入田间地头收集治安信息，走进厂矿企业采集基础数据。警民沟通更紧密、更直接。

民众走向网络空间，公安工作随之跟进。民众利用自媒体自由表达诉求和愿景，公安机关利用微警务积极回应。网络技术深度渗透民众的生产生活。民众的消费、教育、娱乐等大都通过网络来实现。公安机关顺应民众的需求，将服务不断地推向网络，民众足不出户办证办照，了解公安工作。同时，公安机关利用网络交互实时开展基层基础工作。公安机关通过大数据、云计算适时推进微警务、智慧警务，创建智慧公安。虽不相见，但丝毫也没有沟通的违和感。键对键的沟通引领公安工作走进新时代。

（二）从线性传播到非线性传播

传播格局的再造给警民沟通带来了新境界和机遇。传统的线性传播始终沿袭着点对点、点对面的路径，公安机关倚仗着角色、地位的社会优势，利用人际传播和传统传播宣讲法规政策，发布警情预报，宣传公安工作，做到报纸有文字、电视有影像、广播有声音。这种单向传播，受众只有被动地接受灌输。在信息的狂轰滥炸下，受众基本没有选择和批判的机会与能力，只有接受现实。传播没有回路，难以尽快掌握、判明接受者的反馈意见。表达的有去无回，就很难保障沟通的顺畅。单向的传播必然造成信息的衰竭和送达的迟延，大大降低传播力和影响力。

非线性传播提供实时交互的功能。地位平等、机会均等、自由表达、实时传递。人人可以表达自己的诉求、主张、观点、意见、愿景，完全不受环境、职业、收入、文化等因素的制约，充分利用文本、图片、音频、视频等形式表达自己需要表达的内容。警民沟通通过交互即时实现。民众的诉求，警方立即作出回应。警方的建议，民众也会迅速作出响应。警方回应的质量、满意度，民众也会在网络平台表示出明确的意见。对满意的回应，给予点赞，而对不满意的回应，进行吐槽，引发围观，督促警方继续整改。线上的沟通几乎是在透明的状态中进行。群众的口碑成为检验公安工作满意与否的唯一标准。

（三）从利益的维护到正义的伸张

利用自媒体表达是民众维权的基本行动，也是警民沟通的日常姿态。依靠网民的力量、舆论的力量给政府施加压力，逼迫政府尽快解决自己的诉求，这是早期民众网络发声的初衷。有时，网上的发声和网下的聚集行动相互配合，以期达到大闹大解决、小闹小解决的企图。政府和公安机关在稳定压倒一切的高压下，对于来自群众的诉求往往有求必应。社会转型时期，群体性事件高发，公安机关承受了巨大的压力，社会也付出了高昂的维稳代价。

经济社会发展进入新时代，民众的物质文化需求获得极大的满足。民众的诉求不再是单纯的自身利益的维护，而是更多地关注投向民主、法治、公平、正义、环保等层面，还有更多的对美好生活的需要。公平正义是美好生活的应有之义。不平则鸣，成为民众表达的自觉行动。执法不公、分配不公、教育不公、就业不公等社会现象成为网上吐槽重点。不公的背后往往暗藏有权力的腐败，民众深恶痛绝。对于不公平、不公正的事件，最易引发民众的网上声讨。对于民众的积极行动，警方往往表示明确的态度，大力支持民众伸张正义。相向而行中，警民的沟通最容易寻找到共同的话题，营造起最轻松愉悦的氛围。

二、微警务运行中警民沟通机制

警民沟通贯穿于民警依法履职的全过程、全流程，因明确的职业角色及目标设置，注定了沟通的属性，就是不折不扣的职务行为。不同于无厘头的街谈巷议，更不同于宣泄式的网络狂欢，警民沟通大都具有彰显的议题和明确的目的。为了体现对对方的尊重和对议题的重视，公安机关从礼仪、情绪、节奏、动作、言语等各方面形成了基本规制，如，主动亮明身份、给对方敬礼、警容严整、文明用语等细节的设计无一不是为沟通营造良好的氛围。

键对键的沟通，缺乏现实场景，警民双方在虚拟现实中交互，表达诉求，回应关切，受环境、技术、文化、宗教、风俗等多方面因素的制约，必然影响沟通效果。网上沟通本身就是新生事物，需要较长时间的磨合与适应。现有的制度设计只是立足于某些原则性的粗线条，可操作性不强，迫切需要探索从机制上保障网上沟通的平稳顺畅。

（一）信任机制

信任是沟通的前提和基础，没有信任，一拍两散，从此，井水不犯河水，不再有任何的瓜葛。正是基于信任，主体和客体才有沟通的关联，才有对话的兴趣，才有交流的冲动，才有协商的愿望。良好的信任保证沟通顺畅，反之，信任危机就会导致沟通的分裂与对抗。网络传播的信任亦如人际交往中的信任一样，主要取决于角色、认同、职责、渠道等因素作用。某个因素的缺位、失衡都有可能引爆信任危机。

1. 角色信任

不同的社会角色因职权、作用、影响不同，公信力自然不同。法律赋予公安机关强有力的管理和服务职权，自然具有较高的公信力。警方在沟通中的角色往往代表着政府和法律行使权力，因此，警方的表达容易获得民众的信任和接受。来自警方的声音就比较容易引起民众的关注。民众信任就是传播公安声音、讲好警察故事的深厚群众基础。

2. 认同信任

公安工作的根本就是服务群众，除此，公安机关再无私利。一切都是以群众高兴不高兴、答应不答应、满意不满意为工作的出发点和落脚点，以群众的满意度作为检验公安工作的根本标准。群众从情感、心理、目标等方面的认同，就是公安机关努力的方向。警民认同的同一性必然获得认同的信任。不管大是大非，还是小事小节，公安机关始终站立在群众的立场，运用群众的观点，执行群众的路线，维护群众的利益。

3. 职责信任

打击犯罪，服务人民，始终是公安机关不变的职责，不管风云如何变幻，公安机关牢记使命，忠诚履职，努力为经济社会的发展创造良好的治安环境。面对新情况、新问题、新挑战，公安机关一方面积极变革警务体制和勤务机制，以适应新变化，另一方面紧紧依靠党的群众路线，不断获取立于不败之地的力量源泉。公安机关的不懈努力，必然赢得人民群众的充分信任与支持。民间流行语"远亲不如近邻，近邻不如110"，就是对公安工作的至高礼赞。"110"已成为了公安机关一张亮丽的名片。群众的理解和信任为警民沟通提供了广泛的铺垫。"有困难找警察"的口号蕴含着人民群众对公安机关的充分信任。信任在先，沟通自然容易水到渠成。

4. 渠道信任

公安机关积极顺应网络传播的发展大势，不断地打造新媒体平台，开发服务应用，便利警民沟通。民众积极参与微警务的运用，足不出户办证办照，了解公安工作，表达个人诉求。民众的信任加强了微警务的黏性，提高微警务的公信力和影响力。

（二）动员机制

网络传播环境的开放性，使受众不再局限于某一社群或某一地域，而是遍布整个网络空间。由于对象的模糊性，即使信息狂轰滥炸，传播和交互仍难以获得理想的效果。而警民沟通往往有鲜明的中心议题以及与之相适应的氛围、节奏、效果。传播的客体可以泛化，而沟通的客体却是针对性明确。不同的议题自然针对不同群体需要，从茫茫的人海中，吸引、动员特定的群体参与沟通。网络动员就是通过意见流和信息流，在网络虚拟空间内传播来影响人们的立场、观点、态度和行为向动员主体的期望靠拢的过程。[①] 这和现实社会的动员有相同之处，也有不同之处。相同之处都是通过影响力迫使行为的主客体在观点、认识、行动上走向趋同；而不同之处，网络动员依靠的是信息的传播来引导、吸引，而现实社会的动员依靠的是社会管理，带有明显的强制性。线上的动员就必须依遵新媒体传播的客观规律来进行，线下动员所采用的诸如强制、利诱等手法完全不适用于线上。

1. 话题关注

公安机关通过话题的设计、话题的选择、话题的演进来吸引眼球，从而引

---

① 任福兵：《网络社会危机传播原理》，华东理工大学出版社2017年版。

导民众的立场、观点、态度和行为朝着预设的方位聚集，营造起理性的、平和的、愉悦的沟通氛围。将沟通的中心、重点巧妙地融入话题之中，通过民众的关注，从而达到沟通的目的。

2. 体验交互

近年来，各地公安机关不断地打造微警务平台，开发出服务应用产品，极大地便利警民的沟通。公安机关随时根据用户体验，改进服务功能，提升系统版本，提高微警务的黏性和用户忠诚度。在体验交互中，号召、动员更多的民众参与微警务的运用。

3. 品牌推展

在密切的警民沟通中，公安机关打造出许许多多的服务品牌产品，赢得较好的用户口碑和公信力。公安机关积极利用品牌拓展新的用户群，加深美誉度，吸引更多民众的关注和参与。服务品牌代表公安机关软实力，代表公安机关形象，更是警民沟通的成功典范。公安机关通过不断地推出服务品牌，树立沟通的标杆，吸引越来越多的民众关心、支持、投身社会治理。

（三）激励机制

沟通中，事关切身利益诉求，相关利益群体表现最积极、最突出、最敏感。而一旦事不关己，便高高挂起。这种利己的表现会使公安机关的群众工作忽冷忽热，使警民沟通时断时续。亟待通过某种制度的设计激励沟通主体和客体持续保持相互作用，并促进警民沟通进入良性的运行状态。

1. 同化

不同的阶层、群体的诉求、愿景不同，行为导向、价值观念自然差别较大。群体差异性必然会使警民沟通面临严峻的考验。公安机关没有三头六臂，不可能对诉求回应做到面面俱到，需要对不同群体进行组织同化。通过宣传交流等方式、方法，引导、教育、帮助不同群体的立场、观念、行动和公安机关尽力靠拢，最大可能地实现同心同德同向。警民同心，无坚不摧。

2. 嘉勉

民众是公安工作的力量之源，胜利之本。通过警民沟通，学习并掌握群众的方法、群众的观点、群众的智慧，并使之成为攻坚克难的锐器。利用精神激励、荣誉激励、物质激励等手段，鼓舞、动员、组织民众支持公安工作，参与社会治理。颁授劳动模范、治安积极分子、见义勇为先进个人等荣誉称号，有偿悬赏线索、重金征集金点子，都是警民沟通的重要激励手段。

3. 容错

受环境、文化、视阈等因素的制约，民众的表达难免存在过激、过火、出格的表现。只要没有洞穿法律、道德的底线，警民沟通就应该有容忍这种非正常状态的气度和雅量。表达有错并无罪，表达错误也是人之常情，何必锱铢必较。公安机关有了容错的胸襟，民众才会有表达的勇气，沟通才会真实。

（四）制约机制

诉求表达多种多样，一些人为了博人眼球，挑起轰动效果，不惜铤而走险，甚或冲击法制禁区和人伦纲常的底线。如此极端的表达早已突破了沟通的界限，滑向危险的边缘。沟通是有边界的，那就是在法律和道德容许的范围内，不得擅自越界。因此对沟通需要有所约束和制约。沟通的主体和客体在共同遵循的框架范围内自由表达，才能使沟通更亲密、更紧凑、更有效，才能克服或减少不必要的干扰和破坏。

1. 定制

充分满足民众个性化需求，公安机关积极提供定制化服务，为警民沟通打造新的境界。不同阶层和群体有各自不同的诉求和愿景，公安机关的回应就需要有不同的方法、手段，而定制化服务就是一种新的方法、新的手段，专门针对的是民众的差异性、个性化诉求。提供不同的应用产品、不同平台、不同方法，民众各取所需，在不同的平台和氛围中完成警民沟通。宽广的平台和丰富的手段极大地满足了民众表达的需要，拓展警民沟通的空间。

2. 围观

围观是新媒体传播的一种形态，也是舆论生成的一种力量。在警民沟通中，围观不再是作壁上观，而是一种舆论监督的状态。沟通的主体和客体在交互中，总会有第三种力量参与其中，那就是网民的围观。通过转帖、评论、打赏、表情包等方式表明自己的态度和意见，看似无心，但在关键时刻发挥四两拨千斤的作用。沉默的螺旋一旦爆发，就会使舆论场天翻地覆。

3. 引导

舆论引导、话题引导、交互引导都是警民沟通的一种重要手段。网络传播中，任何组织无权、无力也无法去压制和束缚个体的表达。自由表达是自媒体赋予个体的权利。扼制、压榨这份自由的权利，必定招致天怒人怨，必被民意的怒潮所淹没。警民沟通不能因担心民众的过激言行而刻意去限制，剥夺民众自由表达权利。这种简单粗暴的方式完全于事无补，只会激发民众的对抗，引导才是上策。从民众表达开始，话题、交互、舆论等一步步引导，始终紧扣中心议题，不跑偏，不出格。

（五）保障机制

警民沟通时时、事事、处处都存在。公安工作的每一个流程、每一个环节都离不开警民沟通。只有沟通的顺畅，才会有警务的顺利。沟通的梗阻停滞必定导致工作的停摆。任何时候，公安机关都会不遗余力地保证警民沟通的顺利展开，尤其是大力破除体制性障碍、机制性矛盾，为警民沟通创造良好的内部环境。

1. 关注

对民众表达的关注是警民线上沟通基础。民众的呼声就是公安工作的第一信号。舆情便是警情。公安机关既是网络的使用者，也是网络的维护者，对于民众诉求的关注，公安机关具有得天独厚的便利条件。第一时间捕捉、掌握、了解民众的表达，为警民沟通赢得先机，争取主动。稳妥地回应民众呼声，牢牢掌握话语权，为沟通敞开胜利之门。

2. 应对

民众的表达预设了多种多样的话题，为舆论的生成播撒了种子，遭遇合适的传播环境，种子便会生根破土，成长并演变成破坏的力量。各级政府和公安机关对于民众的诉求表达高度警觉并给予积极的应对。兵来将挡，水来土掩。一是渠道应对。声音从何种平台、系统、工具、媒体传播，就从何种渠道作出回应。二是话题应对。围绕民众的诉求，展开话题的讨论、研判、交流，谨慎引导舆情的发展。三是方法应对。民众多以自媒体表达，企图获得网络舆论的支持。公安机关通过网络传播的交互，积极地沟通、交流、协商，以满足民众的需求。四是手段应对。在诉求表达的博弈中，民众往往利用熟悉的传播手段以图扩大影响力、争取到更多网络力量的理解和支持。公安机关应以更高超、更巧妙、更智慧的传播手段给予回应，将话题、议程设置的主动权牢牢掌握在手中，画好同心圆，争取最大公约数。

3. 问责

民众的诉求表达就是对党和政府的信任与呼唤。通过沟通解决民众生产生活中的操心事、烦心事是党和政府当仁不让的职责。但在现实生活中，形式主义、官僚主义作风还大量存在；不作为、乱作为还严重存在；权钱交易、权色交易腐败现象还在滋生，这些都是恶化党群关系、干群关系、警民关系的毒瘤，必须割除。对于警民沟通中存在的不良作风以及失职、渎职行为进行严肃问责，有利于政治生态的净化，有利于警民关系的和谐，有利于警察形象的树立。

三、微警务运行中警民沟通艺术

沟通的目标在于进一步增进理解，进而达成愿景。不管是主动沟通，还是被动沟通，追求的目标都是一致的，都是为了增进理解，希望对所传播的信息和情感有准确的理解，并能作出积极的回应。在网络环境中，警民沟通的主体和客体随时转换，呼唤者和被呼唤者的方位随时变动。有时候，受环境、心理、文化诸多因素的影响和左右，对来自客体的信息和情感的理解一时难以趋同，甚而出现误读、误判。对象不同、诉求不同、愿景不同，沟通中就不可能有一个固定的统一口径、统一步调、统一设计来应对，因此，在复杂的传播环境中，还需要掌握好沟通的艺术。

（一）相互尊重

尊重是沟通的前置条件。有了尊重，才会有信任，才会有沟通。对于尊重的理解和掌握，因人而异，没有准确的标准答案。但是有三个关键点必须牢牢把握，才能体现出对沟通尊重的态度。

一是尊重对手。网络传播中没有了角色、地位、职业的区分，传播者和接受者一律平等，都有自由表达的权利，都有交互的自由。无关乎身份，都是传播者、接受者，都应受到充分尊重。不管利用何种形态、平台、渠道来传播，表达者都应受到尊重。

二是尊重表达。阶层群体不同，表达诉求不同，文化知识不同，表达方式不同，技术能力不同，表达渠道不同，万变不离其宗，关注的是表达，关注的是诉求。对于不同的表达作出不同的回应。就算表达离经叛道，不合常规，甚至扎刺出格，都属于一种传播方式的旁门左道，也都应给予尊重，或许忠言逆耳。

三是尊重传播。诉求表达通过选取不同渠道、方法、手段来传播，广而告之，尽力扩大传播面，增加社会影响力。传播的渠道、平台、方法、手段都属于技术支撑，一视同仁，人人都可使用，运用之妙存乎一心。关键是要用真心、诚心、爱心去回应诉求。

（二）快速回应

民众的诉求表达是一种呼唤，一种期待，相关利益群体必能给予高度关注和积极呼应，甚至于网上的围观和网下的聚集同时展开。对于来自民众的呼声，政府和公安机关作出积极回应是适应网络时代新要求、新期待的必然行动和积极作为。迟疑和冷漠，不仅严重伤害群众感情和政府公信力，还会引发舆论危机和社会对抗。现实与环境已迫使政府和公安机关唯有选择快速回应。

一是争取时效。在舆论尚未形成之前，牢牢掌握话语权，就能将舆论化解在萌芽。

二是表明态度。在第一时间作出回应，其本质就是对诉求表达表明明确的态度，至于如何满足诉求，需要视情而定。

三是避免危机。政府和公安机关作出的回应，往往包含了解决诉求的时间表和路线图。公安机关的积极作为从根本上粉碎了不法之徒谣言惑众的企图，也是有力地压缩了虚假信息传播的空间。民众也从公安机关的回应中感受到了信心，看到了希望。

（三）密切交互

交互是实行沟通最直接、最有效的方法和手段，也是网上群众工作的常态。民众通过自由表达将观点、立场、诉求、愿景明白无误地呈现在网络上，确实为警民沟通提供了便利。从各自的阶层、群体甚至个体的视角、观点表达承载鲜明的利益色彩和独特愿景，必然和公安机关所坚守的价值观和理想目标存在较大的反差，就需要通过对话、交互、沟通来引导、调适。首先是认真倾听。倾听是一种姿态，一种技巧，一种力量。对于来自民众的声音，不管是通过传统媒体，还是新兴媒体的传播都应该以谦卑的态度虚心地、认真地倾听。学会从声音中快速分辨出操心事、烦心事，辨识出民众生活的酸甜苦辣。公安机关倾听的姿态、情绪给沟通传递出积极的信号。其次是谨慎应对。民众的诉求五花八门，涉及生产生活的各个方面，需要分清轻重缓急，妥善处置，急事快速办，大事抓紧办，难事认真办。对于那些发展中暴露出的新情况、新问题进行系统、科学、全面地研判，审慎决断。对于民众的呼声，准确地表达公安机关的立场、观点、方法，做到态度坚决，爱憎分明。

（四）典型引路

警民沟通在不同时代有不同的愿景，不同的环境有不同的标准，既具体而又抽象，既形象而又立体。保证警民沟通的顺畅同样离不开榜样的力量。基层社会治理中涌现出了许许多多鲜活、可复制的典型经验，只要认真加以总结、加以推广，就能迅速转化成警民沟通高质量发展的有效举措。

先进典型代表时代风尚、道德高地和精神坐标，浓缩了一个时代的先进文化。积极培树、宣传先进典型，让典型引路和指导工作历来是我党重要的工作方法和领导艺术。通过发掘，树立一批立得住、叫得响、群众公认的先进典型，把抽象的标准转化为具象的样本，教育、督促干部群众对照典型找差距、找不足，好的工作方法和作风就能蔚然成风。

警民沟通的主题、语境、愿景千差万别，不可能有千篇一律的规制和设计，更加需要典型引路和指导工作。

首先应发挥典型的标杆作用。典型都是从伟大的实践中涌现出来的先进个人、先进集体、先进经验。通过发现、培树典型，确立警民沟通的成功样本和努力方向，运用相应机制、方法，将典型的经验、方法推而广之，最后上升为规范性、制度性的措施、规定，发挥先进典型的辐射力。

其次应发挥典型的示范作用。拨亮一盏灯，照亮一大片。榜样的力量是无穷的。树立榜样，用身边的人和事教育身边的人，能够起到春风化雨、润物无声的效果。在警民沟通的实践中，公安机关涌现出了大量的先进典型和最美基层民警。任长霞、邱娥国、王江等都是警民沟通的先进代表。有的典型虽然斯人远去，但他们留下的宝贵经验，照亮了警民沟通前行的道路。

最后应发挥典型的导向作用。树立什么样的典型就能体现什么样的导向，就会收到什么样的效果。正面典型的示范意义不可或缺，反面典型的警示作用同样重要。"见贤思齐焉，见不贤而内自省也。"广泛学习宣传先进典型，营造尊重先进、鼓励先进的社会风尚，形成见贤思齐，学先进、赶先进的正确导向。曝光一些警民沟通中带有普遍性、群众反映强烈的反面典型，警示干部群众从中汲取教训，引以为戒，从而增强警民沟通的针对性和方向性。

第五章 涉警舆情应对

公安机关联系民众最广泛，警民沟通最直接，执法环境最复杂，各种因素的叠加，使公安机关成为媒介最关注、话题最集中、舆情最密集的领域。在自媒体的聚光灯下执法，民警一言一行、一举一动甚至于一个表情、一个眼神都会成为网络话题。在去中心化的魔力下，任何一种话题极有可能衍生出一场涉警舆情。

在网络环境中，存在着太多的不确定因素，使网络舆情捉摸不定。

首先，生成的突然性。从话题的出现，然后发酵，直至舆论生成，快则数小时，慢则数天。

其次，演变的不确定性。去中心化总会使舆论的焦点神出鬼没，飘浮不定。

最后，结局的不可控。网络舆情遵循新媒体传播规律生成、发展、衰退，任何人为的干预都难以奏效，完全不以人的意志为转移。

任何舆情的生成都会有合理合规的成分存在，即使包藏有"挑刺""逆耳"的意味，仍然归属于人民内部矛盾的范畴。毕竟舆情不是敌情。因此，对于来自民众的呼声，公安机关理应作出积极的回应，任何敌视或漠视的态度与行为都是错误的，唯有科学的应对才是正确的选择。微警务的广泛运用为公安机关主动应对舆情提供了充足的条件和便利。

第一节 涉警舆情生成诱因

无风不起浪。涉警舆情绝不是平地起风波，其生成、演变必有前因后果。遵循新媒体传播的客观规律，探究涉警舆情的成因及其演变轨迹，从中发现并把握应对舆情的策略。按照唯物辩证法，任何事物的发展都是内外因共同努力的结果。内因是事物发展的根据，它是第一位的，决定着事物发展的基本趋向。外因是事物发展的外部条件，它是第二位的，它对事物发展起着加速或延缓的作用，外因必须通过内因而起作用。涉警舆情的生成同样是内外因共同作用的结果，而内因起决定性作用。分析、辨识、鉴别内外因素，从而寻求确立舆情应对的方法、手段、谋略。

一、生成内因

(一) 素质差参不齐

公安队伍的编成相当复杂，政治、文化、业务等方面素质的个体差异性较大，尤其是执法一线的民警差异性非常明显。素质的差异主要表现在以下几个方面。

一是思想觉悟有待提高。对党的路线、方针、政策本该应知应会，有的民警却含糊不清，思想上的混乱必然导致政治上的糊涂，立场上的摇摆。关键时刻，畏难退缩，丧失基本的政治责任和使命担当。

二是群众观念淡薄。以官老爷自居，高高在上，对群众呼声置若罔闻，甚至公然践踏群众利益。

三是文化知识肤浅。知识的承载力完全不能适应形势任务的需要，对于新事物、新观念充耳不闻，依然我行我素，秋行夏令。

四是警务技能薄弱。面对复杂的执法环境，眼高手低，志大才疏，难以独当一面。尤其是在自媒体的聚光灯下执法，言语失常、动作失态、情绪失控。

这种素质差异性在执法和沟通中极易出现不协调、不规范、不理性的现象，导致民众的怨愤和不满。在自媒体发达的当下，民众的不满情绪瞬间呈现到网络中，并快速汇聚起舆情。

(二) 沟通出现梗阻

警民沟通是日常警务遂行必需的方法、手段、能力、水平。受环境、情绪、利益的影响，一些平常司空见惯的沟通也会"等闲平地起波澜"。警民沟通是一门艺术，包含着千变万化的技巧和智慧，稍有不慎，就会引发龃龉和纠葛。警民沟通也是一门科学，蕴含着丰富的哲学思辨，操作不当，就会引爆矛盾甚至对抗。沟通中不可控、不确定性因素太多太多，使局面变化莫测。一旦失控，轻则点爆网络舆情，重则引发社会冲突。梳理沟通的全流程、全要素，归纳与整理出以下环节上最容易出现梗阻的现象。

1. 表达环节

信息的送达、交互、理解等全流程都是依靠表达来完成。表达的载体五花八门，如语言、文字、图片、动作、表情、形态等都能传递出丰富的信息内涵。表达的不准确、不完善、不全面就有可能出现误读、误判、误解，引发或加剧矛盾与冲突。"良言一句三冬暖，恶语伤人六月寒。"人际沟通中语言表达是最重要的手段，沟通也是以攻心为上，敬奉"心有灵犀一点通"为最高境界。自媒体传播为表达增添多重解读的视角。表达所传递的信息经过多角度、多视角、全方位、立体化的解读和传播后，失真和筛减在所难免，而这种非保真的信息最容易被借题发挥，变得非驴非马，导致理解上的不对称，使沟通陷入公说公有理、婆说婆有理的怪圈。显然，网络的表达和人际之间的表达存在较大的差异。人际之间的表达光靠认真地说就可以保质保量地完成。而网络的表达光说远远不够，还需要有交互的加持。众目睽睽之下，表达上的任何瑕疵都是网络话题，都会演变成网络舆情。表达上的雷人雷语、恶言恶语、污言秽语会立刻点爆舆论场，不仅表达者个体遭受舆论风暴的冲击，而且相关的组织和利益集团也要为表达者的狂妄无知集体背锅。

2. 渠道环节

渠道是维系沟通双方的纽带。自古以来，面谈、书信等是人际沟通的主要渠道。随着大众传播特别是新媒体传播的丰富和发展，传播的全新方法、手段不断涌现，极大地丰富了沟通的渠道。人际传播、大众传播、新媒体传播的方法、手段使沟通的渠道更丰富、更便捷。不同的传播环境对于传播主体的客观要求明显不同，表达方法也是大相径庭。丰富的传播渠道，既方便了民众的表达，也便利警方的回应。对于每一种传播渠道，公安机关都需做到熟练掌握，灵活运用，尤其是自媒体传播务必慎之又慎。封闭环境中，人际传播主宰沟通的主题、节奏、效果，公安机关凭借职权优势，自如地运用非暴力和暴力性相结合的沟通手段，基本掌控了沟通的进程和效果。而在开放的环境中，新媒体传播主导沟通的全过程。信息公开，话语权平等，沟通的每一步骤、每一环节乃至每一动作、每一眼神都是在新媒体传播的左右、干预下，通过密切交互来完成。只有确认过眼神，沟通的愿景才能达成。警民沟通中传播渠道的选择至关重要。俗话说得好，到什么山上唱什么歌。民众的表达基本预设了主题、腔调、渠道、愿景，公安机关就应以同样的渠道作出回应。另起炉灶，自行其是，只会使沟通陷入拧巴和混乱之中。不同的传播渠道对于话语体系、叙事方式、表达主题有完全不同的要求。网络表达尽显流俗化的风格，最忌恨官话、官腔，最喜欢网络语言。官方表达具有鲜明的职业化色彩，务必逻辑严密、用词准确，不允许含糊其词，彰显严肃性。警民沟通必须根据环境、主题选取运用好最合适恰当的传播渠道。一旦错用，造成严重的违和感，不仅会使沟通出现卡顿，还会造成严重的舆论危机。重要的政府文告首选主流媒体来刊播，凸显权威性。如果一味地局限社群传播，重要的信息也会沦为小道消息。

3. 传播环节

同样的桥段因传播媒介不同，会被网民解读出不同的信息内涵，产生明显的违和感，甚至产生歧义，尤其是自媒体病毒式传播助推，夹带私货，分化出不一样的中心，与原有的中心相去甚远。信息的失真和衍生本就是自媒体的生态特征。因此在网络传播中，抢占第一时间话语权是警民沟通最明智、最理性的选择。在第一时间明确表达公安机关的态度、意见、方法，争取民众的理解和支持。如果放弃第一时间的话语权，谣言和小道消息就会趁机兴风作浪，三人成虎的谎言就会越描越真，越描越恐怖。原本芝麻粒小的事情在各种网络力量的加推下快速演变成西瓜大的事件，挑起舆论风暴，整个警察队伍被污名化。引导是警民沟通、舆情应对的核心手段。引导需要传播来表现。而引导的主要手段就是话题。话题是舆情之母。只有引导好话题，就能化解或避免舆情。对于话题应有一种本能的敏感，对于那些苗头性的话题作出积极引导，务将舆情消灭在萌芽，将风险化解在初始。

（三）对变革的不适应

改革开放以来，经济社会始终处于不断变革、不断创新的进程中。公安机关自觉地通过不断地创新变革管理体制和警务机制以适应从计划经济体制向市场经济体制，从封闭式管理向动态管理的大变局。走进新时代，公安工作改革步入"深水区"，变革步伐更快，力度更大，动作更猛。面对纷繁复杂的警务变革，受思想、文化、教育、阅历等诸多因素的掣肘，部分民警对这种急剧的变革或多或少地表现出迷茫和不适应，影响执法的效能和警民沟通。在执法实务中表现出的言语失常、动作失态、行为失范，最易招致民众的吐槽和诟病。

1. 对角色变革的不适应

21 世纪之初，经济社会进入全面转型，各级政府从管理型向服务型快速转换，公安机关随之也从管理者变成服务者。角色的转变带来执政理念、运行方式、警务模式的全新变化。从坐堂办案到上门服务，方法、手段、管理、运行等出现了前所未有的变化，一时间，部分民警从思维到技能都难以适应这种全新的变化。"门难进、脸难看、话难听、事难办"的"四难"成为这些不适应者的标准画像。面对民众的新期待、新要求，依旧按部就班，踏着从前的步调，重复着昨日的歌谣。民众走向网络，走向台前自由发声，有些民警心中感觉到极度地惶恐不安，断然以封、堵、删等粗暴方式回应网络舆情，不断挑起舆论风暴和警民对抗。

2. 对体制变革的不适应

40 多年来，改革开放始终贯穿于经济社会发展的主线。公安机关的改革一刻也没有停息，着力解决体制性障碍、结构性矛盾、深层次问题。进入新时代，随着司法体制改革的步步深入，全面深化公安改革进入"深水区"。以审判为中心的诉讼体制改革，彻底颠覆了传统的以侦查为中心的诉讼体制。非法证据排除、侦查人员出庭作证等实质性机制变革使一些基层公安机关感受到极大的不适应。长期沿袭的侦查管理模式，基层警务考核机制已完全不能适应变革的需要，急需破旧立新。对刑事诉讼体制改革的不适应已经严重地影响到打击效能的发挥。证据环节的纰漏常会使耗时耗力的侦查工作前功尽弃，并使公安机关被搁上舆论的烤架备受煎熬。

3. 对质量变革的不适应

坚持不懈地推进改革开放，经济社会发生翻天覆地变化，社会物质财富获得了巨大积累，人民群众的获得感、幸福感和安全感不断提升。与此同时，有些公安机关的打击效能还比较粗放，服务质量不尽如人意，和人民群众对美好生活的需要存在较大差距，急需要质量变革，尤其是安全服务产品的供给侧结构性改革。随着国家互联网＋战略实施，各地公安机关都展开网上作战，开办网上公安局、网上派出所，为民众提供网上服务。但是能力水平有限，网上服务质量一时还难以达到民众所期盼的优质高效的程度。在许多地方依然存在办事难、报案难的现象，民众办证办照还得来回跑、反复跑，苦不堪言。近年来，网络电信犯罪高发。此类非接触性犯罪是一种新型犯罪形态，囿于属地管理原则的约束，群众报案难，立案也难。群众为了寻回被骗走的上学钱、看病钱、养老钱只得四处奔走，上下呼救。

4. 对效率变革的不适应

长期以来，在稳定压倒一切的高压下，社会治理实现了基本平稳，同时，维稳的成本高企，效率低下，经济社会付出沉重的代价。随着社会主要矛盾的历史性转变，执政理念、治理模式发生根本性改变。致力于经济社会发展既稳定有序又充满活力，公安机关积极改革现行警务机制，探索精准打击、精细管理、精心服务，坚持以法治思维、底线思维，有效防范化解稳定风险。但是在一些地方，陈旧的、顽固的思维仍在作祟，依然痴迷于运动式的治理模式，罔顾群众利益，一味追逐显绩留痕，引起群众不满。

5. 对动力变革的不适应

网络和新媒体技术全面引领经济社会的深度变革，公安机关的警务机制和勤务模式也随之发生深刻变化。特别是全面推进大数据建设和应用，使大数据成为推动公安工作创新发展的大引擎，培育战斗力生成新的增长点，不断提升公安机关的核心战斗力。大数据、云计算、人工智能的全面应用正助推着公安工作的高效优质发展。但是，有不少民警对全新的科技方法、手段从思想、知识、能力等方面都难以适应，只能以陈旧的观念、落后的手段去回应民众的关切，必然引发警民沟通的梗阻。

（四）执法出现偏差

在利益格局大调整的社会背景下执法，公安机关时刻处于矛盾冲突的风口浪尖，面临着来自内部和外部的重重考验，稍有偏离和差池，都会被媒体和网民捕捉锁定成为吸爆眼球的话题，挑起网络舆情。在执法实务中，最容易发生偏离主航道的诱因有两种：一是理念扭曲。利己主义思潮作祟，为了一己私利，公然侵害群众利益，利用手中职权，徇私枉法，贪污腐化，严重背离全心全意为人民服务的宗旨，抹黑公安队伍。二是技能单一。会疏导的交警不会宣传；会调解的派出所民警不会办案，如此一警不能多用、一警不能多岗的现象在基层公安机关较普遍存在。愈是在复杂的环境执法，本领恐慌表现得尤为明显。技能单一、本领恐慌已严重挫伤了整体战斗力，迟滞改革创新的进程，妨害警民沟通的顺畅。不管是思想作风偏离正轨，还是能力水平难以胜任使命职责，都会在执法环节中暴露无遗。集中表现在以下三个方面。

1. 言语失常

在警民沟通中，执法民警对角色定位发生偏移，加之对心理、情绪的把握失控，言语运用上容易出现偏差。群众观念淡薄，恶语伤人；业务能力缺失，胡言乱语，不知所云；心理素质低下，雷人雷语，自视高人一等，颐指气使。言语上的混乱和错误完全丧失了沟通的基础，授人以柄，导致争执、对抗，招来舆论围攻。

2. 动作失态

执法理念一旦发生扭曲，服务宗旨被淡忘，群众意识被遗忘，回应群众诉求所表现出的行为举止简单粗暴。对民众的呼声充耳不闻，对民众的求助推诿扯皮，对民众的表达恶语相向，对民众的服务敷衍了事。服务意识的蜕变，最终走向群众的对立面，必将被群众所唾弃。

3. 行为失范

淡忘人民公安为人民的初心和使命，将党和人民赋予的权力蜕变成牟取私利的工具，神圣的法律被变通，群众的利益被践踏，社会的公平被勾兑，法治的规范被曲解，在利益的诱惑下办人情案、关系案、金钱案，甚至制造冤假错案。执法的理念、方法、手段一旦突破了制度的笼子，必定会给国家和人民群众带来痛苦和灾难。

（五）服务存在差距

公安机关从管理型向服务型转变的过程中，服务体系、品牌、标准、流程、考评等边摸索、边实践、边改进，和民众的新期待、新要求，特别是人民群众对美好生活的需要还存在一定的差距。服务中的不足、欠缺常被民众晒到网上，成为舆论的肥料。民众正当行使监督权利，表达对公安工作的不满和改进希望，是一份来之不易的重要资源，应倍加珍惜，民众的"挑刺"就是改进公安工作的动力源泉。

在网络表达上，对公安机关服务的诟病主要存在以下几个方面。

1. 作风官僚

服务转型中，衙门习气、官僚作风依然顽固地存在。坐堂办案、坐等办证的戏码还在许多地方反复上演。服务流程设置看似中规中矩，实则冗长繁琐，迫使群众来回跑、反复跑。一次办、马上办、一网通办的愿景落地在许多地方还难以兑现。更为奇葩的是在一些地方信息化系统搁置不用，迷恋于纸质文档的流转审批，耗时耗力又耗钱。

2. 标准陈旧

在实务中摸索建立的服务标准大多立足于传统的传播格局，按照既有的规程和要求，按部就班，四平八稳地履行服务职能。民众走向网络自由表达诉求，沟通的时效都在以分秒计算，如果还是踏着不变的步伐来回应民众的呼声，最佳的努力也只是明日的黄花。标准重造是当下公安机关的一项急迫任务。为了适应网络传播的需要，"一次办"和"一网通办"才是公安机关服务民众的最优标准。

3. 体验缺失

网络和新媒体深度融入民众的生产生活中，并已成为其中的一部分。公安机关积极顺应形势发展的需要，大力打造微警务，开发服务应用。微信公众号和移动客户端已成为公安机关服务民众的重要平台和帮手。民众足不出户便可办证办照，还可网上报警、网上求助。在运用中，民众较普遍地反映公安机关提供的服务应用大多缺乏用户体验。微信公众号和客户端的功能开发大都能符合民众的基本需求。但是因功能的设计专业性较强，加之大都不能提供客户体验，使用时，容易出现操作上的卡顿和对专业术语的不理解。用户体验的舒适感不鲜明，而且求助无门。如果是文化程度较低的用户，基本就无法操作。用户体验的缺失影响到服务应用的功能发挥，更难培育用户的忠诚度，使微警务效能大打折扣。

4. 高端服务缺位

现有的微警务和服务应用基本满足大众化的需求，对于高端人群和高端需求难以满足，需要开发出高端的服务产品。随着经济社会的发展，民众越来越追求优质的生活品位，特别是渴望公安机关能在居家安全、交通出行、证照申办、涉外旅游等方面提供高效优质的服务。因受警力、技术、观念的约束，高端服务产品的研发基本处于空白状态，无法满足民众美好生活的需要。有不少地方，基础信息的采集和证照审验，还在沿袭手工操作，效率低下，民众不堪其扰。网上常有不配合的桥段流出。许多有关这方面的工作完全可以通过网上的交互来完成。

二、生成外因

（一）敌对势力攻击

公安机关是人民民主专政的重要工具，是社会主义制度的坚定捍卫者，是维护国家政治安全和治安稳定的"拳头""尖刀"。境内外的敌对势力和暴恐分子始终将公安机关视为"眼中钉""肉中刺"，使用暗杀、袭击、爆炸等手段疯狂攻击公安机关，伤害正常执法的公安民警。一些不法之徒在个人诉求难以满足的时候竟然以袭警方式来宣泄对社会的仇视和不满。境外的反华势力和境内的敌对分子遥相呼应，作奸犯科，竭尽丑警仇警之能事，利用公安民警执法瑕疵和过错无限上纲上线，煽动民怨，挑起警民冲突，策动"颜色革命"，企图达到颠覆中国共产党领导和社会主义制度的狼子野心。

近年来，敌对势力利用网络攻击公安机关的常用伎俩主要有三种：一是造谣。捕风捉影，无中生有，张冠李戴，编造虚假信息，利用病毒式传播，构造"三人成虎"的假象。二是煽动。利用民警的执法过错无限放大，策动、组织群体性事件与政府和公安机关对抗，加大社会阶层裂痕，造成政府信任危机。三是抹黑。利用国家、党、民族的重大历史事件大做文章，颠倒黑白，制造历史虚无主义，离间、挑拨党群关系和民族关系，煽动国家分裂。

自有网络传播出现，网络的意识形态斗争便就开始。敌对势力不断地虚构、编造话题，苗头直指公安机关，役使不明真相的民众充当"炮灰"。

网上斗争更隐秘、更险恶、更复杂，反击需要更策略、更谨慎、更巧妙。

（二）民众偏见

因对公安机关职业、角色、地位、职责等的认知不全面、非理性，民众对公安机关产生偏见也就在所难免，尤其是个人诉求得不到满足，充满私欲的偏见会被无限夸大，极度扭曲，形成沟通的障碍。带着有色的眼光去审视公安机关，所见之处必定是一地鸡毛。网络空间充斥着海量的信息，真假难辨，根据模棱两可或似是而非的信息和道听途说来认定自我表达中肯公正，其实这样的表达就好似踩在偏见的风火轮上早已经离题万里，荒谬绝伦。来自认知常理产生的偏见总是在或明或暗、或强或弱地存在，时刻冲击着警民沟通——错误的判断、盲目的推理、无知的肯定或否定都会带来严重的舆论危机。在新媒体传播中，民众的自由表达和"把关人"的缺位为偏见的形成提供了厚实的心理基础。

1. 角色认同差异

不同的社会环境和视阈，对角色的认识定位必然不同，这种认识差异性最容易助推偏见的形成。自古以来，警察的职业随国家的存在而出现，但是，对于警察职业的认识在不同的时代有着明显的不同，因扮演的社会角色不同，承载的责任使命也不同。认同的差异必定会出现偏见，一旦附加上个人的情感色彩会加剧偏见的固化，并随心所欲地给公安机关贴上各种各样的标签。

2. 群体认知偏颇

对于个体的认识绝对化，喜欢以偏概全，形成一叶障目不见泰山的局限。民警执法存在瑕疵，网络传播集中火力猛攻一点，不计其余，大肆张扬，无限联想，制造出队伍整体素质低下、公信力出现危机的假象。毋庸置疑，警察队伍中确实存在各种各样的问题，有的还相当严重，但是应看到队伍的主流是好的，是党和人民值得信赖的。那种以偏概全、以点带面的传播手法，就是完完全全的抹黑伎俩。

3. 职责被曲解

认知的差异性使民众对公安机关的职能自我添加，加之，在媒体宣传和警民沟通中的夸大其词和不切实际的承诺，使公安机关的职责被人为放大。一旦爽约，必定引起民众的怨愤和对抗。110是公安机关亮丽的名片。但是，非警务类求助警情始终居高不下，警方疲于应付。非警务求助高企根本的原因就是民众对公安机关职责的曲解。警察被幻化成了手眼通天的如来佛。大量的私人事务向公安机关求助，造成宝贵的警务资源的浪费。一旦非警务求助遭到拒绝，公安机关就会遭到网络舆论的声讨，有口难辩。

4. 挫败感宣泄

因种种原因，在生产生活中常会遭遇到不顺心、不如意，尤其生活在社会底层的弱势群体，经常将一时无法解脱的失落感和挫败感宣泄到公安机关头上，滋生强烈的仇警仇官的心态。在社会救济体系不完善的背景下，弱势群体很容易被别有用心的势力操控、蒙骗沦为网络"羊群"，大肆宣泄对社会、对公安机关的不满情绪，转嫁负能量。

5. 从众心理异化

媒介素养的缺失，民众面对纷纷扰扰的表达很难作出明智的判断，唯有随大流，人云亦云，有意或无意之中充当起网络的炮灰。群体性事件往往就是在某一诉求群体的引导、示范下，越来越多的非相关利益群体在"法不责众"从众心理蛊惑下迅速向中心群体聚集，相互抱团壮胆，共同向政府施压，以满足各自的利益诉求。网络的匿名性，在陌生人的环境里，使从众心理变得肆无忌惮，个体胆敢铤而走险，挑战法治。松散的组织利用网络煽动也能爆发出惊人的破坏力。

（三）权力泛化被"甩锅"

社会的全面转型，各种社会矛盾凸显，在局部或某些领域出现激发的趋势。政府和相关部门希望借助于公安机关的强制手段打压遏制矛盾高发的态势，于是，环保警察、医院警察、市场警察、旅游警察等各式各样的具有鲜明行业特色的警种相继诞生，警察权力不断被泛化。这种警察权力泛化的现象和我国现有的管理制度和法制体系有着紧密的联系。在短时间内，利用强制手段干预管理，确实可以起到立竿见影的效果，但从根本上说，也只是治标不治本。人民日益增长的美好生活的需要和不平衡不充分的发展之间的矛盾必将长期存在。解决和克服主要矛盾的主要手段还是要依靠发展，其他的都只是权宜之计。

警察权力泛化的实质是警察被道德绑架，无形中被推到了矛盾冲突的最前沿，导致民众对社会的不满情绪发泄、迁怒到警察的头上，一旦出现舆论危机，公安机关自难逃脱被"甩锅"的命运。

在公安机关内部，对权力的泛化也是认识不一、态度不一。从表面来分析判断，警察权力的泛化体现了主动出击的姿态，但是，在警力高度紧张的背景下，有意分散警力去耕种别人的地，只会荒了自家的田，吃力不讨好。

1. 公共安全产品供给不足

安全是重要的民生，政府和社会的供给远远不能满足民众所向往的美好生活的需要，供给的不足必然导致需求的紧张和矛盾激发。在食品、教育、医疗、市政、交通等领域存在着较大的安全隐患，民众的揪心事、操心事、烦心事比比皆是。许多时候，政府和相关部门的力量难以应对高发的矛盾冲突，只得向公安机关求援，这也是公安机关非警务活动只增不减的根源。公安机关大量参与非警务活动使警民冲突的风险加大。不同的阶层、群体对公共安全的需求有所不同，社会治理的方法、手段还不充分，还不能完全提供定制化服务。公安机关常常会成为民众表达不满情绪的"喷火口"。

2. 社会自治力量弱化

经济社会的发展，不断培育新生的社会组织和力量群体。但是，这些新型社会组织大量处于社会的边缘，自治的能力、手段还很落后和薄弱，还难以承担起应有的社会责任。在更多的时候，公安机关被迫成为社会组织的"领头羊"。一旦权力越界，就会落下滥用职权的口实，招致网民的口诛笔伐。

3. 部门推卸责任

许多事务本应是政府其他部门的分内事，但由于处置难度大，化解风险高，动辄向公安机关求救，甚至不惜将法定的职权外溢给公安机关。

4. 政策导向变异

在政策、舆论的高压下，稳定的意义被绝对化、极端化。稳定当前，维权往往被忽略。在维稳的高调下，民众的正常利益诉求被某些政府部门的置若罔闻找到了借口，由此又衍生出新的矛盾。为了稳定，各级政府不计成本，不断投入，公安机关作为维稳的主力军时刻冲锋陷阵。在处置群体性事件中，公安机关常受制于环境、管理等因素，轻率突破"三个慎用"的政策红线，不由自主地被推向民众的对立面，成为泄愤的对象，甚至武断地使用强制手段，暴力相向，必然加大民众对公安机关的误解与偏见。

（四）媒介误导

公安机关始终是关注的重点，舆论的焦点，传播的热点。传统媒体和新兴媒体对这座信息的富矿，总是趋之若鹜。那里有用不完的线索，说不尽的话题，千变万化的笑点和泪点总能掀起网络狂欢。为了忠诚履职营造良好的外部环境，公安机关将公安宣传工作置于重要的位置，并具有重视宣传的传统。同媒体保持良性沟通合作，并建立互助共赢的关系，一直是公安机关追求的理想境界。但是受沟通掣肘、利益诱惑、环境影响，媒体的传播经常发生信息偏差甚至误导。不仅只有自媒体就连主流媒体，甚或"把关人"严加防范的传统媒体都会出现媒介误导的现象。追根究底，和媒体从业人员的素质有较大的关联，而最根本的还是和媒介自身的利益有着密不可分的联系。

一是为了吸引眼球。通过慑魄的标题，极尽夸张的手法，制造爆炸式传播效果，抢占同业的风头。信息被人为地过度装扮粉饰，导致失真，甚至被引入旁门左道。

二是为了经济增效。在惨烈的同业竞争中，为了扩大发行量，增大流量，各媒体八仙过海，各显其能，尤其是新兴媒体将传播的方法、手段、渠道运用到极致，别出心裁，希冀独占鳌头，苦心经营地"上头条"。在生存的重压下，一些媒体人的媒介素养被遗忘，为了"上头条"，竟迷信"人有多大胆，地有多大产"，放弃"把关人"的原则和立场，使一些模棱两可、易产生歧义的信息广播天下，严重误导民众。

三是为了网络狂欢。媒介从来也不会放弃任何一次网络狂欢的机会，消遣警察更是网络狂欢的传统节目，但是过度地消遣就会造成警民关系的疏离和警察形象的扭曲。

知名网站和电视台纷纷和公安机关联合开办展示警务技能的综艺节目，一为吸引眼球，二为展示形象，各有所需。通过传播手法艺术地展现公安民警高超精湛的警务技能，点燃网络狂欢。热闹过后，荧屏上的秀技是否真的令人信服，应该说倒不如来自一线的短视频更令人折服。真枪实弹地操练，肯定比荧屏上的花活更逼真，更有传播力。警务技能应拒绝被消遣、被编排、被娱乐。

整理媒介误导的种种手法，概括出五种主要的行径。

第一种，挂一漏万。利用去中心化的手法，重点关注、导流感兴趣的话题和中心，割裂前因后果，造成只见树木不见森林的导向，左右干预网民的思辨。

第二种，张冠李戴。将零散的信息在看似不经意间进行场景移位，碎片化拼接和阅读时非常容易被蒙蔽。

第三种，语焉不详。故意提供凌乱且有歧义的信息导致拼图式解读时不准确、不完整、不全面，为自由想象提供了天空，给虚假信息传播插上翅膀。

第四种，添油加醋。为了吸引眼球和上热搜，故意在传播信息中掺杂传播主体的主观臆断和合理想象，导致信息偏离正轨，使接受者真假难辨。

第五种，无事生非。捕风捉影、造谣滋事，挑起舆论场的风雨飘摇。新闻反转大多就是无事生非结下的恶果。

第二节　涉警舆情的演化机理

古人道："风起于青蘋之末。"同理，舆论的飓风也是起始于"青蘋之末"。在网络传播环境中，一言一行、一颦一笑、一丝一毫就是舆论生成的"青蘋之末"。因为丝微，因为不经意，因为隐约，总会被人淡忘，不受待见，但是在新媒体的聚光灯下，毫厘之末也会被无限放大成参天大树。在"蝴蝶翅膀"的煽动下，假以时日，"青蘋之末"就会汇聚起飓风的漩涡，搅动到天昏地暗。这也许就是网络舆情的特质，也是网络舆情的魅力所在。

舆论绝不是从天而降，更不是某些人所忌惮的飞来横祸。舆论的孕育、发酵、爆发、衰退自有其独特的演变规律，因受环境、中心、节奏、议程等要素的决定，规律的循环周期可长可短，力度可强可弱，影响可大可小。在当前的传播格局中，任何力量都难以改变舆论演变规律。涉警舆情同样需要遵循舆论的演变规律，无一例外地经过孕育、发酵、爆发、衰退的基本过程。舆情应对首要的是解剖各个生长环节，了解各环节的生态，弄懂弄清各环节之间的演化机理，从中发现并确立应对的策略、方法。

一、涉警舆情的孕育因子

任何事物的成长都是从最基本的因子孕育开始。如果能将因子进行切割、剥离，则话题就是舆情生成最基本、最微小的因子。有道是，话题是舆情之母。合适的环境和时机，合适的主体和载体，便能将话题快速催生成街谈巷议的舆情。

（一）孕育主体

1. 网民

随着传播形态的不断丰富，网民的表达不管是维护权益、还是伸张正义，在渠道的选择、时机的把握、话题的设计上更加精准、更加巧妙、更加吸睛。话题总是和真实的紧密关联，直接来自生产生活的真实存在。那些虚构的、编造的话题，包装再精妙，粉饰再华丽，一经推敲就会露出马脚，假的就是假的。网络水军再歇斯底里地搅浑水，造谣滋事，最多也只能蒙骗部分的网民，舆论的泡影最终也会不吹自破。

2. 媒体

舆论监督是媒体人的神圣职责。接受舆论监督是公安机关的思想自觉、理论自觉、行动自觉。传统媒体和新兴媒体相互配合，全面呼应，对公安工作的监督全方位、全时空、全领域。传统媒体点题，新兴媒体发酵，自媒体围观，主流媒体引导。公安工作的不足乃至失误在"聚光灯""显微镜"下都会成为难得的话题，媒体人和网民的齐心协力，迅速引爆舆论，带来警务危机。

3. 公安机关

公安工作中存在的不足和失误为网络传播提供了真实场景与话题。另外，在舆情应对中出现的节外生枝也是话题产生的另一重要渠道。舆情应对是一项极端重要的工作。在实操中，受技能、管理等因素的约束，应对失效或出现意外，引发新的话题，使舆情发展再起波澜，甚至在网络狂欢中，舆论失焦走向崩溃，给社会稳定造成灾难。

（二）孕育载体

虽然说传统媒体和新兴媒体都具有生产舆情的功能和手段、方法，但是传统媒体传播技术的先天缺陷，民众的参与基本被排除在外，在体制的调控、节制下，舆论影响力变得收放自如。只有新兴媒体组织、鼓动起全民的参与，才真正地使舆情的作用发挥得更真实、更全面、更彻底。新兴媒体完全将媒体监督的职权让渡给了群众的监督。传统媒体不愿意、不甘心，也不允许自动放弃立世之本，于是在媒介融合的大势中，媒体监督走向合作互动之路，相互依存、相互利用、相互呼应，共生共荣。在利益的博弈中，传统媒体和新兴媒体在行使监督权的行动中基本形成了固定的套路。传统媒体的批评、建议是新兴媒体传播的天然话题，而新兴媒体的围观、评论则直接成为传统媒体深度调查的专题，两者的相互配合、相互映衬、相互支撑，加速话题的生酵，快速生成舆论。公安机关始终是媒体关注的重点，也是媒体监督的重点。受体制、机制的约束，传统媒体对公安机关行使监督权时难免顾虑重重、反复权衡，而新兴媒体特别是自媒体掌握在"公民记者"的手中，完全不用顾忌体制机制，随时随地不平则鸣，有感而发。显然，网络的话题，最主要的是在新兴媒体的平台上产生，并通过非线性传播渠道发酵。

（三）孕育形态

传播技术的不断发展，使民众表达的方式、方法、手段更加丰富，特别是非线性传播，完全将人类运用于表达的所有形式、形态都能完整地再现到网络，不仅仅是文本、图片、音频、视频等，文学体裁、艺术形态、人际交流等沟通表达的样式都能运用到网络的表达中。不同阶层、不同群体、不同组织选择得心应手的表达方式、形态，传播各自的主张、立场、态度等。近年来，火热的网络直播和短视频成为民众表达的最优选择。中国互联网络信息中心发布的《第45次中国互联网络发展状况统计报告》中披露，截至2020年3月，我国网络直播用户规模达5.60亿，其中，游戏直播的用户规模为2.60亿；真人秀直播的用户规模为2.07亿；演唱会直播的用户规模为1.50亿；体育直播的用户规模为2.13亿；电商的直播用户规模为2.65亿。在国家有关政策的支持鼓励下，短视频已成为主流媒体扩大公信力、影响力的新发力点。截至2020年3月，我国网络视频（含短视频）用户规模达8.50亿，占网民整体的94.1%，其中，短视频用户规模为7.73亿，占网民整体的85.6%。短视频的场景再现比"有图有真相"的图片记录更逼真、更有穿透力、更有说服力。在舆论发酵中，短视频常能释放出核威慑的力量。漫画、微电影、情景剧等形式同样具有较强大的表现力。传统的文本、图片表达形式，将话题的中心直接明了地公之于众，自然会引发民众的围观，而微视频、微表演将话题的中心巧妙地融入人物的眼神、表情、对话、动作之中，灵巧地设置在情节结构中，通过泪点和笑点直戳民众的心窝，产生强烈的代入感，直接点爆舆论。

二、涉警舆情发酵的能量源

发酵本是一种生物化学反应现象，借助微生物在有氧或无氧条件下的生命活动来制备微生物菌体本身，或者直接代谢产物或次级代谢产物的过程，进而比喻事物受外力影响发生某种发展变化。将发酵引申进舆情的演化机理正是恰如其分，从话题进而走向舆情，其变化的根本就在发酵的工艺和手段。发酵是舆情存在、发展的基本状态。不管是话题的发酵，还是舆情的发酵都不是一蹴而就，需要有不断地反复的过程，而这种反复自然需要能量的支撑，保证舆论的新鲜与活力。能量越充足，发酵的流程工艺更快捷，更精湛。

梳理罗列出以下助推发酵的能量源。

（一）网民围观

围观是网络传播的特有现象，也是非线性传播赋予网民的权利，传统媒体难以望其项背。围观是网民对自己关注的话题所表现出的深度关切的行动。点击、评论、讨论、发帖、转帖、推送、热搜等都是围观的具体行动。如果只是"打酱油"，就形不成围观的态度、行动和力量。围观的关键是关注与行动。

1. 点击

点击和浏览信息是围观的初始动作。不同的传播平台所表现出的方式、方法、形态各不相同，自然浏览的方式不同。微博的130个字虽然短小，但是病毒式传播后，信息的覆盖面走向无穷无尽。微信的社群内交互极大地提升了信息的可信度。有的平台还提供链接服务，提供源源不断的信息源。

2. 评论

网民对信息或明或暗地表现自己的感受和态度。不管是有组织的还是自发地发表意见与评论，都是对舆论的一次聚焦行动，正是这种不断地聚焦使话题越加清晰，从而确立起舆论的中心。

3. 潜水

有点击未必就会有评论，观而不语，更多的网民因种种原因处于观望的状态。潜水也是围观的一种。网民对信息的态度不明朗、不言语，但从未放弃对信息的关注，在静默中蛰伏，一旦"长尾"摆动，潜水的力量就会爆发出来。

4. 交互

这是非线性传播独有的功能。网民利用交互讨论找寻共同的话题，聚合相关的利益群体壮大声势，最容易使话题的表达变得有组织、有策划、有预谋。交互成为话题走向舆论的助推器。

（二）"意见领袖"点题

在围观行动中，"意见领袖"总能在关键时刻起到登高而呼的影响力，发挥指路定向的作用。"意见领袖"倚仗着庞大的粉丝群体左右着民间舆论场的走向。粉丝群体的崇拜、盲从，时刻唯"意见领袖"马首是瞻，极大地强化了"意见领袖"的江湖地位，并且通过交互，粉丝群体不断壮大，"意见领袖"的地位不断固化，话语权不断提升。涉警舆情演化过程中，"意见领袖"的作用举足轻重，务必高度重视。

（三）网络推手煽风

网络表达嘈杂乱象的背后是各种声音的汇聚。不同的诉求、不同的心态、不同的愿景才使传播环境杂乱不堪。网民的围观各有图谋，有善意，有恶意，有金玉良言，也有阴谋诡计。网络的开放性为一些别有用心的组织和群体提供可乘之机。利用一切可能的机会，大肆制造舆论，企图达到不可告人的目的。这些组织和群体被统称为网络推手。其核心力量主要有网络水军、"维权斗士"、敌对势力等。虽然各自的手段、方法不同，但是殊途同归，都是利用网络为阵地恶毒攻击现行的社会制度，挑起民众仇富、仇警、仇党，企图颠覆中国共产党的领导和社会主义制度。网络推手制造舆论的手法无外乎两种：一种是线上的造谣，一种是线下的煽动。线上线下的相互配合，蒙骗、裹挟不明真相的民众向政府和公安机关施压。在许多群体性事件中，网络推手大肆煽风点火，不断制造事端，极大地增加了处置的难度和社会风险。

（四）长尾定调

网络传播有一种新理论，叫"长尾理论"，创立者为美国《连线》杂志主编克里斯·安德森。该理论认为由于成本和效果的因素，过去人们只能关注重要的人或重要的事。如果用正态分布曲线来描绘这些人和事，人们只能关注曲线的头部，而将处于曲线"尾部"需要更多的精力和成本才能关注到的大多数人或事被忽略。在网络时代，由于关注的成本大大降低，人们有可能以很低的成本关注正态分布曲线的"尾部"，关注尾部产生的总体效益甚至会超过"头部"。在舆情的演化过程中，"意见领袖"和主流媒体的立场、观点、态度左右着舆情的走向，自然高据着传播曲线的"头部"。而数量庞大的网民更多处于潜水状态，自然归集于传播曲线的"尾部"，但是在重大话题交锋或舆论爆发关键时刻，那些藉藉无声、潜伏旁观的"尾部"力量突然摆动，以其强大的声势为舆情定调。因此，"意见领袖"的作用需要重视，"长尾"的存在绝不容忽视。

（五）"蝴蝶"扇动

在气象学中有一个著名理论："蝴蝶效应"。后被引申到网络传播。新媒体传播尤其是自媒体传播，来自草根的信息完全缺乏权威性和公信力，加之网络推手的煽风点火、添油加醋，更加剧了信息的混乱。网民对似是而非或半信半疑的信息缺乏应有批判态度。一些利益群体趁机大肆炒作，制造"三人成虎"的假象，掀起舆论风波，甚至策动线下非法聚集行动。在自媒体传播中，时常出现话题产生于甲地，而舆论爆发在乙地的奇特现象，这就是"蝴蝶效应"，也是非线性传播的神奇力量。

三、涉警舆情爆发的症候

话题发酵走向舆论的过程受到多种因素的干预影响，不可能开列出时间表和路线图。有的只需几小时，舆论就能爆发。有的需要几天，还有的需要更长的时间。在实务界和学界都还没有就舆论的爆发探究出明确的标志，因为舆情的不同，舆论冲击的强度和破坏的力度，迥然不同。不妨从发酵过程中的一些现象或表征作为判断舆情爆发的迹象或征兆，并为应对找寻到科学的参照。

（一）去中心化加速

去中心化是非线性传播的独有手段。节点和中心相互依存，相互转换。针对话题，民众自由地表达各自的见解，同声相应，同气相求，在民间舆论场不断地拆分或聚合起利益群体。去中心化的加速从一个侧面印记了话题的吸引力和关注度。高企的关注度才是舆论产生的群众基础，没有关注就形不成舆论。自说自话、自言自语更不可能和舆论搭乘。关注度越高，舆论形成的速度就越快。去中心化绝不是对关注中心的否定，反而是加强，促使关注的中心更紧密、更细致、更丰富。

一是话题中心越来越精细。表达不再是泛泛而谈，无伤大雅，而是越来越触及灵魂深处和本质要害，更能唤起网民的正义感，激发起代入感和维护正义的使命感，促使越来越多的网民参与传播和线下行动。

二是表达主体越来越广阔。非相关利益群体绝对不会轻易放弃蹭热度的机会，积极围观，并纷纷表达各自的诉求，共同向政府和公安机关施压。

三是传播手段越来越丰富。话题的发酵基本难逃网络狂欢的俗套。网民不断变换表达的手段参与围观，不断地掀起狂欢的高潮。越来越多的围观者以狂欢的形式来刷存在感。近几年来，网络上先后出现的造句比赛、歌舞创作等无一不掀起全民网络狂欢。一些不经意的话题在经历网络狂欢后达到舆论的极致。

四是焦点越来越清晰。去中心化完全就是表达者的立场、观点、愿景的直接体现。由表及里、由浅入深，许多的表达透过话题的表层直戳本质。别有用心者千方百计地将话题讨论引向意识形态层面，企图使舆论政治化。

（二）信息叠加

民众对话题关注性表达不可能千篇一律，都会选取熟练的方法、手段表达内心的感受，表明立场态度。于是有人将话题的点击量或热搜的流量来作为舆论爆发的标志，此举有失公允和科学。

"意见领袖"在话题发酵中的重要作用毋庸置疑。拥有百万级、千万级粉丝群的"意见领袖"对话题的意见、态度确实会起到定向的作用，但毕竟只是一孔之见，不足以成为舆论的道德、精神的裁判。那些动辄以十万级流量上热搜的帖文虽然轰动一时，仍然不能以一家之言作为舆论的最终审判。单个的"意见领袖"即使站在道德的高地随风而呼，但也只是代表着一种意见或态度，绝非等同于"民意领袖"。

舆论的生成需要有民众表达的趋同——尽管表达的方法、手段不同，但是表达的态度、方法相同或接近。在主流舆论场和民间舆论场，话题同时发酵，信息不断叠加，即便出现重复的信息，但也代表表达者对相同态度、立场的支持与拥护。

话题信息的叠加主要通过两种手段来完成。一是交互。民众在两个舆论场之间不断地讨论、交流、传播，无限放大话题的关注度，使点击量和浏览量直线上升。现代传播技术通过可视化手段生动形象地呈现民众对话题的意见和态度。如果民众的态度和立场出现一边倒时，则基本表明舆论已经或即将生成。二是链接。链接是非线性传播的重要手段。用链接的方式传播信息，同时，间接地或直接地表明传播者的态度、立场。特别是在两个舆论场之间，链接为信息的沟通、传播铺平道路，同时为舆论演化的同步共振提供保障。可以说，链接使用的越紧密、越频繁，舆论生成的速度越快，爆发越猛。

（三）民意聚焦

话题发酵的过程中形成焦点，才能生成舆论的民意基础。七嘴八舌构不成舆论。发酵演化出若干个大小不一的焦点，也不能视同舆论，充其量是一场大讨论。只有聚合的焦点越清晰，舆论才能越鲜明。

起初，话题的择取、确立需要有一个过程。不同的诉求会出现不同的表达、不同的态度、不同的认识。因此，话题的视野越窄小，聚焦越容易、越清晰，反之，聚集越困难、越模糊。有许多的话题在经历发酵后，最终未能形成舆论的根本原因在于民意聚焦的困难。牛头不对马嘴，只有无果而终。

民众站立在各自的立场对话题表达自己的观点和态度，出现不同的声音是正常的，也是可以理解的。随着信息量的增加和交互的深入，民众的立场、观点必然发生转变，不同声音逐渐趋于同一。在交锋、博弈中，焦点开始日渐清晰集中。如果罔顾民意，一意孤行，冥顽不化，只会招致民怨，不但于事无补，反而加速舆论的爆发。因此，在任何一个舆论场出现异口同声地场景则宣示着舆论的风暴即将来临。

（四）线下行动

无论从何种纬度考量，线下行动必定是舆论爆发的"硬核"。涉警舆情既来自线上，也来自线下，更多时候，线上线下相互呼应，增加舆情的复杂度，也增大应对的难度。

线下行动为线上传播站台。以非法聚集的方式支持网络上的民意表达，企图从声势、行动上给政府和公安机关施加压力，迫使政府和公安机关就范，以实现所希望的愿景。示威、静坐、集体散步、群访等线下行动的要求大多和网上的诉求表达大同小异，但是社会影响力和网上表达不可同日而语，而且信奉"大闹大解决，小闹小解决"的潜规则，不断扩大线下行动的规模和表达声势，甚至胆敢冲击稳定的红线。

线上传播为线下行动造势。利用网络传播的手段、技巧将线下行动实时呈现到网络空间，博人眼球，制造话题，引爆舆论。同时，线上的传播煽动不明真相民众加入到实际行动中来，不断壮大非法聚集的队伍，强化诉求表达的正当性和合法性，博取更大的同情与支持。不管表达何种诉求，线下行动都充满了稳定的风险。公安机关必须立足抓早抓小，防患于未然，务必将风险化解在初始，消灭在萌芽状态中。

第三节　涉警舆情治理方略

传统媒体和新兴媒体的深度融合，强化了舆论监督的功能。在"聚光灯""显微镜"下，公安机关及其警务活动自然成为媒体监督的重点。执法的瑕疵和过失都会被放大，生成舆情已是必然。在更多的时候，涉警舆情的产生是不以人的意志为转移的，树欲静而风不止。公安机关始终处于执法的最前沿。执法活动都是和民众的柴米油盐等切身利益休戚相关，稍有差池和不满，民警就会被推向舆论的风口浪尖，队伍难逃被污名化。因此，社会利益大调整、民众诉求大爆发的风口，涉警舆情仍将处于高发频发的态势。

涉警舆情同样需要经历孕育、发酵、爆发、衰落的自然过程，对此，绝不能因舆情视而不见，放任自流，或者采用"鸵鸟政策"规避正面的冲击，这些都是消极作为，错误做法。舆情的本质就是民意诉求。舆情中蕴藏着民意民怨，汇聚起的能量爆发所产生的冲击力、破坏力难以估量。瓮安事件、石首事件给公安机关留下惨痛的教训。前事不忘，后事之师。对舆情，公安机关充满了敬畏。舆情的产生有着极其复杂的社会背景，任何组织和力量都不可能掌控、规避舆情的生成，只有以积极的态度和有效手段治理舆情，应对舆情。

一、第一时间响应要略

因为杂糅了太多的利益纠葛，警民沟通是人世间复杂的心路历程。沟通出现梗阻，过去主要依靠组织系统疏导、克服。而新媒体时代，沟通一旦出现梗阻，尴尬的场景便会迅速映射到网络空间，引来民众的围观。公安机关付诸疏导、协调的种种努力时刻要接受民众的大考。面对舆情，公安机关总是处于被动、被迫的状态，因此应对是舆情治理的第一要务。纵览舆情生成的全过程，选取生成的初始阶段进行应对最为明智，在第一时间作出响应便是上上之策。

（一）主动发声

民众利用自媒体表达诉求的初衷就是希望利用网络的力量达成最好的愿景。民众的围观也大多期望政府和有关部门闻警而动，尽快对舆论事件作出令网民较满意的处理结果。对于有关涉警舆情，公安机关应利用微警务迅速作出回应。

首先，表明态度。舆情的演变走向，任何力量都不可能操控。因此，在演变的进程中，焦点不明朗、中心不明确、诉求不明晰，是非曲直难以评说，切不可偏听偏信，武断地对舆情作出评判。情况不明的状态下，公安机关主动发声，表明对事件高度重视的态度。如果情况明了，焦点突出，公安机关就应依法依规对事件作出处理意见，以正视听。

其次，展示立场。舆论的生成必有前因后果。公安机关的调查、研判务须保持不偏不倚、不枉不矫的立场。如果是工作的失误造成，就应向当事人作出道歉，并依法给予必要的补偿，对相关的当事人依法依规作出处理决定。如果是因民众的误解与偏见引发，就应积极地做好有关的法制、政策的宣讲工作，消除疑虑，打消顾虑，民众对公安机关的积极作为自然会给予大力支持。如果发现有人胆敢编造虚假信息，煽动、挑起舆情以达到污蔑、抹黑公安队伍形象的不法目的，公安机关必须毫不手软地给予打击。

最后，警务公开。舆情的应对总是和舆情的演变亦步亦趋，针锋相对。在一些关键环节，重要焦点的应对在不泄密的前提下，尽量将工作的进展向网民披露，部分地满足网民对信息的渴望，也有利于阻击谣言和虚假信息。

（二）谨慎释疑

话题的演变在不同的环境、立场、愿景下绚烂多彩。去中心化的加速更将舆情渲染得亦真亦幻。网络狂欢加剧了网民对舆论的妄想与猜疑，不断增添舆情的复杂性。释疑成为应对的重要手段。但毕竟各种的猜疑和质疑都有复杂的背景，应对就需要谨慎为上，避免因言语不慎而引发新的舆情，防止应对工作陷入死结。

首先，坚持法理释疑。以法言法语和浅显的道理解释分析舆情的成因机理，帮助网民理解，减少误读误判。

其次，坚持专业释疑。以专业的理论、方法、思维推断舆情演变的各种可能，引导网民正确围观，理性表达，挤压虚假信息生存的空间。

最后，坚持科学释疑。从心理、伦理、社会、文化等学科科学地解释舆情的现象、后果，引导网民正确认识舆情的意义，为应对创造宽松的环境。

（三）还原真相

后真相时代，舆情的衰减并非是一步到位，应对的工作也难以画上圆满的句号。真相大白也并不意味着舆情应对的完美收官，最多只是为舆情演进标注上一个休止符而已，一旦春风乍起，舆情就有可能死灰复燃，卷土重来。英国学者赫克托·麦克唐纳在专著《后真相时代》一书中描述：在这个假新闻和另类事实大行其道的时代，公众对真相的关注，并且强烈要求政客、商业领袖、社会活动家和其他职业沟通者为个人言论的真实性负责。我相信，我们重视真相，愿意为之抗争。不过，真相并不像看上去那么简单。讲述真相的方式有很多，其中许多方式并不诚实。在大多数问题上，可供我们选择讲述的真相有很多。我们选择的真相会影响周围人对一个问题的感受和反应。我们可以选择鼓励人们行动的真相，也可以选择故意误导人们的真相。真相具有许多形式，有经验的沟通者可以利用这种多面性影响我们对于现实的印象。

诚如斯言，这种"后真相"现象给舆情应对提出了严峻的挑战。毋庸置疑，真相对舆情具有粉碎机般的意义。但是如何选取真相、使用真相、还原真相，已不再是举手投足般轻松的事情，需要随时而动、随情而动。对真相的还原应根据舆情应对的需要选用合适的表达方式，做到缜密、形象、易懂。

第一，文本表达。这也是官宣最常用的方式，将事件的来龙去脉一五一十公诸天下，言语简洁，落落大方。

第二，动漫表达。利用三维构图，虚拟真实场景，较直观地反映事件的动态画面，有助于网民的理解。

第三，可视化表达。汇聚所有有关的舆情数据，利用网络技术手段全面展示事件全貌以及网民各种动态表现，借助网络的力量还原真相。

（四）发言人发言

公安机关是我国推行新闻发言人制度较早的政府部门。早在1983年，公安部就建立了新闻发言人制度，通过新闻媒体发布重大的公安工作和队伍建设的信息。2005年，公安部发布了《关于进一步完善公安机关新闻发布制度的通知》，明确要求在公安部和各省市区公安厅局，及省会城市、副省级城市公安局建立健全新闻发言人制度。从此，新闻发言人制度正式确立，充分发挥其应有的作用。涉警舆情发生后，各地迅速启动新闻发言人制度。新闻发言人闻警而动，主动走向台前，走向现场，勇敢发声。

舆情应对是新时代给公安机关新闻发言人提供的最亮丽舞台。

一是发布信息。新闻发言人是公安机关的代言人。新闻发言人通过发布会准确、客观、公正地发布有关舆情信息，所表达的每一句话、每一个字、每一个标点都代表着警方的态度、警方的意见、警方的形象。民众从新闻发言人传导的信息中准确地了解和掌握公安机关的工作方针、政策及其部署。

二是研判舆情。新闻发言人及其团队积极和有关部门一起对舆情开展研判，分析舆情走向，确立工作方案，配合有关部门一起做好应对和处置工作。

三是沟通媒介。新闻发言人利用和媒体建立的良好协作关系开展舆情公关，将舆情向积极的方向引导，化危为机。

四是展示形象。新闻发言人是公安机关向社会宣传公安工作、展示队伍形象的重要窗口。在发布台上，新闻发言人娴熟的业务、刚毅的仪表、儒雅的谈吐也成为展示公安机关亲民、爱民的"风景线"。一旦确认过你的眼神，民众对公安机关必定充满信心。

二、话语权争夺谋略

话语权在话语体系中即指说话权。在传统传播格局中，话语权即控制舆论的权利，自然由媒介所有者及其"把关人"所拥有。而在新媒体传播格局中，人人享有表达的权利，话语权则体现在信息传播主体潜在的现实影响力。在不同的体系和格局中，话语权的涵义显然不同。在网络传播体系，话语权是指表达的影响力。可以说，话语权是舆情应对的核心，是舆论引导的根本。在人人平等、人人自由的网络环境里，话语权绝对不是天赋的，也不是自封的，更不是别人恩赐的，主要是靠实力和谋略争取得来的。

（一）启动议程设置

议程设置是大众传播的重要社会功能和效果之一。长期以来，传统媒体通过对新闻报道和信息传播赋予各种议题不同程度显著性的方式，影响着受众对周围世界大事重要性的判断。在新媒体传播中，海量信息和紧密交互逐渐弱化了议程设置的功能，但是，在舆情应对中，议程设置仍有强大的实际作用和现实意义。对于话题的选取、确立，公安机关基本无能为力，那是民众表达的自由与权利。而对于话题的发酵，人人都有参与的权利与机会，正是公安可以大显身手的时机。议程设置是舆论引导的杀手锏。根据主要话题的焦点，巧妙地设置各种议题，吸引网民的关注，分化并影响网民对话题的判断，引导舆论中心逐步朝着预设的方向转化，最终促使舆论消弭于无形，达到舆论引导的至臻境界。

（二）培植"意见领袖"

在舆情演化的全过程、全环节、全链条上，"意见领袖"始终占据着举足轻重的地位，发挥着无可替代的影响力，因此，舆情应对务必对"意见领袖"高看一眼。"意见领袖"大多在现实社会具有较高的知名度，加之拥有庞大的粉丝群体，无论线上线下，对于公共事务占有绝对的话语权，完全可以影响舆情的走向，因此，"意见领袖"及其粉丝群体是舆情应对不可忽视的重要力量。合理地利用好这支力量，调动起一切积极因素为我所用是公安机关应对舆情的必要手段。

一是多沟通。"意见领袖"往往站立在民众的立场以同情弱者的姿态振臂高呼，容易引发误读、误导，引发警民冲突。公安机关应积极地和"意见领袖"进行线上和线下的广泛沟通，宣讲公安工作的法规、政策，增进理解，消除误解，为舆情化解创造良好的环境。

二是多扶植。在化解警务危机中，民众的偏见会激发警民冲突的进一步加剧。消除偏见，"意见领袖"成为关键的不二人选。公安机关强化和"意见领袖"的协商机制，及时向"意见领袖"汇报公安工作的成绩，通报公安机关的中心工作，赢得"意见领袖"对公安工作的理解和支持。只有具备了民意基础，当舆情接近燃点的关键时刻，吸引、策动"意见领袖"的"倒戈"，实现舆情的转向完全就有可能。

三是多培育。公安机关在大力扶植社会上"意见领袖"的同时，更应加大力度培育体制内的"意见领袖"和代言人。网红警察层出不穷，选取其中会沟通、懂传播、有号召力的民警加以训练，关键时候就能发挥"意见领袖"的作用。

（三）广辟统一战线

网络舆情的表征大多是民意、民怨，但在其背后，大都隐藏有极其复杂的政治、经济、文化、社会的矛盾对立。头痛医头、脚痛医脚的狭隘片面观完全不能适应舆情应对。民众的诉求表达看似只是和个人的切身利益相关，但是公安机关的回应处置牵涉体制机制和深层次矛盾，甚至需要政府部门的协同配合。许多的舆情应对完全超越了公安机关的职责和能力范围，建立起广泛的统一战线非常必要。议程设置的各种议题必然广泛涉猎于政治、经济、文化、宗教等社会的各个方面，自然需要相关领域的专家、学者以及有识之士的鼎力配合，共同引导舆论朝向善面转化。网民来自五湖四海、各行各业，因学识、年龄、阅历、阶层等不同，个人的认知、表达、沟通的能力自然不同，对话题的理解、认识、传播更是大相径庭。在嘈杂之中，汇聚起越来越多的同道中人，共同画好同心圆，寻求最大公约数。

三、认同驱动韬略

网络传播中，舆论不能被控制，更不会被消灭，只能被引导，这是由网络舆论生态所决定。信息传播的主体和客体利用交互可以实时实现角色的转换。谁都可以自由表达，谁也无法左右、主宰对方的认知和意识形态。在自由的环境中，舆论才有自由生长的土壤。舆论引导不要刻意铲除舆情生长的土壤，终极目的是要将网民的认知导向和传播主体形成一致的认同方位。可以说，认同是舆论引导成功与否的检验标准。认同出现差异则意味舆论引导的失败。公安机关和民众在认知上存在着较大的差异，舆论引导不能奢求于面面俱到的统一，但是，只要在政治、文化、法治、价值、自我等方面某一要素达成认同，方能形成舆论引导的前提和基础。有了认同，舆论引导就有向好的可能。公安机关的舆情应对工作就是要更好地促使民众在认知上尽快形成统一，减少分歧和偏差，削减激发对抗冲突的因素，尽最大努力避免出现社会阵痛。

（一）制度认同

坚持中国共产党的领导、人民当家作主、依法治国有机统一是中国特色社会主义政治制度的核心要义，更是社会主义民主政治建设必须遵循的基本方针。舆情应对是公安机关的重要政治任务，也是社会主义民主政治建设不可分割的组成部分。任何时候，舆情应对务必遵循民主政治建设的基本方针。舆情表现的不是情感纠葛、江湖恩怨，反映的是社情，代表的是民意，因此，必须在各级党组织的坚强领导下，有条不紊地应对。民众利用网络充分行使知情权、参与权、表达权、监督权是宪法、法律赋予的政治权利，理应受到保护。利用网络维权是人民当家作主的重要表现，理当受到尊重。公安机关对民众的呼声在第一时间作出反应，通过平等对话、民主协商、依法处置等方式，让民众切实感受到当家作主的自豪感，也为舆论引导做好民意的铺垫。民众从公安机关的立场、态度感受到民主政治的力量和希望，自然转向支持公安机关。

（二）文化认同

人民公安为人民是公安机关的初心和使命，也是公安文化的核心，历经风雨始终不改。舆情的生成有其复杂的历史背景和社会环境，蕴藏着丰富的社情民意，是宝贵的警务资源。公安机关应对舆情的过程，也是对社情民意发现、研判、掌握的过程，从中发现工作的不足，了解民生疾苦，推演治安动态。确因工作失误损害群众利益，立即给予纠正，并尽力挽回群众损失，做到不隐瞒、不袒护。如果是群众的误解造成，进行耐心解释，消除误会，做到不夸大、不缩小。假如是别有用心者制造事端，挑起冲突，坚决依法处置，做到不迁就、不退让。公安机关表现出的真心实意让民众感受到温暖和希望。警民沟通变得顺畅，认知的偏差自然就会越来越小，直到大事变小，小事变了。

（三）法治认同

民众的诉求很大程度涉及法治层面。公安机关的应对务必保持法治的精神、法治的原则、法治的态度、法治的思维，企图通过私下运作、勾兑达到摆平铲事，是对法治的亵渎，是对公平正义的伤害，更是为社会治理种下恶果。从议程设置到信息传播，公安机关展现出法治的理念、法治的威严、法治的效果，依法依规依纪，不枉不矫不纵。民众从公安机关严格依法行政的态度、手段感受到法治的力量、法治的希望。法治的光芒洞穿重重迷雾，指引舆情发展的方向。民众相信法治、追随法治、捍卫法治，舆情自然就会走上法治之路。

（四）价值认同

打击犯罪、保护人民是公安机关至高无上的价值追求。为了实现崇高的理想和追求，公安机关付出了极大的代价。天天有牺牲、时时在流血就是最真实的写照。时刻挺立在各种社会矛盾的风口浪尖，承受巨大的风险与压力。敌对势力的攻击、民众的偏见、体制内的误解，令公安机关防不胜防。芝麻粒的话题时常被网络放大成西瓜，虽无可奈何，也不能放任自流，必须认真地应对。对来自民众的怨言怨气，公安机关默默承受，谨慎沟通，引导民众宣泄情绪。对恃强凌弱的行径，公安机关勇敢亮剑，惩恶扬善，匡扶正义。民众从公安机关爱民、便民、护民的行动中真切感受民本的情怀，感悟执法为民的理念，主动消除偏见，转而理解公安，支持公安。

（五）自我认同

非线性传播彻底摆脱了传统的束缚，民众终于获得了自由表达的机会，在自由的天空，尽情张扬个性，飞扬自我。公安机关充分尊重、维护民众自我表达、自我传播的自由与权利，并尽可能地理解、适应充满个性化的表达方式、方法。公安机关摒弃传统的表达方式，学习网络语言，运用网络表达以满足民众的个性化需求。民众的个性表达一旦获得社会和公安机关的认同，自然幸福感、满足感爆棚，便会主动向公安机关靠拢。

四、警务危机公关战略

（一）警务危机的概念

《现代汉语词典》释义，危机即"潜伏的危险"和"严重困难的关头"。

西方学者将危机的外延放大，使危机的概念发生根本性变化。按现代公共管理学的解释，危机是突然发生或行将发生的危及组织形象、利益生存的突然性或灾难性事故事件等，而这些事故事件一般都能引起媒体的广泛报道和公众的广泛关注，对组织的正常工作造成极大的干扰和破坏，使组织陷入舆论压力和困境之中。近年来，西方现代公共管理学被广泛引入我国行政管理和企业管理，危机概念也被我国普遍接受。依照唯物辩证法来认识，危机的爆发具有较大的偶然性，防不胜防，尤其是危机所带来的后果具有灾难性，因此，任何组织不可能做到消灭危机，而只能尽可能使危机少发，并将危机的后果降到最小。

警务危机是指公安机关和人民警察在警务活动中因执法过错引发的危机。经济社会发展的全面转型，各种社会矛盾不断涌现，相互交织，经过网里网外的响应和线上线下的叠加，演变得更加激烈和复杂。公安队伍的执法理念、执法能力和社会发展存在着较大的不适应，执法过错在所难免，警务危机的发生不可避免。公安机关和人民警察作为危机的主体，必然引发媒介和民众的广泛关注，深陷舆论的漩涡。

（二）警务危机带来的不良后果

1. 传播广

因角色的敏感，警务过错挑起的话题广受媒介和民众的关注，相关的利益群体和非相关利益群体相互呼应，不断掀起网络的狂欢。敌对势力趁机兴风作浪，推波助澜。网络水军和标题党不断添加戏码，燃爆眼球。各种力量的加持，瞬间便可将警务危机传播扩散到无边无涯的网络空间。

2. 影响大

个体或小团体的过错给队伍带来严重的灾难。一是理念被扭曲。民众的权益因民警执法过错遭受损失，必然引发"为谁执法"的质疑，严重损害了党和政府的公信力。二是形象被玷污。由于过错，造成的形象危机最深重。经历千辛万苦树立起的良好形象，就有可能因一次过错而被抹黑。民众甚至将负面的标签粘贴在整支队伍的身上，如影随行。"躲猫猫""七十码"等标签成为整个队伍永远的痛。三是关系被伤害。良好的警民关系是公安机关的期望和追求。因执法给群众利益造成的伤害，即使能得到医治和修复，但有可能存留下难以消失的疤痕和隐隐的痛。历史的伤痕都有可能成为警民沟通的障碍。

3. 破坏大

在网络传播的放大镜下，民警的过错会被无限放大，被无限地上纲上线，由此带来的破坏性后果难以估量。一些网民趁机强化个人的诉求表达，挑起群体性事件，引发警民的冲突与对抗。仇党、仇警的非法组织和势力集团趁机煽风点火，造谣滋事，制造紧张气氛，企图挑起动乱。不法分子更是借题发挥，公然漠视公安机关的执法权威，悍然实施打砸抢烧，发泄对社会的不满情绪，公然挑衅公安机关。网络算法技术引导的"后真相"现象可能再度挑起网络舆情，使警务危机再次陷入灾难，造成社会的阵痛。

4. 隐患多

社会多方努力可以在较短时间内使警务危机获得平息，但是医治修复警务危机给社会和民众造成的创伤却需要较长的时间来治愈。民众的信心、警察的权威、政府的公信力、队伍形象的重树都不是一朝一夕可以实现的。还有警民关系的修复、执政基础的加强更需要一个长期的过程。

（三）警务危机的公关要领

个人肇祸给整个队伍形象造成深重的危机，要重整修复队伍形象就绝不是一个人所为，需要全警共同参与，合力公关，度过时艰。警务危机的诱因有千百种，化解的手段就得有千百条，做到见危施策，见机行事，化危为机，不仅要有舆论的引导，还得有公共关系的建立。有三个要领或步骤至关重要，不可麻痹大意。

一是担责。因执法造成的过错，主要责任在民警，公安机关应主动承担责任，在第一时间向执法相对人以及民众公开道歉，并协商相应补偿，以寻求执法相对人的谅解和民众的理解。即使能列出若干条的诱因，也不应由此而推诿、逃避责任，表达上不能含糊不清。任何犹豫、彷徨、嗫嚅只会加重危机，增添话题，再掀狂欢。

二是沟通。警务危机发生后，来自民众的质疑声铺天盖地，主动沟通成为当地政府和公安机关的重要任务。但因为信任陷落，话语权基本丧失，沟通渠道被屏蔽，一面是质疑声浪排山倒海，另一面是有口难开。这时唯有依仗于公关行动。借助他人之口说自己的话。通过公关手段策动、吸引媒体、"意见领袖"、民众以及一切可以利用的因素以另外一种视角为民众释疑解惑，宣讲公安机关的政策与态度，纾缓民众的焦虑，引导舆论转好向善。

三是补漏。针对执法过错暴露出的机制漏洞立即修补，并广而告之，向民众传递公安机关改正错误的坚强决心。公布问责结果也是警醒队伍的明智举措。

（四）警务危机舆论生态修复概略

警务危机掀起的舆论飓风横扫一切，风头掠过，摧枯拉朽。危机过去，舆论生态圈已是百孔千疮，急需要灾后的修复。舆论的生态多种多样，修复不可能面面俱到，得从关键处着手。

一是渠道的修复。由警务危机掀起的舆论风暴波及所有的传播渠道。传统媒体和新兴媒体难以抗拒网络狂欢的诱惑,身陷其中,尽管心态不一,动作不一,但也无可奈何。危急关头,全面考验公安机关微警务的传播力和号召力。以危机公关为契机,首先要加强传播阵地建设,建立健全以"两微一端"为重点的公安机关新兴媒体平台。其次要强化和主流媒体的协同配合,完善和主流媒体的宣传协作机制。最后要强化网络管理,将造谣、传谣的不法平台清除出网。

二是主体的修复。网民是舆论传播的主体。网民表达的诉求、观点、立场、态度等应受到充分的尊重,即便在网络狂欢中表现出过激的言行,也应得到宽容,决不搞"秋后算账"。公安机关加大网络评论员、"意见领袖"的队伍建设,壮大主流传播力量。

三是情感的修复。警务危机严重伤害了警民感情,加剧了民众的心理焦虑。政府的公信力也受到重创。公安机关迅速开展警察公共关系的重构工作,以积极的心态和扎实工作重新获得民众的理解和信任。

四是形象的修复。警务危机引发舆论风暴的最直接后果是人设崩塌。网民可以随意将各种标签粘贴在队伍的身上,造成队伍的污名化。修复、刷新人设就得从清除各种粘贴在身上的标签开始。不光要有知错改错的决心和态度,重要的是要有具体切实的行动,以真诚、真心、真情赢得民众的理解。微警务及时地传播公安机关开展的警务活动以及民众的反映,积极营造警爱民、民拥警的社会氛围。

第四节　涉警舆情的预警机制

舆情本是社情和民意的最佳结合体,话题就成了点燃舆情的导火索。涉警的话题因为敏感,吸人眼球,自然成为最佳的导火索。民警执法时的表情、眼神、站姿、言语等在"显微镜"下都能被无限放大,解读出多样话题,并引发舆情。在复杂的传播环境里,警务活动和涉警舆情共生共存正成为一种社会现象,对此,各级公安机关应有正确的认识。

涉警舆情最直接地反映了社情民意,理当视为宝贵的警务资源。社会的风云变幻和民众的喜怒哀乐都能从舆情中体现出来。公安机关可以从舆情中敏锐地感知到社会治理神经末梢跳动的节律,洞察到稳定风险"青蘋之末"的躁动。

微警务和民众的生产生活紧密相联,和信息传播息息相关,已成为公安机关洞悉舆情、预测舆情、研判舆情的有力助手。在微警务的辅佐下，公安机关在舆情的治理上摸索出较完善的预警机制。

一、涉警舆情的监测

网络舆情监测的主要目的是及时发现网络舆情事件，尤其是影响社会安全稳定的事件，实现监测和引导一体，维护社会的正常秩序。基于微警务的网络舆情监测系统借助公安微信、微博等渠道，获取海量信息，结合庞大的公安信息资源库，分析显性和隐性信息进行综合研判并直观展示，为公安机关开展线下工作提供情报信息，同时，线下工作为线上舆情引导工作提供有力支撑，线下线上协同作战，合理导控网络舆情。① 公安机关既是网络的使用者，更是网络的维护者。法律赋予的职责使公安机关对网络信息的管理拥有了合法的职权和充分手段，其中，网络舆情监测本就是分内的事情，合理合法的职务行为。

（一）网络巡察

网络空间绝非一方净土，现实社会的矛盾冲突、风险隐患都会映射到网络空间，并在某些力量线上线下的助推下，使矛盾冲突走向全面爆发。公安机关通过网上的巡察，及时捕捉苗头性、倾向性的风险隐患，通过线上线下的配合，将风险隐患消除在初始。全面收集民众对党和政府以及公安机关表达的新期待、新要求，第一时间形成舆情专报，为有关方面提供决策参考。

（二）动态监控

对于网民关心的重点、社会治理的难点、媒介关注的焦点等方面的网络信息，必须坚持源头治理，尤其是对于关键性、敏感性的话题实施动态监控。当某种话题的关注度接近或到达舆情生成的临界点时，迅速发出警报，提示或监督有关方面作出应对的准备。如果话题和公安机关有关联，相关部门应迅速启动应急力量，投入应对工作，尽快将舆情化解在萌芽状态。

（三）预案准备

话题生成总是以突然性显示其传播的冲击力，加之去中心化的助力，于是舆情的演变往往陷入风雨飘摇之中，公安机关对话题、舆情的监测、预警工作做到最充分，也难以达到面面俱到、事事周全。舆情应对同样会遇到各种各样的新情况、新问题。任何力量和组织也不可能掌控或消灭舆情的生成发展，只能引导。而监测、监控工作就是舆情引导的先手棋、主动仗。通过对网络和社

---

① 洪磊、聂明辉、程婧：《基于"微警务"的网络舆情监测体系研究》，载《警察技术》2017年第1期。

交平台信息的监测、监控，排查、筛选有价值、有可能引发炒作的涉警舆情，做到提前谋划、提前预警。

预案准备是舆情应对的首要一环，也是预警响应的重要内容。针对不同的舆论中心，制定相应的应对方案，从思想、立场、议程、发布、力量、保障等方面采取不同的策略。涉警舆情一旦生成，便能有针对性地启动预案，从容应对舆情，打好主动战。

二、涉警舆情的研判

舆情的生成、演变一般遵循发展的规律前行，而在围观力量的作用下，舆情就会表现出千变万化的奇观。舆情展示的发展规律为应对创造了重要机遇。公安机关在加强对涉警舆情的监测、监控的同时，及时收集、分析、研判相关的数据，从而进一步判断、掌握涉警舆情的走向，积极开展舆情引导工作。

（一）数据收集

网络的公开性，使各种各样的数据充分暴露在网络空间，公安机关利用技术手段便可快速准确地收集到涉警舆情数据。网站页面上的话题、图片、短视频，微博平台上的帖子、评论、转帖、点赞，微信平台上的服务体验、交互，还有其他社交平台上的网络直播、留言、弹幕等都是重要的舆情数据。公安机关通过微警务平台获取显性和隐性的舆情数据，并形成显性数据库和隐性数据库，最后汇总到公安信息库中。

（二）数据分析

利用大数据、云计算、人工智能等技术手段对舆情数据进行分析、研判，提取特征量，抓取事件（话题）关联，展示话题生成舆情的可能性及其路径。同时，将网络技术和人工分析相结合，将舆情数据和社会因素综合考量，把涉警舆情的精准分析与基层社会治理深度融合，不断创新舆情分析研判的预见性、针对性、主动性和有效性。

（三）可视化展示

舆情数据多以文本形式存在，非常便利数据可视化技术运用。数据的可视化技术可以通过形象直观的方式，查看数据之间的隐含关系，通过图形和色彩将关键数据与特征直观传达出来，从而实现对稀疏而复杂的数据集的深入洞察。公安机关利用可视化技术手段，经过对舆情数据的研判，绘制出舆情发展态势图和多种颜色的舆情等级走势图，精确评估、诊断舆情的变化和发展规律，进一步增强舆情引导的前瞻性和科学性。舆情数据的可视化展示，形象逼真，为决策提供便利。

三、涉警舆情的预控

通过对舆情数据的分析、研判，特别是经过数据可视化技术的建模、自动诊断，科学、客观、理性地作出是否发布舆情预警和启动应对机制的决定。根据舆情发展的现状，启动预案，按照相应的响应等级发布应对方案，在第一时间争取做好舆情的预警导控工作。

（一）警情发布

舆情即警情，不论舆情的大小都不能等闲视之，应高度重视，积极应对。按照预案的设计，在适当的范围利用微警务公布舆情的诱因、现状及应对策略。主动联系主流媒体，争取协同行动，尽可能避免节外生枝，诱发次生舆情。

（二）快速响应

舆情发生后，第一时间启动快速响应的力量，按照预案要求，分兵把口，各负其责，各尽其责。警方主动表明态度，以正视听。"意见领袖"、网络"大Ｖ"、主流媒体设置议程，引导舆情朝着可控的走向发展。主流媒体正面发声，挤压虚假信息的传播空间。各种积极力量的围观必定推动舆情导向预设的方向。

（三）焦点消解

话题的聚焦就是舆论生成的标志，同理，应对工作的关键就是对焦点的消解。一次的交互不足以形成舆论的聚焦，只有多次、反复的交互之中才有可能从中提炼、聚集起舆论的焦点，如此循环往复，构成舆情演化的完整生态链条。在反复聚焦的过程中，舆论引导完全有机会、有可能通过响应的策略将话题大事化小、小事化了，主动将舆情化解于无形。

第五节　群体性事件舆情应对策略

自古以来，群体性事件都被排斥在主流意识和主体政治之外，无一例外地被贴上了民变的标签，难以逃脱被国家暴力机器打压的命运。新中国成立后，政府对群体性事件的认识随着经济社会的发展经历了一个渐变的过程。2004年以前，群体性事件被强制地打上了政治的烙印，并由公安机关主导处置。为了尽快平息事端，确保社会面稳定，公安机关大多采用强制手段处置群体性治安事件。2004年，中共中央办公厅、国务院办公厅发布了《关于积极预防和妥善处置群体性事件的工作意见》，将"群体性事件"进一步明确为由人民内部矛盾引发，群众认为自身权益受到侵害，通过非法聚集、围堵等方式，向有关机关或单位表达意愿，提出要求等事件及其酝酿、形成过程中的串联、聚集等活动。由此可见，群体性事件圈定在人民内部矛盾的范畴，被强加的政治外衣已褪去，民众的维权表达的合理性受到尊重。

群体性事件是民众表达利益诉求的一种极端方式，尽管挟带有轻度的暴力和轻微的犯罪，但是和有组织、有预谋的团伙犯罪有本质的区别，和企图颠覆政体的政治图谋更是大相径庭。中央对群体性事件的重新定性完全符合我国的国情，顺应人民群众的愿望，有利于事件的处置和和谐社会的建设。

在传统传播格局下，非法聚集成为民众诉求表达的极端方式，冀图以闹大的声势实现愿景。进入新媒体时代，网里网外呼应，线上线下互动，使群体性事件的诉求更复杂、表达更广泛、处置更困难。经济社会的发展，物质财富的极大丰富，民众的诉求不再停留在直接或间接利益的满足层面，越来越着重于对社会民主、政治、公平、分配、环境等深度参与。一切美好生活的需要都是民众诉求的主题。

不同阶层、群体选择不同的方式方法来表达各自的诉求，为了达到一定的目的采取集体上访、静坐、请愿、罢市、罢工、罢课、集体散步、阻断交通等行为，甚至以冲击党政机关、重要建设工地等极端方式，以求解决问题。民众利用自媒体平台策划、联络、组织、指挥相关利益群体实施线下的非法聚集行动，非相关利益群体利用网络摇旗呐喊，撑腰打气，营造出黑云压城城欲摧的强大气势。不法之徒趁机兴风作浪造谣滋事，甚至暴力侵害，使政府和公安机关在处置群体性事件时遭遇重重困难。

群体性事件的诉求不同、群体不同，处置的手段、谋略自然也不一样，但是，对群体性事件的所有步骤、环节、策略中，舆情应对始终处于重要的方位。网络传播环境中，舆情深刻地影响着群体性事件的进退。舆情应对虽不能全面化解群体性事件，但却是成功处置群体性事件的制胜一招。通过舆论引导，舆情转好向善，为处置创造良好的舆论环境。在群体性事件舆情应对中，四步策略成为基本的遵循。

一、权威发布

没有了时空的阻隔，民众利用自媒体实时地发布来自群体性事件的信息。没有"把关人"，民众大都站在自己的视角表达立场、观点、诉求。舆情首先从民间舆论场点燃。网民选取感兴趣的话题参与围观，推动舆论发酵的进程，甚至误导群体性事件的走向。传播主体的多元最容易导致舆论失焦，烘托起恐慌的气氛，诱导不同利益群体趁机闹大，使局势快速演变至崩溃、失控的地步。嘈杂之中，主流的声音、权威的声音不能缺位，越是混杂，越需要权威的发布。

（一）发布主体

1. 新闻发言人

近年来，各级政府都已建立了完备的新闻发言人制度。发生舆论危机时，新闻发言人走向台前及时发声，代表政府就群体性事件表明立场、态度，应对群体诉求的关切，其权威不容置疑。

2. 政府官员

就群体诉求较集中、较突出的焦点话题，安排相关的政府官员和群体代表座谈、交流、沟通，或回答记者提问等，寻求诉求解决的良策。

3. 权威人士

群体诉求和舆论焦点五花八门，不可能一一应对，可邀请专家、学者和社会知名人士就某个方面的话题进行研讨，或发表文章，发挥"意见领袖"的积极作用，引导舆论的走向。

（二）发布渠道

1. 主流媒体

主流媒体是传播意识形态的主阵地，群众基础深厚。选取主流媒体发布群体性事件的信息，体现了信息发布的合法性和严肃性。

2. 政务新媒体

微发布是政务新媒体的基本功能。通过由政府部门创办的政务新媒体发布群体性事件信息，凸显信息传播的规范和权威。

（三）发布形态

1. 新闻报道

新闻报道是主流媒体参与群体性事件信息传播的重要手段与方法，经过"把关人"的多重审核，基本确保新闻信息的新鲜、保真，筛查、屏蔽了小道消息和虚假信息。新闻报道也是舆情应对的积极力量。

2. 政府文告

就群体性事件中舆论较集中的焦点、重点，政府以文告的方式，广而告之，明确表明政府的态度和主张。政府文告具有法律效应，其权威性不容挑战。

二、适时播报

群体性事件和线上的舆情发酵实时相连，相互映衬。来自真实场景的视频、音频、文本、图片不断地制造出新鲜话题，刺激舆论中心的分化。新的话题吸引越来越多的网民围观，甚至现场参与。线上线下的强化刺激，容易造成舆论的崩溃和现场失控。为了满足网民的好奇心理，政府和公安机关对群体性事件可以选取适当时间、节点播报现场实况。

首先是实况直播。对于表达集中、传播深远的话题采用实况直播的方式充分满足民众的好奇，以真诚、真实回应民众的关切，消除误解，杜绝以讹传讹。

其次是动态播报。处置群体性事件的过程长短不一，对那些周期较长的事件，利用新兴媒体择时传播动态，释放出事件向好的信息，表达妥善处置的信心和希望。

最后是舆论泄洪。群体性事件的发展和舆情的演变基本同频共振，相互呼应。进入新媒体时代，民众利用网络的力量，不断地策动起网上群体性事件，向政府和有关部门进行舆论施压。舆情爆发犹如山洪倾泻，建立舆论泄洪机制不失为群体性事件舆情应对的积极策略。舆论泄洪首要的是构建政府和民众畅通无阻的沟通渠道。各级政府及其部门要在可控的范围内为各利益群体设置相应的不满情绪的宣泄渠道，如市长热线、政务新媒体等，发挥社会稳定安全阀的作用，防范因民意阻塞而导致的民怨集体爆发。

三、阻击谣言

网络狂欢为谣言和虚假信息传播大开方便之门。自媒体传播的匿名性和陌生人环境，使一些网民毫无顾忌地胡言乱语、生编硬造信息，更多的是道听途说、捕风捉影的信息横行无忌，线上线下，四处流传着似真似假、似是而非的信源，加剧了民众的焦虑情绪，阻碍主流声音的传播。政府和公安机关净化网络空间，首要的是要阻击谣言的传播。一是追查谣言的源头。对造谣者和传谣者依法依规处理。二是揭露虚假信息。虚假信息的源头各式各样，但大都披着疑似正义的外衣，作奸犯科，极具欺骗性，缺乏媒介素养的民众非常容易沦为虚假信息役使的"羊群"。选取特征明显的虚假信息，揭露其反动本质，还原其真实面目，警醒民众明辨是非。

四、公布真相

经过前期工作对群体性事件的来龙去脉、前因后果有了全面的了解，从而确立处置的原则、立场、方法，政府和公安机关迅速通过主流媒体公布事件的真相。

一是公布肇因。无风不起浪，群体性事件的发生和发展必有其客观的事端和主观的诱因，公安机关本着对社会、法律、历史负责的精神，对事件进行客观、公正地调查，形成事实确凿、证据充分的调查报告，通过合适的渠道向社会公布。

二是公布过程。既公布群体性事件发展演变的全过程，也要公布政府和公安机关积极处置的全流程。政府和公安机关利用鲜活生动的事例向全社会开展普法宣传教育，营造全社会学法、守法、用法的法治氛围。

三是公布结果。一方面，客观反映群体性事件对社会造成的伤害和阵痛，以惨痛的教训警示社会、教育民众，共同珍惜和谐稳定的大好局面；另一方面，公布政府对群体性事件的明确态度及其处理意见。真相的公布对群体性事件的舆情迅速产生衰减的作用，由此确保群体性事件的处置工作取得最优效果。

第六章　微警务与网络治理

　　@，汉语读音"艾特"的特殊符号，经由美国电脑工程师雷·汤姆林森引进互联网络，便不断地被赋予新的含义。因为简洁，@，不再是一种重量的单位，而成为一种电子邮件的表现格式；不再是单纯的"某用户"在某服务器的含义，而升华成所有人对所有人的互联互通。因为@，互联网的空间无边无际。互联网日益成为信息传播的新渠道，生产生活的新空间，经济发展的新引擎，文化繁荣的新载体，社会治理的新平台，交流合作的新纽带，国家主权的新疆域。可殊不知，互联网的世界从未超脱人类的生产生活的足迹而"跳出三界外，不在五行中"。现实社会的滚滚红尘早已映射进了网络空间，人类的喜怒哀乐、爱恨情仇同样真实呈现，现实生活的矛盾纠葛、刀光剑影同样真实存在，世外桃源只是虚幻的泡影。不同阶级立场的斗争、不同意识形态的交锋从未停息。

　　国家主权拓展延伸到网络空间，网络空间主权成为国家主权的重要组成部分。为维护主权和利益，国家之间的角力不断。

　　网络空间绝不是风平浪静的港湾，而是随时剑拔弩张的战场。

　　战斗的号角时刻准备着。

　　2016年12月27日，经中央网络安全和信息化领导小组批准，国家互联网信息办公室发布《国家网络空间安全战略》。这是我国首次发布关于网络空间安全的国家战略。

　　《国家网络空间安全战略》明确提出了我国网络空间安全面临的严峻挑战，指出，网络安全形势日益严峻，国家政治、经济、文化、社会、国防安全及公民在网络空间的合法权益面临严峻风险与挑战——网络渗透危害政治安全；网络攻击威胁经济安全；网络有害信息侵蚀文化安全；网络恐怖和违法犯罪破坏社会安全；网络空间的国际竞争方兴未艾。

　　《国家网络空间安全战略》要求以总体国家安全观为指导，贯彻落实创新、协调、绿色、开放、共享的发展理念，增强风险意识和危机意识，统筹国内国际两个大局，统筹发展安全两件大事，积极防御、有效应对，推进网络空间和平、安全、开放、合作、有序，维护国家主权、安全、发展利益，实现建设网络强国的战略目标。《国家网络空间安全战略》还明确了当前和今后一个时期，国家网络空间安全工作需要完成的九大战略任务：坚定捍卫网络空间主权、坚决维护国家安全、保护关键信息基础设施、加强网络文化建设、打击网络恐怖和违法犯罪、完善网络治理体系、夯实网络安全基础、提升网络空间防护能力、强化网络空间国际合作。

来自境内境外、线上线下、网里网外的矛盾纠纷、风险隐患都会在网络空间中表现得一览无余。网络技术的开放包容，表达的自由便利，交互的随心所欲，为形形色色的思想、观点的传播大开方便之门。网络技术和民众的生产生活的高度融合、嵌入，为民众提供便利，也让不法之徒有机可乘。来自网络空间的较量更复杂、更隐秘、更尖锐。传播主体的多元化和传播渠道的多样性，使意识形态的渗透、颠覆、煽动行动有恃无恐，甚嚣尘上。社群的交互、算法推荐加剧了舆论的失焦，在高级黑、低级红外衣的蛊惑下轻易操纵、煽动民众非法聚集行动。以非接触性为特征的新型犯罪和网络"黑灰产"疯狂掠夺民众手中的救命钱、养老钱，令民众苦不堪言。

网上的较量虽然没有现实中直面凶顽那样惨烈，但危险性、艰巨性绝不亚于线下的斗争。线下线上的行动时时刻刻紧密相连、相互呼应。网上较量的对手和警情要比线下的更狡猾、更凶险。惯常的手段、方法难以适应网上斗争的需要。产生于网络空间的微警务为网上斗争和网络治理提供了有力的武器和适宜的方法、手段。

网络技术全面渗透警务活动的各个领域、各个层面，产生出了微传播、微防控、微追逃、微打击。微警务对生存的土壤、空气、温度具有天然的敏感，就连"青蘋之末"风起的气息，微警务都能实时地、准确地捕捉到。

微警务和民众的生产生活息息相关。民众生活的喜怒哀乐、酸甜苦辣都能从微警务的平台上展露出蛛丝马迹。随着网络技术的发展，传播的新方式、新手段、新形态不断呈现，也不断地丰富了微警务的形态、手段、模式。微警务形态的不断创新，使警民沟通手段更丰富、节奏更明快、黏性更强烈。

微警务的广泛使用，对网络空间的风吹草动就能及时感知，对山雨欲来的前兆就能及时感应，对舆情攻城略地的气息就能及时感觉。

第一节　高度警惕"黑天鹅"出现

社会治理中，各级政府和公安机关着力防范"黑天鹅"事件的发生，这种"飞来的横祸"往往会给社会和民众带来灾难性后果。但是，又总能从一些事先的征兆和迹象中感觉到事件的可预测性和可规避性。从风险管理角度分析，此类看似"横祸"的事情均可归类为"黑天鹅"事件。

17 世纪之前，欧洲人都认为天鹅都是白的，直到第一只黑天鹅在澳大利亚出现，这种不可动摇的信念瞬间崩溃。毕竟认知都是有局限的，如果一味地迷信经验，一旦黑天鹅的出现便可颠覆一切。显然易见，不管是组织决策，还是个体抉择，"黑天鹅"就成为不可预测的结。

美国作家纳西姆·尼古拉斯·塔勒布在金融理论专著《黑天鹅——如何应对不可预知的未来》中全面地分析了"黑天鹅"事件所具备的三个特征：第一是不可预知性；第二是它所带来的影响是巨大的；第三是事件发生之后，人们总是试图编造理由来作解释，好让整件事情看起来不是那么的随意就发生了，而是事先能够被预测到的。塔勒布经过多年来对人性弱点的研究，惊奇地发现，人类以为自己知道的很多，而事实上人类真正知道的东西很少。在许多大事件陆续发生并改变着世界的时候，人类却还像鸵鸟一样把头埋在沙堆中禁锢着自己。由此，塔勒布获得结论：人类总是习惯于将事物作简单的归类处理，一味将可能性比较小的概率事件归结为不可能那一类，也就难怪会有那么多"黑天鹅"事件出现。历史不是一潭死水，而是活蹦乱跳的。

从以往的事件中归纳总结妄图加以解释的做法，不过是为了获得心理上的满足和安慰罢了，谈不上任何实用性。美国"9·11"事件就是典型的"黑天鹅"事件。2001 年 9 月 11 日上午，恐怖分子劫持 4 架民航客机分别撞向美国纽约世贸中心和华盛顿五角大楼，约 3000 人遇害。美国号称全球第一强国，竟遭到恐怖分子赤裸裸的挑衅，完全出乎意料，危害极其严重。

面对浩瀚宇宙，人类的认知能力显得非常渺小。数千年来，"黑天鹅"事件一次又一次地降临人世间，祸害人类，而人类却依然束手无策。

就如塔勒布所言，"黑天鹅"无处不在，几乎是世界上任何事情的基础——从宗教的兴起到每个人的私生活。它在意料之外，却又改变一切。当下，人类掌握的信息前所未有的丰富，但是世界上的偶然性灾难也是前所未有的频繁。不禁自问，到底错在哪儿？

面对"黑天鹅"，我们已很难找到准确的答案。

一切皆有可能。

"黑天鹅"的存在寓意着不可预测的重大稀罕事件。社会的发展往往严格遵循着习以为常的经验和耳熟能详的规律，可是，在规律之外层出不穷的"黑天鹅"事件瞬间就会将规律和经验击得粉碎。惊愕之余，我们只得将这种突发性、不可预测的事件归罪于神不知鬼不觉，完全超越正常的认知范畴，以为失误和罪责开脱。自文明社会以来，社会治理已探索总结出了无数的可以遵循的发展规律，出版的有关理论专著可谓汗牛充栋，但是，"黑天鹅"事件却仍不停地发生。许多根本无法预料却影响巨大的"黑天鹅"事件，不仅影响着民众个体的命运，甚至改变了一个国家、一个民族的命运。

按照风险管理理论，"黑天鹅"和"灰犀牛"犹如一对孪生的兄弟，时刻警醒着人类社会提高对风险的防范。"灰犀牛"事件是指太过于常见以至于人们习以为常的风险，而"黑天鹅"事件则是极其罕见，出乎人们意料的风险。"灰犀牛"概念最早提出是在美国古根海姆学者奖获得者米歇尔·渥克撰写的专著《灰犀牛：如何应对大概率危机》一书中。渥克以体型笨重、反应迟缓的灰犀牛来比喻发生概率大且影响巨大的潜在危机。相对于"黑天鹅"事件的难以预见性和偶发性，"灰犀牛"事件则是在一系列警示信号和迹象之后出现的大概率。

正因为是大概率事件且有迹可寻，各级政府和公安机关对于类似的"灰犀牛"事件常能做到未雨绸缪，并能将此类风险危害降到最小程度。特别是在敏感的节点，充分发挥制度的优势，全面动用社会力量，严防死守，完全可以避免"灰犀牛"的出现。而要防范"黑天鹅"出现却是社会治理面临的严峻挑战。

任何规律和经验都是时代的产物，随着社会的进步，规律自然随之发生变化，如不能与时俱进，只会陷入因循守旧的困局中，而"黑天鹅"就隐藏在规律转变的拐角处。如不具备见微知著的洞察力和判断力，极有可能对迎面而来的风险作出误判或麻痹，由此，"黑天鹅"的出现就为期不远。

2017年10月18日，习近平总书记在党的十九大报告中提出"要坚决打好防范化解重大风险、精准脱贫、污染防治的攻坚战，使全面建成小康社会得到人民认可，经得起历史检验"。2018年的全国"两会"上，国务院总理李克强在《政府工作报告》中要求："抓好决胜全面建成小康社会三大攻坚战。要分别提出工作思路和具体举措，排出时间表、路线图、优先序，确保风险隐患得到有效控制，确保脱贫攻坚任务全面完成，确保生态环境质量总体改善。"可见在三大攻坚战中，风险防控始终排在第一位。党和政府始终将防范化解重大风险隐患置于治国理政的重要位置常抓不懈。2019年1月21日，习近平总书记在省部级主要领导干部坚持底线思维着力防范化解重大风险专题研讨班开班式上发表重要讲话时指出："面对波谲云诡的国际形势、复杂敏感的周边环境、艰巨繁重的改革发展稳定任务，我们必须始终保持高度警惕，既要高度警惕'黑天鹅'事件，也要防范'灰犀牛'事件；既要有防范风险的先手，也要有应对和化解风险挑战的高招；既要打好防范和抵御风险的有准备之战，也要打好化险为夷、转危为机的战略主动战。"

经过40多年的改革开放，我国已进入了发展的关键期、改革攻坚期、矛盾凸显期，在经济稳中向好，社会总体和谐的同时，各种风险挑战也不断显现。我国已发展成为世界第二大经济体，人民群众拥有的物质财富获得极大提升，但发展的质量和效益还不够高，供给侧结构性改革的进程中不可避免地遭遇到前所未有的困难和挑战。在社会治理领域，人民群众的民主、自由、权利得到了全面的保障，但是，因发展的不平衡不充分，在教育、就业、保障、治安、医疗、环境等方面，人民群众还有不少的烦心事、揪心事、闹心事，需要政府和社会出面帮助解决。风险挑战本来就是经济社会发展过程中客观存在的，有风险挑战，并不可怕，只要防范应对得当，完全可以化危为机。

网络空间是人类社会生产生活的新领域，在为人类提供充分便利的同时，也给人类社会带来了许多难以预测的风险。虽说网络空间是现实社会的映射，现实中的矛盾冲突也会在网络空间呈现，同时，还有许许多多现实社会所不存在的要素、形态也会在网络中出现，而这些新要素、新形态时常给现实社会提出了挑战和考验。网络空间的许多矛盾冲突很难从现实社会中找寻到解决的方法和答案，还得从网络传播的方法、手段的特征中找寻答案。来自网络的挑战考验加剧了社会风险管控的难度，既有显性的，也有隐性的，既有来自内部的，也有来自外部的；既有一般的，也有重大的，而且各种风险挑战呈现出了交织性、复杂性、综合性等特点。

网络空间总体呈现清朗的状态，但也同样需要高度警惕"黑天鹅"事件，防范"灰犀牛"事件。经过多年的网络建设，对于来自网络的各种风险隐患，通过舆情的巡察、研判、监测、应对等一系列的工作方法、手段加以防范化解。而对冥冥之中的"黑天鹅"还没有应对的万全之策略，只有高度警惕。

21世纪之初，在东欧、中东、北非相继发生的"颜色革命""阿拉伯之春"，来自网络的"黑天鹅"往往成为压倒骆驼的最后一根稻草。前事不忘，后事之师。

网络已成为推动经济社会发展的强大引擎，我们在尽情享受网络带来的技术红利的时候，也要时刻洞察隐藏在网络背后的风险挑战，坚持底线思维，凡事从坏处准备，努力争取最好的结果，有备无患，牢牢把握主动权。

一、意识形态交锋更加激烈

网络的虚拟和开放极大地便利了自由表达，方便了各种思潮、价值观的传播。在开放的环境里，思想领域的"黑天鹅"最容易隐藏在言论自由的背后，由此使意识形态的交锋更加敏锐和激烈，使网络斗争更直接、更尖锐，使网络治理更复杂、更艰难。

因为表达的自由，传播的便捷，自打网络的出现便立即成为意识形态交锋的前沿阵地。不同的政治组织、不同的利益集团充分利用网络和新媒体传播各自的声音，表达各自的立场、观点、诉求。不同的意识形态时时刻刻在网络空间交锋搏杀。网络空间乱云飞渡，国家政治安全和社会稳定面临严峻的挑战。

（一）网络渗透无孔不入

回望历史，以美国为首的西方资本主义国家针对社会主义国家的和平演变从未停息。"冷战"期间，西方资本主义国家通过信息、文化的输出对苏联和东欧社会主义国家实施意识形态的渗透，大肆传播西方的价值观念、政治文化和生活方式，竭力动摇马克思主义意识形态在苏联和东欧各国的政治地位，离间民众和执政党的关系，挑起民变运动。"冷战"结束之后，美国等西方国家亡我之心不死，将和平演变的重心转向中国等社会主义国家，想方设法对我国进行意识形态的渗透和围堵，不断调整策略，变换手法，同中国共产党争夺思想文化阵地，争夺民心。

进入互联网时代，网络渗透成为西方国家和平演变战略的新方法、新手段。以美国为首的西方国家更是利用先进的互联网技术，打着所谓"网络自由"的旗号，对我国实施意识形态领域的渗透，肆意通过兜售所谓普世价值，鼓吹西方的政治发展模式，对共产党领导和社会主义制度进行诋毁，企图动摇马克思主义在意识形态领域的指导地位，这给我国的网络安全特别是网络意识形态安全构成了极大的挑战和威胁。美国等西方国家极力推行所谓"网络自由"理念，本质就是将霸权主义和强权政治网络化。美国前总统尼克松曾预言："进入21世纪，采用武力侵略的代价将会更加高昂，而经济力量和意识形态的号召力，将成为决定性因素。"

西方国家通过鼓吹网络空间无边无际、不受限制，企图打破"网络主权"概念，借助所谓"网络自由"来为本国的政治利益服务，以巩固美国在全球的霸主地位。而在实际操作中，美国等西方国家对于"网络自由"奉行双重标准，有利于自身权益的、关系本国和本集团利益的，强调主权神圣不可侵犯，而一旦和自己利益无关紧要时就高唱"网络自由"。美国等西方国家利用掌握的信息控制权和网络传播影响力，向全球输出意识形态，尤其是向青年一代极力灌输资产阶级的民主政治以及拜金主义、享乐主义等不良生活习气。利用敏感、热点事件大肆炒作，煽动民众的不满情绪，抹黑中国共产党领导和社会主义制度。通过不同方式和中国境内的民族分裂势力、宗教极端势力紧密勾连，搭建煽动民族分裂、宣扬宗教极端思想和暴力恐怖的网络平台，极力歪曲中国共产党的民族、宗教政策，捏造民族矛盾，破坏民族团结，公开为"藏独""疆独"摇旗呐喊，撑腰打气。

（二）"颜色革命"套路不断

"颜色革命"是指以和平和非暴力方式进行的政权变更的运动，参与者通常采用一种特别的颜色或花朵来作为标志，因而得名。和传统意义上的革命含义不同，没有武装斗争和军事手段，因而少有流血牺牲，其本质就是美国等西方国家推行的和平演变进入 21 世纪后出现的新战略。2003 年，格鲁吉亚的"玫瑰革命"。2004 年，乌克兰的"橙色革命"。2005 年，伊拉克的"紫色革命"，黎巴嫩的"雪松革命"，吉尔吉斯斯坦的"郁金香革命"。2011 年，突尼斯的"茉莉花革命"及其所引发的"阿拉伯之春"。纵观发生在东欧、中东、北非等地的一系列"颜色革命"，其发生的背景和原因非常复杂，既有国内因素，也有国外的因素，但不难发现其中的共性存在，政府贪腐、社会不公、民众贫穷成为主要诱因。网络成为革命的策源地，新兴媒体充当了革命的鼓动者、组织者和打手。底层民众和弱势群体成为革命的主力军。

突尼斯南部地区西迪布吉德市，26 岁的青年穆罕默德·布瓦吉吉大学毕业找不到工作，无奈做起了街头小贩维持生计。2010 年 12 月 17 日，布瓦吉吉在摆摊时遭到城市警察的粗暴对待，愤而自焚抗议。因伤势太重，不治身亡。布瓦吉吉自焚的画面在第一时间经推特等社交平台传播后，迅速点燃起国民压抑已久的对政府贪腐、高失业率、高物价的怒火。西迪布吉德市的市民纷纷走上街头表示抗议，并和前来镇压的突尼斯国民卫队发生冲突。冲突迅速在全国蔓延，进而引发全国性的社会骚乱。在布瓦吉吉自焚后的第 29 天，突尼斯总统本·阿里不得不放弃这个自己统治了 23 年的国家逃亡国外。因突尼斯的国花是茉莉花，因此，这场政权变更的运动被称作"茉莉花革命"。

一场因街头小贩和城市警察冲突引出的话题，竟然引发国家政治格局的大转变。究其根源，政府腐败、经济危机是祸根。网络和新媒体的推波助澜是诱因。世界金融危机给突尼斯经济以毁灭性打击，失业率高达 14%，民不聊生，加之政治体制僵化，政府贪污腐化严重，造成民众对政府的极度失望和不信任。红遍全球的维基解密网站接连曝光了美国外交官有关突尼斯政府腐败的电文，向民众展示了突尼斯总统本·阿里家族的奢侈生活和高层腐败的细节。维基解密曝光的电文成为突尼斯"茉莉花革命"的催化剂。于是有人将这场"茉莉花革命"又称作"维基革命"。

自焚事件发生后，面对汹涌的网络舆情，突尼斯政府一味地采用先捂再瞒的"驼鸟"式策略，对群体聚集行动公然使用武力镇压。政府简单粗暴地用武力回应民众的诉求，不仅没有解决矛盾，反而激化了矛盾。小贩自焚事件成为压倒本·阿里政权的最后一根稻草。小贩自焚事件也演变成阿拉伯世界的

"黑天鹅"事件。此后，"茉莉花革命"相继向埃及、阿尔及利亚、利比亚和约旦等国家蔓延扩散。

美国等西方国家极力策动和支持"颜色革命"，完全是从获取意识形态和地缘战略利益考虑。美国并不是关心所有国家的民主政治，只有那些对美国特别具有重大的全球战略和地缘战略价值的国家，才表现出对其民主政治进程的关心。从已经发生的"颜色革命"和正在受到"颜色革命"威胁的国家来看，几乎都处于关键的地缘战略区域，对美国具有重要的战略价值。利用网络进行意识形态的渗透成为美国策动"颜色革命"的惯用伎俩。以"网络自由"为幌子，大肆兜售西方的价值观、政治理念和生活方式，利用网络和社交平台大肆传播各种虚假信息，蛊惑人心，挑起政府和民众的对立。同时，大力扶持亲西方势力，不仅提供"道义"支持，还给予资金上的援助和人员方面的培训。

国家治理一旦陷入混乱之中，任何一起偶发的事件，都有可能成为导致政权更替的"黑天鹅"。

（三）国家话语权意识高涨

"冷战"结束后，国际竞争的重心已由军事对抗转变为包含经济、文化、科技、信息等因素在内的综合国力的较量。在此背景下，国际话语权概念为国际社会普遍认知和广泛运用。简而言之，国际话语权是指以国家利益为核心，就国家事务和相关国际事务发表意见的权利，包含着知情权、表达权和参与权的综合运用。在这个以"和平与发展"为主题的时代，世界各国对权力和利益的诉求往往进行了更多的"话语包装"，国际话语权的竞争开始大兴其道。经过40多年的改革开放，我国的综合国力获得极大提升，国家力量强劲崛起，在国际上的利益面也随之日益扩大。对崛起的大国来说，如何向世界说明自己发展道路的正当性，如何回应外在世界的质疑和挑战，如何保障自己在国际社会的合理利益，如何履行国际义务和大国担当，等等，这一切都依赖于拥有更多的国际话语权。

按照许多人理解的逻辑，话语权作为软实力，取决于硬实力的支撑。中国力量的崛起和综合实力国际地位的上升，理应拥有越来越多的国际话语权，可现实并非如此。事实上，西方国家仍然拥有主流的和强势的国际话语权，而中国仍旧处于弱势地位。

中国的崛起是中华民族复兴的正当诉求，总有人认为是对美国霸权的挑战。更有层出不穷的"中国威胁论""中国崩溃论"的论调，不断地干扰和破坏中国经济社会的发展进程。在世界信息传播领域，西方发达国家主导世界新闻舆论和控制世界传媒市场，完全形成了信息传播领域的话语霸权。据统计，目前，四大西方主流通讯社美联社、合众国际、路透社、法新社每天发出的新闻量占据整个世界新闻发稿量的 4/5。传播于世界各地的新闻 90% 以上是由美国等西方国家垄断。西方 50 家媒体跨国公司占据了世界 93% 的传媒市场。美国控制了全球 75% 的电视节目的生产和制作。许多发展中国家的电视节目有 60%—80% 的栏目内容来自美国。由此，越来越多的发展中国家正逐渐发现自己被封闭在西方发达国家所创设的"国际化话语"的围墙中。联合国教科文组织发表的一份有关国际传播领域问题的重要报告认为，"高度的独占和集中是为了维护资本的利益、意识形态和世界统治权力，而在这一信息的单向流动过程中深受其害的往往是发展中国家"。

中国作为发展中大国，联合国安理会常任理事国，在国际社会扮演越来越重要的角色。中国期望在国际事务中拥有更多的话语权更是顺理成章。实现中华民族伟大复兴的中国梦更迫切需要更多的国际话语权的支撑，而美好愿景的实现不可能祈盼西方国家的施舍与让步，只有通过自身的努力去争取，也让世界各国民众知道在国际舞台上还有与西方国家不同的话语存在。

构建人类命运共同体，是习近平总书记着眼于人类发展和世界前途提出的中国理念、中国方案，向国际社会表达了中国和平发展的声音和共创人类美好未来的愿景，对新形势下提升我国国际话语权具有战略意义。人类命运共同体理念的提出，使中国在世界话语竞争中占据了道义的制高点，要积极主动地设置议题，引导话题，结合中国特色社会主义的成功经验，宣传中国的主张、中国的成就、中国的贡献。充分利用新兴媒体协同国家力量和草根力量，及时有效、生动、全面地在国际社会中宣传人类命运共同体理念。

二、去极端化更加艰难

网络传播技术的开放和低门槛，便利民众的自由表达，也为各种思潮、观念、主义的传播大开方便之门。国际恐怖组织和极端主义势力正是瞅准了互联网可以向民众传播在传统媒体上不能或者难以传递信息、表达自己主张的机遇，所以对网络传播青睐有加。美国反恐专家伊万·科尔曼披露，1999 年底，被美国国务院认定的 30 个国际恐怖组织几乎已经出现在互联网上。2005 年被国际社会认定的恐怖组织已超过 40 个，且拥有 4300 多个服务和支持者网站。2010 年，这样的恐怖主义网站已经超过 7000 个。① 国际恐怖组织通过建立和拥有新闻媒体和网站，一是为了独立地传播信息，二是为了便于成员之间的组织、联络。国际恐怖组织通过传播极端主义和极端化思想，宣传自己的政治主

---

① 刘挺：《美国去网络极端化的实践及启示》，载《国际研究参考》2015 年第 12 期。

张，企图获取在全球的认同。美国布鲁金斯学会的研究表明，2014 年 10 月 4
日至 11 月 17 日，国际最大的恐怖组织 ISIS 支持者控制超过 4.6 万个推特账
号。ISIS 通过这些账号直接把信息发布到用户的手机里，企图躲避有关政府组
织的审查监管。极端主义充分利用网络和社交媒体平台构建纷繁复杂、联系紧
密的网络社区，广泛传播极端主义思想，不断培植同情者和接班人。在纷乱的
网络环境中，受宗教极端主义蛊惑洗脑，一些年轻人和弱势群体最容易被煽动
蒙骗参与所谓的"圣战"，甚至发展成"独狼式"的恐怖分子，用极其残忍的
手段祸害社会，宣泄不满情绪。

　　网络极端化产生于网络发展进入普及的阶段，业已成为恐怖主义新的表现
形式。进入网络时代，网络极端化已成为危害国家政治安全和经济社会发展的
毒瘤。传统媒体的管理体系和传播格局，极端主义完全无机可乘，只有望洋兴
叹，而新媒体传播完全颠覆了传统媒体的传播格局，消解了其权威优势，尤其
是网络和社交媒体平台的普及为极端主义提供了新的生存与发展的空间，并为
极端主义和极端化思想的传播提供了适宜的土壤、环境和气候。

　　（一）社群极端化为极端主义传播提供认同基础

　　网络社群是伴随网络传播而产生的一种独特的社会聚合体，通过各类网络
应用联结在一起，具有共同的兴趣、爱好、目标和期望的群体。这种基于互联
网的新型人际关系，又被称作"互联网部落"。群主成为名副其实的部落首
领。网络社群完全不同于世俗社会的圈子，没有血缘、地域的限制，更没有权
威的约束，追求共同的兴趣、爱好、期望的熟人或陌生人聚合在一起，通过分
享、互动、社交、可移动传播来实现各自的愿景。网络社群通过自我管理，充
分满足寻找"自己人"的需求，并尽可能地提供舒适环境。

　　美国学者凯斯·桑斯坦在《网络共和国——网络社会中的民主问题》一
书中对虚拟社区曾作出客观公正地描述："个性化网络新闻媒体的不断发展会
产生虚拟的社群，不同地理位置但有着相同观点的人会走到一起，形成一个虚
拟社群。这增强了人们听到自我回音的能力，与之相反的见解将被隐藏。不同
的观点之间本需要一种张力来平衡相左的观点，以免陷入偏激。传统的社群以
地缘为主导形成，同一地缘中的人会有不同的见解，它们相互碰撞从而形成这
种张力。但是，网络形成的虚拟社群打破地缘的界限，让观点相同的人走到一
起，这种张力消失，人们陷入封闭之中，会不断在回音，在陌生环境中加强自
己的声音。当人们各自在封闭的情境中私下作出认为完全理性的选择汇集在一
起后，往往和民主的目标背道而驰。"桑斯坦给这种倾向下了一个定义，叫作
"社群极化"，团体成员一开始就有某些偏向，在商议后，人们朝偏离的方向

继续移动，最后形成极端观点。

用户大都不由自主地选择舒适感明显的社群，并和群友们分享、交互，那些另类的用户一旦和社群格格不入，其结果只有一种，就是离开——要么自己主动离开，要么被群主踢走。社群成员之间兴趣、爱好、观念、愿景的认同，一方面增进了社交平台的黏性，提高了成员的忠诚度；而另一方面社群的自我封闭，对观念相左的信息产生天然的排斥，甚至为了刷存在感，竟然展开网上"群骂""互撕"，实施网络暴力。

有的社群为了展现自我存在的价值，离经叛道，践踏法治和道德底线，观念、愿景走向极端化——以极端化的姿态展示自己的个性和与众不同，并以此来吸引、壮大社群队伍，扩大社会影响力。在极端化的氛围中，极端化思想演变成极端主义已是不可避免，社群已成为极端主义传播的大本营。

网络水军和维权斗士往往打着为底层民众和弱势群体利益代言的旗号，利用民生话题，将个体不幸遭遇产生的背景无限放大，直接和现有的政体、法律相关联，挑动起不明真相的民众产生代入感，设身处地地假设如果同样的不幸降临在自己的身上将会是怎样的后果，由此，对现存的政治制度和法律体系认同产生迷惑和动摇。敌对势力利用敏感度较高的话题，将舆论引向极端化，从而兜售极端主义和极端化思想，妄图以此达到不可告人的目的。

（二）情绪极端化为极端主义传播提供舆论基础

受诸多因素的影响，民众对同一话题自然会表现出差异化较大的认知。因为媒介素养的缺失，更多的民众只是出于好奇、从众的心理对于自己并不感兴趣的话题盲目参与进来，甚或只是借题宣泄自己的情绪。对此种心理现象，法国社会心理学家古斯塔夫·勒庞在专著《乌合之众——大众心理研究》一书中有过专门的描写，当个人是一个孤立的个体时，他有着自己鲜明的个性化特征，而当这个人融入群体后，他的所有个性都会被这个群体所淹没，他的思想立刻就会被群体思想所取代。而当一个群体存在时，他就有情绪化、无异议、低智商等特征。个人在群体影响下，思想和感觉中道德约束与文明方式突然消失，原始冲动、幼稚行为和犯罪倾向突然爆发。

面对汹涌的舆情，个体的力量只是沧海一粟，微不足道，根本无力改变舆论的走向。无能为力之中，个体只有寄希望于群体力量。而在群体中，个人的才智被削弱，个性也被削弱。作为个体的异质被同质化吞没了，无意识品质的优劣决定了群体智慧的高下。群体往往表现出冲动、易变、急躁，没有长远打算，情绪夸张、单纯、轻信，易受暗示，同时智商普遍低下。在群体中，个体不再需要批判的精神，只需要随大流、盲从就行。在群体烟幕的掩饰下，群体意识完全被情绪化所左右。集体的无意识和网络暴力成为网络情绪极端化最显性的表现。情绪的极端化一旦被人利用，就能轻而易举地灌输极端主义和极端化思想，并迅速被极端主义所同化。

（三）表达极端化为极端主义传播提供力量基础

在话题表达中，人人都是中心，人人都是节点。个体表达最强势、最坦白也会被淹没在信息的海洋中而无影无踪。面对严重过剩的信息载量和碎片化阅读，为了追求眼球效应，吸引流量，甚至于走向观点极端化的邪路上，以打擦边球的表达方式挑衅现存政体和法治，冲击法律的底线。有的网民为刷存在感，以剑走偏锋的招式展现观点的极端化，大肆编造历史虚无、民族虚无学说，公开为极端主义开道，为极端化思想站台。

一些生活在社会底层的民众和弱势群体以狭隘偏激的眼光看待自己所处的困境，将自己的不幸与困难一味地怪罪于现有体制的缺陷，通过在网络上表达极端化观点，以引起社会的同情，更有甚者将改变命运的机会完全地寄托在彻底改变现有的体制上。

网络的匿名性助长民众在陌生人环境中发声的勇气和机遇。在毫无压力的情况下，可以肆无忌惮地表达自己的诉求，宣泄自己的情绪，尤其是没有了现实生活中的规范约束，使得极端化的表达更是无所顾忌。

表达极端化时刻在为极端主义的形成与传播积蓄力量。许多表达极端化，其本质就孕育了极端主义的雏形。一旦寻找到合适的舆论环境，极端化就会兴风作浪，危害社会。

网络和新媒体平台给民众提供了自由表达的广阔空间。民众追求的美好愿景也是希望能"置身于不同的观点、不同的选择之中"，可现实却是"置身于无法事先选择的信息和看法之中"，理想很丰满，现实很骨感。桑斯坦在《网络共和国——网络社会中的民主问题》一书中说道，自由是让人们有机会去追求自己的爱好和信仰，而且是置身于充分的信息以及广泛的、不同面向的选择中。当人们的喜好是有限选择的产物时，会将自由推向坟墓。诚然，网络的传播为民众提供了言论自由的便利，但没有规范约束民众践行言论自由的精神。这种理想和现实的巨大差异正好为极端主义和极端化思想的传播大开方便之门。同时，网络传播的特征也进一步激化了极端主义和极端化思想的生成。网络的开放性、低门槛，人人都是传播者、接受者。广泛的接受者为极端主义传播准备了潜在的同盟军。

（四）传播极端化为极端主义传播提供群众基础

网络时代，面对浩如烟海的信息流，民众常常陷入深度的焦虑之中。

一是选取的焦虑。在海量信息中完全可以随意地选择想关注的话题、知识、兴趣、爱好等，而正是这种随意性，使得对信息的选择总处于摇摆和不安之中，反而感觉四顾茫然，无从下手。加之虚假信息混杂其中，更加剧了选取的焦虑。

二是表达的焦虑。自媒体传播有利于民众接触到更多意见和话题。交互中，民众可以自由地表达关切，但是因文化、阅历、水平等因素的差异性，在相同话题的表达中深刻感觉到山外有山、人外有人的压迫感和挫败感，越想表达得准确充分，反而感到杂乱无章，自信全无。"沉默的螺旋"中，大多数人因为害怕表达被孤立而宁愿沉默。

三是体验的焦虑。网络和新媒体的服务都提供了丰富的用户体验。服务的内容、形态、效果不同，体验的感受自然不同。面对林林总总的产品体验，用户常会感觉这山望见那山高，陷入选择综合征。

受众应利用什么样的方式获取高质量、自己感兴趣的信息和服务，而服务主体又如何给受众提供更好的用户体验，吸引更多的用户注意力，大数据算法技术无疑是一种很好的解决方式。

通过对用户的兴趣、爱好、社交、社会关系等各方面因素的分析，准确推算用户的关注点，从而提供精准、个性化的信息和服务。算法推荐技术的实质就是"投其所好"。自然，算法技术带有强烈的人的主观意识，不可能具有客观公正性。因此，民众对算法推荐的利弊各有说词。提供精准、个性化推送，受众享受到极具人性化的用户体验。同时，个性化推送将受众引入到一个完全不真实的"拟态环境"，困在"信息茧房"中不能自拔。

"信息茧房"是指人们在选择信息时习惯地被自己的兴趣所引导，从而将自己的生活桎梏在像蚕茧一样的"茧房"中的现象。当个人长期禁锢在自己所建构的"信息茧房"中，久而久之，个人生活呈现一种定式：程序化。长期处于过度的自主选择，沉浸于个性化推送的满足，逐渐失去了了解不同事物的能力和接触机会。长期生活在"信息茧房"之中，容易使人产生盲目自信，心胸狭隘等不良心理，其思维方式必然会将自己的偏见认为是真理，从而排斥其他合理性的观点侵入，特别当获得"同盟"的认同后演化为极端化思想。显然，"信息茧房"使极端主义传播有机可乘。

社群传播和分享大多立足于圈层的基础上，同声相应，同气相求。同一圈层的受众习惯于接受同质化的信息，对异质化的信息极端排斥，不能及时地知晓社会所发生的变化，更不可能作出相应的行为改变，社群沦陷在"信息茧房"中，共同舒适地享受回音室效应。受众固守自以为是的利益诉求和价值体系，对于外在的一切都是秉持否定、批判的态度，一言不合便招至纷争，乃至网络暴力。

网络呈现出的极端化言论和行动，追本溯源主要还是现实社会矛盾冲突的延伸和映射。去极端化需要在线上和线下、网里和网外、境内和境外两个战场同时展开。现实社会的基层治理坚持运用底线思维、法治思维，着力防范化解一切重大的社会风险隐患，挤压并清除极端主义及其极端化思想的生存空间。对于网络极端化，一方面应通过技术手段有效减少极端化内容的传播，抑制极端主义信息的需求。另一方面通过情报证据搜集，进一步清除国际恐怖组织在互联网的存在和宣传活动。同时，也应清醒地认识到，去极端化是一场长期的、艰巨的斗争，不可能一蹴而就。

境内外的敌对势力和"三股势力"遥相呼应，不择手段地实施极端主义和极端化思想的渗透，策动暴力恐怖袭击，严重地危害国家的政治安全和社会稳定。许多恐怖主义、极端主义的网站采取海外托管的方式运行，执法部门无权也无法对那些支持极端主义的网络服务器和提供商进行处罚，迫切需要开展双边、多边的互联网国际交流合作，共同携手，才能有效挤压网络极端主义的生存空间，有效去除网络极端化。

三、舆论失焦更加突出

失焦本是摄影术语，一种拍摄技法。清晰的成像对应着一个固定的焦距，若超出这个焦距，物体的成像就会模糊，从而产生失焦现象。后来，这一概念被延伸到舆论传播实务之中。舆论失焦是指由于网络发展，公众知情权、话语权提升，事件中舆论难以被一方主导，使得舆情演变的主体脉络呈现多极化发展以致逐渐偏离事件的中心议题。[①] 这里所说的舆论是特指网络舆论。传统媒体的舆论在"把关人"的严密调控下，对准焦点精确发力，基本不会、也不允许发生焦点模糊、错位、脱靶等现象的发生。而在网络和新媒体的传播环境，权威优势被解构，表达的多元化在事件的初始事实不清、信息不明的背景下使话题快速朝着多极化态势演变发展，甚至偏离了事件的中心议题。

舆论失焦在非线性传播中难以避免，或者说是另一种网络传播的新常态。舆论失焦并不可怕，关键在于引导。如果引导有力，给失焦的舆论纠偏扶正回到正途，网络空间便会呈现风清气正的盛景，而一旦引导失利，失焦的舆论就会成为一匹脱缰的野马横行无忌，甚至演变成一只"黑天鹅"，给社会带来深重的灾难。

话题的产生多有偶发性和突然性，尤其是突发的公共事件，最容易触碰网

---

① 严利华、陈捷琪：《突发事件中的舆论失焦现象及其启示》，载《决策与信息》2016 年第 8 期。

民的神经。事发初始，来自官方的信源逼仄，正好给民间舆论场提供了天马行空的机遇。民众利用自媒体纷纷表达自己对话题的关注。各式各样的猜疑、断想、推测、疑惑迅速向民间舆论场汇集。越来越多的"沉默的螺旋"总是在各种不同的观点、意见中选边站队、摇旗呐喊、助威造势。在网络的狂欢中，越来越多的网民早已淡忘了自己本应关注的中心议题，反倒更专注自己表达的回声室。万众喧嚣和事件真相渐行渐远，甚至截然相反。

2015年5月2日，黑龙江省庆安县庆安火车站。上午12时许，乘客徐某合在候车室醉酒滋事，故意封堵进站通道。徐某合不听民警的劝阻，反而疯狂暴力袭警，甚至丧心病狂地将自己6岁的女儿举起向民警抛摔。徐某合抢夺警棍，殴打民警，危及周围乘客的安全。危急时刻，值班民警在多次口头警告无效的情况下，果断开枪，徐某合被击中身亡。庆安枪击案发生后不久，网络上迅速掀起舆论风暴。一时间，"警察枪杀访民"的流言占据了风暴的中心，执勤民警和庆安县政府遭受到网络暴力的围攻和声讨。直到5月14日，警方公布调查结果和现场视频，认定民警开枪是正当履行职务行为。同时，检察机关也向社会公布，认定庆安事件中值班民警是依法执行公务。案情公之于公，真相大白，质疑声迅速消退，谣言不攻自破。舆论开始出现反转。

2018年10月28日10时8分，重庆市万州区长江二桥发生一起重大交通事故。一辆22路公交车在行驶中突然撞向一台小轿车后冲破护栏坠入江中。事件发生后，北京某主流媒体抢先发声："女司机的逆行导致公共汽车掉入江中，轿车司机已受到控制。"一时间，"女司机逆行"等话题迅速占领热搜排行榜前几名，进而发展成为舆论风暴的中心议题。女司机的个人信息和隐私遭人肉搜索后被彻底曝光。直到11月2日，重庆市政府和市公安机关公布公交车坠江的真正原因。据车内监控视频显示，系乘客与司机激烈争执互殴致车辆失控坠江。重庆公交车坠江事件原是一宗惨烈的刑事案件，而受害的女司机竟然会为血案"背锅"。真相大白后，一些主流媒体和部分网民纷纷向曾被自己口诛笔伐的女司机道歉。

2019年10月23日凌晨，英国埃塞克斯郡的一个工业园里，警方在一辆冷冻货柜车内发现39具尸体。当地警方确认，死者均为中国籍。英美各大新闻机构和网站纷纷利用"人口贩卖""非法入境""黑产业链"等话题对这起惊天惨案进行深入报道，矛头直指中国。随着案情的不断披露，越来越多的越南家庭站出来报警寻找失踪的亲人。11月7日，越南公安部确认，39名遇难者全为越南公民。

通过对近年来国内外所发生的舆论失焦事例进行剖析，可以简要地综合出一些明显的表征。

　　一是虚假信息横行。真相还在调查中，来自民间的小道消息已经漫天飞舞，不明真相的群众在半信半疑中参与到信息的社会化传播。在民间舆论场迅速叠加起似是而非、模棱两可的信息流，营造起三人成虎的舆论氛围。英国警方和媒体在"冷冻货柜车案"发生后，竟将此案和多年前发生的造成58名中国公民死亡的"多佛惨案"联系起来，武断地判定这起案件具有人口走私犯罪的所有特征，不断地推出敏感话题抹黑中国。

　　二是标题党逞凶。标题党是指在以互联网为代表的论坛或媒体上制作引人注目的标题来吸引受众注意力，点击进去发现与标题落差很大而又合情合理以达到增加点击量或知名度等各种目的的网站编辑、记者、管理者和网民的总称。在实操中，标题党往往采取断章取义、以偏概全转移重点等方式，模糊议题中心，突出更改者的立场和价值倾向以达到吸引眼球，提高传播率，增加舆论张力的目的。海量信息、碎片化阅读，加之媒介素养的缺失给标题党的横行无忌提供了厚实的社会背景。标题党从丰富的关联信息中各取所需，摘取与自己观点立场相似或相近的议题加以无限放大，通过炫目刺眼的标题，将受众带偏，远离议题中心，以达到个人的目的。在庆安枪击案中，网络推手利用"警察""访民""枪杀""封口""腐败"等词汇制作耸人听闻的标题，混淆视听，误导受众，玩弄舆论，企图实施"推墙"的险恶勾当。

　　三是网络暴力肆虐。信息的社会化传播必然带来鱼龙混杂、泥沙俱下的现象，不同阶层、群体从各自的视角表达观点和主张，意见相左的群体甚至在网上展开骂战，以宣示自己意见的正确。网民的纷争不再只关注事件的中心议题，而是更多强调自己的存在感。"大V"和"意见领袖"更不会轻易地放弃刷存在感的大好机会，四处煽风点火。万众喧嚣中，少有人会理性地思考事件的真相，吸引眼球和流量才是关注的焦点。在这种非理性的纷争中，议题中心就会轻而易举地被带偏。别有用心的人更是利用乱象，兜售私货，煽动社会的对立，离间政府和民众的关系。"沉默的螺旋"更是在迷茫中以释放社会戾气来纾解心中的块垒。重庆公交车坠江案发生后，因遭到媒体的误导，受害的女司机不仅被网民口诛笔伐，舆论审判，而且被人肉搜索。一些网民还赶到女司机的住地和办公地兴师问罪。

　　四是负能量宣泄。突发事件尤其是发生在民生领域的突发事件，必定会引起网民的高度关注，并给网民带来丰富的话题，快速掀起网络的狂欢。民众以不同方式表达关切。有的参与话题的讨论交流，有的参与信息的传播。与此同时，利用狂欢宣泄负能量的更是大有人在。一些网民利用各种话题无限上纲上线，制造新的事端，刻意误导不明真相的民众走向邪路。一些网民将自己遭遇的不幸和困难一味怪罪于政府和现有体制，趁机宣泄心中对社会和政府的不满。境内外的敌对势力更是明目张胆地谣言惑众，煽动街头政治，攻击中国共产党和社会主义制度，策动社会动乱，图谋掀起"颜色革命"。

从话题的产生到真相的公布必然存在着时间的差距，而正是这种时间差让舆论快速爆棚喷射。嘈杂之中，舆论的失焦既在情理之外，又是预料之中。

后真相时代，舆论失焦已成为常态。究其缘由，主要在以下几个方面：

第一方面：主体多元导致舆论失范。网络传播的低门槛、草根性，使得人人都是麦克风，人人都是记者。表达主体、传播主体的多元化充分满足了民众的知情权、表达权、参与权和监督权。民众利用手中的自媒体随时随地表达自己的立场、观点，利用交互丰富、壮大舆情和社会化传播，加速舆情的发酵。网络技术的不断赋能和赋权，民众表达的方法、手段也越来越丰富多彩。民众在充分行使话语权的同时难免出现权利的任性，导致舆论失范，危及社会的稳定，甚至引发局部动乱。

第二方面：碎片化阅读误导受众认知。海量的信息多是以碎片化的形态呈现，受众从分散、凌乱之中择取和自己兴趣、爱好、观点、立场相匹配的信息，算法技术更是将受众陷入"信息茧房"中不能自拔，正是在这种温水式的沉浸中受众的立场、观点不知不觉被俘获绑架，甚至被极端化。面对选择综合征，受众不由自主地着重关注自己喜好的信息，造成认知的偏差。

第三方面："后真相"不断放大证实性偏差。网络和新兴媒体业已成为民众获取信息的最主要渠道。而网络传播的格局、形态、方法、手段却为绑架民意提供了便利。西方学者以"后真相"一词来形容不正常的舆论生态环境，并指出网络媒介传播主要起到的是煽动情感、强化偏见的作用，其所产生的影响超过了客观事实对人们的影响。人们只在意情绪或主张，而不管事实和道理。长期以来，传统媒体奉为圭臬的"真相"已经衰落，逐渐失去了主导社会共识的力量，由此称西方社会进入"后真相时代"。显然，"后真相"是造成舆论失焦的强有力推手。近年来，算法推荐越来越受到社交平台的推崇。平台的操控者出于经济利益和政治目的的考量，对事实进行重新包装，隐藏地设置观点性而非事实性的议题，由此放大和强化某种情绪或偏见，对舆论实施操控。社群传播本身就具有舆论操控的功能。网络部落的成员所获得的信息本身就已经过了"立场过滤"，与之观点相左的信息被屏蔽。为了留在"朋友圈"内，谁也不敢发表不同意见。社群内部所形成的"回声室""过滤气泡"等负面效应加剧了民众观点分歧。在情绪化的煽动下，舆论失焦轻易便可达成。就如《乌合之众——大众心理研究》一书中所描述：群众没有真正渴望过真理，而对那些不合口味的证据，他们会置若罔闻。凡是能向他们提供幻觉的，都可以很容易地成为他们的主人；凡是让他们幻灭的，都会成为他们的牺牲品。

第四方面：主流阵地崩塌带偏中心议题。面对新兴媒体的步步紧逼，传统媒体完全没有了还手招架之力。在流量变现是王道的口号下，新闻专业主义坚守的阵地早已千疮百孔。"标题党"的戾气狂妄地在主流媒体平台上弥漫开来。重庆公交车坠江事件发生后，北京的某主流媒体在第一时间发声，"重庆万州 22 路公交车坠江，疑因一女司机驾驶私家车导致"。某主流网站发文，"大巴车坠江原因：女司机逆行"。政府的调查刚开始，一些主流媒体却武断地亮出"实锤"为事件定调，并对女司机进行舆论审判。一些政务新媒体盲目跟风，纷纷转载相关信息，为虚假信息张目。主流媒体的"实锤"更是为网络暴力提供了充足的武器弹药。网民面对主流媒体的强势背景，完全没有了批判的勇气和能力，也只得默默地围观，分享狂欢的盛宴。主流媒体带偏了议题中心，网民完全无力纠偏，只有盲从，进一步加速舆论失焦的形成。

第五方面：舆论引导迟缓刺激议程偏向。突发事件的来临，地方政府部门全力以赴投入处置，但面对民众的呼声却是充耳不闻，三缄其口。权威声音的缺失，谣言和虚假信息自然长驱直入，占领民间舆论场。网络推手趁机兴风作浪，装神弄鬼，玩弄舆论，通过议程设置，不断地更换话题包装，以炫目的标题强烈刺激受众的情绪，煽动起民众仇恨的心理，将议题中心引向意识形态，甚至策动起线下的非法聚集行动，将矛盾指向政府。

第六方面：媒介素养缺失加深情绪焦虑。没有辨识、批判信息的精神和能力，网民就如一群乌合之众。在汹涌的信息流面前，除了迷茫、焦虑，只有盲从。在意见领袖和网络推手的迎合下，网民轻易地沦为被人役使的"羊群"。情绪强烈地左右着网民的思维、意识，基本淡忘了事实真相的探究，更多的是追求舒适感。网络狂欢过后，只剩一地鸡毛，再也无人去关注议题的中心。

舆论失焦最终大多以新闻反转草草收场，至于由此给当事人造成的创伤已经少有人去关注，给社会留下的伤痕更少有人去思量。重庆公交车坠江案真相大白天下后，部分主流媒体对遭受网络暴力凌辱的女司机仅仅以集体道歉的方式轻描淡写淡化自己该承担始作俑者的罪行。女司机平白无辜地遭受到精神和身体的伤害没有获得丝毫的补偿。

痛定思痛，万众喧嚣后给当事人和经济社会留下沉重的伤痛。

第一，挑战政府公信力。突发事件引发的丰富话题都会点爆网络舆情。民众利用自媒体抢先发声，并通过交互，瞬间在民间舆论场叠加起形形色色的观点、意见、看法、主张，甚至和线下的非法聚集相呼应，左右着议题中心的走向。传统媒体被民间舆论场强大的声势所裹挟，被迫放弃专业主义的立场，人云亦云，甚或沦为流言蜚语的帮凶。真相公布前，政府的声音总是缺少底气，缺少权威，对网络乱象无力整治，只得强忍自媒体的任性。

　　第二，冲击社会稳定底线。万众喧嚣中充斥着戾气与暴力。在"后真相"的煽动下，民众尽情地宣泄情绪，确认过眼神后，对观点相左的社群组织群骂，人性恶的一面展露无遗。打着所谓伸张正义的旗号，公然践踏法治良知，对当事人实施追踪、围观、人肉搜索等暴力手段。为了吸引眼球，增加流量，胆敢造谣滋事，蛊惑人心，制造紧张气氛。

　　第三，危害社会公平正义。后真相时代，情绪至上，娱乐至上，新闻专业主义精神彻底淡忘。为了追求极度舒适感，完全可以罔顾事实，沉迷于自己的"回声室"里自说自话，自娱自乐。话题一旦点燃都能成为网络狂欢的烟火。情绪获得全面的宣泄后，话题背后的事实和真相无人关注。话题的对象往往成为迁怒的目标，民众将自身的不快、愤懑尽情地发泄到目标上。新闻反转后，曾被凌辱损害的对象，反而难以得到社会的普遍同情和怜悯，正义难伸。

　　第四，加速极端化思想传播。民间舆论场嘈杂之中极端化的言论总是阴魂不散。海量的信息五光十色，受众容易陷入迷乱之中紧张焦虑，甚而怀疑无可信的信息，反倒固化了自己的主张判断，于是，极端化思想便可"借尸还魂"。碎片化的过载信息使人难以取舍，而包藏祸心的极端化思想的话题、观点却往往很容易成为"沉默的螺旋"的指路明灯。社会底层弱势群体为突出诉求表达，往往采用传播极端化思想来蹭热度，刷存在感，以卖惨的方式赚泪点，趁机宣泄对社会现状和制度的不满。在那些极端化思想的背后总闪现着"黑天鹅"的魅影。

　　随着网络技术的进步和民意诉求表达高涨，舆论失焦必将进入常态。层出不穷的舆论失焦事件给网络舆论的引导和管控提出了严峻的挑战。舆论管控不再是可有可无的事情，而是一项极其重要的工作。各级政府和公安机关务必高度重视。舆情就是社情，就是民意，是宝贵的社会资源，各级政府应充分管理好、利用好这笔资源。舆论引导的端口应前置，在话题出现之初，就启动引导机制，真正在第一时间抢占话语权，使议题的中心始终朝着议程设置的方位演进。对谣言惑众、网络暴力等不法行径给予坚决查处，确保网络清朗的空间。

第二节　共筑网络安全防线

　　网络技术全面渗透人类生产生活的全领域、各层面。网络空间和现实社会高度融合，两者的界线也很难做到泾渭分明。网络社会可以说是虚拟化的社会存在，在不同的社群之间，社交、娱乐、教育、交易等活动异常繁忙。当今社会的个体无不同时生活在网络空间和现实社会之中，并随时切换自己的生活空间。

基于马斯洛的需求层次理论，安全需要居于人们需求的第二位。同理，在网络社会中存在着安全的刚性需求。网络空间的不安全因素和隐患更是比比皆是。在全新而又陌生的环境里，人性的恶容易获得全面释放的机会，违法犯罪、侵权、欺凌、社会丑恶等甚嚣尘上。同时，网络技术不断地更新迭代，催生出大量新型犯罪，如信息盗窃、黑客攻击、电信诈骗、网络恐怖主义等，这些非传统、非接触的新型犯罪数不胜数，防不胜防。网络已成为孕育新型犯罪的温床。

网络犹如一柄双刃剑，在造福人类的同时，也在祸害人类自己。网络安全作为国家总体安全观的重要组成部分，中国政府始终高度重视。2014 年 2 月 27 日，习近平总书记在中央网络安全和信息化领导小组第一次会议上讲话指出："没有网络安全就没有国家安全，没有信息化就没有现代化。建设网络强国，要有自己的技术，有过硬的技术，要有丰富全面的信息服务，繁荣发展的网络文化；要有良好的信息基础设施，形成实力雄厚的信息经济；要有高素质的网络安全和信息化人才队伍；要积极开展双边、多边的互联网国际交流合作。""网络安全和信息化是事关国家安全和国家发展、事关广大人民群众工作生活的重大战略问题，要从国际国内大势出发，总体布局，统筹各方，创新发展，努力把我国建设成为网络强国。"

网络空间绝不是世外桃源，繁花似锦，也不是王道乐土，歌舞升平。网络攻击、网络诈骗、网络侵权时有发生，网上黄赌毒、暴力恐怖以及网络谣言等有害信息屡禁不止。网民在使用网络过程中，几乎都直接或间接地涉及网络安全。因此，网络安全为人民，网络安全靠人民，维护网络安全是全社会共同责任。要解决网络安全问题，让网民放心地用网，维护网络安全发展就必须动员起全社会的力量，共同构建起网络安全的防线，让网络安全没有死角。

一、守护精神家园

互联网的开放属性，为不同国家、民族、宗教、文化、肤色的人群提供无限的互联互通的崭新空间。通过交互，人们交流思想、观点、方法、手段，分享快乐、幸福与收获。在这个陌生而又新奇的虚拟社会，人们重新找寻到情感寄托和心灵归宿，再次构筑起共有的精神家园。

虽然虚拟但不虚幻，虽然梦想但又现实，这片网上的精神家园，深深地嵌入在每个人的心灵深处，可感可触，须臾不能分离。在网络空间，现实社会个体的喜怒哀乐、爱恨情仇乃至柴米油盐都从这片精神家园中淋漓尽致地展现出来。

烟火是精神家园的根基。现实和虚拟的高度融合，相互渗透，你中有我，我中有你。现实的生产生活完全映射在网络空间，弥漫着浓郁的生活气息，表达、分享、传播总是充斥着迷人的烟火气。话题、故事完全就是真实生活的投射。纷争、失焦基本就是真实场景的再造。生活的真实场景投射在网络空间，毫无违和感。角色、立场、观点一览无遗地呈现出来。

交互是精神家园的源泉。交互技术完全解构了传统社会由权威建造的地位、角色的优势，人人平等，自由表达。文化、宗教跨越国界，族群自由交流，相互融合，相互促进。立场、观点跨越阶层、时空自由表达，相互包容，相互演变。精神家园时刻展现出人类文明的姹紫嫣红，春色满园。

舆情是精神家园的支撑。不同的阶层、不同的文化背景对相同的话题都会从各自的视角表达出迥然不同的观点、立场、方法，通过不断地围观、不停地发酵，舆情获得不断演进的动力。网络舆情的异常活跃展示出精神家园的充沛活力。

情绪是精神家园的张力。在完全陌生的社交环境中，情绪最容易被激发、被点燃。正是这种情绪的完全外化使得网络上观点、立场的交锋变得异常的激烈，甚而衍生出极端化。不同社群、不同"回音室"之间的纷争，议题中心完全泾渭分明，基本不可调和。

愿景是精神家园的理想。网络给现实社会展现出全新的思维模式、认知体系、表达方式。网民利用手中的麦克风真实地表达利益诉求，展现对美好愿景的渴望，对分配不公、权力腐败等丑恶现象表达强烈的愤慨和声讨，对民主政治、公平正义、合理分配等人世间最美好的景象表达出比任何时候更强烈的期盼。

现实社会的真实场景几乎都能映射到网络空间，无疑，现实中的矛盾与对抗，必然会被带入网络空间。精神家园也不可能只有鲜花与和谐的盛景，也会有纷争与喧闹的乱象，更有对抗与冲突的风险隐患。网络传播的模式与生态为阶层对抗和矛盾冲突提供了较适宜的气候和土壤，为风险隐患的叠加演变创造条件。人性恶的本性在匿名、陌生环境的掩饰下愈加膨胀扩张，甚至肆无忌惮。沉醉于"信息茧房"自娱自乐、自说自话，或痴迷于"意见领袖"，一味盲从、甘于役使，沦为炮灰和打手。丑恶、暴力、冲突等不法现象不断污染、破坏精神家园，冲击法治和道德的底线，搅得网络空间乌烟瘴气。

针对网络空间的种种乱象，仔细梳理出祸害精神家园的六大主要污染源。

第一大污染源：网络推手。

推手原是太极拳的术语，指双人徒手对抗练习，后被引申进入网络营销，特指借助网络媒介进行策划，实施并推动特定对象，使之产生影响力和知名度的人。对象包括企业、品牌、事件以及人。网络推手一般熟悉网络及新媒体的运作模式，了解网民的心理需求，掌握丰富的信息资源。在自媒体发达之前，编造热点事件和话题，打造个人和自己公司的知名度，引起有关企业的关注。自媒体发达之后，网络推手逐渐背弃草根、狂野式的推广模式，大规模转向集约、专业化的推广模式。由此，专业的推手公司并喷式增长。

最初，网络推手充分利用互联网人气的营销和炒作手段，树立商业品牌形象。近年来，随着网络发展，民众积极行使话语权，加上网上口碑营销产业的成型，网络推手的主业被迫转型发展。在追逐高额利润的过程中，许多网络推手完全背弃了"不作恶"原则，走向沉沦，不断挑战法治和道德底线，在网络空间掀起一股又一股的浊流——利用负面新闻向企业和知名人士实施信息敲诈；利用敏感话题，编造谣言，操控舆论，煽动街头政治；利用群体性事件，和敌对势力遥相呼应，挑起社会动乱。

2013 年 4 月，一则严重诋毁雷锋形象的信息被网民"秦火火"发布到互联网上并迅速传播。信息称"雷锋 1959 年为自己购置皮夹克、毛料裤、黑皮鞋等全套高档行头。皮夹克、毛料裤、皮鞋加起来当时在 90 元左右，而当时雷锋一个月才 6 块钱"。接到群众举报，北京警方迅速展开调查，发现以秦志晖（网名"秦火火"）、杨秀宇（网名"立二拆四"）为首的北京尔玛互动营销策划有限公司专门通过互联网策划制造网络事件，蓄意制造传播谣言和低俗媚俗信息，恶意侵害他人名誉，严重扰乱网络秩序并非法牟取暴利。"7·23"动车事故发生后，秦志晖、杨秀宇在网上编造、散布中国政府花 2 亿元天价赔偿外籍旅客的谣言，两小时被转发 1.2 万次，挑动民众对政府的不满情绪。据供认，为了扩大知名度、影响力，秦志晖、杨秀宇及其公司员工组成网络推手团伙，伙同他人通过微博、贴吧、论坛等网络平台，组织策划并制造传播谣言，蓄意炒作网络事件，恶意诋毁公众人物，以此达到公司牟利的目的。同时，公司一直以非法删帖，联系查询 IP 地址等方式非法牟利。秦志晖、杨秀宇宣称，网络炒作必须要"忽悠"网民，使他们觉得自己是"社会不公"的审判者，只有反社会、反体制，才能宣泄对现实不满情绪，才能将那些人一辈子赢得的荣誉一夜之间摧毁。狂妄叫嚣："谣言并非止于智者，而是止于下一个谣言。"

第二大污染源：网络水军。

网络水军是伴随网络传播新生的群体和黑色产业。一般认为，网络水军是一群在网络中针对特定内容发布特定信息的，被雇佣的网络写手。写手又称枪手，专用帮助网络公关公司和利益诉求人员撰写文章和各类帖文，为网络炒作活动提供"炮弹"，为黑公关活动充当"军师"，为网络暴力充当"打手"。"需要什么就写什么，想怎么写就怎么写""收人钱财，替人消灾"，成为枪手们的通行准则。在金钱面前，毫无底线，不顾客观事实，不讲职业道德，肆意歪曲，造谣滋事。

起初，网络写手通过互联网勾联聚合，共享资源，相互吹捧，形成网络水军的骨干力量，利用灌水、造谣等手法，在网络空间散布大量的被设计、被杜撰、被编造的不实有害信息。

自媒体的兴盛，网络平台极低准入门槛使网络水军如鱼得水，疯狂地野蛮发展——不再坚守"单兵作战"，而开始尝试集团化规模作战；不再停留在背后的舆论操纵，而直接投入正面的黑公关行动；不再满足于小额的敲诈，而开始巨额勒索。

不同地域、不同领域的网络公关公司通过聚合共享，走向规模化、集约化经营，成为网络水军的"领头羊"。网络公关公司依托于网站和平台开展集中经营，或从事有偿删帖、发帖，或干预群体性事件，实施"项目化"炒作，或受境外资本操控、指使，传播有害信息，极尽造谣、抹黑、诽谤、中伤、煽动、谩骂、歪曲之能事，肆意编造、发布和转发各种虚假有害信息，导致网上信息真假难辨，网上秩序混乱。

2017年4月，广州市公安机关侦查发现一个以"三打哈"网站为基地，涉案21个省市，业务遍布各大网络论坛，通过共享资源，彼此相助，形成"有偿删帖、发帖、灌水"中介模式产业链的特大网络水军团伙。2017年7月，在公安部的统一指挥下，全国21个省市公安机关对"三打哈"网络水军案开展集群收网行动，共抓获犯罪嫌疑人77名，涉案金额达400多万元，缴获一大批涉案物品。这是全国公安机关破获的第一宗利用网络实施网络水军非法删帖炒作的案件，也是第一场打击网络水军的全国集群战。据了解，自2017年5月，公安部组织、开展打击网络水军违法犯罪活动专项行动以来，已破获网络水军违法犯罪案件40余起，涉案金额上亿元，抓获犯罪嫌疑人200余名，查获并关停非法炒作的网站账号5000余个，关闭违法违规网站上万个，涉及网上恶意炒作信息数千万条。

第三大污染源：网络"维权斗士"。

网络及自媒体的传播极大地扩展了民众的知情权、表达权和监督权。人人手里有麦克风，自由表达各自的利益诉求，维护自身的政治权益。舆论监督不再是传统媒体和利益集团的特权，民众完全可以从自己的立场、观点自由地参与到舆论的制造、传播、监督的行动之中。网络舆论拥有强大的群众基础和广阔的表达空间，自然成为民众维权最有力的依靠，由此，也衍生出专司网络维权的群体以及相关联的产业。而一旦维权演变成一种产业，网络舆论就会沦为操控者手中的玩物。对于那些打着维权的旗号，通过把控舆论来非法牟利的人群，有一个共同的名号：网络"维权斗士"。通过制造话题，挑起舆论，绑架民意，抬高江湖身价，以获取最大的非法利益。

网络"维权斗士"往往擅长于以极端化的营销手段，吸引眼球，营造轰动效应，挑起民间舆论场的风暴，将矛头指向现行体制，煽动不明真相的民众加入"推墙"行动。在维权行动中，有四类人群和网络"维权斗士"的身份最吻合。

第一类是维权写手。以维权揭黑为名，行敲诈勒索之实。利用网络上的知名度，打着为民众维权的旗帜，捏紧企业或知名人士害怕负面新闻被曝光的心理，胁迫企业和个人花钱消灾。2013 年 7 月，江苏省苏州市公安机关破获一起网络敲诈勒索系列案，主犯名叫周禄宝，初中文化，四处打工谋生，自"触网"后，周禄宝的人生彻底"开挂"，干脆做起专职的网络写手。为在网上扬名立万，个人微博、博客均用实名，发表也用实名，先后参与曝光一系列网络事件后，周禄宝名声大噪，微博粉丝数量最高达到 110 多万，获得了"网络反腐维权斗士"的称号。有了名气，周禄宝就琢磨着如何变现。不久，周禄宝将全部心思专注于一件事上——在网上四处寻找负面信息，利用自己在网上的影响力，借机炒作，大肆攻击诋毁，以胁迫对方花钱消灾。据警方披露，周禄宝采取"曝光"胁迫的手段实施敲诈勒索和其他犯罪，涉及北京、河北等多个省市的 23 家单位，已经查实的涉案金额接近百万元。

第二类是死磕派律师。律师是平安中国建设的一支重要力量，为法治建设和公平正义作出了积极的贡献。近年来，在律师队伍中出现了一群另类。他们以网络为平台，以宣扬宪政思潮、炒作负面舆论、煽动街头政治为共同目标，以操控舆论、签名造势、煽动围观、聚集、施压为手段，结成形式松散、联系紧密、行动抱团的"联盟"。网民给这种"联盟"送了个雅号："死磕派"。

死磕派律师的言行完全是以自我为中心的极端化。言论上表现出激烈的政治倾向，以为自己的价值观就是法，顺应他们的要求就是法治建设，否则就是"维护专制""反人民"。热衷于维权活动，但不是使用法律手段，而是痴迷于"社会化"，擅长网络舆论动员，甚至策动线下的非法聚集活动。律师本应该在现有法律体系内活动，并以现有法律体系为唯一蓝本开展业务。但死磕派律师却以质疑、修正现有法律体系为使命，把自己扮演成政治活动家和政治积极分子。

北京锋锐律师事务所主任周世锋就是"死磕派"律师的代表人物。周世锋以北京锋锐律师事务所为平台，深度勾连少数不法律师、网络推手、职业访民和地下教会、境外势力，先后策划炒作 40 余起敏感案事件，大肆煽动群众对党和政府的不满情绪，攻击抹黑政府形象和司法公信力，矛头直指我国政治体制和司法制度，严重地干扰正常司法活动，严重扰乱社会秩序，造成恶劣的国内国际影响。2016 年 7 月，周世锋等 4 人因涉嫌颠覆国家政权罪被提起公诉。庭审中，公诉人指控被告人周世锋长期受反华势力的渗透影响。2011 年以来，周世锋以锋锐律师事务所为平台，纠集一些律师，专门选择热点案件事件进行炒作，组织、指使该所人员通过在公共场所非法聚集滋事，攻击国家法律制度，利用舆论挑起不明真相的人群仇视政府等方式，实施颠覆国家政权，推翻社会主义制度的犯罪活动。

第三类是访民经纪人。信访是宪法赋予公民的一项政治权利，长期以来，信访制度在畅通群众利益诉求渠道，维护社会和谐等方面发挥了积极作用。在信访人群里却有一些人借"上访""维权"之名以闹事制造压力和轰动效应，要挟政府相关部门。有人从闹访、缠访中看到商机，主动充当起"访民经纪人"。在巨额利润的驱使下，"访民经纪人"雇用人员装扮成访民赶赴现场围观声援造势，并将照片、视频发送到境内外的网站，企图制造国际影响，达到"把事情搞大"并干扰事件处理或案件审判的目的。一些地方为了息事宁人，一味地迁就忍让，无条件地满足恶意访民及其策划者的无理诉求，恶化法治环境。

北京无业人员翟岩民总是将人生的不如意怪罪于现行的社会体制和制度。后在"推墙"思想的蛊惑下，做起了"访民经纪人"的营生。在一起起敏感案事件的炒作声援中，翟岩民充当起组织和指挥访民在公共场所非法聚集滋事的"冲锋队长"。2016 年 8 月 2 日，翟岩民因犯颠覆国家政权罪，被判处有期徒刑三年，缓刑四年，剥夺政治权利四年。翟岩民当庭认罪悔罪："我们的行为严重扰乱了社会秩序，造成交通堵塞等严重的社会混乱；错误引导了很多不明真相的群众，让他们对政府产生不好的印象，甚至也要跟着参与进来；给其他一些别有用心的人提供了炒作的机会，达到他们丑化政府形象以及更多不可告人的目的。"

第四类是无良记者。在激烈的市场竞争中，一些媒介机构和从业人员为了牟取个人或小团队的不法利益，背弃职业精神，丧失社会正义良知，居然以舆论监督的名义实施新闻敲诈，危害社会。2014 年 9 月，上海市公安局侦破一起以舆论监督为幌子，通过有偿新闻非法猎取巨额利润的特大新闻敲诈案件。据查，2013 年 11 月以来，专业财经媒体 21 世纪网主编刘某、副主编周某以及部分采编经营人员，勾结上海润言、深圳鑫麒麟等财经类公关公司，以 21 世纪网为主要平台，采取公关公司招揽业务和业内新闻记者物色筛选等方式，寻找具有"上市""重组""转型"等题材的上市公司或知名企业作为目标对象进行非法活动。对于愿意做正面宣传的企业，犯罪嫌疑人在收取高额费用后，通过夸大正面事实或掩盖负面问题进行"正面报道"。对不与之合作的企业，在21世纪网等平台发布负面报道进行恶意攻击，以此要挟企业投放广告或签订合作协议，单位或个人从中获取高额广告费或好处费。案件涉及上海、北京、广东等数十家企业。

第四大污染源：网络黑客。

早期黑客利用高超的技术手段侵入他人的计算机系统，并不以谋利为目的，往往只是删除一些文件、植入木马或篡改主页等，类似于恶作剧，真正的目的在于炫耀技术。黑客群体共同遵守行为守则和黑客精神。随着互联网特别是移动互联网的普及，黑客群体出现急速分化。部分黑客始终秉持黑客精神及行为守则，致力于系统的完善与进步，成为网络界的一股清流。部分黑客开始利用技术优势实施攻击侵入，以获取巨额经济利益。由此，黑客一词遭到污名化。在网络和媒体上，黑客完全变成了专门入侵他人系统进行不法行为的计算机高手。网络黑客不再是网络精神家园的捍卫者，蜕变成为网络家园的破坏者和严重的污染源。

黑客的种种不法行径逐渐演变成一种新型的犯罪形态：黑客侵入。不法分子利用黑客技术手段侵入他人系统实施违法活动，攫取不义之财，实现不可告人的目的。网络盗窃、网络诈骗、网络洗钱、网络赌博、网络攻击、网络恐怖等犯罪手法层出不穷，令民众防不胜防，苦不堪言。2006年，"熊猫烧香"病毒事件致使中国和周边国家用户大面积感染。2010年，百度遭到黑客攻击，长期无法使用。2017年5月，一款名为"WannaCry"的勒索病毒一天横扫150多个国家，至今令人心有余悸。"大规模的用户群与海量的信息隐藏着巨大的商机和财富，黑客们看到了个人隐私信息、网站漏洞、商业机密等的价值以及通过自己掌握的网络技术将之转化为巨额经济利益的可能性。另外，随着信息网络的大量应用以及物联网的发展，新问题不断出现，网络安全技术和相关法律法规来不及跟上，使得一些网络黑客抓住了这个空子，在非法利益的驱动下，逐渐形成了以信息窃取、流量攻击、网络钓鱼等为代表的网络黑客地下产业链。而且，黑客们不再单枪匹马作战，他们组织起了具有明确角色分工并拥有多重环节的地下产业链，通过各种非法盈利链条攫取利益、危害互联网用户的财产安全。"[1]境内外的敌对势力和非法组织利用黑客侵入的手段假借正规合法的网站和平台传播有害信息，制造恐慌，危害社会稳定。

第五大污染源：网络恐怖主义。

按字面的理解，网络恐怖主义就是网络和恐怖主义相结合的产物。借助网

---

[1] 任彦君：《网络黑客产业链的发展趋势与治理对策分析》，载《犯罪研究》2018年第1期。

络，恐怖分子不仅将信息技术用作武器来进行破坏或扰乱，而且还利用信息技术在网上招兵买马，并且通过网络来实现管理、指挥和联络。网络空间的匿名、草根的特性使网络成为恐怖组织潜伏和攻击的理想基地。经过数年的苦心经营，恐怖组织已招募和培养大批精通网络技术的新生代恐怖分子，网络攻击能力大幅提升，网络恐怖行动全方位推进。

恐怖组织始终将互联网看作是发动心理战和宣传战的"天然战场"。恐怖组织"伊斯兰国"（ISIS）成员在匿名青少年问答社交网站 Ask. fm 上积极应答上百种问题，并鼓励私聊，开发旨在为高端客户群服务的智能手机客户端"福音的黎明"，让以个人信息进行注册的会员实时掌握圣战消息。恐怖组织利用网络和新媒体大肆鼓吹极端主义和极端化思想，并以年轻人喜闻乐见的方式搜索志同道合者。一些青年因社会存在感下降，思想不成熟，非常容易被极端化思想俘虏而自愿成为圣战的新鲜血液。

恐怖分子利用网络空间跨国界、跨时空的便利开设远程课堂，公开交流和传授恐怖"技艺"。一个名为"利剑"的基地网站每月只开放两次，内容却都是令人毛骨悚然——恐怖分子公开讨论绑架和杀害人质的技巧。该网站还提供其他一些教程，如沙林毒气、汽车炸弹以及各种爆炸物的杀伤力和使用方法等。有专家用网络搜索技术了解这些网站的现状时发现，2008 年已有 5 亿个恐怖分子网页和帖子，其中讨论简易爆炸装置的就有数万个。[1]

恐怖组织利用黑客侵入的手法肆意攻击政府、企业的网站、平台，制造恶性网络事件，在网上营造恐怖气氛。2014 年以来，基地组织、伊斯兰国等恐怖组织已攻陷几十万个推特账号，把数千个法国网站篡改成极端主义内容，攻破叙利亚反对派武装网站和电子邮件系统，并利用掌握的叙反对派成员名单进行策反，公布有上千名美英军人的"猎杀名单"，频频入侵北约官网、英政府机密邮件、美日企业和团体网站，起到了显著的恐怖威慑效果。[2]

第六大污染源：敌对势力。

互联网始终是不同意识形态交锋的前沿阵地。境内外的敌对势力时刻将互联网作为争夺舆论、争夺青年、争夺民心的角力场，竭尽造谣滋事、恶语中伤、挑拨离间之能事，给精神家园带来污泥浊水，掀起血雨腥风。

少数西方国家日益感觉中国的崛起已严重地威胁到他们的霸权利益，于是不断加大对我国的西化、分化的力度，加紧策动"颜色革命"，千方百计进行战略遏制和围堵。互联网业已成为西方策动"颜色革命"的重要平台和主战

---

① 唐岚：《网络恐怖主义：安全威胁不容忽视》，载《人民日报》2014 年 7 月 21 日。
② 赵晨：《网络空间已成国际反恐新阵地》，载《光明日报》2017 年 6 月 14 日。

场。西方政治家曾公开宣称:"互联网将终结中国共产主义政权。"少数西方国家透过互联网和代理人加紧对我国意识形态进行渗透的步伐。

境外的敌对势力通过在境外建立大量反动网站,疯狂传播恶毒攻击,丑化、抹黑我国党和政府的政治谣言、负面新闻和虚假信息。境内一些由西方政府资助和培植的"第五纵队"积极将这些有害信息经过巧妙包装,改头换面,利用网络大肆炒作,策动街头政治。境内外敌对势力积极利用群体性事件大做文章,大量传播虚假信息,煽动民众和政府的对立,妄图挑起"颜色革命"。

网络空间是人类共有的精神家园。在安全、有序、清朗的环境中,人类找寻到心灵的寄托和精神的归宿。网络安全是精神家园和谐幸福的重要保障。正如习近平总书记在网络安全和信息化工作座谈会上的讲话所强调:"网络空间是亿万民众共同的精神家园。网络空间天朗气清、生态良好,符合人民利益。网络空间乌烟瘴气、生态恶化,不符合人民利益。"

二、保卫共享经济

进入移动互联网时代,互联网技术、大数据技术和物联网技术的融合发展,衍生出一种全新的经济模式——共享经济,为新时期的经济发展注入新的生机和活力。

共享经济的概念出现在 20 世纪 70 年代的美国。由美国得克萨斯州州立大学社会学教授马科斯·费尔逊和伊利诺伊大学社会学家教授琼·斯潘思共同提出。其主要特点是,包括一个由第三方创建的,以信息技术为基础的市场平台。这个第三方可以是商业机构、组织或者政府。个体借助这些平台,交换闲置物品,分享自己的知识、经验,或者向企业、某个创新项目筹集资金。

共享经济的落地生根开花结果却是在 21 世纪的中国。随着互联网技术的发展,中国的经济社会完全具备了共享经济实现大规模发展的条件和优势。数据的开发和移动互联网的普及,为共享经济平台进行资源优化配置提供了技术条件。中国庞大的人口基数,为共享经济储备了人口红利。大量传统行业的劳动力随着经济转型升级进入共享经济领域,个人技能或服务借助第三方平台实现更快捷的流动。在我国存在着大量的闲置资源可供优化。共享经济下最初的盘活闲置资源和服务延伸进入交通出行、房屋食宿、知识技能、生活服务、医疗服务、金融服务、二手交易等领域。"新四大发明"中的共享单车作为共享经济的领头羊早已蜚声海内外。据艾媒咨询数据显示,2017 年是中国共享单车行业用户增长最为迅猛的一年,增长率达到了 632.1%。2018 年,共享单车用户 2.35 亿人。2019 年达到 2.59 亿人。艾媒分析师认为,移动支付观念和产品普及是共享单车行业能够迅速扩张的重要影响因素。移动支付产品覆盖更多人群、共享单车解决短距离出行、环保等因素将使共享单车行业保持长久的发展活力。

共享经济的本质就是整合线下闲置资源和服务者，以较低的价格提供产品和服务。对于供给方来说，通过在特定时间内让渡资源的使用权或提供服务来获取一定的酬劳。对于需求方而言，不直接拥有资源的所有权，通过租、借等方式享用资源。网络技术增进了共享经济交易双方的信息对称性和信任程度，实现共享经济的去中心化、去中介化。共享经济彻底改变了传统产业的运行环境，提高零散消费者的组织化程度，增加有效供给。改变传统的劳资关系，实现灵活就业。共享经济有效缓解了社会治理难题，减少资源紧张、交通拥堵等问题带来的社会矛盾。

世界各国对共享经济这一全新的经济模式基本秉持支持和保护的态度。当前，全球共享经济正处于调整发展期，参与共享经济的人口不断增多。据统计，房屋住宿领域共享平台 Airbnb 已经在全球覆盖 34000 多个城市，市场估值 255 亿美元。截至 2015 年，美国愿意投资共享经济的机构由 2010 年不到 20 家，增加到 198 家。这一数字仍在不断上升。从共享经济涉及的领域来看，美国、英国、中国的统计数据均表明，当下估值或收益最高的共享经济领域分别为共享金融、交通出行、房屋住宿、生活服务等。

中国政府坚定不移地推行"互联网＋"战略，大力扶持共享经济的发展。早在 2016 年 3 月，"分（共）享经济"首次写入《政府工作报告》，明确要求"支持分享经济发展，提高资源利用效率，让更多人参与进来、富裕起来。"同时提出"以体制机制创新促进分享经济发展。"近年来，我国的共享经济展现出蓬勃的发展活力。据国家信息中心发布的《中国共享经济发展年度报告（2020）》中透露，2019 年，共享经济市场交易额为 32828 亿元，比上年增长 11.6%。平台员工数 623 万，比上年增长 4.2%。共享经济参与人数约 8 亿人，其中提供服务者人数约 7800 万人，同比增长 4%。2019 年，出租车、餐饮、住宿等领域的共享经济新业态在行业中的占比分别达到 37.1%、12.4%、7.3%。网约车、外卖餐饮、共享住宿、共享医疗在网民中的普及率分别达到 47.1%、51.58%、9.7%、21%。报告预测，2020 年共享经济增速将因疫情影响而出现一定幅度的回落，预计在 8%—10% 之间。未来三年间年均复合增速将保持在 10%—15% 的区间。市场竞争进一步加剧，行业洗牌和格局调整的步伐也将加速。

在政府的大力扶持和社会力量的积极参与下，共享经济的新领域不断拓展，新业态不断呈现，新动能不断聚集，共享经济的发展势头正突飞猛进。在这种快速发展的背景下，给社会治理提出了许多的挑战。

第一，监管乏力，新业态野蛮生长。在大力扶持、鼓励的大环境下，地方各级政府对共享经济表现出前所未有的热情，积极出台各项优惠政策，扶持各种新业态，而另一方面，现有的交通基础设施、土地资源有限，各领域尚未完善相关的法律法规的情况下，地方政府深感资源环境完全无法满足新业态的需要，不得不对新业态设置禁止选项。正是在地方政府对共享经济监管首鼠两端、摇摆不定的时机，各种新业态如雨后春笋般野蛮生长。各地不断冒出的共享单车废弃场就是例证。共享单车解决了市民出行的"最后一公里"的难题，但是无序地、非理性地发展，又给脆弱的城市交通、环保雪上加霜。政府只有忍痛割爱，使出禁止选项，大批量的共享单车"出师未捷身先死"，给城市经济造成新的资源闲置和浪费。大量的资金和资源补贴、扶持共享出行的发展，给传统的出租车行业带来巨大的冲击，在一些地方爆发出租车行业罢工抵制网约车、滴滴出行的群体性事件。迫于无奈，地方政府只得出台较苛刻的政策抬高网约车准入门槛，此举极大地挫伤了共享出行的积极性。而市民并不理会政府的良苦用心，依旧私下里和网约车平台联系紧密，导致地下黑车的猖獗。

第二，粗放经营，风险隐患叠加。资本的大量涌入，共享经济的主体开始盲目地跑马圈地，吸引流量。这种粗放的非理性的经营管理，潜藏着大量的风险和隐患，尤其是一些新业态跨界共享，给国家安全、经济安全、社会稳定带来了极大的风险，不法分子利用管理上的漏洞趁火打劫。P2P借贷、众筹等共享金融中涌现出的新业态本来是为了盘活闲置的资金扶危济困，但是被不法分子带偏走歪，沦为非法集资、非法吸储、网络诈骗、网络传销的帮凶，在高利率、新概念的诱惑下，民众的养老钱、上学钱、看病钱遭到不法分子疯狂的盘剥和敲诈。有学者形象地比喻，P2P就是"老鼠会"在互联网上的翻版。几百年来，中国农村社会中最丑陋、最没有责任感的"老鼠会"穿上互联网的神圣科学外衣，一手高息揽储而来，一手放高利贷而出，制造大量的坏账赖账，最后走向崩溃。

第三，道德诚信低下，恶化市场环境。传统经济大多在熟人环境中运行。而共享经济却是在陌生人环境下发展，完全依靠道德、诚信力量的支撑。而当下，国民的道德诚信水平还相对低下，难以和共享经济的需要相匹配。使用者以故意损毁公私财物来发泄各种不满情绪。经营者不守诚信，随意泄露用户信息，私吞押金等现象比较常见。

共享经济在市场的诱惑下一路狂奔，必然带来高风险，也给社会治理制造不少麻烦。共享金融引发了大量的群体性事件，共享出行诱发了大量刑事治安案件，共享服务牵扯出大量的民间纠纷。从底线思维来考量，共享经济存在风险隐患应是必然，而且这些风险隐患并不是来自共享经济模式，而是来自社会的管理和使用者本身。共享经济给生活带来了便利，给市场带来了红利，给社会带来了活力。每个人有义务、有责任保卫好、守护好这一新型的经济模式，并促使其沿着健康的道路发展进步。

共享经济涉及社会的方方面面，需要政府、企业、社会组织和个人各负其责，各尽其职。

政府作为监管主体应发挥好指导、维护共享经济的职责。新业态的快速扩张势必会给传统产业带来难以承受的压力，甚至生存危机，传统产业必然发起对抗以挽救危局。面对新旧动能，地方政府必须保持清醒认识，作出科学判断。不能因忌惮于社会稳定的压力，而偏袒、呵护落后的生产力和产能，也不能因稳就业而一味放纵新业态的膨胀扩张，应根据资源环境的承载力和政府的管理能力来作出决断，不喜新厌旧，不因噎废食。共享经济作为新生事物，政府积极提供科学指导，热情服务，对出现的问题困惑应有包容并蓄的心态，审慎地加以处置，不用或少用禁止选项，通过市场竞争，优胜劣汰。

企业作为经营主体应发挥好管理、发展共享经济的职责。靠跑马圈地来吸引流量不是决胜之策，营造服务品牌，才是制胜之道。摒弃粗放式的管理，深耕主责主业，以科学精细的管理降低风险，堵塞漏洞，保障新业态朝健康方向发展。

社会组织作为市场主体应发挥好引导、监管共享经济的职责。网络平台作为共享经济的孵化器，生产要素的培育站，从源头上筛除不健康的细胞，赋能健康因子，通过技术创新不断拓展新领域，培植新业态。

个人作为参与主体，应发挥好捍卫、保护共享经济的职责。共享经济不断满足、适应人的全面发展需求，为经济社会提供周到舒适的服务，理应受到尊重和爱护。提升个人道德素养和诚信能力是当务之急。在陌生人的环境里，以道德的魅力和诚信的力量支撑起共享经济的一片蓝天。

三、传导正能量

正能量和负能量本是物理学名词，被借用到心理学研究，赋予浓厚的感情色彩，可以说，正能量就是正面情绪的集合体，代表着积极向上的心态。而负能量就是负面情绪的集合体，代表着消极低沉的心态。

千百年来，中华文化对于性本善、性本恶的探究从未停息，试图从人的本性剖析善恶的根源。人性是一个极其复杂的结合体，"剪不断，理还乱"，从人性上找寻答案就不可能有答案。如果只是单纯地从心理认知的层面探究，能比较清晰的感悟出善恶的界线。厚重的中华文化早就对善恶形成基本的认同。从远古的文化根脉上就不难解析，善的心理认知形态就是正能量，反之就是负能量。

中华文化始终对这种心理认知高度关切。不同的心理认知必然影响、左右反射到行动层面，最后驱动行为产生不同的结果。同理，不同的行动表现诱导、生成演化出不同的心理认知。英国心理学家理查德·怀斯曼的专著《正能量》就是从心理层面揭示行为表现和正能量之间的亲密关系，教导人们如何通过有效的训练方法积极提升内在的信任、豁达、愉悦、进取等正能量，尽力规避焦虑、猜疑、沮丧、消沉等负能量。

任何信息的本身都是自带能量，只是使用者的心理认知给这种能量赋予正负的感情色彩。正能量和负能量是一种相对概念，在不同的语境，不同的情感、心境、志趣、爱好、追求、愿景下就会有不同的评判。简而言之，凡符合主流价值观的就是正能量，反之就是负能量。2020年3月1日实施的《网络信息内容生态治理规定》为网民和信息内容管理主体提供了辨识和掌握正能量和负能量的有力武器。

《网络信息内容生态治理规定》明确鼓励网络信息内容生产者制作、复制、发布含有下列内容的信息：

（一）宣传习近平新时代中国特色社会主义思想，全面准确生动解读中国特色社会主义道路、理论、制度、文化的；

（二）宣传党的理论路线方针政策和中央重大决策部署的；

（三）展示经济社会发展亮点，反映人民群众伟大奋斗和火热生活的；

（四）弘扬社会主义核心价值观，宣传优秀道德文化和时代精神，充分展现中华民族昂扬向上精神风貌的；

（五）有效回应社会关切，解疑释惑，析事明理，有助于引导群众形成共识的；

（六）有助于提高中华文化国际影响力，向世界展现真实立体全面的中国的；

（七）其他讲品味讲格调讲责任、讴歌真善美、促进团结稳定等的内容。

《网络信息内容生态治理规定》要求网络信息内容生产者不得制作、复制、发布含有下列内容的违法信息：

（一）反对宪法所确定的基本原则的；

（二）危害国家安全，泄露国家秘密，颠覆国家政权，破坏国家统一的；

（三）损害国家荣誉和利益的；

（四）歪曲、丑化、亵渎、否定英雄烈士事迹和精神，以侮辱、诽谤或者其他方式侵害英雄烈士的姓名、肖像、名誉、荣誉的；

（五）宣扬恐怖主义、极端主义或者煽动实施恐怖活动、极端主义活动的；

（六）煽动民族仇恨、民族歧视，破坏民族团结的；

（七）破坏国家宗教政策，宣扬邪教和封建迷信的；

（八）散布谣言，扰乱经济秩序和社会秩序的；

（九）散布淫秽、色情、赌博、暴力、凶杀、恐怖或者教唆犯罪的；

（十）侮辱或者诽谤他人，侵害他人名誉、隐私和其他合法权益的；

（十一）法律、行政法规禁止的其他内容。

《网络信息内容生态治理规定》指出网络信息内容生产者应当采取措施，防范和抵制制作、复制、发布含有下列内容的不良信息：

（一）使用夸张标题，内容与标题严重不符的；

（二）炒作绯闻、丑闻、劣迹等的；

（三）不当评述自然灾害、重大事故等灾难的；

（四）带有性暗示、性挑逗等易使人产生性联想的；

（五）展现血腥、惊悚、残忍等致人身心不适的；

（六）煽动人群歧视、地域歧视等的；

（七）宣扬低俗、庸俗、媚俗内容的；

（八）可能引发未成年人模仿不安全行为和违反社会公德行为、诱导未成年人不良嗜好等的；

（九）其他对网络生态造成不良影响的内容。

显而易见，《网络信息内容生态治理规定》中鼓励选项就是代表正能量，应大力倡导，而禁止选项就是代表负能量，应坚决抵制。

正能量代表着健康乐观，积极向上的情感和力量，弘扬真善美的价值取向，蕴含坚实的文化自信。网络空间是亿万民众情感寄托、心灵归宿的精神家园。而保证共有精神家园的天朗气清、生态良好的唯一途径就是传导正能量。网络空间信息的自由传播必然会杂糅裹挟大量的负能量信息袭扰视听。低俗恶搞、暴力、谣言、炒作、炫富、仇警、仇党等不良有害信息破坏传播秩序，污染社会风气，毒化舆论环境。对于不良有害的信息可以依靠规程建构和有序管理去除，而最重要的是须用正能量去消解负能量。观点鲜明、主题深邃、品质优良的正能量内容占领网络传播的主阵地，负能量的生存空间就会被大大压缩。网络上汇聚起的正能量就能转化成磅礴力量和精神指引。

传导正能量，网络信息内容生产者和服务平台的作用至关重要。网络信息内容生产者应当遵守法律法规，遵循公序良俗，不得损害国家利益、公共利益和他人合法权益。网民既是网络信息内容生产者，也是网络信息使用者，同时更是传播正能量的生力军。传导正能量是一个好网民的担当和责任。每一个网民都应当从自我做起，依法用网，坚持理性表达，坚决不造谣、不传谣，自觉维护网络秩序，主动传导正能量。网络信息内容服务平台应当履行信息内容管理主体责任，加强平台网络内容生态治理，培育积极健康向上向善的网络文化，坚持主流价值导向，优化信息推荐机制，加强版面生态管理，在服务类型、位置板块等重点环节积极呈现正能量信息。

微警务是公安机关和人民警察传导正能量的重要平台、主阵地。作为精神家园的建设者和捍卫者，传导正能量是每一位公安民警的使命和担当。传播好公安的声音，讲好警察的故事，让精神家园充盈起来自警方的满满正能量。公安的声音，警察的故事真实、朴素、感人，展示忠诚的风采，昂扬顽强的斗志，颂扬为民的大爱，充沛的正能量鼓舞人心。

第三节　阻击"黑灰产"

网络技术的深度渗透与融合，不断衍生出新模式、新产业、新业态，助力经济的发展，便利民众的生活，推动社会的进步。与此同时，利用互联网技术进行盗窃、诈骗、敲诈、赌博、贩毒等各类违法犯罪案件频繁发生，依附互联网衍生的"黑灰产"业正在加速蔓延。2018 年 8 月，南都大数据研究院、南都新业态法治研究中心联合阿里巴巴集团安全部发布了《2018 网络黑灰产治理研究报告》。2017 年，我国网络安全产业规模为 450 多亿元，而"黑灰产"已达近千亿元之规模。全年因垃圾短信、诈骗信息、个人信息泄露等造成的经济损失估算达 915 亿元，而且电信诈骗案每年以 20%—30% 的速度在增长。

所谓网络"黑灰产"，即网络黑色产业链和灰色产业链的合称，指利用网络技术开展违法犯罪活动的行为。稍有不同的是，"黑产"是直接触犯国家法律的网络犯罪。"灰产"则是游走在法律边缘，往往为"黑产"提供辅助的争议行为，虽无明确的法律法规定性为违法犯罪，但对社会有明显的危害。随着技术的迭代与升级，黑产和灰产的界线越来越模糊，现阶段，黑产和灰产相互依附，相互交织，已经发展成跨平台、跨国界的集团犯罪链条。譬如身份信息的非法买卖，看似是灰色产业，背后隐藏的却是网络诈骗、盗窃、攻击等各类黑产的巨大风险。"薅羊毛"本是电商营销策略，意在提升用户的体验感，以便促销。而"羊毛党"却利用平台和管理上的漏洞，处心积虑，策动起有组织、有预谋的网络诈骗行动，疯狂掠夺平台和商家的钱财。

随着新业态逐步发展，网络新型犯罪也层出不穷。支撑这些新型犯罪的网络黑灰产业链也在与各方的对抗中升级——"暗网"为网络跨境赌博、贩毒、走私、洗钱、暴恐等提供隐身衣；"第四方支付"为网络犯罪提供洗钱渠道；

群控软件成为网络诈骗、虚假流量等乱象的幕后黑手。网络"黑灰产"和网络新型犯罪的发展呈现出螺旋式伴生发展态势，用技术对抗技术，给监管部门提出了世界性难题。同时，"黑灰产"技术助长了网络黄赌骗等多种非传统犯罪的滋生蔓延，给犯罪分子提供了隐藏身份，隐匿犯罪证据的"盔甲"和"保护伞"，并不断衍生新"病毒"，新的犯罪形态。因此，要彻底根治网络犯罪就应从铲除网络黑灰产业链条入手，持之以恒，准备打一场持久战。

一、"黑灰产"的基本类型

流量是互联网经济最宝贵的资源，也是核心竞争力。拥有的流量越多，市场的话语权就越重，尤其是在人口红利逐渐消失的互联网下半场，流量显得更加重要和迫切。在此背景下，流量造假愈发猖獗。从电商，到新媒体，到直播，刷量现象普遍存在。流量造假已经成为互联网全行业问题。仅需一台电脑便可同时操控上百台的手机终端进入批量加好友，点赞；批量关注，转发短视频；批量评论；朋友圈营销，信息内容群发；多微信个人号同时登录；聊天统一管理等均可批量化、全自动操作，一键全部执行。在刷量刷单的"魔力"下，一条微博的转发量可刷出上亿次的惊天记录；一篇微信公众号文章的阅读量可以轻易地刷出 10 万＋；一名短视频主持靠刷关注量、刷点赞的方式一夜间被打造为"网红"。可以说，流量造假和网络暴力、人肉搜索、深度伪造等一样都是互联网"黑灰产"的原罪。

随着新技术、新业态的不断呈现，"黑灰产"的原罪也不断地向全领域、全链条渗透和蔓延，又不断衍生出新的"黑灰产"形态。技术的迭代加速导致"黑灰产"的形态急速膨胀，不胜枚举。2015 年，国家互联网应急中心组织重点打击三类"黑灰产"专项行动，并对"黑产"范围进行界定。主要包括三类：一是发动涉嫌拒绝服务式攻击的黑客团伙；二是盗取个人信息和财产账号的盗号团伙；三是针对金融、政府类网站的仿冒制作团伙。显然，这种以成员链来界定"黑灰产"的形态，既不科学，也不真实。"黑灰产"的成员链往往随着技术链、资金链、利益链快速聚散，毫无稳定性。不法分子大多追逐着技术和利益迅速聚合成团，实施集团作案。

《2018 网络黑灰产治理研究报告》将目前的网络"黑灰产"从技术层面分成四种类型，业内基本认同此类分类方法。

第一种类型：技术类"黑灰产"。

主要为中下游技术性不强的"黑灰产"从业人员制作并提供各类软件设备和服务。黑客侵入是最惯常的犯罪手法。木马植入、钩鱼网站、各类恶意软件是最典型的犯罪形态。在巨额利益的诱惑和刺激下，黑客侵入不再是为了炫技，而是完全走向敛财和不正当竞争的罪恶道路，演化发展出环环相扣的网络黑客产业链。刷量刷单的始作俑者就是一套恶意营销外挂软件，又称"群控软件"。"黑灰产"从业者使用群控可以轻松绕过互联网平台的技术规制，批量操作多台移动终端设备发起攻击，甚至可以修改、伪造设备指纹和密码，达到相同设备重复攻击不被识破的目的。过去实施批量攻击需要专业黑客"操刀"，而有了"群控软件"，技术小白便可独自操作。现在的"群控软件"已从"线控""箱控"向"云控""云手机"等新技术升级换代。"群控软件"的云化不仅操作简单，手机数量无限制，而且攻击成本很低。

第二种类型：源头性"黑灰产"。

恶意注册、虚假认证、盗号是最常见的手法和形态。网络账号是互联网空间的最基本单位。《网络安全法》明确规定，使用互联网必须进行账号实名认证。网络"黑灰产"为了隐瞒身份，逃避监管，利用盗取的他人身份信息恶意注册，并已形成了以"网络接码平台"为中间媒介，"手机黑卡商"和"网络平台黑账号注册号商"为交易双方的产业链。据《2018 网络黑灰产治理研究报告》公布，目前，83%通过黑卡注册产生的恶意账号，主要分布于网络打车、互联网金融、重点电商、网络游戏等，其中45.5%的恶意账号活动于网络打车中，主要用于获得打车红包；16.6%的恶意账号作恶于互联网金融中，利用恶意账号进行非法理账和借贷等；14.5%的恶意账号作恶于某些著名的蛋糕品牌和某些旅游品牌等垂直电商；7.1%的恶意账号作恶于某些著名网络游戏平台。恶意注册造成大量实名注册手机卡和网络账号的出现，为网络诈骗、网络黄赌毒等犯罪提供了掩护"马甲"。

第三种类型：平台类"黑灰产"。

非法交易交流平台是"黑灰产"运转的核心，直接为各类网络违法犯罪活动提供服务。"黑灰产"所拥有的资源、工具、手段、经验，全都是通过非法平台来交流、交易、运转、变现。恶意网站、恶意论坛、恶意群组等是主要的犯罪手法和形态。在全国公安机关开展的"净网2019"专项行动中，北京、江苏、海南公安机关先后侦破多起利用"暗网"实施犯罪的案件。经媒体披露，"暗网"开始为民众所认知。"暗网"，顾名思义，就是暗藏的网络。普通网民无法通过常规手段访问，需要使用一些特定的软件、配置或者授权才能登录使用。"黑灰产"从业者利用"暗网"买卖枪支弹药、毒品、淫秽物品、公民个人信息，提供黑客工具，传授黑客技术教程，实施网络攻击等。利用"暗网"实施犯罪已成为互联网"黑灰产"的新特点、新形态。

第四种类型：实施各类违法犯罪行为的"黑灰产"。

信息泄露、盗窃、恶意行为等是此类"黑灰产"的主要形态，而冒充公检法诈骗是网络诈骗的最常用手法。以自编自导自演的桥段，虚拟场景，利用民众对政法干部的充分信任实施疯狂诈骗。犯罪分子冒充公检法人员谎称受害人资金、身份涉嫌犯罪，通过心理轰炸，诓骗受害人将资金转移到指定的"安全账户"。"黑灰产"从业者经常使用恶意下单、恶意退款、恶意评价、恶意投诉等行为向商家和受害者实施敲诈勒索。差评本是电商平台督促商家提高产品和服务质量的手段。不法之徒利用群控软件大量制作恶意差评逼迫商家"花钱消灾"。商家迫于淫威，只得俯首就范，苦不堪言。在"黑灰产"的整个产业链中，爬取、窃取、买卖公民个人信息的非法行径发生在每个环节，贯穿于始终。2017年3月，公安机关在侦办一起盗窃公民信息的特大案件中发现有50亿条公民信息被泄露。侵犯公民个人信息已经逐步形成了"源头→中间商→非法使用"的庞大地下黑色产业链。

二、"黑灰产"活动的主要特征

简单剖析互联网"黑灰产"的全链条、全流程，不难发现，黑客技术是"黑灰产"的核心，盗卖公民个人信息是"黑灰产"的支柱。此两项是任何"黑灰产"不可或缺的必备要素。由此，可以清晰地认识"黑灰产"和传统犯罪的重大差别。因为必备要素、环境的不同，手段、形态、特征显然不同。尽管传统犯罪也走向网络化，线上线下同流合污，可毕竟是环境、生态的差异，两者存在着明显的界线。虾有虾路，蟹有蟹道。现简要整理出互联网"黑灰产"活动的主要特征。

（一）非接触性

这是网络犯罪最显著的特征。在网络发展的初期，"黑灰产"活动也会策动线下行动相互呼应造势，随着黑灰产业的集团化、国际化、智能化的全面转型，"黑灰产"活动已基本放弃线下行动。

一是和侵害主体的不接触。利用黑客侵入技术手段大肆掠夺、诈骗企业、个人的钱财，或利用恶意软件诱惑民众上当受骗，或组群倾轧集体和个人的合法利益。

二是和全链条各环节的不接触。"黑灰产"的上中下游各产业链及各环节的联络、协同、配合等大都是通过网络和平台甚至"暗网"进行联络、指挥、交易。IP地址或账号是各产业链之间联络沟通的主要渠道。

三是成员之间的不接触。许多"黑灰产"虽然进行集团化运作，但是内部管理采取匿名和跨地域的方式，对成员主要实施招募制。团伙成员往往都不认识，从成员的招募，到作案策划，包括聚集以及作案工具的准备等都是依赖于互联网。作案后马上解散，非法所得也是通过互联网进行销赃。这种管理闭环的每一个环节、细节都是在网络上进行。

（二）不确定性

"黑灰产"以掠夺为生获取利益。任何一种黑灰产业链都没有相对固定的侵害目标，为了攫取最大化的利益，实施无差别侵害，只要具备了人、资源、路径、变现等要素，黑灰产业链就敢在网络上伺机作案。只要有利可图，便敢下手，从不会考虑侵害对象的家庭、社会、经济等状况。

2016 年 8 月 19 日，山东省临沂市罗庄区 18 岁的高考录取新生徐玉玉收到大学录取通知书，随后遭遇电信诈骗，被骗走 9900 元。案发后，徐玉玉与父亲到公安机关报案，回家途中，徐玉玉心脏骤停，送医院抢救无效死亡。徐玉玉的死引起巨大的社会反响。最高人民检察院、公安部联合对此案挂牌督办。当地公安机关成立专班侦办此案，不久，犯罪嫌疑人陈文辉、郑金锋、黄进春、熊超、陈宝生、郑贤聪和陈福地等 7 人被缉捕归案。经查，2015 年 11 月至 2016 年 8 月，陈文辉、郑金锋等人交叉结伙，通过网络购买学生信息和公民购房信息，分别在海南省海口市、江西省新余市等地，冒充教育局、财政局、房产局工作人员，以发放贫困学生助学金、购房补贴为名，以高考学生为主要诈骗对象，拨打电话，骗取他人钱款金额共计人民币 56 万余元，通话数共计 2.3 万余次，并造成高考学生徐玉玉死亡。

徐玉玉遭电信诈骗身亡案的公诉人、临沂市检察院公诉二处检察员李涛梳理该团伙诈骗过程，发现可分"四个环节"分工负责，环环相扣。首先，由陈文辉、郑金锋网络购买公民个人信息，准备诈骗台词剧本，租赁诈骗场所，购买手机、手机卡等作案工具。随后，黄进春、熊超、陈宝生、郑贤聪冒充教育局、房产局工作人员拨打一线电话，照本宣读发放助学金、购房补贴的台词剧本，诱骗被害人拨打二线诈骗电话领取款项。然后，陈文辉、郑金锋冒充财政局工作人员，接听被害人回拨的二线电话，以发放助学金、补贴款为由，诱骗被害人向特定账户汇款存款。最后，被告人郑金锋、熊超、陈福地负责转移诈骗赃款，并汇入陈文辉、郑金锋的专门存放赃款账户，完成犯罪。据了解，由于陈文辉购买的个人信息主要是山东省高考学生信息，这导致受骗者绝大部分是徐玉玉这样的山东籍高考学生。检察机关已查实认定的被骗考生有 20 多人。

以徐玉玉案为蓝本进行剖析，可以从一个侧面清晰地了解到黑灰产业活动不确定的特征。先是目标的不确定。企业、个人以及政府部门都有可能成为黑灰产的攻击目标，只要掌握了企业、政府、个人的信息，便会以此为突破口进行攻击和侵害，牟取不义之财。再是犯罪意图的不确定。侵财显然是"黑灰产"的主要作案动机，但不是唯一，还包括有肖像、名誉等精神侵害，还有实施网络暴力，甚至黑客攻击和网络渗透。

（三）集团化

有人形象地比喻，"黑灰产"就是互联网的一块阴影，互联网越发达，阴影也相应地增大。互联网对社会生产生活的渗透越深入，"黑灰产"活动也会如影随形。"黑灰产"高度依附互联网技术，活动的专业化、自动化程度不断提升，技术对抗越发激烈。"黑灰产"活动越来越明显地趋向于集团化运作。

一是团伙作案。个人单枪匹马不可能操控产业的全链条各环节，必须要有团队的配合呼应，分工合作。从技术开发、运用、变现等各个环节都需要分工把口，环环相扣、缺一不可。

二是全链条的配合。"黑灰产"从业者为规避打击和处罚，故意将产业链条拉长延伸，将水搅浑。在各环节上，灵活选用不同的形态、方法、工具在合法和非法的操控中不停地切换。如侵害公民个人信息，以前选用非法购买、盗取的方式，现在多采用网络自动爬取。如非法变现，以前多选移动支付平台快速提现，而现在选用虚拟货币直接洗钱。

三是上下游的关联。人员链、技术链、利益链相互交织，相互勾连，必须要有集团化的运作才能适应产业的需要。目前，"黑灰产"已形成比较成熟的注册、收款、结算等链条。黑产团伙成员大批量入驻知名电商平台成为商家，虚设商品类型和价格，最终以"电商购物"为幌子，为"黄赌毒骗"犯罪提供收款服务。

（四）国际化

网络空间无边无际，应对网络治理，各国政府采取不同的立场和方法，自然存在着大量的法律管控的空白或灰色地带。"黑灰产"瞅准法律的漏洞，在灰色地带安营扎寨，疯狂实施攻击、侵害行径。国内的黑灰产业显现出明显的国际化趋向。

一是组织形式的国际化。"黑灰产"的主要成员转移到国外，利用网络招募、组织、培训成员，利用外国手机号码遥控指挥国内行动，肆意攻击侵害中国公民的合法利益，非法所得被迅速转移到国外。近年来，电信网络诈骗逐渐从地域性转向国际化，这种多头在外的特征非常明显。

二是犯罪手段的国际化。"黑灰产"从业者加紧和国际犯罪集团勾连配合，疯狂组织网上赌博、卖淫、洗钱、贩毒，传播有害信息等。

三是社会危害的国际化。在网络空间，"黑灰产"的触角无孔不入，将魔爪伸向全人类。在网络治理相对薄弱的国家和地区，民众更是深受其害。黑客攻击的无差别对待，政府系统、企业网站、个人社交平台都会遭受黑客的染指，令人防不胜防。

（五）智能化

"黑灰产"从早期的技术对抗迭代模式，逐渐转向资源效率的迭代。当资源平台化后，各种类型的资源，如手机号码、IP、设备身份证、银行卡、支付渠道和自动化攻击工具等都发展出专业的供应商，可以按需取用，极大降低了"黑灰产"从业者的从业门槛，与此同时，随着分工的精细化、专业化，黑灰产业进入自动化、智能化模式。道高一尺，魔高一丈。人工智能、物联网的深入运用，黑灰产业随之开发出了大量自动化脚本、自动化工具，犯罪更加肆无忌惮。早期的群控系统需要摆满房间的真实手机，后来的箱控系统，一块主板能切割出几十台手机，而现在的云手机系统，连实体都不需要。随着聚合支付市场饱和，部分不法商家突破法律底线，变身违法"第四方支付"，使用自己注册和控制的支付商户为"黑灰产"提供清算服务。黑灰产业利用智能化系统完全不受时间、空间、地域、环境的影响，对不确定的目标展开全天候的攻击。

三、"黑灰产"的治理对策

近年来，从虚假账号注册到在线视频流量劫持，从非法窃取数据到网络"黄赌骗"，网络"黑灰产"不断升级换代，强烈地展现跨平台实施的趋势，使"黑灰产"活动治理陷入严重困境。

一是立案难。"黑灰产"活动的非接触性和集团化运作，受害者在遭到利益侵害时难以及时发现，主动报警。"黑灰产"就如依附着互联网肌体的寄生虫、隐形者，假借技术的外衣，平时隐身潜伏在网络空间和虚拟注册的账号，等待大举进攻的时机，事先的发现甄别很难。大部分的"黑灰产"本着以量取胜的策略，充分利用"长尾效应"，本着"苍蝇腿也是肉"的原则，把蛋糕做大，如养号、刷量、薅羊毛等，每次活动的非法获得较小，大多是构不成立案标准。下次活动时，换上新马甲。目前，"黑灰产"正利用社交、电商、银行、电信运营商等平台信息的不互通，实施跨平台作案。"黑灰产"犯罪产业链条冗长，各团伙的分布地域极其分散，跨地域、小额多笔作案，使得传统的立案标准很难对"黑灰产"犯罪行为形成有效管辖。

二是取证难。"黑灰产"团伙在实施犯罪后，大多立即销毁数据，转移阵地，使人机同一性认定难度加大，尤其是跨境取证更是难上加难。当前，法律规定对电子数据证据的合法性、真实性、关联性疑义较多，对犯罪嫌疑人、被告人的辩解缺乏认定排除的方法，这些导致共同犯罪参与人数难以认定。对电子证据的收集和运用需要有专业的技术人才，目前，公安机关技术薄弱，人才缺乏，严重影响到办案取证的效能。加之，鉴定机构稀少，鉴定方法、校验标准各不相同已影响到电子证据运用的质量。

三是打击难。在网络黑灰产业链条上，有些行为正逐渐纳入法律规制的范围内，但有些仍处于法律的边缘，对平台和监管部门都难以界定。由于行政法规的缺位，导致司法实践中对提供技术帮助的事实认定、法律适用、罪与非罪等方面认识不统一，处理结果差异大。加之，对于新型网络犯罪案件行为性质的认定在现行法律框架内存在较大争议，导致网络"黑灰产"在司法程序上成本较高。因此，司法机关在对网络"黑灰产"类犯罪的量刑上，即使符合情节特别严重的条件下，也偏向保守轻判，丧失了法律的威慑作用。一些地方司法机关对互联网经营模式、规则、方法及其技术、逻辑等相关背景知识和网络"黑灰产"的特点了解、认识不足，存在对网络犯罪案件不会办、不敢办、不愿办的现象。公安机关在侦办网络黑产犯罪时，因受技术、人才等因素的制约，大都采取就案办案，很少追溯全链条各环节，极大降低了打击效能。对于那些躲藏在和我国没有司法合作关系的国家和地区的国际犯罪组织对我国境内的网站、平台、网民实施不法侵害行径，执法机关鞭长莫及。

四是维权难。当正当利益受到不法侵害时，个体维权的唯一行动只能配合公安机关的调查。个体力量不可能对抗整个"黑灰产"链条，只有依靠司法力量，尽量挽回经济损失，将精神损失降到最低。追赃已成为近年来打击网络犯罪面临的重大难题。因各方面的原因，追赃效果极不理想，严重损伤了群众感情，降低了打击效能。企业为维护知识产权和合法利益与"黑灰产"展开全面的技术对抗，仍是力不从心。知识产权被冒用、流量被劫持，不断遭到黄牛党的围攻和骚扰，企业苦不堪言。网络"黑灰产"寄生于互联网生态圈，要想禁绝这类现象，绝非"一时一地"之功，打击网络"黑灰产"活动既是一场攻坚战，也是一场持久战。

2019年12月13日，在北京召开的第十届中国信息安全法律大会上，公安部第三研究所网络安全法律研究中心与百度联合发布了《网络犯罪治理防范白皮书》，公开数据显示，2018年，全球每分钟因网络犯罪导致经济损失290万美元；全球每分钟因网络钓鱼攻击导致经济损失17700美元；全球每分钟泄密的可标识数据记录8100条；全球头部企业每分钟因网络安全漏洞所付出的成本25美元；因加密货币交易所被入侵导致每分钟全球经济损失1930美元。2019年，预计因勒索软件攻击导致的每分钟全球经济损失22184美元。一组组触目惊心的数据显示，互联网"黑灰产"已经全面渗透世界经济，成为名副其实的世界经济的"毒瘤"。要彻底根治这一"毒瘤"，需要政府、企业、社会组织、公民各负其责，共同施策。

（一）守牢前沿阵地

平台是抗击"黑灰产"进攻的前沿阵地，也是主战场。

首先，平台是网络"黑灰产"袭击的重点目标，也是最大的受害者。诈骗引流、网络谣言、木马刷量、钓鱼网站、勒索病毒、恶意营销等违规违法操作，无一不是对网络平台利益的不法侵害。近年来，"黑灰产"技术、手段越来越强大，形式日益多样化，而且开始面向云业务和移动应用等形态，从传统电商平台，到社区、社交和短视频平台都会遭到"黑灰产"的攻击，无一幸免。为了捍卫自身的利益，打击"黑灰产"的猖狂进攻，网络平台必然激发出强大内生动力。社区内容平台小红书从 2018 年起通过推送平台违规线索，积极配合执法部门打击网络"黑灰产"。2019 年，协助执法部门抓获网络犯罪分子 19 人。2019 年底，字节跳动安全中心组织开展了为期 3 个月的"啄木鸟2019"专项行动，重点针对黑产刷量作弊行为。封禁涉嫌刷量作弊的违规抖音账号超过 127 万个，同时，拦截"黑灰产"刷量注册抖音账号请求超过 5888 万次。

其次，平台具有对抗"黑灰产"的强大优势。互联网平台在技术手段、资源整合能力上具有显著优势。互联网平台将大数据、人工智能、机器学习等新技术运用于安全体系，力求对安全事件做到事前侦知预警，事中察知阻断和事后溯源修复，对网络"黑灰产"形成强大的威慑力和杀伤力。

最后，构建平台协同联动机制。面对网络"黑灰产"呈现的跨平台蔓延流窜现象，各大网络平台企业积极承担起更大的社会责任，适时扩展自身治理边界，通过各种方式联合生态伙伴积极创建平台间的协同机制，形成系统化、全周期化、多场景化和跨平台的源头治理模式，有效应对网络"黑灰产"带来的各类新问题。各地纷纷成立的反诈联盟就是在政府主导下各大平台协同联动机制的产物，在打击"黑灰产"工作中发挥了重要的作用。许多知名的互联网企业开始尝试协同联动机制，全力疏通上下游，尝试打通各平台的连接，形成系统持续打击网络"黑灰产"行动的闭环。一些平台针对跨平台的黑产现象及时对反制规则进行更新，使"黑灰产"无隙可钻，无机可乘。

为了充分发挥互联网平台在打击"黑灰产"中的积极作用，迫切需要政府部门从监管、执法、立法、司法等方面，更多地赋权、赋能，一方面要强化平台的治理主体地位，让平台在对商户、用户等主体的监管上有更多的自主权；另一方面让平台在信息数据控制和网络安全维护方面承担更多职责。政府部门对平台应实施包容审慎监管，在数据共享、信息互通、职能协调等方面与平台深度合作，推动政府、企业、用户形成合力，构建依法打击"黑灰产"最有力的同盟军。

（二）实施全链条打击

因黑灰产业基本形成全链条体系，上中下游产业链既有分工合作又相对独立。各环节间相互支撑配合，又可以独立行动。要铲除"黑灰产"就必须展开全链条打击。

一是打击"技术链"。技术链是"黑灰产"赖以生存的基础和环境，也是"黑灰产"牟利的主要工具和手段。随着"黑灰产"的发展和分工的日益精细化，"黑灰产"的工具软件已经深度整合到了整个产业链当中，成为其中不可取代的一部分。以账号注册场景为例，黑灰产业除了掌握接码平台、打码平台和动态 IP 等资源外，还通过整合收机工具、模拟点击工具、批量扫号工具、代理软件工具等各类工具软件，实现了高度自动化和高度协同的作业流程。目前，活跃度较高的工具软件按照业务功能大致可分为五大类：账号类、刷量类、薅羊毛类、内容爬取类和特定功能类。在业务安全对抗中，刷量刷单类是"黑灰产"最常用的工具，也是活跃度最高的一类工具，主要攻击自媒体平台、电商平台和视频平台。同时，"黑灰产"不断制造硬件设备以满足工具软件的需要，如伪基站、猫池、2G 短信嗅探设备等。

打击黑灰产业链，执法机关、企业平台、网民应各负其责，各尽其力。执法机关加大打击力度，对一切胆敢侵害网络生态的恶意软件，如盗号木马、远程木马、游戏外挂等务必做到露头就打，同时，努力清除网络的灰色地带，挤压"黑灰产"的生存空间。企业平台提升技术对抗能力和反制更新，严密防范"黑灰产"技术的侵入。网民要自觉选用正规、合法的软件，拒绝、抵制非法软件，切实保障自身合法权益。

二是打击"资金链"。上千亿规模的网络黑灰产业强烈地吸引社会资本的流入，同时刺激"黑灰产"的剧烈扩张和快速发展，从而牟取更大的不法利益。打击"资金链"就是从根本上铲除"黑灰产"生存的基础。关键的一环是阻断"黑灰产"变现的渠道，从源头上窒息黑灰产业，加强支付终端管理，有效堵塞"黑灰产"变现渠道，斩断"黑灰产""资金链"的七寸。支付受理终端主要指线下支付工具，如银行卡受理终端、条码支付受理终端及创新支付受理终端，常用的 POS 机、扫码支付、刷脸支付机具等均属此类。据业内人士介绍，支付行业内买卖终端、移机、一机多码、一机多户等现象屡禁不止，很容易被犯罪分子利用，通过受理终端进行资金转移。另一现状是特约商户准入不严格。部分收单机构对商户相关证明文件及其真实意愿、经营场所、终端布放位置等核实流于形式，导致虚假商户问题仍然突出，此外，部分收单机构、清算机构未结合条码支付业务特征健全条码支付受理终端、收款条码管理，导致条码支付业务涉黑灰产业的风险加大。如，河北顺平警方打掉一个利用"跑分平台"犯罪的团伙，抓获嫌疑人 11 人，捣毁窝点 8 个，涉案资金 30 亿元。所谓"跑分平台"大多披着"网络兼职"外衣，利用普通账户将大额资金分散化，并分批、分量地"搬运"，将跨境赌博、电信诈骗获取的款项洗白。在这一过程中，支付管理终端关联银行账户、支付账户成为"黑灰产"的洗钱通道。

2020 年 6 月，央行发布《中国人民银行关于加强支付受理终端及相关业务管理的通知（征求意见稿）》，面向社会公开征求意见。该通知就是针对目前"黑灰产"、洗钱猖獗的情形，明确了监管市场参与主体各方责任、业务流程，为以后进一步落实打下基础。

当前，"黑灰产"洗钱还有一种更加隐蔽的方式和渠道，增大了打击的难度。比特币、游戏币交易等成为"黑灰产"普遍使用的洗钱方式。为了逃避法律制裁及警方侦查追踪，越来越多"黑灰产"选择以比特币方式进行交易。比特币所具有的去中心化、不可溯源且匿名特征，任何一台连接互联网的电脑都可以进行点对点比特币转账，资金流动只依赖于网络，不需要第三方机构如银行等，难以监管，也没有额度。目前，对于虚拟货币的处理面临着法律上的空白，这也是公安机关打击网络犯罪遭遇的严峻挑战。

三是打击"利益链"。无论是上游的恶意软件的提供，还是下游"黄赌骗"的实施，"黑灰产"还需要获得产业利益链条的全环节支撑。这种利益链就是俗称的网络"黑灰产"供应链，由专为"黑灰产"提供物料、流量、支付三大支撑的产业链组成，其本身不仅是"黑灰产"的源头，也是"黑灰产"的一部分。其中的非法支付结算则是利益链条的核心。近年来，移动支付随着移动互联网的发展而迅速发展，给民众生产生活带来了极大便捷。网络"黑灰产"也快速瞄上了移动支付，纷纷搭建"非法支付结算平台"，为网络"黑灰产"提供洗钱、支付结算服务和活动基地。

支付账号是从事非法支付结算"黑灰产"的必需物料，除了租借、收购正常用户的支付账号之外，大量作恶账号来源于"黑灰产"团伙的批量恶意注册。这些"非法支付结算平台"不仅滋生欺诈、盗刷、信息泄露等风险隐患，同时，严重扰乱了金融市场秩序，给正常支付系统常来监管风险。

黑产团伙通过高频交易、线上交割模式，利用话费、油卡、点卡等虚拟商品的高流转性，伪造虚假交易将结算环节部分脱离支付公司风控体系，为网络色情、赌博提供线上入会渠道，达到资金流转的目的。目前，由于大型电商内部结算体系脱离于支付平台的风控体系，平台无法直接处理电商商户，"黑灰产"利用大型电商内部管理的弱点，大举进驻电商平台成为商家，利用商品类型和价格的虚设，打着电商购物的幌子，公然为"黄赌骗"犯罪提供收款服务。打击"利益链"重点就是查清取缔那些"非法支付结算平台"。

四是打击"人员链"。在集团化运作下，从上游顶端的黑客，到下游末端的马仔，构成了完整的"人员链"。黑客是全链条的核心人物。初期，黑客开发攻击、破坏型工具软件主要是为了炫技，而现在完全以利益为驱动。一旦发现网络业务系统的漏洞或薄弱点，黑客便开发工具软件实施攻击，攫取利益。同时，黑客还在网上四处招收学员进行网上教学，培养壮大"黑灰产"的技术力量。马仔经过不断培训和实战，逐渐发展成"黑灰产"的活动骨干。网络水军在黑客的引领下，充当起支撑黑灰产业的中坚力量。打击"人员链"，必须坚持除恶务尽的原则，不冤枉一个好人，也不放过一个坏人。

（三）共筑"防火墙"

近年来，网络犯罪占比赶超传统犯罪的态势日趋明显，已成为社会治理的顽症。"黑灰产"的疯狂侵犯，企业和用户全都难以幸免，人人都是受害者。这就需要政府、企业、社会组织、用户共同建筑"防火墙"，彻底阻断"黑灰产"不法侵犯的通道和机会，逐步压缩黑灰产的生存空间。正如《2019年网络犯罪防范治理白皮书》指出，打击网络"黑灰产"要做到生态治理，形成"黑灰产"治理联盟，共享"黑灰产"情报、"黑灰产"人员和技术数据库等，做到防治结合，通过个案及时优化风险策略，做到社会共治、监管机关与企业联动，做好群众普法工作等。

政府切实履行网络监管的职责，维护正常的网络秩序，通过进一步加强和完善立法以及司法协同参与，加大惩治、打击力度，营造良好的网络法治环境。政府监管执法部门坚持管理与打击相结合，线上防护和线下治理相配合的方针，实现"黑灰产"防堵疏的综合治理。加快相关立法进程，加大对软件行业的管理规制，通过作者实名、功能检测、备案溯源等制度设计，遏制恶意软件泛滥，对参与违法软件的制作者、提供者，设置从业限制。

打击"黑灰产"是互联网企业共同的社会责任，通过技术反制，不断压制"黑灰产"的滋生空间。阿里巴巴尝试用人工智能技术自动识别刷单的虚假交易信息，开发出五层识别模型，打击数据造假。腾讯启动"南极光计划"。作为国内首个通过民事诉讼、行政查处打击网络黑灰产系统化行动方案，"南极光计划"是综合治理寄生于平台生态系统上的网络"黑灰产"的专项治理行动计划，旨在保护平台经济参与各方主体的权益，维护平台内良好的经济秩序，保障平台经济的健康发展，推动网络空间治理的新探索。

网络用户加强自我防范意识和信息技术素养的提升，强化健康用网、安全用网的意识。

微警务充分发挥微传播的作用，加大反诈宣传力度，及时发布防范指南，密切和网络平台的协同配合，营造起群防群治的强大氛围。

第四节　构建网络空间命运共同体

网络空间互联互通，彻底超越了时空界限，极大拓展了人类生产生活的空间，成为人类共有的新家园，让国际社会越来越成为你中有我、我中有你的命运共同体。各国人民在网络空间休戚与共，利益攸关，热切期盼把网络空间建设成为造福全人类的发展共同体、安全共同体、责任共同体、利益共同体。2015年12月16日，国家主席习近平出席第二届世界互联网大会开幕式并发表主旨演讲。他强调，互联网是人类的共同家园，各国应该共同构建网络空间命运共同体，推动网络空间互联互通，共享共治，为开创人类发展更加美好的未来助力。习近平首次倡导的"构建网络空间命运共同体"理念，深入阐释了互联网发展治理的"四项原则""五点主张"，得到国际社会的广泛关注和普遍认同。构建网络空间命运共同体是人类命运共同体理念在网络空间的具体体现和重要实践，彰显了对人类共同福祉的高度关切，反映了国际社会的共同期盼，为推动全球互联网发展治理贡献了中国智慧、中国方案。

一、维护网络空间和平安全

各国人民利用互联网络共享表达自由、传播自由、交互自由，但是，任何一种自由都不应该也不许超越道德和法治的底线，在网络空间同样存在着国家主权。《联合国宪章》确立的主权平等原则是当代国际关系的基本准则，同样适用于网络空间。

网络主权是国家主权在网络空间的自然延伸，应尊重各国自主选择发展道路、治理模式和平等参与网络空间国际治理的权利。各国有权根据本国国情，借鉴国际经验，制定有关网络空间的公共政策和法律法规。因此，各国应维护以联合国为核心的国际体系，遵守《联合国宪章》的宗旨与原则，尊重彼此在网络空间的安全利益和重大关切。

网络空间是继陆海空天后的第五大主权领域，理应受到各国的尊重和维护。目前，网络空间的"军备竞赛"正持续升级。军事强国美国已经研发出较为完整和系统的国家网络武器系统，形成了比较完善的国家网络攻击能力。美国政府倚仗强大的军备力量在网络空间强力推行霸权主义和强权政治，对不同意识形态的主权国家策动"颜色革命"，严重危害着网络空间的和平与安全。

为了维护人类共有的家园，各国应反对网络空间敌对行动和侵略行径，制止网络空间军备竞赛，防范网络空间军事冲突，坚持和平方式解决网络空间争端。各国应积极支持联合国发挥主导作用，推动制定各方普遍接受的网络空间国际规则、网络空间国际反恐公约，健全打击网络犯罪司法协助机制，深化在政策法律、技术创新、标准规范、应急响应、关键信息基础设施保护等领域的国际合作。各国应摒弃"冷战"思维、零和博弈、双重标准和贸易保护主义、单边主义，反对国家间无端地攻击指责，致力于共同维护网络空间的和平与安全。

网络安全是全球性挑战，没有哪个国家能够置身事外，独善其身。维护网络安全是国际社会的共同责任。中国政府积极倡导开放合作的网络安全理念，坚持安全与发展并重，鼓励与规范并举。加强关键信息基础设施保护和数据安全国际合作，维护信息技术中立和产业全球化，共同遏制信息技术滥用。进一步增强战略互信，及时共享网络威胁信息，有效协调处置重大网络安全事件，合作打击网络恐怖主义和网络犯罪。中国愿同各国一道，加强对话交流，有效管控分歧，推动制定各方普遍接受的网络空间国际规则，制定网络空间国际反恐公约，健全打击网络犯罪司法协助机制，共同维护网络空间和平安全。

二、顺应国际传播秩序变革

随着"冷战"结束，国际传播秩序走向单极化，极少数西方发达国家倚仗垄断的国际话语权，大肆输出强权政治和霸权主义的理念与立场，公开实施意识形态的渗透和颠覆活动。互联网和新媒体的兴起使越来越多的发展中国家强烈感受到冲出西方发达国家所创设的"国际化话语"围墙的希望，国际话语权意识迅速高涨，开始尝试对权力和利益的诉求进行更多的"话语包装"，国际话语权的竞争开始大兴其道。中国、俄罗斯、巴西和印度等新兴大国紧紧抓住互联网蕴含的发展机遇，积极响应和推动国际传统传播秩序的变革。截至2019年，全球已有超过半数的人口上网。

随着互联网形态、创新主体、社会基础经历重大变革，世界走向全球化的政治经济格局，并不断带来更多观念、规则、体制上的创新与冲突，当此之时，以"中国崛起"为动力的全球秩序的变革，正有力地推动着全球互联网格局从"丛林法则"走向"网络空间命运共同体"。

　　当今世界正处于大发展大变革大调整时期，新一轮科技革命和产业革命正在孕育成长，新兴市场国家和发展中国家快速崛起，互联网的迅猛发展给人类文明进步带来了千载难逢的发展机遇。同时，互联网领域发展不平衡、规则不健全、秩序不合理等问题日益凸显。网络空间霸权主义、强权政治依然存在，保护主义、单边主义不断抬头，不同国家和地区之间数字鸿沟不断拉大，世界范围内侵犯个人隐私、侵犯知识产权、推行种族主义、散布虚假信息、实施网络诈骗、网络恐怖主义活动等违法犯罪行为已成为全球公害。

　　面对互联网带来的机遇和挑战，国际社会致力于利用好、发展好、治理好互联网，为此作出了不懈努力。中国既是全球互联网发展的重要受益者，也始终是国际网络空间和平的建设者、发展的贡献者、秩序的维护者。中国作为负责任的互联网大国，始终不渝走和平发展道路，奉行互利共赢的开放战略，倡导维护各国在网络空间的主权、安全和发展利益，积极参与网络空间国际治理进程，不断深化网络空间国际对话交流，依托共建"一带一路"等分享发展经验、推动务实合作，成功搭建世界互联网大会等平台，为国际社会凝聚共识和探索实践发挥了积极作用，推动全球互联网治理朝着更加公正合理的方向迈进。

　　互联网的发展正进入下半场，技术发展迫切需要具有代表性的道义标准，坚决剔除缠斗不止的零和思维、赢家通吃的垄断思维和一家独大的丛林思维，在联合国框架下制定各国普遍接受的网络空间国际规则和国家行为准则，确立国家及各行为主体在网络空间应遵循的基本准则。

　　共同构建网络空间命运共同体的中国倡议体现了中国作为国际大国的责任担当，反映顺应国际传播秩序变革的强烈愿望，表达了国际社会要求以新的理念引领互联网发展，以新的模式强化国际合作，以新的路径增强全世界人民福祉的共同心声。

　　互联网、大数据、人工智能等现代信息技术不断取得突破，数字经济蓬勃发展，各国利益更加紧密相连。虽然国情不同，互联网发展阶段不同，面临的现实挑战不同，但推动数字经济发展的愿望相同，应对网络安全挑战的利益相同，加强网络空间治理的需求相同。正是基于共同的迫切愿景，世界各国应该携手共建网络空间命运共同体。

　　中国政府对互联网发展始终秉持开放合作的态度，并通过开放合作和全世界共谋发展，共享福祉。面对互联网发展不平衡、规则不健全、秩序不合理等日益凸显的问题，中国积极呼吁改变互联网治理现状，不但通过参与各种国际互联网论坛来表达自己的主张，为全球互联网治理贡献中国方案，而且模范实践国际互联网规则，在加强网络伦理和网络文明建设方面作出重大贡献。同时，积极推动加快互联网治理规则的改革，赢得发展中国家的大力支持和响应。

三、提升国际警务合作话语权

当今社会，全球化成为不可逆转的发展趋势，为世界各国提供政治全球化、经济一体化、文化大融合的机遇的同时，也使各国面临恐怖主义、网络犯罪等非传统安全威胁加剧和升级，单纯地依靠一个国家的力量根本难以应对，必须寻求国际警务合作的途径来共同破解这一世界性难题。国际警务合作是指不同国家或地区的警务执法部门根据本国（地区）签订的国际公（条）约和本国（地区）的法律法规在防范和打击跨国（境）犯罪，化解安全风险共同采取的一种警务执法合作。随着改革开放的全面深入，人、财、物的大流动汇入到全球化的大潮，我国所面临的各种非传统安全威胁日益凸显。我国政府和公安机关开展国际警务合作成为急迫的需要。

第一，公安工作创新急需国际警务合作。传统的公安工作模式，一般将目标与任务固化在国内或某个区域，警务理念、战略规划、战术设计、勤务保障等完全不能适应形势职责要求，需要改革创新以适应国际警务发展的趋势和潮流，积极和国际警务接轨。他山之石，可以攻玉。通过国际警务合作，有效地破解发展道路的体制障碍和深层次矛盾，创新管理体制和勤务机制，全面提升警务效能。

第二，保障公民出入境合法权益急需国际警务合作。随着经济发展，"走出国门"早已成为国人生产生活的常态。来自国家移民管理局的数据，2019年，全国边检机关检查出入境人员 6.7 亿人次，同比增长 3.8%。检查出入境交通运输工具 3623.5 万辆（架、列、艘）次，同比增长 3.4%。全年，内地居民出入境 3.5 亿人次，香港、澳门、台湾居民来往内地（大陆）分别为 1.6 亿、5358.7 万、1227.8 万人次，外国人出入境 9767.5 万人次。出境的中国人无论是经商、旅游还是求学、探亲，时常遭遇种种的困难。因文化、宗教、法律、人文等方面的差异性，中国公民经常求助无门，致使合法的权益得不到较好保障，渴望通过国际警务合作为身处困境的公民依法提供帮助。

第三，服务改革开放急需国际警务合作。中国经济的快速崛起，推动中国市场和全球化大循环的接轨，商品、资金、技术纷纷走出国门，中资企业在世界各国落地生根，国际合作项目在世界各地开花结果。因文化、历史、人文的背景不同，必然存在企业文化之间的矛盾与冲突。要消除文化上的隔阂和冲突，关键在于文化的交流，而国际警务合作就是一种有效的文化交流活动，从法律的层面帮助消解文化的冲突。

第四，打击跨国犯罪急需国际警务合作。因人文历史的差异，各国的出入境管理规制不同，不法分子千方百计利用不同的规制企图将他国视为逃避法律打击的"天堂"。一些犯罪集团甚至将他国作为犯罪基地,对我国实施跨国犯罪。恐怖主义、网络犯罪、海上抢劫等非传统安全威胁正成为世界各国日益突出的现实安全问题,不单中国,世界各国正积极寻求国际警务合作来共同应对日益猖獗的国际犯罪浪潮。

第五,全球网络治理急需国际警务合作。互联网正成为各国人民共有的精神家园,但相伴相生的网络"黑灰产"已成为全球经济的"毒瘤"。网络犯罪和"黑灰产"相互呼应,狼狈为奸,搅得网络空间乌烟瘴气。为规避监管,越来越多的犯罪集团转移到境外,利用境外的通信工具遥控指挥,将境外的服务器作为跳板,利用国内外监管存在的"中空"地带实施犯罪,从而增加监管、打击的难度。网络空间的无边无际,任何一个国家或几个国家都不可能承担起网络治理的重任。网络的互联互通,就需要世界各国的共享共治。开展国际警务合作无疑是共同治理网络的全球方案

第六,维护世界和平安全急需国际警务合作。世界大环境整体和平安全,但在局部地区,因政治、文化、宗教的冲突引发的国家动乱,导致人道灾难。恐怖主义和跨国犯罪组织趁机兴风作浪,加剧了动荡。单纯的军事干预和国际制裁也难以彻底恢复和平与秩序,还需要国际警务合作的快速跟进和积极作为。

国门打开,我国公安机关以加入国际刑警组织为契机,积极探索国际警务合作,在国际外交舞台上不断展现中国警察的风采。2020年是联合国成立75周年,部署警察参与维和行动60周年,也是中国警察参与联合国维和行动20周年。自2000年以来,已先后有2600余人次的中国维和警察和国际职员在世界10个任务区完成维和任务。目前,我国公安部已与113个国家和地区建立了密切的执法合作关系,搭建了129个双、多边合作机制和96条联络热线,同70余个国家的内政警察部门签署各类合作文件400余份,向全球30个国家派驻68名警务联络官。

从熟脸协作,到双边合作,到规程运作,我国的国际警务合作一步步地深化走向全面。随着经济的崛起和国际影响力的扩大,公安机关急需提升国际警务合作的话语权。

国际话语权是指以国家利益为核心,就国家事务和相关国际事务发表意见的权利,体现知情权、表达权和参与权的综合运用。"冷战"结束后,时代主题回归和平、发展、合作、共赢。在经济全球化的发展进程中,加强国际合作成为时代主流和许多国家的必然选择,也成为维护国家利益的手段之一。

国际警务合作是国家总体外交的重要组成部分,完全符合国家利益需要。经历40余载的改革开放所产生的聚积效应,显示出国家力量的强劲崛起,中

国在国际上的利益面日益扩大，国际警务合作也向更宽广的领域拓展。在中老缅泰湄公河联合执法、上海合作组织网络反恐、"一带一路"沿线国家联合打击跨国犯罪等行动中，中国政府和公安机关发挥了积极的作用，取得了显著的成效，但是，中国力量的崛起和综合实力国际地位的上升，并没有获得越来越多的国际话语权，相反，以美国为首的西方国家动辄以保障人权为幌子，刻意围堵和打压中国，经常以西藏、新疆问题设置议程，利用西方的话语优势攻击和贬损中国。实际上，在国际警务合作中，我国的国际话语权仍处于弱势地位，和负责任的大国的形象极不匹配，急需要提升我国在国际警务合作中的话语权。

（一）牢固树立合作共赢的新理念

合作共赢是时代主流，也是符合国家的根本利益。合作是前提，共赢是目标。积极开展国际警务合作就必须树立合作共赢的新理念。长期以来固化的意识形态对立的思维，严重禁锢了国际警务合作的开展，忌惮意识形态的差异及复杂多变的政治关系，国际警务合作停留在浅层次的执法协作，基本没有理念、规制等方面的交流与对接。陈旧的理念早已不合时宜，难以得到他国的尊重和拥护，根本丧失了话语权的基础。即便是依靠强势支撑，国际话语权失去了应有的影响力。只有合作共赢的理念下，求同存异，才能展示出国际话语权这一软实力。

2020 年 9 月 15 日，上海合作组织成员国安全会议秘书第十五次会议以视频形式举行。国务委员、公安部部长赵克志出席并发言。赵克志就加强上合组织安全合作提出中方五点建议：第一，创新合作方式，保持战略沟通。及时就地区安全形势、打击"三股势力"和贩毒等跨国犯罪、网络安全等重大问题交换意见，最大程度凝聚各方共识。第二，反对外部干涉，维护政权安全。进一步树立安全命运共同体意识，共同抵御域外势力渗透干涉。第三，深化反恐合作，维护地区和平。加强打击地区恐怖活动、网络恐怖主义等合作，分享去极端化经验做法，铲除恐怖主义滋生土壤。第四，加强禁毒合作，保障共同利益。支持各方开展缉毒联合行动，加强禁毒国际合作，共同应对互联网涉毒、物流贩毒、新精神活性物质制贩滥用等犯罪。第五，加强信息保护，确保网络安全。秉持多边主义，坚持共建共享，深化网络安全合作，兼顾安全发展研究制定国际网络空间行为规范。中方的建议强烈地表达了合作共赢的理念，自然获得各成员国的高度尊重和积极拥护。

（二）全方位拓展交流平台

文化因交流而多彩，文明因互鉴而丰富。国际警务合作本质属于文化交流形态，交流互鉴自然须臾离不开交流共享的平台。国际刑警组织、上海合作组织等为国际警务合作提供了重要的平台。在全球化的大背景下，我国国际警务合作的领域和地区仍相对狭小。我国签订的引渡条约数量偏少。截至 2017 年 8 月，与我国签订引渡条约的国家仅有 48 个，其中发达国家的数量不足 10 个，大部分签约国为周边发展中国家。而欧美国家平均签订条约数量均在 100 个左右。引渡条约数量的不足会直接影响到国际警务合作的深度和效率。我国政府和公安机关应本着积极务实的态度，拓展更多的交流共享平台，促进和世界各国的交流互鉴。联合国维和事务特委会是联合国维和事务的最高议事机制。在一年一度的特委会会议上，中国代表团积极建言献策，发挥了积极的影响力。中方提出的改进维和人员安全防范、加强部署前后针对性的培训和常态化、强化对任务区东道国执法能力的建设、提高任务区的医疗救助能力等建设性意见得到了联合国及其成员国的欢迎。中国支持联合国与非洲联盟等区域组织和国际刑警组织等专业组织加强专业领域合作、支持通过联合国摊款向非盟自主和平行动提供资金的表态，从政治上强化了对联合国维和政策的支持。近些年来，联合国维和坚持以政治优先和预防优先，大力开展能力建设。有针对性的行动培训减少了维和行动的安全风险和违法违纪问题，提高了任务区各国人民对联合国维和行动的信任。①

（三）充分表达权益诉求

秉持积极开放的原则，尊重和维护世界各国的利益诉求，同时利用各种机会积极表达中方的主张，充分展示负责任大国的担当。首先应打造具有中国特色的话语体系。长期以来，欧美引领着世界警务发展的潮流，并形成了完备的话语体系。如果一味地沿用西方的话语体系，在国际警务合作中就无法获得较有利的话语权。其次应传播好中国警察的声音，讲好中国警察的故事。利用各种传播渠道，大力宣传中国的警务理念、机制和效果，尤其是弥足珍贵的党的领导体制和群众路线，使越来越多的国家理解和尊重中国的公安工作。最后，积极表达诉求。国际警务合作的规制一直由欧美国家把持，在国际话语权意识高涨潮流下，越来越多的发展中国家对规制表达了强烈的诉求。中国作为新兴的发展大国，更是有责任、有义务提升在国际警务合作的话语权，为世界和平与安全作出应有的贡献。

---

① 张敏娇：《中国警徽在国际维持和平事业中闪光》，载《现代世界警察》2020 年第 7 期。

第七章 微警务与"枫桥经验"

20世纪60年代初，浙江省诸暨市枫桥镇的干部群众在社会主义教育运动中创造了"发动和依靠群众，坚持矛盾不上交，就地解决，实现捕人少、治安好"的"枫桥经验"。1963年，"枫桥经验"经毛泽东同志批示后在全国推广。2003年，时任浙江省委书记的习近平同志指示要充分珍惜"枫桥经验"，大力推广"枫桥经验"，不断创新"枫桥经验"。2013年10月，习近平总书记就坚持和发展"枫桥经验"作出了重要指示，强调各级党委和政府要充分认识"枫桥经验"的重大意义，发扬优良作风，适应时代要求，创新群众工作方法，善于运用法治思维和法治方式解决涉及群众切身利益的矛盾和问题，把"枫桥经验"坚持好、发展好，把党的群众路线坚持好、贯彻好。跨越半个多世纪，"枫桥经验"历经风雨洗礼，依然生机勃发，成为全国政法综治战线的一面光辉旗帜。

50多载的岁月长河中，曾出现过无数的经验、做法、现象、样本等，但唯有"枫桥经验"饱经风雨沧桑，青春依旧。从最初的"调和阶级矛盾"，到20世纪八九十年代的"维护社会治安"；从21世纪初的"加强社会管理"，到新时代的"创新社会治理"；从乡村"枫桥经验"衍生出城镇社区"枫桥经验"、海上"枫桥经验"、网上"枫桥经验"；从社会治安领域，扩展到经济、政治、文化、生态等领域。实践充分证明，"枫桥经验"是在解决社会矛盾过程中创造的，并在基层社会实践中不断创新和发展，延伸至基层社会治理各个领域，形成的一整套行之有效的基层社会治理方案，是中国特色基层社会治理的典范。

"枫桥经验"之所以历久弥新，历久弥坚，根本在于始终坚持党的领导这一政治优势，始终坚守人民至上这一不变初心，始终弘扬创新这一时代精神，始终激活基层基础这一深厚本源。

回望发展历程，"枫桥经验"深深扎根群众路线的沃土，紧扣时代的脉搏，始终在变与不变的探索和抉择中，创造人间奇迹。变的是形式，不变的是灵魂。在不同历史时期，"枫桥经验"不断注入新的内涵，赋予时代特色，变换新方法、新手段，创新始终都是"枫桥经验"的活力之本、力量之源。同时，无论时代风云如何变幻，党和国家的工作重心如何调整，坚持党的领导、践行党的群众路线，尊重人民群众的主体地位和首创精神始终是"枫桥经验"不变的灵魂。形变而魂不变，正是"枫桥经验"永葆青春的秘诀。

走进新时代，"枫桥经验"从当年的"斗争经验"华丽变身为融入时代理念和时代元素的基层社会治理模式，成为共建共治共享社会治理格局中的标杆。

随着改革开放和社会主义市场经济的不断深入发展，传统的社会管理的微观基础、党的群众工作所处的经济社会环境和体制机制，都相应发生了深刻而复杂的变化，人们的利益需求、行为方式和价值取向日益多样化。这些新的变化，使新时代党的群众工作的对象更加多样、工作内容更加丰富、工作的社会环境更加复杂。同时，人民群众对我们党和政府认同已经从情感认同逐渐向法理认同、利益认同转变；对党委、政府的诉求不但有着物质方面的，而且有着更多的社会诉求，权利意识、法治意识、监督意识较之以往有了很大增强；对党员干部的要求不仅需要勤勤恳恳，而且对专业背景、领导能力和工作作风等方面有着更高的要求。"枫桥经验"的创新发展，较好地适应了党的群众工作的需要，切实增强了基层群众工作的针对性、实效性。[①] 互联网、大数据、人工智能等先进技术将人类带入网络时代，社会的网络化、管理的数据化为基层社会治理提供新的技术手段和方法，也面临着新的挑战。坚持和发展"枫桥经验"必须充分发挥互联网的技术支撑作用，利用网络和新媒体平台汇集民众的意见、建议、智慧，将"虚拟"和现实有机结合起来，高效解决现实问题。

微警务就是具有鲜明时代特色的网上"枫桥经验"的重要载体，是创新基层社会治理的重要手段和方式，实现治理手段科学化、治理方式的智能化、公共服务的模式化。微警务积极探索"互联网＋社会治理""群众路线＋互联网"新的领域、理念、机制和手段，为互联网安全服务和网上矛盾纠纷解决提供平台和路径。

微警务再现了"枫桥经验"的风云。网上"枫桥经验"不再局限于基层社会治理和治安稳定，已经广泛实践于民主政治建设、金融风险防控、生态环境保护以及人的全面发展的各个领域和方面。"枫桥经验"创新发展的每一个细节、每一个步骤、每一个闭环都会在网络上清晰再现。

微警务发展"枫桥经验"的方法。微警务提供了警民沟通的广阔平台。在交互中，公安机关及时了解把握群众的诉求、立场、观点，利用法治思维和法治方式创新群众工作的新理念、新方法。

①　顾伯冲：《对"枫桥经验"创新群众工作方法的再认识》，载《学习时报》2018 年 5 月 21 日。

微警务丰富"枫桥经验"的手段。微警务充分尊重群众的主体地位和首创精神，推崇共建共治共享的基层社会治理制度，积极动员、组织、凝聚群众建设社会治理共同体，善于发现、总结、推广群众创新经验和手段，共同破解社会治理难题。

微警务传承"枫桥经验"的灵魂。坚持党的领导、善于发动群众、紧紧依靠群众、密切联系群众是"枫桥经验"内在的灵魂，始终不变。坚持专门工作和群众路线相结合是公安工作一以贯之的方针，始终不渝。微警务创立之始就扎根于群众路线的土壤，时刻秉持群众的立场、观点、方法，深刻回应人民群众新期待、新要求。

第一节　微警务枫桥映射

进入网络时代，民众的生产生活深度嵌入网络，民众的社交、消费、教育、娱乐等活动高度依存于网络，可以说，网络全面改变民众的生产生活方式，民众正自觉或不自觉地走向网络，拥抱网络。自然，公安工作的服务亟待向网络延伸。网里与网外交织，线上线下重构，现实与虚拟结合，使现实场景映射在网络空间，必然将矛盾和冲突带入网络并在网络活动中产生新的矛盾与冲突。网络治理和网上服务都是公安机关面临的前所未有的课题。新情况、新问题层出不穷，闻所未闻。单打独斗根本无法履行新时代的职责使命，只有紧紧依靠人民群众，不折不扣坚持专门工作和群众路线相结合的方针，才是胜利之本。公安机关积极探索"互联网＋群众工作"的思路、方法、手段、愿景，发展网上"枫桥经验"。

网上"枫桥经验"既是现实"枫桥经验"的映射，更是对现实"枫桥经验"的丰富和发展。坚持网民的立场、观点、方法、手段，以网民的语言、思维回应网民的关切，破解网上的矛盾纠纷，防范网上的风险隐患，营造清朗网络环境。微警务将现实和虚拟有机结合起来，将现实的"枫桥经验"和网上的"枫桥经验"融会贯通，快速解决现实问题。

公安机关是"枫桥经验"的坚定践行者、维护者和创造者。不同的历史时期，基层公安机关紧紧围绕党和国家的中心任务，不断丰富和发展"小事不出村，大事不出镇，矛盾不上交"的"枫桥经验"，根本在于始终坚持以人民为主体，依靠群众、组织群众、发动群众。进入新时代，社会主要矛盾发生历史性转变，基层社会治理面临许多新课题、新挑战，更加需要把"枫桥经验"坚持好、发展好，把党的群众路线坚持好、贯彻好。2019 年，公安部部署开展"创建枫桥式公安派出所"的活动就是坚持和发展"枫桥经验"的生动体现。全国公安派出所全警投入,按照"矛盾不上交,平安不出事,服务不缺位"的工作目标,创新群众工作的方法、手段,使"枫桥经验"不断焕发出蓬勃生机和旺盛活力。

——矛盾不上交。基层是矛盾的高发地,风险的聚集区。日常的生产、生活、交往中,不可避免地产生矛盾和纠纷。经济社会的发展进程中必然和群众的切身利益发生深度关切,特别是涉及征地、拆迁、重组、下岗等和民生深刻联系,在利益的调整和纠葛中,难免会产生龃龉甚至冲突。改革开放的深入、法律的修订、政策的调整必然引发利益格局的变动,既得利益阶层和群体自然极力维护自己的"奶酪",甚而挑战法律和道德的底线。可以说,在基层,矛盾时刻都可能存在,随时都可能发生。无论显性的,还是隐性的,任何的矛盾纠纷的存在都是社会稳定的极大隐患。排查矛盾纠纷,消除风险隐患,成为基层社会治理的硬核。任何矛盾的产生都与客观因素和主观因素紧密相关。一个巴掌拍不响。消除化解矛盾纠纷自然脱离不了客观环境,因此,将矛盾化解在基层难度最小,风险最小,概率最高。

——平安不出事。平安是人民幸福安康的基本要求,是改革发展的基本前提。在当前经济社会转型过程中,利益诉求多元,社会矛盾凸显,各种不确定因素传导使稳定压力依然严峻,社会治安态势仍处于高位运行,个人极端犯罪行为和恐怖主义威胁时刻存在,网络犯罪和"黑灰产"极其猖獗,来自政治、经济、文化、社会、生态等方面的风险隐患不时冲击社会稳定的堤坝,切不可掉以轻心。基层社会治理务必坚持源头治理,全力做好各类矛盾纠纷的排查化解工作,对安全隐患坚持抓早抓小抓苗头,消除在初始。全面落实立体化打防管控措施,对各类社会治安问题务必露头就打,彻底铲除其生存的土壤。

——服务不缺位。人民,只有人民,才是创造历史的真正动力。"枫桥经验"源自人民群众的创造伟力。可以说,发动和依靠群众是"枫桥经验"的精髓所在,灵魂所在,是党的群众路线在社会治理中的具体体现和实现形式。发动和依靠群众的终极目的也是为了群众,必须锚定密切党群关系、警民关系下功夫,出实招,着力打通联系群众、服务群众的"最后一公里"。随着时代的变迁,人民群众对基层社会治理提出了越来越多的精神化需求——在物质需求逐步满足的同时,精神需求有了更多新期待,尤其是实现公平正义和自我价值的愿望日益强烈。做好新时代的群众工作,就是要把以人民为中心的发展思想落实到关心群众的每一件揪心的难事上,服务群众的每一项关键的小事上,解决群众每一件具体的纠纷上,不断提高群众获得感、幸福感、安全感。

微警务全面覆盖基层公安工作,已经成为基层公安机关创新发展"枫桥经验"的重要载体和重要手段。微警务的形态、理念、方法、愿景和公安机关的群众工作高度合拍，与党的群众路线紧密契合，同新时代"枫桥经验"心心相印。

一、坚持党建引领

无论是战争年代，还是建设时期，中国共产党始终保持和最广大的人民群众取得最密切的联系，这一优良传统也是中国共产党有别于其他政党的显著标志。即便是受极左或极右的思潮影响，党的群众路线受干扰，党群关系、警民关系被扭曲，群众的感情受伤害，中国共产党以巨大的政治勇气纠正自身的错误，不断巩固和加强党同人民群众的血肉联系。"枫桥经验"历经 50 多年的风雨洗礼，虽然也受到过大环境的冲击，但是仍然在逆境中奋进，在抗争中初心不改，始终践行党的群众路线，尊重人民群众的主体地位和首创精神。"枫桥经验"伴随新中国跨越了从站起来、富起来到强起来的伟大历程，依然历久弥新，焕发出新时代的光芒。

"枫桥经验"之所以充满生机和活力，最根本的就在于把党的领导落实在基层。

首先是把加强党的领导作为贯穿基层社会治理的主线。中国特色社会主义最本质特征是中国共产党领导，中国特色社会主义制度的最大优势是中国共产党的领导。基层社会治理环境复杂，任务艰巨，需要有效整合基层力量资源，推动矛盾纠纷排查化解制度化、规范化。完善联动融合、集约有效的政府治理机制，增强基层社会治理系统性和实效性，健全开放多元、互利共赢的社会协调机制，打造权责统一、风险共担、成果共享的命运共同体。这一切的一切，都离不开党的坚强领导。进入新时代，更要充分发挥好这一政治优势，始终把党的领导和"枫桥经验"基本精神紧密结合起来，贯穿于基层改革发展稳定各领域、全过程。微警务平台大量宣传党领导基层社会治理的路线、方针、政策，让人民群众贯彻执行党的路线、方针、政策成为自觉行动。

其次是把党的基层组织作为创新社会治理的"主心骨"。基层政权涣散、组织软弱是基层社会治理中遭遇的常见现象。加强党的基层组织建设成为基层社会治理的重中之重。党中央部署指挥为期三年的"扫黑除恶"专项斗争锋芒直指危害基层政权的黑恶势力、宗族势力。干部下派、警力下沉旨在充实加强党的基层组织。全面推行在社会组织中建立党的组织，选派党建指导员，党员结对联系等制度，使党对群众和社会组织的领导规范化。通过健全总揽全局、协调各方的党委领导机制，着力提高党在基层社会治理中的政治领导力、思想引领力、群众组织力、社会号召力。

　　最后是把党建作为引领发展,推进基层治理的"牛鼻子"。微警务积极创新"党建+"模式,深入实施"党建+乡村组织""党建+流动人口管理服务""党建+社会组织""党建+乡村社区警务"等战略行动,使党的旗帜在每一个阵地上高高飘扬,确保党的全面领导落实在基层,落实在每一个治理环节。基层的治理和发展是一个长期的过程,党建工作必须与时俱进。针对群众的需求和中心任务,创新党建的思路、方法、手段,体现鲜明时代特色,尤其是善于运用网络技术和新媒体手段,为群众提供快速便捷服务。

二、坚持人民主体地位

　　不管政治风云如何变幻,坚持人民主体地位始终是"枫桥经验"发展的出发点和落脚点。诞生之初,正处于"左"倾严重的年代。有些干部群众也希望采取激进方式显示阶级斗争觉悟。当地党委坚持实事求是的科学态度,顺应绝大多数干部群众的愿望,因地制宜,没有打人,没有捕人,更没有杀人,而是通过说服教育的办法,把"四类分子"改造为社会主义新人。枫桥群众的伟大创造无疑为巩固人民民主专政的政权开辟了一条重要途径。当毛泽东同志得知"枫桥经验"后立即给予肯定,要求各地学习推广。

　　改革开放后,枫桥群众在生产生活中创造出"把预防、打击犯罪同教育、挽救违法行为人员结合起来"的工作方法,充分依靠基层干部和广大群众维护社会治安,走中国式的公安工作道路,探索出化解矛盾、维护稳定的"四前"工作法,即组织建设走在工作前、预测工作走在预防前、预防工作走在调解前、调解工作走在激发前,达到"小事不出村,大事不出镇",大量矛盾纠纷化解在基层的效果。

　　进入21世纪,枫桥镇党委和政府、公安机关正确处理改革发展稳定的关系,坚持以人为本,把不断提高人民群众生活质量和加快推进基层民主政治建设作为切入点,为经济社会全面、协调、可持续发展创造和谐稳定的社会环境,与此同时,坚持依靠群众、发动群众,抓早抓小、就地化解的原则,努力做到组织群众减少矛盾,依靠群众化解矛盾,服务群众预防矛盾。

　　"武斗斗头皮,外焦里不熟。文斗摆事实,讲道理,以理服人,才能斗倒敌人。"这是当年枫桥干部群众一致遵循的斗争哲学。正是这种首创精神,融入了群众的方法、群众智慧和善治理念,成为"枫桥经验"流传数十载依然长盛常青的内在基因。在后来的工作中,枫桥群众首创的"不推一把拉一把,不帮一时帮一世"的帮扶原则,以及"网格化管理""组团式服务""三治融合""四防并举,共建共享"等方法、手段、理念都上升为基层社会治理的制度设计和基本遵循。

改革开放进入闯险滩、啃骨头的"深水区",越来越多的不确定性传导到基层社会治理层面,使基层社会治理和稳定面临前所未有的挑战。坚持和发展"枫桥经验"必然会和经济社会中与人民群众攸关的教育、就业、收入、分配、社会保障、医疗卫生、住房等问题发生正面的对撞,不可避免,无法回避,而解决之道,只有始终不渝地坚持党的群众路线,坚持人民主体地位,坚持一切为了群众,一切依靠群众。

我国社会的主要矛盾发生历史性转变,不平衡不充分的矛盾呈现复杂性和多样化的特点。每一个地区和每一个时期的具体矛盾各不相同,解决矛盾的方法、手段自然千差万别。这就更需要放手发动群众,充分依靠群众,才能准确把握和判断问题,及时对症下药。从某种意义上说,人民群众的主体地位和首创精神就是克服险阻、化解风险的灵丹妙药。

人民群众在伟大实践中的创新理念、方法、手段,最接地气,最可持续。微警务应大力总结、宣传、推广人民群众的首创精神,积极探索基层社会治理新的路径。

三、坚持社会协同

"枫桥经验"诞生、发展、演化的过程,清晰地展现出基层社会治理模式和治理制度的变化历程。过去,"枫桥经验"主要运用于公安、综治等领域,随着经济社会的发展和改革开放的不断深入,"枫桥经验"从乡村治理向城镇、社区治理延伸,从治安扩展到政治、经济、文化、生态等全方位、多领域。"枫桥经验"紧紧扭住群众工作这条主线,不断探索时代发展提出的新课题,不断回应新挑战,因此,能在不同历史时期走出既具有自身特色,又切合实际需要的发展道路,引领基层社会治理的前进方向。

伴随市场经济的深入发展和利益格局的深刻调整,社会矛盾纠纷呈现出数量多、领域广、专业强的特征。现有的矛盾纠纷解决机制与能力完全难以与之相匹配。单纯地依靠组织就地化解矛盾的方法、手段、能力难以与人民群众日益增长的美好生活需要相适应,需要构建和完善与形势任务相适应的矛盾纠纷化解机制,需要创新发展新时代"枫桥经验",在坚持和完善现行调解制度的基础上,借助于多元化的社会组织力量,为群众提供更丰富的解纷渠道、更多样的解纷主体和更经济、便捷、高效的解纷服务。

(一) 推广专业化调解

人民调解、行政调解、司法调解是我国调解制度的三个主要组成部分。都具有自主的组织形式,完整的工作原则、制度、程序,严格的工作纪律,独特的工作方法，因此，可将此三种调解方式称作专业调解。人民调解是我国社会主义法制建设的一项伟大创举，也是我国一项具有特色的法律制度。实践证明，人民调解是人民群众自我管理、自我教育的好形式，对增进人民团结，维护社会安定，减少纠纷，预防犯罪，促进社会主义"两个文明"建设发挥了积极作用。"枫桥经验"中依靠群众就地化解矛盾就是人民调解的伟大创造。行政调解是基层公安机关的一项日常工作，也是公安机关执行群众路线的重要方法。通过调解，公安机关将大量的矛盾纠纷化解在当地，解决在初始。司法调解是维护社会公平正义的最后一道防线，已成为人民群众解纷需求的重要出口。随着法律意识的提高，越来越多的民众拿起法律武器来捍卫自身合法权益。

（二）推动社会化调解

通过社会化和市场化运作，构建竞争有序、诚信自律、自我管理的社会解决矛盾纠纷体系，支持和鼓励多主体的社会组织参与和主持矛盾纠纷化解，政府和当事人通过有偿服务，社会组织提供高质量服务来获得竞争优势和市场认可，双方或多方共同促进社会矛盾纠纷化解机制的发展与完善。律师队伍人数多，业务能力强，参与调解大有可为。政府和业界应加强制度设计，放宽市场准入，推动律师调解的社会化运作。在处理商事纠纷中，仲裁调解的作用越来越突出。政府要畅通仲裁与诉讼机制，引导当事人自主选择仲裁解决矛盾纠纷，提升仲裁的社会作用。近年来，在乡村和偏远地区存在着一种灰色的力量，专门为村民了难铲事，提供有偿服务。这股力量游移于法律的灰色地带，在乡村具有一定的市场。村民因种种原因，有事时愿意接受灰色力量的居间调解。这种灰色力量显然在解决民间纠纷中有一定的存在价值和积极意义，只要进行有效的引导和管理，完全可以转变成为解决民间纠纷的有生力量。如果放任不管，则极有可能沦为黑恶势力的帮凶。

（三）推进智能化调解

建立并运用在线矛盾纠纷调解平台，实现线上线下调解资源的全面对接，随时随地满足民众调解的需求，提升社会治理的智能化水平。虚拟世界，民众的生产生活完全处于陌生人的环境。交互之中，难免会产生这样或那样的矛盾纠纷，只要当事人本着积极向上的心态，在规则之中总能找寻化解的路径。但是，在一些充斥着社会戾气和负能量的网络空间，一言不合就对骂，稍不如意就互撕。一些平台和社群成为矛盾纠纷的聚集地，污染网络空间，危害社会稳定。来自网络的侵权、贩假、诈骗等不法行径正严重地危害着民众的财产安全和正当权益。政府主管部门和公安机关要切实履行监管职责，对网上矛盾纠纷随时进行大排查，做到早发现早化解。经营主体守土有责、守土尽责，尽力将矛盾纠纷化解在初始。同时，动员和组织社会化调解组织进驻线上，通过统一资源展现，统一培训考核，统一数据管理，充分发挥社会组织的调解作用。

四、坚持公众参与

人民群众是最广泛、最活跃的社会治理主体。基层社会治理的每一环节、每一步骤都和民众的切身利益休戚相关。经济的发展、社会的安定、生态的优美都可以直接从民众的钱袋子、菜篮子中表现出来。因此，动员和组织民众参与社会治理最容易激发起内生动力。民众为社会治理的付出都会油然而生在为美丽的家园、幸福的生活添砖加瓦的感触。实践证明，共建共治共享是坚持发展"枫桥经验"的重要方向，充分整合社会的力量，发挥各个主体的积极性，形成人人参与、人人尽力、人人享有的良好局面。

当年在"阶级斗争为纲"的大气候中，枫桥镇干部群众不跟风不盲从，顶着巨大的压力，通过说理斗争，实现了不捕人、治安好的目标。正因为有了这份充实而持久的获得感，枫桥干部群众才会内生出一种"小事不出村，大事不出镇，矛盾不上交，就地化解"的豪情和勇气，才有"枫桥经验"的长盛不衰。

新时代坚持和发展"枫桥经验"已不再是单纯地依靠群众就地化解矛盾，而是组织、动员群众全面参与基层社会治理。这就需要尽快完善人人尽责、人人享有的民众参与机制，创新群众参与社会治理的组织形式，拓宽群众参与社会治理的制度化渠道，更好地广纳民智，广聚民力，做到过程让群众参与、成效让群众评判、成果让群众共享，创造新时代群众路线的新路径。

——让专业人干专业事。基层社会治理不再是政府包打天下，在许多的领域更需要通过社会化和市场化运作，让更多的社会力量参与进来。闻道有先后，术业有专攻。社会治理倡导社会协同，就是要用擅长于这一领域的人才去做这一领域的事，实现资源利用的最大化。譬如组织律师、居委会大妈、退休干部参加社会化调解，让他们发挥各自的专业技能。在诸暨市现有 3099 家社会组织、28.2 万名参与者，成为基层治理不可或缺的有生力量。

——让志愿者干志愿事。近年来，志愿者已经成为基层社会治理的重要新生力量。志愿者发挥自己的一技之长，和志同道合者共同为社会治理贡献力量。在政府的引导下，各地不断完善志愿服务机制，扶持与推广志愿者协会、志愿者联盟等公益性的社会组织，不仅壮大队伍，而且使服务的内容、对象更加广泛。目前，诸暨市实有注册志愿者 7.4 万名，年服务时间超过 180 万个小时。在枫桥镇，由 100 多名不同年龄、不同行业的志愿者组成的"红枫义警"已成为街头亮丽的风景线，实现了民警、辅警、义警"三警协同，守望平安"。

——让老百姓干百姓事。"枫桥经验"重在群众自治，尤其突出群众自治组织的存在价值，坚持将基层事务决策权、管理权、监督权交给群众及其自治组织。因此，在健全完善村（居）民自治的同时，推进村级社会化组织标准化建设，打造一批新型的社会组织。枫桥镇"红白理事会"是村民自办自营自治的组织，通过"一村一策"制定红白喜事规章，营造出"婚事新办，丧事俭办，喜事简办"的农村新风尚。

第二节　微警务民意聚焦

"枫桥经验"鲜明生动地诠释了坚持人民主体地位的真谛。"知屋漏者在宇下，知政失者在草野。"基层社会治理总是和民生、民意、民情息息相关。制定的路线、方针、政策是否切实有效、管用，民众最有发言权。获得感、幸福感和安全感就是民众评判治理效能的标准。那些虚头巴脑、花里胡哨、冠冕堂皇的形式主义、官僚主义，严重脱离客观实际，劳民伤财，民众最为痛恨。任何时候，顺应民意是基层社会治理的群众基础和政治保障，是发展"枫桥经验"的出发点和落脚点。惨痛的历史教训时常告诫我们，任何违背民意的长官意志和形象工程都是对基层社会治理的公然破坏，是对"枫桥经验"的粗暴践踏。尊重民意、顺应民意、实现民意是基层社会治理的基本遵循和前进方向。

因为基层社会治理的主体来自人民群众。人民群众是革命和建设的力量之源，胜利之本。党和政府紧紧依靠群众路线，加强基层社会治理，夯实执政根基，改善人民生活，实现中华民族伟大复兴的中国梦。要把"以人民为中心"作为根本立场，努力满足人民群众美好生活的需要，让城乡群众成为基层社会治理的最大受益者、最广参与者、最终评判者。

因为基层社会治理的过程依靠人民群众。新形势下人民内部矛盾排查化解的有效机制关键在于坚持人民主体地位，探索创造更多依靠群众、发动群众，就地化解人民内部矛盾的途径和方法。"枫桥经验"的历史已雄辩地证明，实现"小事不出村，大事不出镇，矛盾不上交，就地化解"，关键是要把着眼点放在前置防线、前瞻治理、前端控制、前期处置上，通过畅通和规范群众诉求表达、利益协调、权益保障通道，努力将矛盾化解在基层。通过大接访、大排查，发现民意的痛点、化解民意的堵点、着力民意的泪点，积极将畅通民意转化成基层治理的新动能。

习近平总书记指出："检验我们一切工作的成效，最终都要看人民是否真正得到了实惠，人民生活是否真正得到了改善。"这是坚持立党为公、执政为民的本质要求，是党和人民事业不断发展的重要保证。"为政之道，以顺民心为本，以厚民生为本。"目前，我国经济社会高速发展，国力不断增强，持续不断地加强基层社会治理，人民的获得感、幸福感和安全感不断增强。我国已成为全球公认的最具安全感的国家之一。但也不容回避，基层社会治理中的短板、弱项还严重地存在，与治理体系和治理能力的现代化还存在较大的差距。群众在就业、教育、医疗、住房、养老等方面面临不少难题，必须着力解决。人民群众是基层社会治理工作的最高裁决者和最终的评判者。群众的意愿就是最完整、最完美的标准答案。基层社会治理，必须坚持把人民群众拥护不拥护、赞成不赞成、高兴不高兴、答应不答应作为衡量一切工作得失的根本标准。人民群众拥护的就坚决支持，人民群众痛恨的就坚决反对。

因为基层社会治理的成果由人民群众共享。基层社会治理牢固坚持党的群众路线，学习从群众的视角，洞察群众的烦心事、操心事、揪心事，灵活运用群众立场、群众观点、群众方法解决现实问题，进而切实实现人民群众的根本利益，让人民群众共享治理成果。切实关心人民利益，满足人民美好生活需要，国家才能获得新的生命力，焕发新时代气息，基层社会就会安定有序又充满活力。进入新时代，共产党人只有始终将实现人民对美好生活的向往作为奋斗的目标，永远和人民同呼吸、共命运、心连心，不断倾听人民群众的呼声，提高社会治理体系和治理能力现代化水平，才能保证中国特色社会主义永远不会偏离正确的航向。

微警务参与基层社会治理始终坚持专门工作和群众路线相结合的方针，突出人民群众的主体地位和首创精神，围绕民生、民情，制定公安工作的路线、方针、政策，创新管理体制和运行机制，改进工作方法，一切警务活动向民意聚焦。

一、聚焦群众关切

人民群众日益增长的美好生活需要是动态的、渐进的、多层次的和多方面的。不同阶层、不同群体的差异化、个性化的需求尤为明显。在网络和自媒体发达的当下，民众自主行使知情权、表达权、参与权和监督权，利用新媒体传播平台自由表达各自的利益诉求，维护自身的合法权益，表达对民主政治、公平正义的良好愿望。民众的关切包含着基层社会治理的意愿，代表着对美好生活的向往。微警务紧紧抓住民众最关心、最直接、最现实的利益问题，把群众的操心事、烦心事、揪心事当作自己的大事来办，一切危害群众安全感的不法行为坚决查处，严惩不贷，坚定捍卫社会的公平正义，不断促进人的全面发展。

（一）尊重自由表达

表达是公民的合法权益。在法律和道德的框架内，民众自由表达自己的观点、立场、方法以及愿景。表达本身就是公众参与基层社会治理的基本形式。表达充分展现群众立场、群众观点、群众意愿。表达更是警民沟通的基本手段，表达体现了群众的新期待、新需要。可以说，民众的表达包含着民意、民情、民心，应引起高度关注和充分尊重。公安机关不仅应充分保障民众表达的权益，还要广开言路，耳听八方。

首先，畅通表达的渠道。过去受传播格局的限制，民众表达的渠道非常有限，大多以人际传播的方式来实现。非线型传播为民众表达提供了丰富的渠道和广阔的平台，人人都是麦克风，随时随地自由表达。党和政府顺应时代发展需要，开辟网络问政的平台，主动邀请民众监督政府工作，对事关重大民生的决策事项都会事前进行民意调查和听证，对涉及民众权益的立法活动都会公开征求民众意见和建议。

其次，尊重表达的方式。受环境、文化、社会、宗教等因素的影响，民众自主选择表达的方式、方法、载体，不管是传统的、还是现代的，不管是线性传播、还是非线性传播，都应一视同仁。书信和帖文、坝坝会和社群交互，方式不同，但完全不会影响诉求的表达。

最后，管控表达的情绪。民众的情绪是某些社会关系综合体的表征。情绪失控或沉默往往是矛盾冲突或社会风险来临的前兆。情绪管理是一门复杂的社会系统科学，要求高，难度大。由此，许多的民众会在表达中不由自主地放纵自己的情绪，释放戾气，激发矛盾，产生不稳定的风险。基层公安机关处于社会治理的最前沿，常年置身于矛盾冲突的风口浪尖，对民众的情绪最敏感、最理解。在保障民众表达权益的同时，应加强对民众情绪的管控疏导，打开"减压阀"，畅通"泄洪渠"，主动将矛盾化解在基层，将风险消除在萌芽。

（二）回应合理诉求

民众的诉求多种多样、千差万别，涉及基层社会治理的方方面面、角角落落，充满了民众的新期待、新要求。每一次的回应，无不是群众工作的大考。民众诉求来自日益增长美好生活的需要，不仅有物质方面的更有精神方面的，不仅有实现中国梦的愿望，更有构建人类命运共同体的向往。考题充盈着时代的气息和人间"烟火气"。民众的眼睛是雪亮的，阅卷自然是公正的。要想在人民群众的阅卷中取得理想的成绩，就必须把人民满意作为一切工作的出发点和落脚点，深刻回应人民群众的关切，把提升人民群众的获得感、幸福感和安全感作为最大的政绩。

民众的诉求往往和环境、教育、职业等要素息息相关，回应不可能存在统一的标准答案。需要学习推广"枫桥经验"，创新群众工作方法，正确把握最广大群众的根本利益、现阶段群众的共同利益和不同群体的特殊利益的关系，努力保障和改善民生，既要尽力而为，又要量力而行，既高度重视，又不超越阶段，在法治的轨道上回应合理诉求。

首先，回应体现法治的精神。以法治的思维和法治方式分析研判民众诉求的合理性、现实性，对于合理诉求给予充分满足，对无理要求坚持拒绝。

其次，回应传导正义的力量。公安机关依法用权，依规办事，不偏袒，不迎合，警务全流程公开，让人民群众在每一项执法活动、每一起案件办理中都能感受到社会的公平正义。

最后，回应充满民本的情怀。坚持以人为本的群众观念，把群众的事当成自己的大事来办，将群众的呼声作为第一信号，凡群众拥护的就坚持，凡群众反对的就打击。对来自困难群众和弱势群体的诉求认真对待，策动政府和社会力量向身处困境的民众提供社会救助和司法救济，传递社会温暖和人间大爱。

二、聚焦群众观点

群众观点包含群众的认知、态度、视角、情绪、愿景等，产生于所处的政治、经济、文化、教育、社会等生产生活的环境，体现着群众的世界观和方法论。人民群众在认识客观世界、改造客观世界的长期实践中准确把握客观世界的发展规律，从而丰富和发展改造客观世界的方法、手段。实践出真知，斗争长才干。群众的观点来自实践并接受实践的检验，不僵化，不迂腐，与时俱进。不同历史时期和阶段，基层社会治理的形势和任务各不相同，需要紧紧依靠群众，相信群众，从群众观点中寻找破解难题的答案。微警务广泛发动群众，汇民力，聚民智，贡献群众观点、群众方案。各地基层组织和公安机关学习运用群众的观点去认识、感受评判客观世界，从而在探寻客观发展规律中把握改造客观世界的方法、手段、路径，也应是"枫桥经验"不断发展创新的思想、理论基础。

（一）群众观点来自对规律的认识

客观世界的事物都存在着内在必然的联系，并决定着事物发展的必然趋势。规律不以人的意志为转移，不管承认与否，总是以其内在必然性作用于客观世界，即使最强大的意识形态，也不可能改变客观发展的趋势。人民群众在改天换地的伟大斗争中，尊重并把握客观世界的发展规律，不断创造人间奇迹。"和为贵""家和万事兴""远亲不如近邻""退一步海阔天空"等无一不是人民群众在认识、改造世界过程中对规律性经验的总结和升华。自古以来，这些最接地气的群众观点在基层社会治理中发挥着重要的作用，尤其在矛盾纠纷排查化解中，这样的群众观点仍然实用有效。

（二）群众观点来自对创新的追求

客观规律不是一成不变的，总是随着客观世界变化而变化。自然，群众观点也会随着变化而常换常新。这也是群众观点不僵化的根本。在探究新的客观世界中，群众观点不断发展创新，不断地从认识王国走向自由王国。"枫桥经验"总是随着时代的改变而变化，因而不断创新，才有"枫桥经验"红旗不倒。从"阶级斗争"到"综合治理"，从"社会管理"到"社会治理"，时代在不断变化，政治、经济、文化、社会总在不断地进步和发展，群众观点总是随着客观变化而改变，群众工作的方法、手段随之出现创新。群众观点没有拘泥于古，没有停留、陶醉于过去的荣耀之中，在历史的长河中，不断淘汰那些运用起来得心应手，但显然不合时宜的观点、立场、方法，创新与时代相适应的群众观点和群众方法，才有了基层社会治理"奇迹"的不断产生。

（三）群众观点来自对差异的包容

求同存异本身就是对客观规律的充分尊重。所处的客观世界不同，自然认识的客观规律就不会同一。不同环境、不同视角、不同认知，必然会产生迥然不同的群众观点，才会有和而不同。基层社会五光十色，千姿百态，群众观点必然五彩缤纷，令人眼花缭乱。公说公有理，婆说婆有理。观点的碰撞和融合才会使真理越辩越明，规律越论越清。起始，"枫桥经验"摈弃单纯的斗争手段，而选用说理教育方法，就是对不同的群众观点的尊重和包容。以及后来在矛盾纠纷化解中，采用"一事一策""一村一法"等无不是对群众观点的尊重。进入新时代，坚持和发展"枫桥经验"更是广泛运用群众观点和基层实际紧密结合，才有了社区"枫桥经验"、草原"枫桥经验"、网上"枫桥经验"，才有"枫桥经验"在全国遍地生根开花结果。

三、聚焦群众立场

人民群众在认识、改造客观世界的伟大实践中所形成的视野、态度以及价值标准，也就是所统称的群众立场，总是和客观环境水乳交融，不离不弃。客观环境的真实场景准确、生动、形象地打造出群众立场。

群众立场最实际。现实的柴米油盐、生老病死、爱恨情仇构成群众立场的坚实基础。群众立场从不超越或游离于最朴实的现实场景，拒绝虚幻，充满"烟火气"。

群众立场最直接。群众的爱憎取舍的态度总是和最现实的获得感紧密相连，痛恨一切的形式主义和官僚作风。进入新时代，对美好生活的向往就是最真实、最坚定的群众立场。

群众立场最伟大。群众的价值标准和评判体系直接产生于生产生活的实践，和一丝一缕、一箪一食生成亲密的瓜葛，对强权暴政产生天然抗体，任何外来强加都难以改变群众在实践中自然形成的价值标准。群众甚至不惜以对抗的极端方式来维护这一价值标准，因而才蕴藏起"水能载舟也能覆舟"的洪荒伟力。

习近平总书记指出："人民立场是中国共产党的根本政治立场，是马克思主义政党区别于其他政党的显著标志。党与人民风雨同舟、生死与共，始终保持血肉联系，是党战胜一切困难和风险的根本保证。"基层社会治理和群众的生产生活有着最直接、最广泛、最现实的联系。治理的一言一行、一举一动，必然扯动群众切身利益的千丝万缕，可见，群众立场对基层社会治理的成败起着决定性作用。社会转型、矛盾凸显，基层社会治理面临前所未有的压力与挑战，需要破解体制障碍，需要拆除利益藩篱，需要加强基层基础，需要改善民生福祉，履行好这一切的使命和担当更需要始终站稳群众立场。

（一）从群众立场看问题

不同的视角看待同一问题，可能会产生出不同的认知。不同阶层、不同群体对待同一问题可能会表现出不同的态度，这就是立场的差异。群众工作中存在的作风浮夸、方法简单、手段粗暴、感情疏离等问题，归根结底是群众的立场没有站稳。在基层社会治理中一些政策叫好不叫座，甚至群众不买账，首要的应该反思其是否有群众立场。是政策制定脱离群众、闭门造车、不切实际，成为水中月、雾中花，还是政策执行简单粗暴，劳民伤财，群众敢怒不敢言。多从群众立场思考，自然就容易找出问题的症结。实现国家治理体系和治理能力的现代化，首要的就是要站稳群众立场，真正做到一切为了群众，一切依靠群众，以群众的满意度作为衡量工作成败的根本标准。网络电信诈骗犯罪是伴随网络技术发展出现的新型犯罪形态，且具有集团化、国际化、智能化的特征。人在家中坐，救命钱、养老钱、上学钱却不翼而飞，群众苦不堪言。犯罪集团紧盯群众防范薄弱的地方下手，疯狂掠夺，防不胜防。公安机关动员社会各方力量共同建立反诈统一战线，为百姓的钱袋子打造安全防线，就是对群众立场的尊重与实践。

（二）从群众立场想问题

换位思考就是"和群众坐在同一条板凳上"，学会从群众的视角想问题，急群众所急，想群众所想。各级干部牢固树立公仆意识，放下架子接地气，扑下身段转作风，扎下根子办实事，密切联系群众，从群众的意见建议中发现群众的需求，查找工作的不足，找到破解难题的切入口。工作决策和部署始终把群众利益摆在最高位置，以群众拥护不拥护、赞成不赞成、高兴不高兴、答应不答应作为根本标准。群众期盼的就坚定不移地推动，切实办好。群众反映强烈的，就毫不迟疑地改进。每年，山西省约有 5000 万人次的群众要到公安机关的窗口办理证照和咨询有关事项，费时费力又费钱。全省"一网通办"平台开通后，群众足不出户就可以办理相关证照，方便又快捷。

（三）从群众立场解决问题

群众是基层社会治理的主体，力量在群众，方法在群众，希望在群众。群众立场就是解决问题的万能钥匙。群众的眼睛是雪亮的，群众的智慧是无穷的。基层社会治理工作时时刻刻接受群众的评判，可以从群众的建议意见中完善政策，从群众的经验、智慧中寻找方法，从群众的诉求和困难中发现工作的缺陷，找准"病根"对症下药。对群众反映强烈的问题，不等不靠，马上就改，一时解决不了的问题，也要做好解释工作，争取群众的理解。群众利用自媒体监督政府工作，对发现的问题网上曝光，督促整改。各级政府应闻过则喜，闻过则忧，闻过即改，深刻回应人民群众的关切。目前，全面实施的"放管服"改革就是坚持群众立场的简政放权。

四、聚焦群众路线

中国共产党在长期斗争中形成了一切为了群众、一切依靠群众和从群众中来、到群众中去的群众路线。通俗地理解，正如毛泽东同志所讲的，无非是从群众中来，到群众中去，集中起来，坚持下去。这就是正确地反映群众的意见，然后正确地领导群众。党的正确路线、政策是从群众中来的，是反映群众的要求的，是合乎群众的实际的，是实事求是的，是能够为群众所接受，能够动员起群众的，同时又是反过来领导群众的，这就叫群众路线。群众路线是毛泽东思想的重要内容，是中国共产党的政治路线和组织路线。它的理论意义和实践成效已经为我们党百年的奋斗历程所充分证实。

一切为了群众，显而易见是开展群众工作的终极目的，而一切依靠群众则是明确表明开展群众工作所必须遵循的方法、手段，鲜明地体现了中国共产党的群众观点和群众立场。

首先，群众的认知最客观。在长期的实践中，准确地把握客观规律，并按照客观规律安排生产生活。摸着石头过河，简单形象地概括了人民群众的世界观和方法论。如果按照群众观点，立足群众立场制定政策，部署工作就必然合乎客观规律的发展要求，自然会得到群众的拥护与支持。

其次，群众的方法最丰富。在什么山上唱什么歌。在改造客观世界的过程中，立足什么样的群众立场，就会产生出什么样的群众工作方法。从实践中来，到实践中去。群众的方法、手段绝不是一成不变的，而是随着客观环境的变化不断地创新发展。群众智慧是无穷的，群众方法更是无穷的。

最后，群众的手段最直接。兵来将挡，水来土掩。具体问题，具体分析，采取具体方法和手段，一把钥匙开一把锁。具体而微的手段才是解决问题的良方。

"枫桥经验"的产生和发展就是党的群众路线与时俱进的光辉典范。毛泽东同志对"枫桥经验"的充分肯定和大力推广，也是基于革命胜利后对现实国情的冷静思考，就有关群众工作作出的重要决策，更是对党的群众路线的历史经验与教训的深刻总结。习近平总书记对"枫桥经验"的两次重要指示，为新的历史条件下创新群众工作的方法指明了方向，提供了遵循，表明了中国共产党人对群众工作面临的问题的深刻洞察，彰显坚定捍卫党的生命线和根本工作路线的历史担当。可以说，是毛泽东思想催生了"枫桥经验"，是习近平新时代中国特色社会主义思想孕育、发展了新时代"枫桥经验"。

网络时代，网上群众工作成为时代的新课题。习近平总书记指出："网民来自老百姓，老百姓上了网，民意也就上了网。群众在哪儿，我们的领导干部就要到哪儿去……各级党政机关和领导干部要学会通过网络走群众路线，经常上网看看……了解群众所思所愿，收集好想法好建议，积极回应网民关切、解疑释惑。善于运用网络了解民意、开展工作，是新形势下领导干部做好工作的基本功。"虽说网络空间是现实的映射，但是网络上所暴露出的问题和矛盾纠纷比现实的还要复杂、尖锐，风险更大，迫切需要通过网络走群众路线，网上网下形成同心圆。

微警务是基层公安机关开展群众工作的重要载体和现实方法。微警务坚持群众路线的核心就是密切联系群众，始终把群众的呼声作为第一信号，把群众需求作为第一选择，把群众利益放在第一位置，把群众满意作为第一标准。人民群众通过微警务平台表达利益诉求和对公安工作的意见建议。基层公安机关积极和群众开展互动交流，多一些包容和耐心，对建设性意见及时采纳，对群众的困难及时帮助，对不了解情况的及时宣介，对模糊认识的及时廓清，对怨气怨言及时化解，对错误看法及时引导和纠正，使微警务成为同群众交流沟通的平台，成为了解群众、贴近群众，为群众排忧解难的新途径，成为发扬人民民主、接受人民监督的新渠道。在基层社会治理中，人民群众对公安机关充满新期待，新要求，微警务及时回应人民群众的关切。任何时候，任何情况下，微警务与人民群众同呼吸、共命运的立场不能变，全心全意为人民服务的宗旨不能忘，始终坚持立警为公、执政为民。

五、聚集群众口碑

群众口碑是群众价值标准和评价综合体，是民意的风向标，是民心的准星。坚持群众路线的本质要求就是充分尊重和顺应人民群众的价值观和价值取向，强调人民群众必须自己解放自己。党对人民群众的领导作用，就是正确地给人民群众指出方向，让人民群众自己动手，争取和创造自己的幸福生活。人民群众是马克思主义政党的力量源泉。中国共产党之所以能够领导人民取得革命、建设和改革伟大胜利的一个根本原因，就在于党始终深深地扎根于人民群众之中，人民群众为党提供了不竭的智慧和力量。群众路线产生于革命战争年代，凝聚着共产党人的集体智慧。随着中国革命、建设和发展，随着认识的不断深化，党的群众路线不断得到完善、丰富和发展。

党的群众路线是一种思想方法、工作方法，更是一种政治立场、价值理念，和人民群众的价值观和价值取向高度契合，毫不动摇地相信和依靠群众，始终把实现好、发展好、维护好最广大人民群众的根本利益作为党的理论、路线、方针、政策以及全部工作的根本遵循，团结和带领人民群众不断前进。同理，人民群众检视和评判党和政府治国理政的成败也都是从群众的立场、观点、方法出发，坚持自己的价值观和价值取向，维护自身的根本利益，凡是根本利益得到维护和发展的，就坚定拥护支持，凡是根本利益受损失、被践踏的，就坚决反对。因此说，"群众的利益无小事""群众的利益高于一切"。任何时候、任何情况下，都应将人民群众的利益摆在前面。只有实现了人民群众的根本利益，基层社会治理才能获得力量源泉，路线、方针、政策才能获得群众衷心拥护、赞同，工作成果才会获得群众的肯定。金杯银杯不如群众的口碑。群众的口碑里包含了党员干部一切为了群众的价值理念和人民幸福的价值追求，具有强烈的政治意义和时代价值。

（一）群众口碑来源于血肉联系

党的群众路线的主题是如何处理党与人民群众的关系，其核心是保持党同人民群众的血肉联系。中国共产党坚定地和人民群众站在一起，带领人民群众实现了从站起来到富起来、到强起来的伟大变革。新形势下，党面临的执政考验、改革开放考验、市场经济考验、外部环境考验是长期的、复杂的、严峻的，精神懈怠的危险、能力不足的危险、脱离群众的危险、消极腐败的危险更加尖锐地摆在全党面前，必须坚持党要管党、从严治党，不断增强自我净化、自我完善、自我革新、自我提高能力。面对世情、国情、党情的深刻变化，党内脱离群众的现象大量存在，一些问题还相当严重。关键时刻，如何保持党的先进性和纯洁性，巩固党的执政基础和执政地位，最重要的就是靠坚持党的群众路线，密切联系群众。

微警务植根于群众工作沃土。网络舆情就是社情民意的汇聚，是治国理政的宝贵资源。舆情应对应更多地学习并习惯从群众立场、群众观点中寻找方法、手段，耐心倾听群众的呼声，认真解决群众的疾苦，深刻回应群众的关切。事关群众根本利益的决策、部署广泛征求群众的意见建议，并融入群众的智慧，就能使公安工作永远立于不败之地，警务活动就能获得良好的口碑。

（二）群众口碑来源于获得感

检验一切工作的成效，衡量政绩的最终标准就是要看人民群众是否真正得到了实惠，人民生活是否真正得到改善，这是立党为公、执政为民的本质要求，是党和人民事业不断发展的重要保证。一切为了群众，一切依靠群众，从群众中来，到群众中去，把党的正确主张变为群众自觉行动的最终目标就是为人民谋幸福，为民族谋复兴。人民幸福是共产党人始终不变的追求。权为民所用，情为民所系，利为民所谋。人民对美好生活的向往就是我们的奋斗目标。

微警务紧紧维系于民生、民情、民意，通过定制化服务不断满足人民群众的多层次、差异化、个性化的需求。网上公安局、网上派出所、自助警务站24小时不打烊，随时随地向群众提供服务，群众足不出户便可办证办照。出入境证件"全国通办"，群众无须再"往返跑""长途跑"。民生领域的"放管服"改革举措接连不断推出，群众分享改革的红利，越来越多的真金白银节省下来。便民、利民、惠民的改革举措不断面世使群众的获得感更多、更直接、更可持续。

第三节　微警务参与基层治理韬略

基层社会治理在国家治理体系中处于战略性、先导性、基础性的位置。俗话说，基础不牢，地动山摇，小洞不补，大洞受苦。任何时候，大抓基础都是基层社会治理的鲜明导向，不容迟疑。

首先，坚持重心下移。社会治理工作，坚实的力量支撑在基层，最突出的矛盾和问题也在基层。把抓基层打基础作为工作的重心来谋划。一是在制度设计上突出基层基础的指导意义，全面聚焦基层基础工作。二是在政策筹划上突出基础引导作用，一切做到心往基层想，劲向基层使。三是在服务保障上突出基层基础的先导地位，优先考虑基层，优先满足基层。

其次，坚持力量下沉。基层社会治理，力量是根本。警力紧张、任务繁重一直是基层社会治理的老大难问题。因多种原因，使警力沉不下，留不住，三月里来，四月里走。破解这一难题的根本，一是要转变观念。基层事务鸡零狗碎、婆婆妈妈，除了平凡还有琐碎，难得建功立业的风光。职业设计前途暗淡。殊不知，在平凡中同样可以建功立业，只有在群众的口碑中，才能真切地体会到人生的成就感、存在感。二是政策呵护。在编制、收入、晋升、荣誉等方面优先考虑基层岗位。通过硬核的招数体现基层光荣的鲜明导向。三是服务暖心。改善基层的工作、生活环境，帮助基层民警解决子女上学、家属就业等后顾之忧。只有心无旁骛，基层才能真正拴心留人。

最后，坚持保障下倾。在技术、装备、后勤等方面向基层倾斜。把最先进的技术应用在基层，把最精良的装备输送到基层，把最优质的后勤提供给基层，增强基层工作的荣誉感和自信心。

夯实基层基础是基层社会治理的先导工程。在基层力量、基础工作、基本能力得到改善和提升后，基层社会治理立足现实，积极精心设计，布局谋划，全面实施治理韬略。

一、自治先导

基层群众自治是社会主义民主政治的重要形式，在基层社会治理中发挥基础作用。"枫桥经验"产生之初，就是依靠说理教育工作结合民间自治传统来解决基层矛盾纠纷。时代在变化，诉求在变化，主体在变化，但是不论社会如何变化，只要有矛盾纠纷的存在，总有群众自治的一席之地。社会转型后的利益诉求日益多元，矛盾纠纷越来越多样，群众自治的基础作用愈显突出。

基层社会治理应明确厘清政府管理权和群众自治权的边界，把不必要的行政事务剥离出来，把不能缺失的自治内容纳入进来，进一步增强基层群众的自治活力。群众主体的自治和广泛的社会参与避免社会治理变成了政府唱独角戏，有效破除了"政府干着，群众看着。政府很努力，群众不买账"的难题。坚持把基层事务决策权、管理权、监督权交给群众，推动民事民议，民事民管，把党的政策、主张变成群众的自觉行动。

（一）培植社会组织

社会组织依靠的是群众，服务对象更是群众。时代变迁，越来越多的"单位人"变成"社会人"，越来越多的社会新生力量涌现，传统的治理结构对社会人和新生力量的管理服务鞭长莫及，只有通过社会组织重新把群众组织起来，以其专业性、公益性、群众性所长，补政府治理之缺。公安机关通过引导、培植新型的社会组织，将那些游走于社会边缘、法律灰色地带的人群有效地组织起来，纳入社会治理体系。社会组织作用多发挥一分，社会治理成效就多提升一层。党的十九大报告指出，要推动社会治理重心向基层下移，发挥社会组织作用，实现政府治理和社会调节、居民自治良性互动。公安机关鼓励引导各类社会组织依托自身优势，在社会治理中最大限度发挥作用，让社会末梢神经在"微循环"中释放正能量，构建起共建共治共享新格局。

（二）组建议事平台

社会组织的结构相对松散，规制的约束力相对较弱，成员管理完全依靠于自觉、自愿、自发，内部运行从依赖章程转向于依赖平台。成员的"说事、议事、主事"全部通过网络平台来实现。平台也成为联系组织内部成员和参与社会协同的纽带。平台设计充分展现社会组织的主旨、风格和愿景。微警务要加强和社会组织议事平台的互联互通互动，在平台建设和管理上提供合理化建议，引导议事平台在法治轨道上运行。

（三）引导社群交互

相同的职业、兴趣、爱好、阶层等，自治组织的成员之间自然编织起各种各样的社群，交流工作、传播信息、增进友谊。新生力量利用平台表达诉求，展现自我价值。社群交互使情感、价值观、愿景高度地趋同，非常容易达成成员之间共情。在某种因素的催化下，这种共情加速极端化，容易偏离社会核心价值，演变成极端化思想，成为基层社会治理的风险源头。社群的节点和中心长期游离在主流价值的边缘，极易制造舆论失焦，甚至被一些极端主义、恐怖主义蒙骗、俘获，沦为反社会的急先锋。微警务在舆情应对中对来自自治组织或社会新生力量的敏感话题、议程务必高度重视，发现有苗头性的舆情迅速采取果断措施加以引导，使舆论朝向正确方向演进。

（四）提供全方位服务

因先天的不足，群众自治组织大多是在社会的夹缝中求生存、求发展，必然会遇到各种各样的阻力和困难，政府和公安机关应从政策、资金上给予必要帮助，在发展中提供全方位服务。新生事物的成长需要过程，社会应给予必要的关怀与呵护，甚至容错，多用警示选项，慎用禁止选项。不能因一时的不理解或者理解出现偏颇，而对新生事物实行"冷"处理，甚至简单粗暴。凡是对基层社会治理有益处的群众自治组织，政府和公安机关都应扶上马送一程，帮助其尽快融入社会治理的大循环。

二、法治护航

当前，改革正进入深水区，经济体制深刻变革，社会结构深刻变动，利益格局深刻调整，思想观念深刻变化，基层社会治理面临许多新情况新问题新挑战，必须探索更加有效的治理模式来适应日趋多元的利益诉求，有效解决日益多元化的矛盾纠纷。法治是社会治理的最优模式，是社会治理现代化的重要标志。基层公安机关要善于用法治思维推动社会治理，用法治方式破解社会治理难题，用法治手段实现社会安定有序，推动形成全社会办事依法、遇事找法、解决问题用法、化解矛盾靠法的法治气氛。

（一）加快社会治理法制体系建设

目前，在社会治理领域，还存在一些法律法规的空白地带，还有一些法律法规内容相对陈旧，不适应社会治理的现实，尤其在网络空间治理上，法制建设相对滞后，在基本公共服务、社会治安综合治理、矛盾纠纷预防与处置、突发事件应对等方面的社会治理法律法规需要重点完善。同时，为确保基层社会治理的针对性和有效性，完全可以将各地坚持和发展"枫桥经验"的成功做法逐步上升为地方法规，提高基层社会治理相关法规的权威性。

（二）完善矛盾纠纷解决机制

人民调解、行政调解、司法调解是具有中国特色的非诉讼纠纷解决方式。要完善资源整合、科学分流、效力对接的制度机制，实现"三调"联动。完善社会矛盾纠纷多元预防调处化解综合机制，以多元的方式方法化解不同的矛盾纠纷。社区调解、行业调解、律师调解和网络调解都是行之有效的矛盾纠纷解决方式，应得到大力推广。社区调解由社区街道牵头，公安、司法、信访、综治、法院等各方力量协同配合，共建"无讼无访社区"，落实社会矛盾纠纷的源头化解。行业调解是通过纠纷易发多发的重点行业由行业协会或行政主管机关建立调解组织，发挥对量大面广的类型化纠纷的化解作用。网络调解是近年来随网络技术发展出现的矛盾纠纷调解方式，将线下调解组织搬到线上，通过线上线下的化解资源的全面对接，提升社会治理的智能化水平。

（三）构建公共法律服务体系

各级政府运用法治手段进行社会治理是建设法治政府应有之义。一方面切实保障人民群众参与社会治理的各项权益，建立健全群众利益表达机制、救济救助机制，有效防范和治理危害群众利益、影响社会安定的各类问题。另一方面，通过社会化和市场化运作机制，向社会提供丰富多样的公共法律服务产品，以充分满足群众个性化需求，使群众的获得感、幸福感、安全感更全面、更充实。

（四）推进信访工作法治化

信访是社会主义民主政治的一大特色，是正确处理人民内部矛盾的重要手段。因门槛低，成本小，机会多，信访成为群众"讨说法"的首选途径。群众习惯于借用行政思维与权力方式解决和处理问题，把信访当作无所不能的维权方式，并寄予过高的期望，而一旦维权行动受到冷遇、漠视或者诉求满足不到位、不充分时，常会越级上访、缠访，偏执者甚至不惜采取过激的方式宣示个体反抗意识。信访工作只有运用法治方式，才能充分发挥好维护群众的合法权益、反映社情民意、促进社会和谐稳定的职能作用。信访工作积极支持政法机关依法处理涉法涉诉信访问题，尊重政法机关依法作出的结论，强化"属地管理，分级负责，谁主管、谁负责，依法及时地解决问题和疏导教育相结合"的原则，按照群众诉求合理的解决到位、诉求无理的思想教育到位、生活困难的帮扶救助到位、行为违法的依法处理到位的要求，把信访问题解决在当地，矛盾纠纷化解在基层，推动责任主体认真地解决群众诉求。

三、德治止纷

道德是社会关系基石，是人际和谐的基础。道德浸润着深厚的历史文化底蕴，充满文化自信。将德治理念引入社会治理，发挥道德的引领、规范和约束的作用，引导群众明是非、辨善恶、守诚信、知荣辱，为推进社会治理现代化凝聚起强大的精神力量。

（一）身边榜样的示范

微警务大力传播社区里发生的尊老爱幼、勤劳致富、见义勇为的故事，让群众真切地感受到榜样就在自己的身边。通过榜样的力量教导全体居（村）民热爱祖国、热爱中国共产党、热爱社会主义制度，积极为家乡的建设和发展贡献力量。

（二）乡规民约的约束

乡规民约是经历长期农耕文明的积淀，而成为全体村民共同遵循的行为规范，在村民组织的自治下，对全体组织成员具有约束力和惩戒力。随着社会的进步，乡规民约也会适时调整，以适应社会的需要。在全面依法治国战略的推动下，各地基层政府和公安机关帮助乡村自治组织加大对乡规民约的检视，剔除陋习以及与法治精神相抵触的内容，融入法治思维和法治方式，使乡规民约和法律规制同频共振，既保证法律的威严，又维护了自治组织的威信。乡规民约成为村民自治的"土宪法"。乡规民约更多突出道德的引导、教化作用，有力维护良好家风、民风的传承。

（三）行业章程的规范

经济社会的发展使行业的分工更加精细。各行各业为应对严酷的内外竞争压力，通过制定行业章程，抱团取暖，自我管理、自我约束、自我规范。章程利用职业道德约束规范成员的职业行为，重点突出诚信经营，并设置"高压线"，对失信的企业组织实行逐出"山门"的惩罚。在社会舆论的高压下，使失信企业付出沉重的代价。

（四）生活礼俗的教化

人际往来中形成的生活礼俗是社会文明的重要内容，对良好的家风、民风起到护肤霜、润滑剂的奇效。有了彬彬有礼、礼尚往来、扶危济困、举案齐眉、百善孝为先等礼俗，才有耕读人家、书香门第的存在，才有仁义礼智信的绵延，才有路不拾遗夜不闭户的盛世。文明浸润总是体现在生活的点点滴滴之中。社会风气健康向上，社会和谐，邻里和睦，待人和气，自然"遇事"理性，便会主动止纷息争，共筑桃源胜景。

四、心治疏堵

人生的种种际遇直接刺激和影响对社会现象的普遍感受和理解，并从生活情绪、态度、言论和习惯之中自发地、零散地表现出来，从而形成对社会生活的、初级的，多含直接成分的认知和心理反映，这样的社会心理具有广泛性、群众性，能够产生广泛的社会影响，甚至促成一定的社会风气。社会心理就是指在一段特定的时期内弥漫在社会及其群体中的整个社会心理状态，是整个社会的情绪基调、共识和价值取向的总和，它以感情、情绪、习惯、风俗等传统的形式存在，具有一定的相对独立性、稳定性，并有广泛的群众基础。社会心理反映出一定的社会风貌，表现一定的人心向背，对政治、经济、文化发展具有一定的影响力。经济社会的发展在加速、生活节奏在加快、竞争压力在增加，个体心理行为问题及其引发的社会问题日益显现，心理行为异常和常见精神障碍人数逐年增加，个人情绪失控引发的恶性案（事）件时有发生，社会心理问题不再是私人事务，而是危及社会平安稳定的风险源头。

过去，社会心理被误认为个人事务，没有得到社会应有的重视。进入新时代，党和政府坚持以人为本的执政理念，保障人的全面发展，从而社会心理上升到国家治理层面得到高度重视，尤其在基层社会治理中，社会心理服务体系、情绪疏导机制、危机干预机制得到全面发展。党的十九大报告明确提出："加强社会心理服务体系建设，培育自尊自信、理性平和、积极向上的社会心态。"十九届四中全会再次强调："健全社会心理服务体系和危机干预机制，完善社会矛盾纠纷多元预防调处化解综合机制。"可见，社会心理服务已完全纳入社会治理体系之中，上升为社会治理的重要手段。

（一）构建社会心理服务体系

把社会治理体系与心理学的体系相结合，将心理学的原理、方法创造性地运用于社会治理实践，没有可借鉴的经验，完全需要进行社会治理理论、实践和心理学理论与应用相结合的探索，也是当下政府部门、学术界、社会各界需要共同探索的课题。社会心理服务体系建设涉及多个领域、多个层面、多个环节，因此，建设的主体应是多元的，既有政府部门，也有社会组织，还有个人，充分体现出开放性、共享性、互动性的共建特征。政府职能部门在切实履行主体职责的同时，协调同其他主体的行动一致性，提升主体之间互动响应的速度与效率。根据世卫组织建议，每千人拥有 1 名心理咨询师是健康社会的平衡点。而我国心理咨询师的缺口超过 130 万人。社会心理服务需要专业技术人才来确保服务的安全性与有效性。目前，在专业人才缺口较大的情况下，需要鼓励和支持更多的兼职人员和志愿者参与社会心理服务体系建设中来。

（二）完善社会心理疏导机制

当思维的认知一旦步入误区，仅靠自我调节，收效甚微。周围亲朋好友的规劝，如果方法不当，反而适得其反。"牛角尖"越钻越深，乃至自我沉沦。当陷入算法推荐技术编织的"信息茧房"，陶醉在自我镜像中不能自拔时，极易滋生出反社会的人格，这些都需要心理咨询机构和专业技术人员提供心理疏导服务，帮助回归社会。一是要加大宣传力度。利用新闻媒体和自媒体加大对心理咨询工作的宣传，普及心理卫生知识，提高对心理健康重要性的认识，当自我感知心理问题时主动向心理咨询机构寻求帮助。二是培训专业队伍。政府职能部门加强对心理专业人才的培训，严把市场准入关口，同时，对志愿者队伍加大培训，使专业人才逐步满足市场的需求。三是培育专业市场。政府从政策、资金、管理等方面，加大对心理咨询服务业的扶持力度，进一步推动新型产业的健康发展，向社会提供更多优质的服务产品。

（三）探索社会心理危机干预机制

我国的心理咨询产业相对落后，加之，群众心理健康意识普遍不强，一旦遭遇心理危机时，很少去主动寻求心理咨询机构的帮助。不良情绪不能得到及时化解和疏导，极易失去理智产生极端行为，给社会造成危害。生活在社会底层的弱势群体、边缘人群和特殊群体以及一些暂时遭遇生存困境的人群，在遭遇心理问题时，很少向政府和社会组织求助，反而不断强化人生的挫败感，迁怒社会和政体，甚至以个体的对抗制造反人类、反社会的极端事件。对于这些生活失意、心态失衡、行为失常的特殊人群，基层政府和公安机关一方面帮助实施人格重塑与心理重建，另一方面加快监测预警干预机制的建设，做到严密筛查发现风险，及时预警防范风险，果断干预消除风险。一是由政府主导建立各级心理干预机构，配备专业心理咨询师，免费为群众提供心理咨询和救助服务。二是开设网上咨询平台，设立心理急救热线电话，方便群众的求助。三是做好特殊人群的心理干预工作，根据心理风险因素评估划分等级，对情况严重的要进行跟踪管理，积极开展有效的心理疏导，从而化解各种潜在的风险。

五、智治支撑

科技力量是推动社会发展进步的引擎，也是提高社会治理效能的推动力。创造性地推动大数据、物联网、人工智能等现代科技与社会治理深度融合，探索"互联网＋社会治理"的新思路、新格局，凸显新时代"枫桥经验"新特点，通过现代科技，推进社会沟通，改进管理服务，打造数据驱动、人机协同、跨界融合、共创分享的智能化治理新模式。

（一）数据驱动

在大数据、人工智能的推动下，依靠数据驱动决策、驱动产品智能成为基层社会治理的最显性的科技手段。数据是宝贵的生产资料、重要的战略资源。基层社会治理经过数据的采集、建模、分析、反馈形成一个完整的数据驱动闭环，从而自动生成优化的决策全流程，排除人为干扰，尽可能地减少决策失误，维护社会的公平正义，并实时根据数据的变化，不断调整决策部署，充分满足人民群众对美好生活的需要，从而保证了决策的科学性、系统性。

（二）人机协同

人机协同指在复杂的环境下，以知识图谱为支撑，进行数据推理，合理调度资源，使人类智能、人工智能和组织智能有效结合，打通感知、认知和行动的智能系统，高效解决问题。公安机关的交管、治安、刑侦等领域开始人机协同的应用尝试。智能交通为治理城市病发挥了关键的作用。治安管控利用数据建模、分析、优化大型安保方案，取得了不俗的成绩。通过数据推理，合理调度社会资源，不断完善社会治安立体防控体系。

（三）跨界融合

新形态、新业态是"互联网＋"的成果，也是"互联网＋"发展的目标。在"互联网＋"的引领下，经济社会正在经历一系列的跨界融合，形成任何一种产业形态和社会组织几乎都不能脱离互联网的趋势，"互联网＋天下"的格局正在形成。在"互联网＋社会治理"模式下不断产生社会治理的新形态、新方法、新手段，政务在线、微警务、网络调解以及网上"枫桥经验"，无一不是这一模式的成果。跨界融合的不断深入，将会有越来越多的社会治理新形态出现。

（四）共创分享

人工智能作为新一轮产业变革的核心驱动，催生出新的技术、产品、产业、业态、模式，从而引发经济结构的重大变革，实现社会生产力的整体提升。共创分享是人工智能产业经济生态的基本特征，和基层社会治理"谁主管谁负责""谁投资谁受益"的理念高度趋同，政府和公安机关应大力引导社会治理的多元化主体积极参与人工智能技术和产品研制开发，经济价值和社会价值由开发使用主体分享。随着制造强国、网络强国、数字强国建设进程的加快，在制造、家居、金融、交通、安防、物流等领域对人工智能技术和产品的需求进一步释放，相关智能产品的种类和形态越来越丰富。智能安防技术和产品在打造点线面均衡布局、网上网下交汇融合、人防物防技防有机结合、打防管控一体化的社会治安防控新格局中发挥了至关重要的作用。智能安防技术是一种利用人工智能对视频、图像进行存储和分析、从中识别安全隐患并对其进行处理的技术。高清视频、智能分析等技术的发展使得安防从传统的防御向主动研判和预测发展。公安机关面对海量的视频数据，再也无法利用人海战术进行检索和分析，采用人工智能技术作为专家系统或辅助手段，实时分析视频内容，探测异常信息，进行风险预测。

第四节 微警务风口遐想

在创业界有一句流行语："站在风口上，猪都会飞。"显然不是猪有超常的能耐，而是风口具有神奇的魔力。创业成功的本质就是要找准风口，顺势而为。同样，技术的发展也需要借助风口，乘风破浪。微警务的发展就是牢牢把握住技术的风口，实现自我革命、自我创新、自我完善，不断产生适合公安场景的新形态、新业态、新模式。

沉浸在数字化时代，日常生活中科技融入的程度早已超越了科幻悬疑电影展现的水平。物联网和人工智能等深刻改变人类生活的技术正真实存在，虚拟现实的技术应用，模拟环境的真实性与现实世界难辨真假，让人有种身临其境的感觉。随着前景技术的不断变现，令人惊喜的技术风口不断涌现。微警务从未漠视，更不会放弃任何一次的技术风口。站立在风口上，微警务结合现实场景，勇敢地掀起一波又一波的警务革命。社区宣传引入非线性传播。立体治安防控运用大数据、云计算、物联网，社会服务导入人工智能，刑侦、反恐、缉毒等警务实战接入虚拟现实、区块链。

一部智能手机装载着若干技术应用，掀起一浪又一浪的技术风口，深刻改变着人类的生活，重新勾勒世界政治、经济、文化的版图，成就无数弄潮儿梦想成真。下一波的风口又会是哪一个，人工智能、区块链，或者别的新技术？只要是技术的革命，都能成为最大的风口。公安机关准确把握历史机遇，紧盯世界前沿科技，积极开发前景技术应用，坚定不移地走科技兴警之路。

新应用、新业态无一不是技术的风口，无一不给微警务发展创造重要机遇。基层公安机关把牢新技术的窗口期，不断探索微警务的跨界融合，应用开发、业态培育、模式建构、愿景呈现，逐步实现跨越式发展、高质量发展。找到风口，并不意味着高枕无忧、万事大吉，"风停了"的风险随时都有可能发生。微警务的进程充满艰辛和磨难，需要有"不畏浮云遮望眼"的定力，"咬定青山不放松"的毅力，还得有"山登绝顶我为峰"的魄力。

微警务将思路变成行动需要有合适的环境支持。科技兴警战略为微警务进路提供了适宜的气候和土壤。每当技术风口来临，公安机关乘势而上，研制开发出适合公安场景的应用，发挥实战效能。移动互联网出现后，警务在线便开始为民服务。人工智能面世，便诞生出了视频搜索、指纹比对、虹膜比对等系列智能产品。

微警务将概念化作力量需要合拍的理念支撑。微警务始终坚持以人民为中心的发展思想，深刻回应人民群众的新期待、新要求，以"微"的方法、手段打通服务的"最后一公里"。

微警务将梦想照进现实需要合理的愿景呼应。微警务紧扣民意、民情、民生，从细微处入手，纾解民生的痛点和难点，破解治安的焦点和堵点，以定制化服务满足人民群众多层次、差异化、个性化的需求，提升治理体系和治理能力现代化水平。

技术革命永无止境，风口常换常新。

技术加持助推微警务的大发展大繁荣，永葆网上"枫桥经验"长盛不衰。

一、大数据反哺：战斗力生成新的增长点

半个世纪以来，随着计算机技术全面融入社会生活，信息爆炸已经积累到了一个开始引发变革的程度。它不仅使世界充斥着比以往更多的信息，而且其增长速度也在加快。信息总量的变化还导致了信息形态的变化——量变引发质变。最先经历信息爆炸的学科，如天文学和基因学，创造出了"大数据"这个概念。如今，这个概念几乎应用到了所有人类致力于发展的领域中。

微警务的微循环体系为大数据提供了充沛的能量，取之不竭。每一次手指的滑动，每一次键盘的敲击，都会对大数据作出一份贡献。社群就好似大数据的微型血管、末梢神经，将烟火气真实呈现在云端，为大数据、云计算输送养料。

大数据时代，人们的生活、工作及思维发生大变革，引领网络技术的深刻革命，迎来一波又一波的发展风口，为微警务的创新提供机遇。但是，毕竟微警务只是网络技术在公安领域的具体应用，还有许多的不成熟和先天不足，还需要网络技术的助推，需要大数据的反哺，从理念、运行、管理等方面入手提高微警务的新动能，释放微警务新的战斗力。

（一）理念反哺

千百年来，基层警务总是围绕着应接不暇的疑团、假象、困惑展开因果关系的探寻，试图拉直那一个个萦绕着的"为什么"的问号。利用有限的线索和模糊的信源努力求证决策者预判的准确性，即使明知预判存有偏见，因果关系的确立很困难且意义不大，还是会不计代价地探索缘由。这是一种习惯，一种定式。只有在有限的"小数据量"的环境中，探寻因果才是获取准确结论的捷径。在大数据时代，完全不必知道现象背后的原因，只需要让数据自己发声——大数据告诉我们"是什么"，而不是"为什么"，这就是所谓的大数据思维，认为公开的数据一旦处理得当就能为千百万人急需解决的问题提供答案。大数据时代，我们无须再紧盯事物之间的因果关系，而应该寻找事物之间的相关关系，这会给我们提供非常新颖且有价值的观点。相关关系也许不能准确地告知我们某件事情为何会发生，但是它会提醒我们这件事情正在发生。在许多情况下，这种提醒的帮助已经足够大了。① 大数据思维为治安防控的预测、预判、预警、预防提供了广阔的思路。由此衍生出数据警务的理念。数据

---

① ［英］维克托·迈尔-舍恩伯格、肯尼思·库克耶：《大数据时代：生活、工作与思维的大变革》，盛杨燕、周涛译，浙江人民出版社2013年版。

成为重要的警务资源。决策和部署不再迷信过去积累的经验和习惯，而是一切由数据说话。

（二）运行反哺

基础信息的采集，始终是基层公安机关的一项日常工作，对公安工作具有重要意义，但任何时候也不敢马虎松懈。静态的社会，一切相对静止，每个人所能获取的信息量非常有限，基层警务通过"串百家门、知百家情、解百家难"的模式，就能将社会防控操办得如玻璃板、水晶球一般透亮。改革开放后，人财物大流动，陈旧的信息采集方式手段完全不能适应形势发展变化。因为记录、储存和分析数据的工具、手段相当落后，只能收集少量的数据加以分析。

在信息处理能力受限的时代，一旦需要数据分析，却又缺少用来分析所收集数据的工具，此时，随机采样应运而生。由于信息载量过小过窄且随意，必然固化某种偏见，同时放大某种细微错误，最终使决策失之毫厘，谬以千里。

大数据完全扬弃了随机采样分析的方法，不再担心某个数据点对整套分析的不利影响，而是学会接受那些纷繁复杂的数据并从中受益，也不用以高昂的代价消除所有的不确定性，或者说大数据不再期待精确性，也无法实现精确性。习惯接受数据的不精确和不完善，学会从一个比以前更大更全面的角度来理解事物，也就是说应该在"样本＝总体"思维中，反倒能更好地预测事物发展的规律轨迹，更好地理解这个世界。

微警务运行中不再盲目地强调精确性，反而乐意接受数据的纷繁复杂。正是在一片混沌之中，利用云计算技术去粗取精、去伪存真，完整探究到事物的本质。民众自由表达诉求看似纷纷扰扰，莫衷一是。在复杂之中，大数据、云计算就能准确把握民众最揪心的事、最烦心的事，以问题为导向，切实改进工作方式方法，为群众办实事、解难事。

（三）管理反哺

大数据高度重视相关关系的分析，不仅能提供新的视角，而且提供的视角都很清晰，在大多数情况下，一旦完成了对大数据相关分析又不再满足于仅仅知道"是什么"时，就会继续向更深层次研究因果关系，找出背后的"为什么"。大数据的核心就是挖掘出庞大的数据库独有的价值。最终，数据的价值是其所有可能用途的总和。过去，一旦数据的基本用途实现了，便认为首要的价值已发挥完应有的作用，从此，就会被打入"冷宫"自生自灭。大数据时代，数据就像神奇的魔石，在首要价值被消耗后，仍能不断产生价值。近年来，数据新闻风靡媒介，就是利用大数据相关关系分析，让历史数据重新焕发生命，拓展新闻价值。微警务利用大数据打开"数据坟墓"，激活沉睡的数据，在实务中发挥"潜在价值"。近年来，陆续侦破的一些陈年命案就是依靠数据再利用取得的丰硕成果。在大数据时代，惊喜无处不在。

二、智能互联：微警务的新引擎

以人工智能为首的一系列新科技正掀起第四次工业革命的浪潮，数字化、智能化成为这次革命最鲜明的旗帜。随着大数据、物联网、人工智能同实体经济深度融合，产业互联网、智能制造等数字化、智能化产业新业态不断涌现。2019 年 10 月，第六届世界互联网大会在浙江乌镇召开。"智能互联"成为本次大会的主题。在大会期间举办的"互联网之光"博览会上，人工智能、云计算、大数据、未来社区与智慧医疗、智能芯片、5G 等新技术、新业态、新产品令人目不暇接。智能互联时代，改变创造未来。大数据 + 机器的深度学习，敲开了未来科技的大门，从互联网，到移动互联网，到智能互联网带给世界翻天覆地的变化。

一般认为，智能互联网是以物联网技术为基础，以平台型智能硬件为载体，按照约定的通信协议和数据交互标准，结合云计算与大数据应用，在智能终端、人、云服务之间进行信息采集、处理、分析、应用的智能感应与应用的综合能力，能够向传统行业渗透融合，提升传统行业的服务能力，连接各行各业，进行线上线下跨界全营销。智能互联通过渗透融合的方式破除数据的壁垒，打通数据流的"任督二脉"，为物联网和人工智能提供源源不绝的养分。

微警务依托智能互联，打通信息孤岛，释放新动能，为人机协同提供充足的动力。社区是基层社会治理的最小单位，采集、维护住户信息数据一直是社区民警的大事，也是难事。人员流动、人户分离等各方面的原因，使社区的基础信息难以做到底数清、情况明。上门采集，部分住户有抵触情绪，甚至不配合，致使数据不全面、不完整、不鲜活。现在，只需要一张智能门禁卡，所有的问题便迎刃而解。门禁系统上清楚承载着使用者的所有基础信息。智能门禁系统还和周围的社会信息紧密协同关联，极大提升了小区域治理的现代化水平。

智能互联通过密切人、物、网的交互关系，不断拓展大数据、云计算分析和挖掘的空间。智能互联提供全新的视角，保证预测的科学性和准确性。从电商平台可以分析消费主体的生活习惯、财力状况、兴趣爱好等。从社群交互中，可以发现节点的社交方式、社会关系、政治主张、现实愿景等。从流量密度可以预测人群峰值、移动速度、安全隐患，从而及时地分流或限流，避免拥挤踩踏事故的发生。区块链技术可以很好地解决电子数据易篡改、易毁灭、难追溯的难题，通过确权、用权、维权，更好保全电子证据。自然，区块链技术一经面世便在金融、保险、物流等领域得到快速推广。微警务通过智能互联，利用区块链技术为快速提取、固定电子证据开辟了新的思路。

三、万物融合：微警务的新动能

5G 和物联网就如鸟之双翼、车之两轮，不仅提高了互联互通速度与温度，而且也提升了万物融合的力度与风度。物联网通过各类可能的网络接入，实现物与物、物与人的广泛连接，实现对物品和过程的智能化感知、识别和管理，让所有能够被独立寻址的普通对象形成了互联互通。5G 具有的高数据速率、减少延迟、节省能源、降低成本、提高系统容量等性能目的，为物联网连接提供充足动力，加之人工智能的助力，物联网展现出联通一切的雄心壮志。当一切在互联互通的加持下，万物融合的愿景实现为时不远。

微警务紧跟技术革命的步伐，从一波又一波的技术风口中汲取力量，开拓新的业态、形态、模式、方法、手段。万物融合是技术革命的大势，既有挑战，更有机遇。微警务积极调整战略，转变思路，顺应万物融合的变化，开创更多的新天地。

全媒体融合。融合是媒介发展的核心。传统媒体和新兴媒体深度融合，从渠道到内容，无遗漏，无死角。新媒体全面融合，从业态到模式，无差异，无例外。大数据、物联网、人工智能、5G 等先进技术的全面渗透，媒介的业态、形态、模式的壁垒轻而易举地被智能互联的锋芒攻破，被迫全面走向融合。融媒体悄然诞生。从此，媒介江湖再也没有一骑绝尘的奇观。论资排辈决定不了媒介形态的传播力和影响力。流量在影响力排名中的权重越来越突出。而流量的决定权不在媒介拥有者手中，完完全全由用户体验来左右。任何一种媒介都有适合自己生存的土壤，都有成为黑马的可能。因环境、条件的局限，微警务不可能也不需要再对所有的传播形态应有尽有。融媒体的出现，又为微警务传播指明了新的天地。

全要素融合。破除数据壁垒，全面释放数据红利，统一标准，统一模式，统一管理，在互联互通中实现警务全要素的融合。打破部门之间、警种之间的利益藩篱，整合力量、技术、体制、机制、保障，向大格局转变，全面聚焦主责主业。

全流程融合。利用大数据、云计算对警务全流程再造，优胜劣汰，尽可能地减少中间环节，实现扁平化管理，提高响应速度，提升质量效率。

全领域融合。适应形势任务的根本变化，大力推行大数据战略，通过警务再塑、体制重构，培育战斗力生成新的增长点。基层公安机关顺应技术革命的大势，积极推动基层警务系统性重塑、整体性变革，实施大部门、大警种的改革，就是为了适应全领域融合的迫切需要。

目前，微警务建设仍处于一种各自为政的状态，各级机关、各部门、各警种仍是建设的主体，人为设置的壁垒严重地阻碍了微警务的发展和效能的发挥。各地应通过技术的融合，优化微警务的新业态、新形态、新模式，为群众提供更顺畅的服务，使微警务走向融警务。

四、云端竞合：微警务的新天地

网络和信息产业中，大数据和机器的深度学习协同发力，使新技术、新业态、新模式如雨后春笋般涌现，在发展的浪潮中呈现后浪推前浪、前浪拍死在沙滩上的景观。任何一种技术或业态都不可能唯我独尊，独霸天下。国外的微软、IBM等产业巨头，国内的百度、阿里巴巴、腾讯等知名企业更是专注于深耕自己的主业，稍有越界也需大胆求证小心操作，处处提防一招不慎、满盘皆输的惨痛教训。同业之间，普遍遵循竞合的原则，主打特色品牌，捍卫自己的核心技术，不敢轻易越雷池半步。正是这种专业的专注，才赢得世界的尊重。

信息时代，数据成为宝贵的生产资料，代表着核心竞争力。国家与国家、企业与企业之间的较量和竞争，从某种意义来讲，就是技术的竞争、数据的竞争。为了共同维护网络空间命运共同体，国家和企业更多采用竞合的态势。数据走向云端，竞合自然走向云端。

云端竞合是智能互通、万物融合的必然要求。经过竞合，那些符合技术发展规律，顺应时代要求的业态、形态、手段等获得新生，不然就会被自然淘汰，自然消亡。就如纸媒、网络论坛等"无可奈何花落去"，唱衰一片。不是时代抛弃它们，而是它们实在跟不上技术发展的步伐，被迫出局。

云端竞合总能给微警务带来一片崭新的天地。融合后的新技术、新业态、新形态都能成为微警务发展的风口，社会治理是云端竞合的重要领域。以大数据、物联网、人工智能为先导的现代技术全面覆盖、全面渗透社会治理的各个领域。智能技术和产品广泛运用到社会治理，为智慧城市、智慧警务发挥重要作用。

云端竞合的参与主体多元化，不论政府部门还是企业、组织和个人，必然直面社会效益、经济效益的严酷考验，共同面对共赢的新课题。这就需要参与的多元主体共同抵制零和博弈，倡导正和游戏，实现合作共赢。

零和博弈指参与博弈的各方在严格竞争中，一方的收益必然意味着另一方的损失。博弈各方的收益和损失总和永远为零。双方不存在合作的可能。和丛林法则有异曲同工之处，强调强者通吃，将自己的幸福建立在他人的痛苦之上，想尽一切办法"损人利己"。一些企业和个人正是打着"利己不损人"的幌子，利用信息的不对称以及不法手段对社会资源巧取豪夺，中饱私囊，甚至公开掠夺侵占弱势群体的利益，制造社会的不平等、不公正，给基层社会治理带来严重危害。

按照博弈论，与零和博弈理论相对立的就是正和游戏，指所有收益总和大于游戏者投入的总和，或者说没有输家，结果为"双赢"或"多赢"。基层社会治理构筑共建共治共享治理格局的核心就是正和游戏。各方参与主体在共建共治后不仅共享治理的成果，还要保证"共赢"和"多赢"。否则，就难以体现治理的成效。因此，基层社会治理必须坚持党委领导，通过制度设计，确保多主体参与者实现合作共赢。新时代"枫桥经验"坚持人民主体地位就是充分保障人民群众的知情权、参与权、表达权和监督权。实现好、维护好、发展好人民群众的根本利益，尊重人民群众的首创精神，从而激发人民群众人人参与社会治理的内生动力。过程让人民群众参与，成效让人民群众评判，成果让人民群众共享就是"正和博弈"在基层社会治理的生动实践。

微警务以内容为王，为了提高传播力和影响力，急需技术支撑和渠道引流。应用的开发、平台的打造、流量引导等都是微警务的软肋。竞合成为微警务发展的唯一出路。通过社会化、市场化运作机制，和社会参与主体广泛合作，实现正和博弈。

第八章　微警务引领基层警务变革

在基层公安机关，微警务全面渗透。队伍管理、警务运行、警民联系，微警务总能出神入化。微警务的高度黏性，势必在思维、方法、手段、管理等方面引起嬗变，并从某一切口肇端激发变革。

微警务的发展如火如荼，可始终未能直抵顶层，于是就有人唱衰，确实，微警务的表述从未出现在顶层的话语里，但不能由此而认定顶层对微警务的忽略和无视。殊不知，许多系统完善、使用便捷、用户广泛的微警务早已为顶层所使用。一些警种、系统先后开发出全系统、全局性的第三方使用软件投入实战中，这样的警务运行和管理就是微警务，只是名称被诸如网络系统、政务新媒体平台、警务在线等所代替，反倒是大数据、云计算、智慧警务等高大上的概念、词汇会在顶层声音中高频次出现。这和现有的科层管理的官僚体系设置有紧密关联。作为领导指挥机关的顶层更多的是战略、宏观的考量，无须涉及具体而微的实操。

微警务的力量、意义、效果一时还难以为顶层所认同和接受，更难以进入决策层面，主要在于大数据战略的劲推。微警务的亮光被遮蔽，存在感不再强烈。微警务的技术、方法等存在的优势被大数据战略轻易吸纳与溶解，最强大的微警务在大数据战略中被"秒杀"成微血管。而正是这些微血管、微循环、微数据，数不清的"微"，才支撑起了大数据、云计算的神奇。

在实操中，"互联网＋警务""新媒体＋警务"才是适宜微警务生存发展的沃土。在各种各样的微警务中，任何一种微警务的影响力都难以覆盖全局，这不是微警务自身的缺陷。各地公安机关和民警开发出了大量的应用系统，建立了数不胜数的网络平台和社交软件，但任何一种 APP 或者社交软件都不可能满足全局性的需求。任何一种应用系统和平台都是针对特定的人群或特定的警务的需求而提供定制化的服务。具体而微，是由微警务的特征所决定，这也是微警务的使命，更是微警务的魅力所在。

微警务对实操具有高度的黏性，因此，对微警务的观察与研究完全立足于基层公安机关和一线实务部门。微警务主要运用在基层、效果反映在基层、嬗变体现在基层。一切以基层警务为蓝本，剖析、洞察、展望微警务发展的力量轨迹和进路愿景。

第一节　微警务的动力路径

基层公安机关对于微警务喜爱有加，既不是顶层设计，更不是系统规制，更多的是来自微警务效能所释放的某种动力的助推和愿景的加持。在实务中，基层和一线民警真切地感受到了微警务的有用、实用，才会去积极地使用、主动使用。基层公安机关真实地体会到微警务的管用、好用才会去深度地使用、广泛地使用。微警务寄托了辖区百姓的美好愿景，百姓就会主动地使用、积极地使用。经历不断地实战淬炼，微警务服务更直接、防控更彻底、打击更精准的美好愿景不断真实呈现。

一、塑形动力

树立良好形象是公安队伍始终不渝的追求，在整个公安工作中，形象比生命更重要。不同历史时期、不同的执政理念、不同的使命担当，涌现出不同的时代楷模。这些时代楷模引领着价值导向，代表着变革的力量。在传统传播格局中，公安机关利用传统媒体适时推树了许许多多的英雄人物。英雄们的光辉形象和典型事迹鼓励一代又一代的后来者奋力前行。囿于传播体系的规制，典型推树容易陷入程式化的窠臼，导致形象的概念化、符号化。

微警务宽广的传播平台为传播好公安声音、讲好警察故事、树立好警察形象提供便利。民警实时讲述身边的故事，用文本、图片、视频、音频等形式传播，尽管不完整，但因完全真实，这样的碎片化故事才更有吸引力和穿透力。

故事中的典型形象就是火热斗争中的真实存在，充满烟火气，既有喜怒哀乐，又有七情六欲，骨感而丰满。身边的人，身边的事，身边的典型，最容易为受众所理解和接受。故事传达的话语体系充盈着地气，故事的情节饱含着泪点，塑造的典型形象充满了时代气息。

这样的形象最有温度，仿佛童话里的"阳光男孩"，给身处困境的人们送来光明和温暖。

这样的形象最有力度，就像大地的儿子，沧海横流方显英雄本色。

这样的形象最有厚度，就像最美的逆行者，不忘初心，牢记使命。

辖区群众对于发生在身边的警察故事和优秀典型备感亲切，更是情有独钟，自然主动地加入到故事的传播行动中。百姓讲述的故事，推树的典型形象更有鲜活感和美誉度，没有宏大的主题指引，没有恢宏的意识隐喻。微警务培树的典型形象最容易让受众产生代入感和现实场景再现，反而使形象更有感染

力和传播力。这也是微警务诞生的初衷——传播好公安的声音，讲好警察的
故事。

二、便利动力

微警务运行中，基层民警普遍感受到了实时、移动、低门槛等便利，无论
是信息传播、舆情应对，还是警民交互，只要一机在手，就能应对自如。全新
的方法、全新的模式，却操作简便、易学易懂，这也是微警务广受基层民警欢
迎的原因。没有高深的理论，没有复杂的流程，如此黑科技运用起来却得心应
手。不用组织的动员发动，不用巨额的经费投入，微警务基本就在民警兴趣爱
好的吸引下登堂入室。不管你承认不承认、喜爱不喜爱，微警务早已在基层公
安机关蓬勃兴旺，并且不断发展壮大。在实务中，民警切切实实感受到微警务
所带来的种种便利。

（一）沟通便利

警民沟通是一项紧迫又复杂的世界性难题。百姓的利益诉求各种各样，就
需要有各种各样的回应来满足。过去，依靠人际传播或大众传播的手段，只能
回应部分诉求，加之，时差、环境、情绪、实景等因素的影响，很容易在沟通
中产生不应有的偏见和误解，甚至加剧警民关系的紧张，乃至演变成冲突。微
警务充分满足百姓个性化的需求。对于诉求，基本实现点对点的回应，努力消
除偏见和误解，积极促成思想、情感、价值等方面的认同。即便面对汹涌的舆
情，微警务也能大显身手，积极引导舆论朝着理想的方向演进，避免发生社会
阵痛和局部的动乱。

（二）服务便利

公安机关的社会角色从管理型向服务型转变的过程中，微警务的适时出
现，从理念、方法、手段、业态等方面极大地促进了角色转型和服务效能的提
升。"互联网＋警务"的战略，把公安局搬到网上，把派出所摆到家门口，畅
通服务"最后一公里"，让数据多跑路，让群众少跑腿。从面对面转变成键对
键的模式，服务态度、服务流程，可溯源、可倒查，服务的质量可实时评判，
从根本上杜绝了"门难进、脸难看、话难听、事难办"的痼疾。

（三）管理便利

基层公安机关不同警种、不同岗位，民警结合职责建立了不同形态的新兴
媒体，开发了功能不同的应用软件，可以说应有尽有，无一遗漏。形形色色的
新媒体形态被基层民警全部拿来使用。民警往往根据业务需要和自身网络技术
水平，量力选取新媒体形态，从而在使用和管理上做到驾轻就熟。社区民警热

衷于"织围脖"和组群，便利于和辖区群众的网上沟通。警种着重开办微信公众号，为群众提供功能服务。分（县）局举全局之力开发移动客户端，24小时为群众提供网上服务。

（四）运行便利

微警务的运行完全依靠数据和交互来支撑，将一线民警从繁琐、重复的手工劳作中解脱出来。基础数据的采集和基础台账的报送完全在指尖的滑动之中完成。社区民警和辖区百姓在平台上紧密交互，悄无声息中实现数据的实时采集、维护、更新，不再有运动式的"大呼隆"的场景出现。

三、提质动力

我国社会的主要矛盾发生历史性的转变，人民群众对美好生活的需要，其中治安稳定、公平正义等都是应有之义。确实因为发展的不平衡不充分，公安工作还只能在数量或是常规上基本满足人民群众的需要，明显地在质量上还难以充分实现人民群众对美好生活的向往，特别是在公共安全上还难以提供优质高效的公共安全产品以充分满足个性化的需要。社会基层治理还难以提供差异化服务，以满足不同阶层、不同人群的需求。社会公平正义时常受到挑战，权力腐败、执法不公、执法不严的现象还大量存在。进入新时代，人民群众对美好生活的向往就是公安机关奋斗的目标。为切实履行好时代的使命和担当，公安机关迫切需要体制再造和整体重塑，从体制机制上进行根本性的变革，以适应形势和任务的需要。基层公安机关的微警务就是回应人民群众的新期待新要求而产生，顺应时代的潮流而发展，合乎使命的要求而创新，时时处处都在满足和实现人民群众的关切。微警务为提升公安工作的质量开辟出了一条宽阔的道路。

首先，微警务实现服务的个性化。不同阶层、群体对公共安全都有不同的诉求和愿景，微警务通过定制化服务，充分满足不同阶层群体的新期待和新需要。高收入、高学历的阶层希望获得优质高效的公共安全产品，提升幸福感。而社会底层渴望社会平安稳定，增强安全感。微警务不断推出安全智能产品，实现微报警、微查询、微服务、微防控等以满足不同群体的需要。

其次，微警务实现效能的人性化。公安机关始终坚持以人民为中心的发展理念，满足人的全面发展，对群众不满意的就坚决改正，对群众反感的就坚决查处。以黑产为代表的网络犯罪严重危害着人民群众的生命财产安全，社会各界呼吁严惩。公安机关利用微警务抽丝剥茧，集中力量对网络犯罪基地发起猛攻，即使犯罪嫌疑人逃到天涯海角也要绳之以法，尽力追回群众被骗的血汗钱。

再次，微警务实现运行的实战化。微警务的功能设置完全根据实战的需要不断地调整变化。完善扁平化指挥，屯兵街头，通过指挥中心和街面警力的点对点或点对面的指令传达，减少中间环节，提高快速反应的速度。群众报警求助不仅通过电话，也可利用微博、微信以及移动客户端实时操作，方便了群众，也为民警的处警提供了电子证据。

最后，微警务实现治理的社会化。动员、组织、凝聚广大社会力量积极参与社会治理是微警务强大的常备功能。在同一个平台上，通过交互，不断强化某种愿景，以达成认同，吸引、组织社会力量在共建共治共享的基层治理中发挥积极的作用。

四、增效动力

因新的理念、新的方法、新的手段、新的业态，微警务总能给基层公安工作带来意想不到的效能，这样的非增编增效是公安机关梦寐以求的。基层公安机关职责任务不断扩展而警力编制不可能无限扩充。任务和警力不匹配的矛盾严重地困扰着基层公安机关，唯有通过内部挖潜来实现增效。而微警务实实在在地达成了挖潜增效的目的。

一是融合增效。网络和新媒体的融合发展，不断衍生出新技术、新平台、新产品软件。这些新技术、新平台、新软件都成为推动警务创新发展的引擎，成为战斗力生成新的增长点。民宿是近几年为满足游客个性化需求而诞生的旅游精品。因为分散，民宿处于多头管理状态。而现在开发出的一款民宿 APP，就将旅客登记、治安、消防、食品、卫生、交通等管理功能全部纳入其中，将民宿纳入依法治理的轨道。

二是品牌增效。品牌具有不可估量的社会价值和市场价值。微警务运行中打造出了层出不穷的品牌，获得广泛的美誉度。微警务品牌在社区传播和社会动员中具有较高的号召力和公信力，在传播公安声音、讲好警察故事中发挥了重要的作用。

三是创新增效。微警务不受旧机制、旧模式的约束，只要适应形势任务的需要便可实时地调整创新。通过方法、手段、机制的创新，以达到提升战斗力、提高警务效能的最终目的。特种行业管理是一项重要的基础工作，过去靠科层制实行行政化管理，很难做到公开透明，而现在开设一个微信公众号，便可将所有的特种行业"一网打尽"。政策宣讲、预警通报、数据报送完全实现实时实地，分毫不差。

四是协同增效。基层公安机关利用微警务平台突破信息壁垒，达成信息共享、互联互通，充分实现警力有限、民力无穷的愿景。通过宣传公安工作，介绍中心任务，赢取社会各界的广泛理解和支持。实务中的证据收集、调取、串联、合并等都需要获得社会各界的支持与协同，过去依靠人工调取费时费力费钱，而现在通过协同机制实现系统的自动抽取，保证证据的真实有效，极大提高工作效率。

五、公关动力

公关是群众工作的手段之一，更是警务危机处置的不二手法。公安民警时刻处在社会矛盾的风口浪尖和利益调整的漩涡，稍有不慎就有可能陷入负面舆情，加之，部分民警执法能力和水平的欠缺，执法过错在所难免，在舆论的聚光灯下，即便微小的过错也会被点爆成警务危机。个人或小团体肇祸，但背锅的却是组织和集体。警务危机是关乎公安队伍形象的大事。危机发生后，公安机关举全局之力、勠力同心、全力公关、共克时艰。危机公关的重点和难点都在舆论的引导。当此时，微警务正好发挥舆论引导的利器作用。利用议程设置有条不紊地瓦解舆论风暴的漩涡，尽可能迟滞舆情演变的进程，缩小波及面。利用去中心化的手法，消解舆论飓风的破坏力，将危害降低到最小。利用舆情应对的统一阵线，修复舆论生态，弥合情感的裂缝。通过公关，转危为机。

微警务利用危机公关为契机，充分发挥群众工作的优势。通过广泛的资讯传播积极宣传公安工作的方针、政策以及中心工作，增进理解，消除误解和偏见，通过紧密的交互行动，加深沟通互信，促进认同，凝聚共识，汇聚力量，共同防范化解社会稳定的风险隐患。通过网上公共关系活动，察民情、解民忧、纾民难、汇民力，进一步密切警民鱼水情深，树立执法权威和公信力。

第二节　微警务的力量编成

伴随着网络技术的进步，微警务始终处于发展壮大之中。经历实战的捶打磨练，微警务俨然成为基层公安机关不可分割的一部分。

根据实战的需要，回应民众的关切，基层公安机关不遗余力地对微警务进行功能调整、开发应用、融合发展，不同层次、架构、组织、体系对微警务的运用愈加得心应手，对平台的选择、方法运用、技术开发越加驾轻就熟。微警务的业态愈加丰富和成熟，不断满足实战的需要、一线的需要、民众的需要。从资讯传播到舆情应对，从警民沟通到便民服务，从警务运行到智慧警务，应用不断赋能，效能不断提升，微警务正逐步走向公安工作的核心地位。

无论个体，还是整体；无论局部，还是全面；无论警种，还是系统，微警务实现全面渗透，全面覆盖。技术和理念的赋能，使微警务为公安工作提供强大的力量源泉。应用和力量的加持，使微警务孕育出战斗力新的增长点。平台和社会的对接，使微警务不断呈现出美好的现实愿景。业态和要素的神奇结合，成就微警务的千姿百态。

一、微警务矩阵

从未有一种业态被遗弃，总会有一种业态在新生，这就是微警务生态现状。任何一种业态都有存在的价值，才有了微警务五光十色、姹紫嫣红。网络、平台、软件、工具，但凡对警务实操有所益处都会收罗到微警务中来，与其说是公安机关对先进技术的痴迷，毋宁说是公安机关对民众关切的高度回应。群众走到哪里，公安工作就跟进到哪里，这是不变的方针。群众在哪里发声，公安机关就在哪里回应，这是不变的原则。微警务就是警民联系的桥梁、纽带和工具。

同样的主题、同样的愿景，微警务通过不同的平台吸引尽可能多的不同用户群体，实现差异化运营。不同平台账号相互推广，相互引流，增加主题的用户量和阅读量，提升主题的传播力和影响力，由此形成微警务矩阵。根据主题、主体的不同需求，微警务矩阵也可以拆分出内容矩阵、渠道矩阵、自媒体矩阵乃至微信公众号矩阵，通过相互交流，倍增影响力。因此在配合中心工作，助推专项行动，舆情应对等警务实战中，内容、渠道、业态等紧密配合，相互呼应，有力支撑，微警务矩阵的效能就能显著发挥出来。2018年2月，在公安部统筹下，组建"全国公安新媒体矩阵"，旨在加强顶层设计，讲好警察故事，树立公安形象，密切警民关系等。新媒体矩阵是微警务矩阵的重要组成部分。经过警务实战，微警务矩阵的战略定位主要在以下四个方面：

一是回应关切。民众利用自己手中的自媒体实时实地表达利益诉求。不同阶层、群体的诉求千差万别，公安机关利用自媒体矩阵或内容矩阵实现各种内容之间的相互联动，扩展内容覆盖面，提高民众的满意度。

二是应对舆情。舆情是宝贵的警务资源。不管是正面舆情还是负面舆情都应认真应对，特别是在舆论引导中，微警务矩阵和公众号矩阵发挥至关重要的作用。利用渠道矩阵科学设置议程引导、消解舆论，利用公众号矩阵加强和民众的交互，消除误解和偏见，增进理解和共识。

三是传导正能量。微警务是传播正能量的重要阵地。公安机关充分利用纵向矩阵和横向矩阵传播公安声音、讲好警察故事，使网络空间充盈正能量。

四是信息共享。矩阵贯通信息的壁垒，不同主体通过矩阵实现互联互通，信息共享。

二、微警务整合

起始之初，微警务都是自主开发，各自为政。需求、标准、名称、LOGO等都是五花八门，一旦联手作战，不匹配、不兼容、不对称的弊端立刻显露出来，严重影响效能发挥。随着运用的日益广泛，微警务应用不断改造升级。不同的主体之间采取整合的策略，既避免重复建设，又保证匹配兼容。针对不同的需求、不同主题，微警务的运行主体通过整合既保证了系统应用的匹配，又保留了功能的自主开发，从而保障定制化服务。2016 年 4 月 22 日，全国首创的江苏公安"微警务"平台集群正式上线。群众登录微警务平台就可办理户籍、交管、出入境等 578 项业务。平台集群由江苏省公安厅统一制定标准规范，各级公安机关循序渐进，量体裁衣，既避免服务缺位，又防止重复浪费，实现省市县全面覆盖、上下一体、界面统一、资源共享、安全有效的"掌上服务"体系。微警务运用通过整合，出人意料地取得三大收获：

一是打破信息孤岛。因历史和现实复杂的原因，在信息化进程中，许多方面的信息被孤立甚至遗忘，就像孤岛一样漂浮在信息的海洋中。微警务运行中的互联互通，不断地将这些信息孤岛收入网中，激活了封冻的信息。

二是发挥资源优势。受众、信息、品牌、渠道等都是微警务的资源优势。通过合作协商，推送越来越多的定制化功能服务，在微警务运行中吸引、组织、凝聚起越来越多的民众理解、支持公安工作，动员、联合越来越多的社会力量投身基层社会治理。

三是融合核心技术。微警务的平台、系统、应用的不断汇聚，势必促进核心技术的融合发展。版本的升级改造就是技术融合发展的参照。不同的技术系统中相互吸纳，相互调适，使应用越来越人性化。

三、微警务合作

微警务的系统应用开发基本都是借助于社会力量。阿里巴巴、百度、腾讯、京东、360 等国内知名企业为微警务和公安机关的信息化建设提供了强大的技术支撑。在"互联网＋"战略的推动下，微警务走向合作的发展之路。

知名的工厂企业大都具备有技术、人才、资金、数据的优势，处于国内外技术前沿的地位。基层公安机关的微警务发展借助知名企业的优势，实现合作共赢。

一是抢占时机。对一切先进的网络和新媒体技术均采取"拿来主义"，为实务所用，不用另起炉灶，干脆就锅下米，争取到宝贵的时机，将新技术迅速转变成新的动能，新的战斗力。

二是节省经费。在经费并不富裕的情势下，借船下海总比造船下海来得实用、俭朴。先进企业强大的数据库和后台力量足以满足警务实战的需求，势必节省下大量的人力和物力。

三是汇聚人才。网络和新媒体人才奇缺是制约微警务发展的瓶颈，依靠自身的力量不可能在较短时间内缓解人才荒的棘手问题，唯有依靠借脑的方式来缓解人才的缺口。向企业借，向社会借，汇聚一切急需的人才为我所用。当下，绝大多数微警务的后台运行管理采用外包的方式，应用系统的开发也大多是依靠于第三方购买。

四是共享资源。企业和社会所拥有的数据是社会治理的宝贵资源，政府和公安机关通过法律、市场等手段将这些宝贵资源汇聚到社会治理体系之中，进一步发挥积极的作用。正是有了技术领先的企业和社会组织的参与，才有了微警务的百花齐放。钉钉原是阿里巴巴集团专为中国企业打造的免费沟通和协同的多端平台，意在帮助中国企业通过系统化的解决方案，全方位提升中国企业沟通和协同的效率。平台运行以来，所展示出的组织、沟通、管理、传播等方面的强大功能引起社会各界的广泛关注。浙江、湖北、湖南、内蒙古、黑龙江等省区公安机关主动和阿里巴巴协商战略合作，完成和阿里钉钉全面对接，将钉钉系统嫁接到队伍管理之中。

四、微警务进驻

公安机关和社会联系最广泛，和群众沟通最紧密，是一座名副其实的信息富矿。公安机关和民警充分利用传统媒体和新兴媒体不遗余力地传播公安的声音，讲好警察的故事。截至2019年4月，全国公安机关共开设各类新媒体账号超过5万个，覆盖粉丝规模过亿，年阅读量近千亿，成为全国体量最大、最具规模的政务新媒体集群之一。但是，所拥有的传播渠道和手段，还比较逼仄、单薄，难以完全胜任公安宣传和传播的重任，难以满足人民群众对公安工作的新期待新要求。面对海量的信息流，来自公安的声音还略显微弱，与公安机关所承担的新时代使命担当不相匹配，不合节拍，急需从传播渠道和手段实现新的突破。进驻、搭载优质的传播渠道和先进手段无疑是提升公安宣传传播力和影响力的最佳方法。

网络的算法技术是当下最先进的传播渠道和手段。基于个性化推荐引擎技术，根据每个用户的兴趣、位置等多个维度进行个性化推荐。根据其社交行为、阅读行为、地理位置、职业、年龄等挖掘出兴趣。通过社交行为分析，5秒钟计算出用户兴趣。通过用户行为分析，用户每次动作后，10秒钟更新用户模型。今日头条、抖音、头条号、百家号、简书、小红书等作为个性化推荐引擎技术的翘楚，它们不生产内容，只提供渠道和手段，公安机关拥有丰富的传播资源，和企业拥有先进的传播渠道正好一拍两合。全国公安新媒体矩阵进驻今日头条，全国政法机构集体进驻抖音。各地公安机关通过利用先进的渠道和手段，加强了受众的忠诚度，提高了传播力。

五、微警务融合

网络技术的赋能，强化微警务的各项功能，也加速了微警务的融合。融合本是一种物理现象，指熔成或如熔化那样融成一体。微警务的融合是在现有优势的基础上，创建出合乎警务运行规律、具有生命力的新业态、新方法、新手段，不断丰富微警务生态。任何一种平台、系统都有与生俱来的局限和不足。通过融合，原来的不足被规避和克服，衍生新的技术力量。在历史的长河中，微博、微信等新媒体各领风骚三五年，最终都会被更先进的形态所超越，在传播领域，没有最新媒介，只有更新的媒介。所谓新兴媒体也只是一个时间概念，再也不可能有独霸天下的媒介存在。

技术赋能使微警务的业态、手段不断地翻样创新，并在融合中衍生出更多的新业态、新手段、新方法。没有最好，只有更好。

微警务的融合主要来自三种力量驱动。

（一）技术驱动

技术总是不以人的意志为转移，遵循客观发展规律，不断地演进提高。不断创新的传播、表达、交互、推荐等技术为微警务的融合提供动力源泉。系统的融合，使更多的业态相互兼容，信息推送的速度更快，容量更大，推荐更精准。应用的融合，立足主责主业，使主题更全面、服务更精细、效果更实用。业态的融合，使功能更健全、手段更丰富、力量更强大。移动互联网的到来，使基层公安机关的实景全部投射到网络空间，网上公安局、网上派出所、网上警务室迅速呈现。

（二）需求驱动

人民群众对美好生活的需要日益呈现出多层次、差异化、个性化的特征，需求的增长点广布物质和精神的全领域、各层面。微警务要不断满足人民群众对美好生活的需要，就需要在组织、运行、功能、流程等各个方面进行融合。通过组织的调整，突破数据的壁垒，实现有效资源的整合。通过运行机制的改造，实时实地为民众提供便利化服务。通过流程再造，剔除无谓的中间环节，将服务窗口前移到民众的家门口。通过功能的组合，提升服务的承载力，努力满足个性化的需求。微警务融合的至终目标就是不断满足人民群众的新期待、新需要。

(三) 发展驱动

经济社会高速发展，使社会治理面临越来越多的新情况、新问题、新挑战，需要不断调整、变革、创新理念、方法、手段、效能，确保和社会的急剧变革同频共振。社会治理的新理念、新方法、新手段促进微警务走向融合发展。微警务不断推送新的系统、功能、模式，以适应、满足社会发展的需要。尤其是对新生的社会力量和组织，微警务通过技术融合，提供新平台，动员、组织新生力量积极参与社会治理，吸纳融入新型社会组织的有效资源投入社会治理大循环。

六、微警务 APP

APP，即应用程序，英语单词 Application 的缩写，一般指手机软件，多是安装在智能手机上的软件，为了完善原始系统的不足与个性化，为用户提供更丰富的使用体验的主要手段。随着智能手机的普及，人们在沟通、社交、娱乐、消费、办公等活动中越来越依赖于手机 APP 软件。

微警务 APP 就是为满足微警务运行需要开发的应用程序。微警务 APP 的发展分为两个方向，一类是服务于广大群众的微警务 APP，人民群众随时随地地使用手机就可以方便快捷地办理各项业务，提高服务的效率与质量；一类是服务公安民警办公的微警务 APP，可以连接到公安信息网业务系统，实时查看警务数据和处理业务，提高工作效率。[①] 因目标用户的需求不同、业务范围不同、运行机制不同、操作系统不同，微警务 APP 的应用开发选用不同的技术开发模式。从现有的技术开发特点来说，混合开发模式适合面向广大群众，为群众提供服务的微警务 APP，原生开发模式更适用于面向公安民警的微警务 APP。混合开发模式就是在原生开发模式和纯 Web 开发模式的基础上衍生出的一种新开发模式，也可以说是技术融合的新生产物，兼具有原生 APP 良好用户交互体验的优势和纯 Web 跨平台开发的优势。因此，基层公安机关对混合开发模式喜爱有加。针对民众的个性化需求和用户体验，基层公安机关不断开发出微警务 APP。

不管采用哪种开发模式来开发微警务 APP，都需要有互联网应用服务和公安网信息资源作为基础支撑，并保证互联网和公安网，即俗称的外网和内网之

---

① 杨珍、王俊修：《"微警务" APP 开发模式分析》，载《警察技术》2017 年第 1 期。

间的信息数据交互应用的安全可靠。微警务 APP 的运行必须落实好三大核心安全保障。

一是数据服务。数据是微警务 APP 的基础，包括有用户数据库、权限数据库、业务资源数据库、消息数据库、日志数据库、交换数据库等，无论是接收互联网应用服务系统提交的各类数据，统一交换至公安网进行自理，还是通过请求服务方式从公安网获取能将发布至互联网的数据，微警务 APP 均能提供各类安全应用服务。在保证开展公安网和互联网间的信息数据交互应用的同时，保护关键信息技术设施免受攻击、侵入、干扰和破坏，促进安全与应用协调发展。

二是身份认证。微警务 APP 都是为特定的群体对象提供定制化服务，因此，对用户的身份认证至关重要。依托全国人口数据库，针对不同用户需求和用户体验建立用户身份认证体系，实现用户身份认证的等级管理，对不同用户适用匹配不同的应用服务。

三是边界防护。数据的开放共享是 APP 运行的前置条件。国家有关法律法规明确国家鼓励开发网络数据安全保护和应用技术，以促进数据资源的开放共享，推动技术创新和社会经济发展。微警务 APP 的信息资源管理服务是跨网络边界，跨域的信息资源管理，应充分考虑信息共享带来的安全风险。如果未对信息技术体系和管理制度做充分研究和规划设计，微警务 APP 就可能遭遇重要数据泄露、非法越权访问、网络攻击和其他干扰信息系统正常运行等一系列问题。因此，守护好公安网和互联网边界联通的网关生死攸关，容不得丝毫马虎和懈怠。微警务 APP 有效利用公安信息网、移动互联网、视频专网等各类网络资源，在实现公安信息网与其他网络进行数据交换的同时，收紧公安信息网边界，减少边界数量，推动公安信息应用向智能化、融合化方向发展。当然，跨网络边界资源共享系统的有效运行，除了信息资源共享系统本身，还需要隔离交换设备，网络边界保护、集中安全管控和运维管理体系等配套技术和管理措施。①

第三节　微警务变革链条

变革总是处于渐进式的状态，既不同于暴风骤雨式的革命，也有别于雷厉

---

① 韩秀德、陈昌前：《移动警务信息资源跨网络边界安全共享策略研究》，载《警察技术》2018年第5期。

风行的改革。这种温和的进行时往往发轫于某种新的技术体系、新的管理手段，抑或新的思维。从事物的外部滥觞影响作用于内部的主要矛盾或次要矛盾，并促成矛盾的转换，这一变化的过程和结果，也是逐渐地呈现出来。变革的过程往往就是经济基础作用于上层建筑的过程，因此，基本不以人的意志为转移，即使遭遇人为的干扰也难以阻止变革的进程。可以说，变革的步伐势不可挡，这是历史的潮流。

变革客观真实地顺应矛盾转化的规律，没有运动式的强制，少有长官意志和强权依附，完全遵循矛盾转化规律的节奏、路径、效果，规避或减缓了转化所引发的局部不适与社会阵痛，降低或减少了社会代价和群体伤痛。这种温和理性的渐变历程，尽可能缩小了社会治理体系的创面，舒缓了民众的焦虑情绪，虽然过程被拉长，效益被稀释，但能保证给社会和民众带来普惠，基本保障体制安全和社会稳定。因此，这种渐进式的变革就容易获得民众的拥护与支持。

微警务都是以技术作为切口，然后向管理、运行、理念等层面不断渗透，在润物无声中消解一切传统的优势，在循序渐进中确立起新的模式、理念等。一些传统落后的体制和机制在新技术、新方法的锋芒下土崩瓦解，只有让渡给新的体制机制。基层警务就在这种交锋和抉择中逐步实现全领域、全要素、全链条的变革。

一、理念变革

理念是上层建筑中最积极而又最活跃的因素，对体制和机制具有定盘星的意义，只有理念的撼动，才有变革的前提和基础，否则，只是对旧有体制机制的缝缝补补。由此，只有来自经济基础的作用力才能撼动理念，除此都是唯心的、形而上的花活。

理念总和时代以及时代的经济基础息息相关，而且经济基础正是理念腾飞的起落架。新中国成立初期，百废待兴，加之，社会环境的相当封闭，政府和公安机关矢志追求平安、幸福的社会管理，在全社会的共同努力下，打造出路不拾遗、夜不闭户的人间美景和政治清明。改革开放后，随着国门打开和人财物的大流动，飞进了苍蝇，浮起了沉渣，犯罪浪潮汹涌奔来。为有效遏制治安高压态势，为改革开放保驾护航，政法机关高擎起社会治安严打理念，渴求社会大局的平安稳定。进入新时代，经济社会得到强盛发展，也呈现出利益诉求多元化的格局，党和政府深刻回应人民群众对美好生活的向往，坚持以人民为中心的发展理念，坚持党的领导、人民当家作主、依法治国的有机统一，进一步提升国家治理体系和治理能力的现代化，着力解决影响社会和谐稳定的源头性、根本性、基础性问题，保障国家政治生活既充满活力又安定有序。

活力和秩序，发展和稳定，本就是一对矛盾的统一体，又是一对相对独立的对立面，既独立又统一，既不能割裂，又不能混同，只有找寻到两者的结合点和平衡点才能保证社会的正常发展。为了发展而忽视稳定，或者为了稳定而漠视发展，都是有百害而无一利，必须两手都得抓，两手都得硬。在基层治理中，就是要牢牢扭住影响稳定的源头性、根本性、基础性的问题这一"牛鼻子"，精准发力，久久为功，着力防范化解稳定的风险隐患，而微警务就是牵住"牛鼻子"的最有效工具。

微警务深刻回应人民群众的关切。微警务就是准确把握社情民意的定海神针。民众的所思所想，操心事、烦心事，微警务一目了然，并主动解民忧、纾民难。

微警务主动满足人民群众的诉求。民众利用网络平台广泛表达利益诉求，微警务的千里眼、顺风耳，号准民意脉搏，策动各级党委、政府积极回应民众的呼声，维护民众的利益，尽可能满足民众诉求，舒缓社会压力。

微警务积极满足人民群众美好生活的需要。不仅是安全稳定，还有民主政治、公平正义、合理分配、环境保护等都是人民群众美好生活需要的一部分，因此，只要是人民群众需要的，公安机关就积极支持，只要是人民群众反对的，公安机关就积极查处。

微警务的实战应用，部分地满足了民众的需求，坚持党的群众路线，改善警民关系，体现出良好的效能，也极大地触动了"灵魂深处"。公安工作作为社会治理的重要组成部分，社会治安同样是考验国家治理体系和治理能力现代化的试金石，因此，公安工作必须牢固树立以人民为中心的发展理念，保障人的全面发展，在更高的站位，以更广的视野，用更阔的胸襟忠诚履职。公安机关不仅保障国家的政治安全和社会稳定，还要维护社会的公平正义，让人民群众拥有更多、更直接、更可持续的获得感、幸福感和安全感。

二、管理变革

应对日益严峻的治安态势，公安机关不断拆分警种，籍以专门的力量对付新型犯罪形态，于是，力量编成被拆分得越来越长，实战单位越分越细，专业力量越变越小。各警种、各部门在应战中为显示存在感画地为牢，各司一职，精耕自己的一亩三分地，虽鸡犬之声相闻，却老死不相往来。表面上看分兵把口，各管一段，可谓天衣无缝，铁壁合围，而结果却是力量分散，各自为政。基础工作各扫门前雪，不管他人瓦上霜，自立标准、自设台账、自编体系、自我欣赏、自我陶醉，制造信息的孤岛，树立信息的壁垒。许多基础数据因标准不一、口径不一、系统不一，既不能共享，而且漏洞百出。一些警种部门过分强调自身的重要性和优越感，不断给基层派出所任务加码，无端造成重复劳动、无效劳动。派出所的主责主业受到严重干扰。

随着网络技术的进步，刑事犯罪也呈现集团化、智能化、网络化的态势，给社会治安和基层治理提出了严峻的挑战。以非接触为特征的网络犯罪和"黑灰产"层出不穷，疯狂掠夺人民群众的救命钱、养老钱、上学钱，而专业警种常会感觉对打击新型犯罪力不从心，防不胜防。事实证明，现有分兵把口的管理体制已完全不适应新形势和新任务的需要。

微警务利用受众优势、传播优势、数据优势，不断同网络犯罪和"黑灰产"展开绝地反击，守护好人民群众的钱袋子。毕竟微警务自身的承载力有限，同时，受制于现有的管理体系，难以展开全面攻击。一些基层公安机关切身感受到微警务的优势和力量，通过尝试大部制、合成作战开始管理体系的改造和变革。

（一）力量集约化

拆除警种的壁垒，模糊警种的界限，甚或取消警种的设置，集中优势兵力对不同的类犯罪形态展开合成作战。打开信息孤岛的堤坝，将所有的信息数据汇聚到云端，在大数据、云计算的指引下为实战提供技术支撑。

（二）服务定制化

利用微警务的技术手段，向个性化需求的民众提供定制化服务。服务的对象、内容、标准、效果不再以职权来设定，而以民众的需求来设置。服务的流程、规范、时间、地点都是以民众的需求来确定。公安机关整合窗口职能，实时实地提供服务，推出了阳光警务，民众足不出户便可办理证照。

（三）指挥扁平化

剔除管理弊端，有效减少中间环节，指挥中枢神经实现点对点、点对面的自由转换，提升一线响应的速度与效能。尤其是整合一切有效的资源进入云平台，通过科学管理，为实战提供有力支撑。

（四）管理网格化

网格化是基层治理的伟大创举。通过力量、政策、技术的下沉，充分激发起基层活力，准确掌握社情民意，加强社会治安的源头治理，立足抓小抓早，努力将矛盾化解在基层，把风险消除在初始。

长期以来，"门难进、脸难看、话难听、事难办"的"四难"问题始终是警民沟通的顽疾。诊断病因，既有主观性，也有客观性，这种主客观病因的交织，使诊治这种顽症困难重重。公安机关试图通过强化群众观念，提高服务水平和简化办事流程等方法手段力克"四难"问题，但效果始终难尽如人意。当下，通过微警务的赋能，着力于"四难"的病灶，有可能从根本上医治这一长期困扰警民关系的顽症。

办事难，难在民警的冷漠，难在民警的刁难，难在程序的烦琐，透过这些表象，本质的原因还在于办事的不公开、不透明，造成沟通的障碍。由于不公开，群众只得来回跑、多次跑、反复跑。由于不透明，群众容易被"吃拿卡要"，敢怒不敢言。由于沟通困难，群众只得瞎闯莽撞，不停顿地补齐备足手续材料。有群众不由哀叹：办事难，难于上青天。

现在，公安机关广泛利用微警务，实现警务公开透明，实现沟通的便捷实时。所有服务事项上网公布，要求、标准、时效等一目了然，若有疑虑，服务平台提供实时咨询，释疑解惑。公安机关通过拓宽服务渠道，优化办事流程，整合警务资源，融合线上线下，借助微警务的各种手段，实现了群众到公安机关办事"只跑一趟"的承诺。网上服务全程留痕，不仅方便办事群众的事后督促，也便利了有关部门的在线监督。

"只跑一趟"通过技术的倒逼促进公安机关的作风转变。警务公开透明有效地预防和杜绝了"冷硬横推""吃拿卡要"恶习的发生。全程在线留痕，更是对症下药，杜绝了"官老爷病""不思进取病"和衙门作风。

"只跑一趟"通过流程再造促进民警服务技能的提升。微警务的交互，要求公安机关和民警及时回应民众的关切。在新媒体的聚光灯下，民警提供为民服务的态度、质量、效果等随时接受民众和当事人的质问，稍有差池，就有可能演变成舆论事件。民警只有不断地提高业务和服务质量才能满足民众的新期待、新要求。

"只跑一趟"通过线上线下的交互促进公安工作的提质增效。办事的具体流程和相关要求上网公布，扩大知晓度，方便群众。对于特殊情况和要求，群众通过平台的交互功能寻求对策，公安机关积极回应关切。对特定人群提供定制化服务，满足个性化的需求。民众从"只跑一趟"中感受到更多更实际的获得感、幸福感。

三、模式变革

警务模式总是和治安态势息息相关，和执法理念相戚与共，三者相辅相成，共生共荣。计划经济时代，公安机关基本沿袭坐堂办案、等案上门的模式运行，和当时的环境、理念密切相关。改革开放以及市场经济确立，经济社会的急剧变革，警务模式的变革也在摸着石头过河中小心求证，不断尝试。面对治安危局，断然采取运动式的严打，刮骨疗毒。轰轰烈烈之后，这些霹雳手段不计成本，却未带来希望的愿景，只是雨过地皮湿，按下葫芦浮起瓢，严峻的态势并没有根本性缓解，依旧防不胜防，打不胜打。进入新时代，坚持以人民为中心的发展理念，促进人的全面发展，公安机关从体制机制实行重大转变以适应形势与任务的需要，确立民意主导警务的运行模式，公安工作紧紧围绕民意、民情、民生展开。民意警务的根本就是不断提升人民群众的获得感、幸福感、安全感。

民意警务是专门工作与群众路线的高度契合，是对群众路线的坚持、发展、创新。一切警务活动务必遵循群众工作的思路、要求和愿景，真真切切为群众提供安全感。微警务就是民意警务的品牌，代表着民意警务的思路、方法、手段、模式，为民意警务的运行提供强有力的支撑。

微警务是民意的感应器。微警务的终端紧密连接着社会的末梢神经，民意、民情、民生的所思、所想、所盼、所忧，都能敏锐地感知。公安工作以民众的呼声为信号，凡群众拥护的就坚持，凡群众反对的就改正。对危害群众安全感的行为坚决予以打击。

微警务是隐患的探雷针。民众的诉求表达往往通过对政府的呼唤、对公平正义的呼唤、对法治的呼唤以达到维护自身权益的目的。微警务汇民声、聚民意、解民情。公安机关积极回应民众的关切，坚持以底线思维、法治思维防范化解危害稳定的风险隐患。

微警务是社情的记录仪。社会面的风吹草动、蛛丝马迹都会在微警务平台系统中清晰留痕。这些毫不起眼的印迹却是宝贵的警务资源。公安工作就是从这些细枝末节中探寻发展的规律，选择应对的策略，未雨绸缪，防患于未然。基层警务更是通过对细微信息的研判，适时调整力量、勤务，下好先手棋，打好主动仗。

微警务是稳定的定盘星。网络舆情波诡云谲，暗流涌动。微警务通过网上巡察、分析、研判，准确发现甄别舆情中隐藏的暗礁险滩，主动应对，将风险化解在初始。

微警务准确把握民意的脉搏，透视社会风险的肌理，对准治理的重点和难点，精准施策。不管环境、任务如何变化，警力始终跟着民意走，警务永远随着社情转。

数十年的信息化建设，政府及其所属的各部门都已建立起完备的信息化系统，有关公民的户籍、教育、就业、医疗、婚姻、金融等基本信息分散于政府各部门的掌控中。民众办事只得在各部门和各办公室之间奔忙，有"办不完的手续，盖不完的公章，跑不完的路"。政府积极回应"让数据多跑路，让民众少跑腿"的呼声，向民众提供"一网通办"的服务。将各部门的政务信息汇聚到一个共享平台，彻底破除"数据孤岛"，企业和群众只需进一个门，只跑一趟，就可以办证办事，有许多的事项办理，民众只需利用移动客户端在家就可以办理。

上海市政府率先试水"一网通办"。2018 年 7 月 1 日，上海市"一网通办"总门户在"中国上海"网站上线试行。9 月 1 日，依托上海"市民云"APP 的"一网通办"移动端上线试运行。上海市政府各委办局的 200 余项服务接入"一网通办"受理平台。截至 2019 年 3 月 12 日，上海已有 771 万个人用户在"一网通办"实名建立档案，占实有人口 30% 以上，189 万企业法人建立企业档案，约占企业的 90%。到 2020 年，上海"一网通办"新增接入 500 项公共服务事项，100 项个人事项实现全市通办。

山西省公安厅将梳理确定的 254 项公安审批服务事项纳入"一网通一次办"平台，涵盖治安、户政、交通等 9 大警种，群众办事只需在微信公众号上在线申请、提交、办理、查询。目前，95% 以上的公安审批权事项可以"一次办"，85% 以上的办理量"一网通"。

来自公安部信息网的信息显示，2019 年 8 月 1 日，公安部"互联网＋政务服务"平台正式上线。这是全国公安机关互联网政务服务的总枢纽，总支撑、总门户，平台以"入口集中，事项同源，支持一体"为建设原则，将数据流、业务流、管理流有效融合，构造各部门警种、各地公安机关集约共建、数据共享、业务联动的一体化服务模式，整合各层级公安机关网上办事系统，汇聚服务事项，打通用户体系，目前，已汇聚服务事项 548 项，为群众提供公安服务的办理、查询、评价一站式服务，打造了"一大平台，全网贯通；双源数据，全面支撑；四级联动，全警应用；多种措施，全力防护"的应用体系。按照国务院《关于加快推进全国一体化在线政务服务平台建设的指导意见》的部署要求，公安部"互联网＋政务服务"平台已对接贯通国家政务服务平台和政府平台，统一用户体系，解决企业和群众在公安平台和政府平台重复注册、多次验证等问题，实现了"一次认证，单点登录，全网通办"。公安部"互联网＋政务服务"平台已将驾驶人考试预约、交通违法处理等 29 项公安高频热点政务服务事项挂接至国家政务服务平台，同步业务数据 82.8 万条。同时，公安部"互联网＋政务服务平台"支撑了全国一体化在线政务服务平台网上身份实名认证，已为国家政务服务平台提供身份认证 4390 万次，在电子政务外网上为 30 个省区市、16 个部委单位、137 个业务系统提供身份认证 4.1 亿次。

四、动力变革

社会治安是社会治理的重要内容，在整个治理体系中，治安始终处于主导地位。治安稳定，社会治理就有保障，否则，社会治理一事无成。过去，倡导社会治安综合治理，主要从体制机制层面进行制度设计，过分强调守好自家的门、看好自家的人的主体责任，尤其是一票否决制，强烈刺激责任的异化。一些主体责任部门为了扫好门前雪，不计成本，造成社会资源的过度消耗。综治部门处心积虑地策动起诸如大会战、大行动等应景文章，结果大多在十足的仪式感中走了过场，危及治安稳定的源头性、根本性、基础性的问题没有真正地得到根治，风头过后，一切依旧。公安机关深陷"独角戏"的尴尬与无奈。在人财物大流动的历史背景下，社会治安综合治理的设计具有重要现实意义，但随着市场体制的深化，市场在资源配置中的主导作用愈加强大，各种各样的社会组织和社会力量应运而生，而社会治安综合治理并没有实时将这些重要力量纳入体系之中，出现严重地漏管失控。社会治安综合治理体系已难以适应社会发展变化而逐渐地退出历史的舞台。

进入新时代，党中央确立共建共治共享的社会治理制度，这是在长期探索中形成的被实践证明符合国情、符合民意、符合社会发展规律的科学制度，是习近平新时代中国特色社会主义思想的重要内容。从党的十九大提出完善党委领导、政府负责、社会协同、公众参与、法治保障的社会治理体制，到党的十九届四中全会重新确立"完善党委领导、政府负责、民主协商、社会协同、公众参与、法治保障、科技支撑"的社会治理体系，始终强调人民群众在社会治理中的主体地位，更加突出社会协同、公众参与的重要意义。

微警务就是公众参与社会治理搭建的互动平台和载体。公安机关通过汇民意、聚民情、用民智，不断改进工作方法，最大限度地调动群众参与社会治理的积极性、主动性、创造性。利用交互方式，主动吸引社会组织和社会力量加入社会治理体系，积极培育公益性、服务性、互助性社会组织，支持行业协会、商会类社会组织发展，让千千万万社会组织的微治理释放出大能量。

社会治安涉及千家万户的利益，牵一发而动全身。但凡重大决策和立法事项，公安机关都会通过微警务征询群众的意见和建议。但凡重大的勤务和中心工作，公安机关都会通过微警务提前发布预警。公安机关通过运用民主协商的方式，寻找全社会意愿和要求的最大公约数，凝聚社会治理的最大共识，形成社会治理的最大合力。

公安机关通过微警务建立起警方和社会的互动机制，组建起社区干部、网格员、志愿者等队伍，发挥群团组织、社会组织的作用，发挥行业协会、商会自律功能，推动社会治理力量落到最基层。建立健全权利与义务统一、风险与责任关联、激励与惩戒并重的制度，建设人人有责、人人尽责、人人共享的社会治理共同体。

五、质量变革

唯指标论的考核机制发端于计划经济时代，在基层公安机关沿袭至今。罚没款数、刑事拘留数、行政拘留数、发案数、退查率、破案率等各式各样，每一项指标压力山大。这种机械地以在编力量为参数生成的不合理、不科学的考核指标，完全罔顾实际的治安态势和环境特点，无视群众的新期待、新需要，并一味地将指标与质量、荣誉、晋升、奖惩等紧密关联，无端将基层公安机关拖入以数字论英雄的怪圈。在指挥棒的驱动下，宝贵的警力和资源投向了考核指标的应付，更多的时候为追求指标的显绩，被迫偏离主责主业。

在质量管理体系中，指标只是一项重要的参数，并不是唯一，如果单纯地唯指标论，只会本末倒置，机械地追求高指标、高速度，势必拖累质量。基层警务不切实际地追逐高指标，就如缘木求鱼，只会是劳而无功，反受其累，这也是一些基层单位陷入越忙越累、越累越忙的死结不能解脱的根源。

微警务客观把握治安大势，瞄准影响群众安全感的痛点和重点，精准发力，依托大数据、物联网的技术加持，快速攻克治安乱点和难点，化解风险隐患。微警务的思路、方法、手段、模式以及质量、效能、口碑等和传统警务完全不可同日而语，唯指标论的考核机制已不合时宜。微警务全新的理念、方式正积极推动警务质量变革。

鲜活数据。微警务不断汇聚，提取有效数据，保证数据的实时、鲜活，向大数据运行提供源源不断的新鲜血液。

超前预警。利用云计算技术从云端自动抽取有价值的关联数据，经过碰撞、比对、推演，生成预警路径，提前介入，努力将风险隐患化解在初始状态。

动态防控。物联网上人、财、物、网紧密交汇，实现数据从人到人、从人到物、从物到物的自由切换，构筑起严密的立体防控体系。落点、轨迹、交互、平台等关键要素和证据在网上清晰呈现。落地有预警，移动有轨迹，离开有记录。艰巨的排查任务在指尖轻轻滑动中迅速完成，任何风险的细枝末节也难逃法眼。

精准打击。社会的网络化，使人和社会的交互轨迹以数据的形式留存。通过收集、淬取，网上自动生成完整清晰的电子证据链，精确锁定落点，对犯罪嫌疑人便可手到擒来。

微警务的质量变革不仅需要技术、管理、效能作保证，更需要获得三方面的认可。一是法律的认可。微警务的质量管理体系应适应以审判为中心的刑事诉讼体系改革的需要，通过司法效能的实现来检验质量变革的成效。二是社会的认可。执法主体秉持公开、公正、公平的原则，严格理性规范文明执法，所有执法活动的参与者都能感受到公平、正义。三是群众认可。金杯银杯不如群众的口碑。警务活动聚焦人民群众期待的增长点，找准利益诉求的切入点，更好满足人民群众多层次、差异化、个性化的需求，不断增强人民群众的获得感、幸福感、安全感。

六、效率变革

"放管服"是简政放权、放管结合、优化服务的简称。"放"即简政放权，降低准入门槛；"管"即创新监管，促进公平竞争；"服"即高效服务，营造便利环境。2015年5月12日，国务院召开全国推进简政放权放管结合职能转变工作电视电话会议，首次提出"放管服"改革的概念。国务院总理李克强强调："'放管服'改革实质是政府自我革命，要削手中的权、去部门的利、割自己的肉。计利当计天下利，要相忍为国、让利于民，用政府减权限权和监管改革，换来市场活力和社会创造力释放。以舍小利成大义、以牺牲'小我'成就'大我'。""放管服"改革的硬核就是推动政府职能的转变，通过改变以审批为核心的政府管理模式，完成创新宏观调控，加强事中事后监管和提供公共服务的服务型政府的现代转型。各地正在推行的"最多跑一趟""一网通办""只进一扇门"等创新服务都是运用互联网、大数据、人工智能等技术手段提升政府治理能力的生动实践。在技术层面，"放管服"改革通过信息技术的运用形成以技术创新推动流程创新，进而推动组织创新的倒逼机制，从而促使政府组织机构和运行机制不断优化。

各地公安机关不断推出简捷快办、网上通办、就近可办等"放管服"改革大招。微警务为改革措施的变现提供强有力的技术支撑。微警务通过跨地区、跨部门、跨层级的信息数据共享，简化服务、审批、监管的流程。建立跨部门、跨警种的服务管理平台，实现协同高效的警务效率变革。和民生密切相关的治安、交通、出入境等服务事项均可实现"申请材料减免""一证即办""一窗办""自助办""网上办"等便利。"一网通办"就是依托于微警务的技术应用，调整部门、警种的职责、权限，优化、融合部门、警种的职能，进而形成运转高效的组织体系。"一网通办"也为最终实现全国一体化政务平台建设和数字化政府建设奠定了基础。

第四节　微警务愿景

网络技术渗透永无止境，微警务创新发展没有尽头。新的业态、方法、手段、模式总是层出不穷，管理、服务、流程、机制等总在自我调适。在技术变革和制度创新强大驱动力的作用下，微警务变革永远在路上，明天的愿景充满期待与渴望。

深度学习的全面深入，给微警务进路带来了无限的可能。人机的全方位感应，不断培育出战斗力生成新的增长点。未来美好憧憬投射在模拟神经网络，人工智能援手梦想成真。

越来越多的黑科技，汇聚到微警务的旗帜下，电子的、医学的、金融的、人文的，秉持以人民为中心的发展理念，衍生出更多新的业态、组织、机制、理念，激发警务体制深刻变革。

明天，一切皆有可能。

一、技术愿景

技术是微警务的核心基础和力量支撑。组织结构、制度设计难以规制微警务的进路，只有技术才是微警务的命脉。技术迭代总是和微警务休戚与共。每一次算法迭代的过程都是对微警务愿景变现的推进。实现人民群众对美好生活的向往就是微警务发展的强大动力。技术迭代向着难点和泪点而来，向着梦想而去。技术的演化进步促使微警务理念更先进、方法更丰富、能效更优质。

"微"本身就是技术化身，也是微警务的独特魅力。"微"一旦和基层警务的全要素、全链条结合，便能快速将传播优势、流程优势、管理优势转变成新型战斗力要素。微传播、微防控、微追逃、微服务，还有微政工、微管理，不断衍生的微警务手段和方法都将演化成战斗力生成新的增长点，提升公安机关攻坚克难的能力和水平。

技术加持、融合，智慧助力，微警务的业态、模式、方法、手段不断发生嬗变，逐步引领基层警务的变革创新。基层基础信息汇集云端，警务体制、勤务机制自我革命以适应云技术、云运行。

微警务的理念、管理、效能愈加强大，在大数据、云计算、人工智能中头部效应愈加明显。虽然微警务还存在不少的缺点和不足，在未来的发展中都能逐步地克服。微警务专业的精神、差异化优势无人能敌，在未来的发展中舍我其谁。

二、思维愿景

全新的技术颠覆了传统的运行方式、管理模式、体制机制，从而引领理念、方法、手段的嬗变。在新思维的确立中实现改革创新。新技术的进步总是踩着前人的肩膀不断攀登，始终代表着先进生产力的发展方向，渴望新型生产关系与之相适应。新思维就是生产关系调整变革对先进生产力的强烈回应。微警务的发展壮大不论场景还是虚拟都渴望全新的思维、方法、体系、手段与之相适应，将技术优势演化成新型战斗力要素，倍增实战效能。

新思维是微警务生成、发展、进步的核心要素，时刻和传统思维发生正面交锋，在抉择、取舍中考验着基层公安机关的担当和智慧。技术的进路并不是一帆风顺，反而是峰回路转，百折不挠。微警务的前路必然遭遇技术的瓶颈，遭遇体制的掣肘，甚至遭遇实操的"滑铁卢"。新思维需要有我自岿然不动的定力，咬定青山不放松的毅力和粉身碎骨全不怕的魄力，久久为功，引领微警务涉险滩闯急流，勇往直前。

创新变革必须有新思维的引导来破除陈旧的观念，廓清认识的误区，拆除利益的藩篱。在这场誓不两立的较量中，可能付出一定的代价，甚至带来社会的阵痛。只要坚定不移地坚持新思维，就有可能将代价降到最低程度。

微警务的进步就是在破旧立新中前进。对陈旧的体制机制的变革再造，对新思维的推崇捍卫，需要有调整适应的过程，甚至出现局部的混乱，完全不足为怪，变革自有革故鼎新的历程。新思维的本质就是创新。

三、方法愿景

数据不再是一种符号，化身成了宝贵的资源，上升成为国家重要的战略物资，代表着国家的硬实力。数据汇聚在云端，在大数据、云计算、人工智能的点化下，演化成了魔方——生硬冰冷的符号却能将个性需求瞬间变成现实场景，温暖而有力量；将美好的愿景融入数据，基层警务运行中充满人性和智慧；民众的衣食住行、喜怒哀乐在数据的掌控调节下井井有条，进退有据。不是世界掌控数据，而是数据统治世界。世界只是数据的承载体，现实场景在数据的推演下发生移情换景，有效资源按照意愿合理流动调配。

数据将网格分解得更细微、更精致。有效的社会资源在数据的引导下合理布局，避免资源的重叠浪费。智慧警务依托数据的网格化，实现政通人和。网络的有效资源在数据云的算法推荐下实现有序流动，充分满足个性化需求，使有限的资源变幻出无限的可能。

深度学习全面模拟复制人类的神经网络，赋予系统自主意识，思考、判断、分辨的能力和爱憎美丑的情感。人工智能不断替代劳动强度较大而又重复单调的警务岗位，释放出大量宝贵的警力。服务窗口在数据云的引导下全面融合，全部窗口业务集合到"网上办""一个窗口办"，把更多的警力从办公桌上解放出来，下沉到社区和网格。

键盘对键盘、指尖对指尖将是微警务的常态。基层基础工作从实景到云端都是在指尖的滑动中完成，基础台账报表在云端自动抽取生成，实时更新。警民的沟通大多在点对点或点对面的交互中取得共赢。线索排查、证据关联、移动轨迹等关键要素在数据云的碰撞、比对、算法中寻获。

四、效能愿景

执法主体和对象走向云端交互，键盘和键盘的对话，指尖和指尖的沟通，警务的方法、手段、模式以及质量、效能实时地呈现在微警务系统中。基层公安机关积极回应民众的关切，不断地修正、调整、变革警务模式、方法、手段，满足民众的新期待、新需要。

服务不打烊。微警务的交互没有时间、地域的限制，实时实地"网上办""一次办"。人工智能强化用户体验，根据民众的诉求和愿景，网上公安局、网上派出所、网上警务室，提供全天候服务。服务的内容、方式、方法丰富多彩，充分满足民众的个性化需求。

防控无死角。社会网络化，将网络内的有效资源全部汇聚到云端，人、财、物、网的联通无缝隙、无死角。基层社会治理推动力量下沉，政策下移，保障下倾，坚持源头治理，动员、组织民众积极参与社会治理，构建人人有责、人人尽责、人人共享的社会治理共同体，继承和发扬"枫桥经验"，将矛盾化解在基层，将风险消除在初始。

打击无遗漏。微警务丰富了打击的专业化思路和手段，在大数据、云计算、物联网的强力支持下，数据运用成为打击硬核。对比、碰撞、搜索，在数据的海洋中锚定蛛丝马迹，在云遮雾罩中抽取一鳞半爪。拼凑、组合、模拟中再现真实场景，还原案事件的本来面目。线索、证据、信息的相互排斥，相互印证，相互支撑，组合起案事件的全要素、全链条、全过程，毫无遗漏。

五、民望愿景

共建共治共享的社会治理制度极大激发人民群众参与基层社会治理的内生动力。共建的力量来自人民，共治的智慧出自人民，共享的成果属于人民，把社会治理变成亿万人民参与的生动实践，真正让人民群众成为社会治理的最广大参与者、最大受益者、最终评判者。

在建立人人有责、人人尽责、人人共享的社会治理共同体的进程中，人民警察和人民群众联系最广泛，沟通最直接，理解最深刻。在微警务的平台上，民众了解警方的工作和要求，公安机关体察民众的渴望与诉求。在沟通中，民众体谅警方的难处，警方知晓民众的痛点。在理解中，警民携手勠力同心。民众通过微警务表达参与社会治理的愿望，贡献社会治理的智慧，寄托着实现中国梦的强烈愿望。

民众希望公安机关满足个性化的需求更加旺盛。经济社会的发展，民众需要呈现出多层次、差异化、个性化的特征，不仅对物质文化生活提出更高要求，而且在民主、法治、公平、正义、安全、环境等方面的要求日益增长，更加重视知情权、参与权、监督权，参与社会治理的意愿强烈，希望在促进社会发展中更好地实现人生价值。公安工作应有更高的站位，更广的胸怀回应民众的关切，通过定制化服务充分满足民众个性化需求，让民众的获得感、幸福感、安全感更多、更直接、更可持续。

民众希望公安机关维护社会公平正义的愿望更加强烈。公平正义比阳光还要温暖，人民群众充满渴望。通过实体、程序、效果的公平公正将公平正义的阳光照射进执法活动的全过程、全要素、全流程，以公平正义引导感召民众学法、用法、遵法、敬法。基层警务活动善用法治思维推进社会治理，用法治方式破解社会治理难题，引导社会成员养成在法治的轨道上主张权利、解决纷争的习惯，努力使循法而行成为全体公民自觉行动。

民众希望公安机关治理体系和治理能力现代化的要求更加迫切。现代社会是高风险社会，风险的跨界性增强，传导性加快，容易形成风险综合体。公安机关治理体系和治理能力面临严峻考验，迫切需要整合优化各类社会资源，从事前、事中、事后的整体视角进行防范，从源头传导转化等关键环节进行化解，形成互信、互助、互担的整体防控链，提高风险防范化解的前瞻性、系统性、协同性。维护社会治安秩序是公安工作的使命责任。如何处理好社会活力和秩序的关系是社会治理的大学问、大智慧。公安机关要"兼顾打击与保护、管理与服务，通过规范和激励，既建立疏密有度的制度约束，让社会成员依法依规行事，又搭建开放包容的创造空间，让社会活力竞相迸发，确保社会在深刻变革中既和谐有序又充满活力"。①

---

① 郭声琨：《坚持和完善共建共治共享的社会治理制度》，载《人民日报》2019 年 11 月 28 日。

第九章　公安文化再造

　　警察是一门古老的职业，在护佑一方平安的价值追求中形成了独具特色的职业素养和行为规范，培育出了警察文化现象。公安文化就是从警察文化延宕发展而来，是中华文化百花园中的一朵灿烂奇葩。

　　历经时代风雨的洗礼，公安文化不断地沉淀积累。改革、发展、稳定三者关系的调整效果最终都会从社会治安层面最直接、最客观地反映出来。公安工作时刻围绕形势任务的变化适时变革管理体制和运行机制，探索和时代同频共振的方法、手段、模式，以及职业道德和行为规范。公安文化的成长历程必然遗留下深刻的历史烙印。在革命、建设和改革的不同历史时期，公安文化承载着厚重的历史以及政治、经济、文化、社会的风云变幻。从公安文化的视角可以管窥近百年来中国历史发展的清晰脉络和机理。

　　时代发展赋予公安文化新的生命。新时代、新期待、新要求，公安机关深刻回应人民群众的关切，不断满足人民群众对美好生活的向往，公安工作的路线、方针、政策，基层警务的技术、方法、手段，队伍管理的体制、机制、模式，社会治理的主体、格局、愿景等出现了颠覆性的变革，公安文化在适应和嬗变中完成历史性再造。

　　创新贯穿公安文化发展的始终，如活水源头滋润公安文化的蓬勃兴旺。在互联网大数据、云计算等技术不断发展的大背景下，基层公安机关和民警顺应时代发展大势，主动学习从互联网视角、以互联网思维反思传统体制机制的缺陷，检视基层社会治理的漏洞，探寻破解新挑战的方式方法，在"互联网＋警务"的推动下，不断创新体制、机制、方法、手段、理念、模式，实现警务体系再造，力量效能再塑。微警务就是互联网思维在基层警务实践中的伟大创造。微警务全面覆盖公安工作的各领域、各层面，春风化雨般滋润着基层警务全要素、全流程的嬗变。

　　微警务全面融入基础工作。微警务平台及其应用已赫然列入基础台账，从制度设计层面证实微警务发轫于基层警务实战。平台建设和应用开发不断满足实战的旺盛需求，熟悉微警务成为基层民警的一项基本功，运用微警务开展社区工作成为自觉行动，利用微警务进行交互成为首选。微警务不但是基层警务的有力工具和得力助手，而且已深深嵌入基础工作中，成为基层基础工作中的重要部分。

微警务全面装备基层民警。近年来，在传统的八大件的单警装备上，基层民警又普遍增添执法记录仪和警务通。在警务通上装载了微警务 APP、移动客户端，还有各地公安机关自主开发的各种各样的执法小程序。在民警的手机里还有数不胜数的工作群、朋友圈和各种社交软件。民警利用执法小程序和社交软件实时开展信息采集、上传，数据的查询、比对，警民沟通、交互，微传播、微防控、微追逃、微课堂等随时随地展开。

微警务全面参与群众工作。民众利用网络和自媒体随时随地表达利益诉求，对公安机关寄予新期待、新要求。公安机关把来自民众的呼声作为第一信号，利用微警务实时作出回应，就民众的关切明确表明立场、态度。微警务就是新时代群众工作的平台，就是网上"枫桥经验"的载体。在推进"放管服"改革进程中，微警务发挥自身优势，打通服务群众的"最后一公里"，充分满足群众的个性化需求。

网络和通信技术的进步，总会给微警务带来发展的风口，微警务牢牢把握历史的机遇，坚持科技兴警的理念，不断向基层基础工作的纵深拓展。

微警务将覆盖每一个角落。在大数据、物联网、人工智能的支撑下，微警务依靠数据驱动、人机协同等前沿技术，实现对辖区内警力资源分布、实时警情信息、接处警情况、重点对象活动情况、舆情信息等治安要素进行可视化监测，对辖区内"人、车、地、事、物"全面监控，不留死角、不落盲区。

微警务将支撑每一个环节。基层警务的全要素、全流程、全环节实现在微警务平台上运行，可追踪、可回溯，终身负责。执法记录仪以音视频的方式，真实记载执法的全过程，民警的一举一动、一言一行都接受各方的监督。行政服务的全环节都是在网络平台上完成；刑事司法的全流程都是在网络平台上运行。民警的服务质量、执法效能时刻接受民众的检验、法律的检验、历史的检验。

微警务将关注每一个对象。物联网、人工智能将个体的社会关联信息可视化呈现在云端，居住环境、职业状况、社交方式、消费习惯、思想动态、行为轨迹等清晰可见。微警务将每一个自然人、社会法人，一个不少地吸纳进服务系统，杜绝漏管失控。对于个体诉求，综合相关关联数据推理、演算，实时作出妥当回应，充分满足个性化需求。推行"一村一警"的战略是基层社会治理关口前移、力量下沉的重大举措。在大部分的乡村，社会治理的基础建设还相当薄弱。在这些地区，微警务就能发挥基础性、先导性的作用。驻村民警辅警充分依靠微警务，积极灵活地运用微警务开展工作。

微警务引领基层警务变革，管理体制、运行机制焕然一新，职业素养、业务技能全面提升，警民关系、社会治理日趋向善。公安文化展现出全新的面貌。

第一节　重塑新时代警察形象

　　形象是指能引起人的思想或感情活动的具体形状或姿态，抑或是文艺作品中创造出来的生动具体的，激发人们思想感情的生活图景，通常指文学作品中人物的神情面貌和性格特征。显然，形象是作用于思想、情感的结果，具体而又抽象，鲜活而又空灵。正如"一千个观众眼中有一千个哈姆雷特"一样，因为个人经历不同，对同一作品的人物自然会有不同的评价。文学欣赏如此，社会生活更是如此。不同的人生际遇自会有迥然不同的价值认同和审美情趣，理所当然，人们对于自己欣赏或崇拜的形象往往寄予美好愿望和价值追求。形象必定是多姿多彩，生动丰富。有时，甚至只可意会，不可言传，就如周敦颐的散文《爱莲说》所描述的那样："可远观而不可亵玩焉。"

　　形象是一种理念。代表着美好的审美趣味，代表着积极的价值追求，代表着先进文化的前进方向。从某种具象或形态中，强烈地感悟到新思想、新思维。不同于冥思苦想后的顿悟，而是经点拨后的豁然开朗、柳暗花明、醍醐灌顶。形象总是具有价值导向的意蕴。人们自然会对钟情的形象喜爱有加，矢志不渝地追随。国家、民族、政党、群体都会不遗余力地打造代表自身利益的形象，最主要的是为了鲜明生动地展示自身的主张、立场、观点。警察形象展示的是公安机关的宗旨、路线、主张。民众对自己喜爱的形象价值趋同，自然会情感交融，对形象所代表的组织及群体也会爱屋及乌。

　　形象是一种力量。既会暴风骤雨，也会润物无声。世间万物千姿百态，总是以某种力量的形态而存在，正是在对力量的感悟中，情感世界自然升腾起某种不能自己的情愫，左右认知，引领价值坐标的升华。见义勇为、扶危济困展现了友善的力量；扫黑除恶、除暴安良展现了正义的力量；公平交易、童叟无欺展现了诚信的力量；春风化雨、百花齐放展现了文明的力量；沧海桑田、水滴石穿展现了变革的力量。无论力量以何种形态展现，都能撩动心弦，引发共鸣，由此产生对力量的折服和膜拜。警察形象所展现出的力量既有对犯罪如秋风扫落叶般的冷酷，也有对群众如春天般的温暖，因此，群众对警察形象的敬仰、爱慕之情油然而生。

　　形象是一种责任。挽狂澜于既倒，扶大厦之将倾，这是一种责任；救苍生于水火，解万民于倒悬，也是一种责任。明知路途险恶，也会义无反顾，则是责任的驱使。世界上有许多事情，必须做，但你不一定喜欢做，这就是责任的涵义。从来没有从天而降的英雄，只有挺身而出的凡人。承担别人难以承担的风险；承受别人难以承受的压力；承载别人难以承载的苦难，就是对肩头扛起的责任最完美、最彻底的诠释。"一箪食一瓢饮，在陋巷，人不堪其忧，回也不改其乐。"大文豪列夫·托尔斯泰曾说："一个人若是没有热情，他将一事无成，而热情的基点正是责任心。"这份执着，这份热情就是责任，就是担当，就能拥有与众不同的人生，就能领略风格迥异的风景。从人生的意义来说，英雄不再是凡人，值得凡人肃然起敬。不同的时代有不同的使命，有不同的担当，自然会有不同的时代英雄。"人民公安为人民"是初心，是使命，一切公安工作都是为了实现好、发展好、维护好人民群众的根本利益，这是一份沉甸甸的责任，也是全国公安机关和全体公安民警为之努力奋斗的终极目标。

形象是一种品质。品质是人们在认识客观世界、改造客观世界的实践中所表现出的思想、认识、品性等方面的本质，其中，人的素质起着决定性作用。而人的素质不是先天的，主要靠后天的努力来获得。岁寒然后知松柏之后凋，优秀的品质都是经历长期的磨砺和艰苦拼搏才能打造形成，非常人所能企及，自然令人敬佩和景仰。疾风知劲草，板荡识诚臣；路遥知马力，日久见人心；梅花香自苦寒来，宝剑锋从磨砺出，无一不客观描述优秀品质的锻造决非一日之功，须经过长期而艰苦的过程。世上无难事，只要肯登攀。优秀的品质为世人提供示范和形象引领。公安机关回应人民群众的新期待、新要求的历程中，必然充满风险和挑战，只有勇往直前，义无反顾。人民的利益高于一切，面对一切艰难困苦，发扬大无畏的英雄气概，勇敢亮剑，谱写惊天地泣鬼神的时代华章。

形象是一种境界。境界往往由思想觉悟、精神修养来培植。国学大师王国维在《人间词话》写道："古今之成大事业、大学问者，罔不经过三种之境界：'昨夜西风凋碧树。独上高楼，望尽天涯路。'此第一境界也。'衣带渐宽终不悔，为伊消得人憔悴。'此第二境界也。'众里寻他千百度，回头蓦见，那人正在灯火阑珊处。'此第三境界也。"大师从著名词人的作品中摘引三段名句来描述成大事业、大学问必须经历的三重境界。用文学意境描摹人生意境，透彻空灵，引人无限遐想。境界决定人的品位，品位决定人格，人格决定生命的意义和价值。在三重境界中，始终隐忍着思想的境界。只有具备高尚的思想境界的人才能在认知上掌握正确的奋斗方向，持之以恒，久久为功，最终人生大放异彩。而思想境界由思想修养、道德水准、审美观点和终极关怀等各方面的因素决定，一旦出现瑕疵，所有的努力有可能半途而废，人品令人侧目。因此，自古以来，做人立事高度重视思想境界的修为和操守。崇尚气节，追求崇高思想境界始终成为中华民族生存、繁衍和不断发展的内在动力和源泉。走进新时代，社会主要矛盾的历史性转变，公安机关肩负的使命更繁重，面对的环境更复杂，依法履职更需要有新境界来支撑。警察形象需要在更高的境界上来展现。

警察是一门特殊的职业，肩负着行政管理和刑事司法的双重职责，注定和普罗大众产生最广泛的联系。每次具体而微的警务活动总会和群众的切身利益发生或紧或疏的扯动，俯仰之间都是民众疾苦，举手投足之中都是群众的利益。而群众往往都是从自己的立场、观点来评判民警的一举一动、一言一行。自然，群众对良好的警察形象充满渴望。

警察又是一个特殊的群体，代表国家依法履职，始终是社会关注的焦点、舆论监督的重点。警察形象关乎党、关乎国家的形象。由此可见，树立良好的警察形象对维护党的领导，维护政治稳定，维护社会安定具有十分重要的政治意义。

长期以来，警察形象被单纯地认同于某种意识形态具象，人为地涂抹上各种各样的政治油彩，孤立成为一种高大上的政治概念。推树典型、塑造形象成为宣传机构的神圣职责。在浓厚的政治氛围中，形象被固化成某种意识形态的符号或标识。一是"形象＋口号"。形象为口号的正确伟大提供注脚，仿佛形象天生就是为口号而生存，除此，不再有自己的七情六欲。形象就是口号，口号就是形象，俱荣俱损。二是"形象＋概念"。形象存在的价值就是能为某种概念放之四海而皆准提供生动的注解，相互捧场，相互迎合，在形而上的思维定式中，形象异化成概念，概念固化成形象，是先有概念，还是先有形象，已不重要。形象的固化本身就是对形象的伤害。情感世界的丰富多彩，才有人生的多面体。为塑形而塑形，必然沦为形象工程，招致天怒人怨。

警察形象是队伍的精神引领，是时代的价值坐标。树立形象是公安工作坚持不懈的重要任务。公安队伍英雄辈出，他们的名字在共和国的荣誉殿堂上熠熠生辉。但也毋庸置疑，因受内外因素的影响，队伍形象还有不尽如人意的地方，有的甚至不堪入目，招致形象危机，整个队伍被污名化。

新媒体时代，人人都有麦克风，个个都是通讯社。公安队伍在舆论的聚光灯下执法，形象建设遭遇到前所未有的挑战。

（一）来自舆论环境的挑战

一是"民间舆论场"风头强势。新媒体为民众自由表达提供广阔舞台，原本一统的舆论格局被拆分成"主流舆论场"和"民间舆论场"。民警的执法活动全程都有舆论"聚光灯"的追身，稍有差池，"民间舆论场"便会率先发难，挑起舆论危机，宣泄不满情绪。

二是主流媒体自我沦陷。本应扛起社会重任的主流媒体却屈膝于流量，委身流言和虚假信息，将公安机关和民警推向民怨的喷火口。

三是敌对势力兴风作浪。敌对势力利用民警的执法过错和涉警舆情进行大肆炒作，竭尽诬蔑抹黑之能事，在网上不断掀起丑警黑警的恶浪。

（二）来自宣传理念的挑战

宣传是公安工作重要的一环，是思想政治工作的重要内容，过去，宣传工作依靠掌控的新闻资源以及可调控的传播渠道，基本可以塑造出需要塑造的形象。进入新媒体时代，传播格局的颠覆性变革，引领宣传理念发生实质性转变。

一是从思想灌输转变为资讯传播。利用政治优势和社会地位，可以轻而易举地影响或左右传播工具和渠道，向受众广泛灌输警方的立场、观点、方针，建树起具备强烈的警察色彩的意识形态。传统的传播格局被颠覆，思想灌输的功效失灵，宣传工作的重心转向资讯传播。宣传机构乃至整个公安机关广泛利用传统媒体和新兴媒体传播公安的声音。

二是从新闻掌控转向信息服务。公安机关是一座新闻富矿。公安宣传工作就是守护好、利用好这座富矿，为公安中心工作服务。公安工作从管理型向服务型转变后，警务全面公开，新闻富矿的优势荡然无存。公安机关为充分保障民众的知情权、参与权、表达权、监督权，向民众积极提供信息服务。

三是从舆论主导转向舆情应对。传统媒体称霸天下时，宣传工作对舆论导向具备十足的掌控力。一旦"民间舆论场"站稳脚跟，万众喧嚣中，任何力量对舆论便失去了绝对的影响力，只有顺势而为，主动引导舆论。当来自民众的声音足可左右舆论演变方向时，形象建设必须加大民意的权重。

（三）来自传播手段的挑战

传统媒体和新兴媒体的深入融合，新技术、新业态、新形态、新手段不断呈现，你中有我，我中有你，融媒体成为主要传播手段。广播、电视、报纸、微博、微信、移动客户端等互联互通，各显其能，全面释放新闻资讯的功效。过去，公安宣传主要利用借船出海的模式，履行宣传职责。现在公安机关加强宣传阵地，特别是新兴媒体主阵地的建设，利用非线性传播手段传播公安声音，讲好警察故事，塑造警察形象。微警务就是公安传播的主阵地，形象建设的大本营。

（四）来自表达方式的挑战

长期的单向传播中形成的相对独立的新闻体裁、语言风格，正是这种独特的表达方式，固化了传播者和受众的界线，阻隔了受众自愿参与传播的热情和通道。自媒体在手，遍地都是公民记者。民众的参与和表达完全不会顾忌新闻体裁和语言风格，有闻即播，有感即发。没有官话、套话，没有标语、说教，不用技巧，拒绝套路，更多的是俚语土话，接地气、有烟火味，而且是遍地碎片——碎片化的表达，碎片化的传播，碎片化的阅读，海量信息中充满了碎片，而这些碎片中却又充满了"硬核"。

长期以来，形象被简单化，绝对化，成为政治的图腾或意识形态的具象，甚至被异化成政绩工程。如此，典型形象只能是"三月里来四月走"，昙花一现，很难给观众留下深刻印象。受众拥有话语权后直接表达对心中偶像的崇拜，对于外界的强加表现出本能的排斥及"抗体"。受众出于自身利益的维护，对典型的宣传往往以体验感来确定对形象的接受程度，尤其是社会新生代对信息的需求往往超过对精神层面的需求，于是对形象宣传的接受自有一定的心理尺度，对那些内容"同质化"，主题雷同的形象宣传因信息量少、说教多而产生极度厌恶。对此，便在社会上流传"典型消失论""形象过时论"。这样的论调只能说是以偏概全，一叶障目。任何时候，典型形象都是公安队伍的旗帜，是引领事业进步的灯塔。进入新时代，公安队伍建设更加需要典型形象的推树培塑。形象建设既要遵循传播规律，又要满足受众的心理需求，而最佳切入点就是讲好警察故事。

讲故事是形象建设的理念、手段、方式的创新。故事讲述的多是身边的人和事，以及生活中的所见所闻，鲜活又接地气，受众感同身受，对这些存在自己周围的典型形象备感亲切，倍加珍惜，大加推崇。

故事短小精悍，非常适合于碎片化的传播与阅读。有时故事残缺不全，只是主人公的一句话、一个动作、一个眼神，因为能传神传情，并不影响对形象的塑造，点睛之笔反而在碎片化的传播中更久远。

故事里没有直白的说教，主题思想被巧妙地隐藏在情节、结构、对白的设计之中，受众在"润物细无声"中受到感召和启迪，从而升华起"哈姆雷特式"的主人公形象。

故事客观逼真，人物形象的生活工作场景和受众的生活工作场景高度相似相近，故事情节最能引发受众的认同感和代入感，正是这种心理上的相通，最能引发思想、情感、心灵上的共鸣，从而认同形象、维护形象、宣传形象。

讲故事通过客观真实的叙说，将典型形象极具个性化特征活灵活现地呈现在受众的面前。这种有血有肉、有灵感、有高度的形象最接近受众的心理尺度，容易被受众接受。

民众利用自媒体自发地参与到讲故事的行动中，从群众的立场、群众的观点讲述心中的人民警察形象。来自民警的一言一行、一举一动、一点一滴都是讲故事的宝贵素材。故事里有感动，故事里有崇拜，故事里有期待，群众的参与是公安机关形象建设的重要基础。动员群众、组织群众参与公安形象建设，推树的形象必然获得群众的认可。

警察形象是指人民群众对公安民警和公安机关的全部看法和评价，是以警察自身的知识、能力、素质等为基础，通过具体的职能活动呈现给人民群众的印象和感受。① 可见，人民群众才是警察形象评价的主体。不同的阶层、群体，不同的环境、视角对警察形象会有不一样的认同，尤其自媒体表达的参与，使形象认同更具自主性和多样性。民众对警察形象的认知不再偏重于来自传统媒体的信息，更多强调于现实生活中的感同身受以及强烈的获得感。正如对执法处罚，不同的视角会有不同的看法，有人赞同严格执法，也有人认为是乱罚款乱作为。同一种行为，形象的评价却有天差地别。公安机关的形象建设在突出人民群众的主体地位的同时，宣传教育工作一刻也不能缺位。通过宣传引导人民群众认识形象、推树形象、塑造形象、传播形象。

微警务是公安机关密切人民群众的桥梁和纽带。通过微警务，公安机关知民情、解民忧、纾民难，人民群众了解公安工作，评价公安工作，要求公安工作。来自民众的声音无一不是对警察形象的评价。嘈杂之中难免存在误解和偏见，影响到对形象的认知，迫切需要正面的宣传和舆论引导。微警务利用新媒体传播，汇聚社会各方力量参与警察形象的建设，为社会传导正能量。

微警务重塑新时代警察形象着重从五个方面入手。

一、忠诚的形象

忠诚是人民警察的政治本色，不管政治风云如何变幻，人民警察忠诚于党、忠诚于祖国、忠诚于人民、忠诚于法律的理想信念丝毫不会改变。大是大非面前立场坚定，旗帜鲜明；大风大浪面前无所畏惧，毫不动摇；各种诱惑面前，保持定力，坚如磐石；直面生死，勇往直前，彰显人民警察的忠诚本色；面对艰险，义无反顾，展示人民警察的如磐信念。崔大庆、赵新民、杨雪峰、马金涛、王春天，英烈们用鲜血和生命铸就忠诚的丰碑。公安机关是党绝对领导下的纪律部队，时刻听从党的命令，服从党的指挥，关键时刻豁得出，冲得上，打得赢。2017 年 5 月 19 日，习近平总书记亲切会见全国公安系统英雄模范立功集体表彰大会代表时明确提出"对党忠诚、服务人民、执法公正、纪律严明"总要求。"四句话十六字"精辟回答了公安工作和公安队伍建设中带

---

① 石坚：《人民警察的形象定位》，载《警学研究》1996 年第 2 期。

有根本性、原则性、方向性的重大问题，科学指明了党在新形势下建警治警的指导思想、基本原则和目标方向。

政治建警是公安队伍建设的灵魂工程。公安机关首先是政治机关，政治性是第一属性，讲政治是第一要求。公安机关要旗帜鲜明讲政治，增强"四个意识"，坚定"四个自信"，做到"两个维护"，不断增加忠诚核心、拥护核心、跟随核心、捍卫核心的政治自觉、思想自觉、行动自觉，始终在政治立场、政治方向、政治原则、政治道路上同以习近平同志为核心的党中央保持高度一致，在思想上高度依赖核心，衷心拥戴核心，坚持不懈用习近平新时代中国特色社会主义思想武装头脑，着力打牢高举旗帜、听党指挥、忠诚使命的思想根基，永葆绝对忠诚、绝对纯洁、绝对可靠的政治本色。

二、爱民的形象

人民群众是党的执政基础和力量源泉，一旦离开人民群众，党的事业就成了无源之水、无本之木，因此，一切为了群众，一切依靠群众，始终是我党事业取得一个又一个胜利的制胜法宝。公安工作密切联系人民群众，和人民群众同呼吸、共命运、心连心，警民鱼水情深有利于维护党的执政基础，捍卫党的执政地位。任何时候，公安机关和人民警察始终把人民群众的利益放在最高的位置，始终站在群众当中做群众的贴心人和主心骨，始终牢记全心全意为人民服务的宗旨，把人民群众对美好生活的向往作为奋斗目标。"人民公安为人民"是公安机关始终不变的初心与使命。坚持以人民为中心的发展思想，维护人的全面发展，深刻回应人民群众的关切，将群众的呼声作为第一信号，把群众的难事当作自己的事办，把群众的愁事当作家里的事来办。警务跟着民意走，警力围着民情转，着力解决社会治理中不平衡不充分的发展问题，不断实施便民、利民、惠民举措，让人民群众的获得感、幸福感、安全感更多、更全面、更可持续。

构建基层社会治理共建共治共享的格局，强调人民群众的主体地位，尊重人民群众的首创精神。公安工作始终坚持专门工作和群众路线相结合的方针，越是任务繁重，越是环境复杂，公安工作更加强调从群众立场、群众观点、群众智慧中找寻克服困难的力量，找寻破解障碍的方案，找寻事业前进的方向。群众立场是一切公安工作的着力点，是"立警为公，执法为民"理念的真谛。人民的利益高于一切。"群之所为事无不成，众之所举业无不胜。"胸中装着群众的关切，眼中盯着群众的利益，自然就会把群众高兴不高兴、赞成不赞成、满意不满意作为检验工作的基本标准。只有把群众当亲人，群众自然不会把你当外人，才能营造警爱民、民拥警的社会时尚。任长霞、邱娥国、王江、吕建江……永远是人民群众心中的爱民模范、时代丰碑。

三、改革的形象

当今的中国正全面进入改革的"深水区"，公安改革正全面推进，一些落后的管理方法、手段已经不符合人民群众的新期待，一些陈旧的警务体制机制已经不适应社会治理创新的要求，发展中不平衡不充分的问题还普遍存在。改革创新是公安工作的唯一出路。时代呼唤改革的开路先锋，事业呼唤创新的领军人物。公安工作的重点在基层，难点在基层，希望也在基层，公安改革的破题也在基层。微警务时刻敏锐地捕捉、萃取基层改革的闪光点，将聚光灯跟随在基层那些锐意改革、敢闯"地雷阵"的探索者身上。不同警种、不同岗位，改革的目标不同，使命不同，但只要有所动作，有所斩获，就值得大张旗鼓地宣传、推树，来自基层一线民警攻坚克难的探索精神和创新尝试都值得同道以致全社会尊崇与礼赞。来自基层民警的点滴创新、探索都会凝聚起推动公安事业进步的巨大能量。

新时代"枫桥经验"从当年的"斗争经验"华丽转身为今天融入时代理念与时代元素的基层社会治理模式。回望 50 多年的发展历程，"枫桥经验"始终在变，而变的源泉正是来自体现时代要求的创新精神。正是这种创新精神，不断丰富和发展"枫桥经验"。走进新时代，面对社会主要矛盾的历史性转变，网格化、法治化、数据化、智能化等具有强烈的时代内涵和时代元素融入"枫桥经验"之中。公安部组织全国公安机关开展创建"枫桥式公安派出所"的活动，就是一场基层公安机关和民警改革创新的竞赛。以改革创新的精神、理念、方法、手段，更好地服务群众，动员群众，吸引群众共同参与基层社会治理。在创建活动中，基层民警表现出了强烈的改革创新意识，涌现了大量的创新经验、创新成果，辖区群众从基层公安工作创新中感受到实实在在的获得感。

四、公正的形象

目前，世界正处于百年未有之大变局，安全稳定是人心所向，但是单边主义、霸权主义愈演愈烈，意识形态的斗争更加复杂尖锐，不稳定性和不确定性因素在增加，反渗透反颠覆反暴恐的斗争长期存在。经济社会的发展面临一些新问题新挑战，社会主要矛盾的转化对公安工作提出了许多新要求。"三大攻坚战"任务艰巨，防范化解社会风险的任务依然繁重。公安工作正面临着来自国际、国内的时代大考。在以习近平同志为核心的党中央坚强领导下，公安机关沉着应对，积极作为，保持了社会大局的持续稳定。全面推行"一次办"

"网上办"等审批服务，群众办事"来回跑""反复跑"的现象明显减少，越来越多"放管服"改革举措出台，更加便民、利民、惠民，群众的获得感、幸福感更加直接、全面。扫黑除恶斗争深入推进，有黑扫黑，有恶除恶，紧盯影响民生的网络诈骗、食药环领域犯罪、知识产权侵权等方面的犯罪，施以重拳，群众的安全感在增强。公安机关不断努力提交合格的时代答卷。

人民群众日益增长的美好生活的需要，不仅是物质的，还有精神的，不仅希望个人的利益诉求得到维护，而且在民主政治、公平正义、合理分配等方面的诉求也得到尊重，全面实现人生价值。人民群众要求公安机关不仅要依法履职，更要维护社会的公平正义。自古以来，公正的形象，都是民众对执法者的期盼。"吏不畏吾严而畏吾廉，民不服吾能而服吾公，公则民不敢慢，廉则吏不敢欺，公生明，廉生威。"在法律许可范围内，警务的内容、标准、流程全部公开，执法的效果完全交由人民群众来评判。公平正义在人民群众阅卷中占有最大的权重。任何的执法瑕疵都有可能被人民群众一票否决。

面对全面推进依法治国，建设社会主义法治国家的新形势新任务，面对人民群众日益增长的对社会公平正义的新期待、新要求，各级公安机关扭住决策、执法、监督等关键环节，持续发力，在深化规范化上做文章，在狠抓落实上下功夫，着力形成细化、实化的制度安排，集中力量一项一项抓落实，注重突出问题导向、目标导向、效果导向，坚决整治，着力解决不严格、不规范、不公正、不文明等突出问题，努力让人民群众在每一次执法活动和每一起案件办理中都能感受到社会公平正义。公安机关不断完善制度机制，紧紧围绕公安执法活动的重点方面和关键环节，进一步规范执法依据、执法程序、执法行为，规范执法决策机制、监督机制，完善公安机关执法权力运行机制，确保执法权力在法治轨道和制度框架内运行。

五、智慧的形象

大数据、云计算、人工智能等一大批"黑"科技的加持，公安工作的发展遇到千载难逢的机遇。公安机关顺势而为，坚持科技兴警，实现了公安科技的大发展、大繁荣、大进步。网络和电信技术的深入渗透，全面融合，新技术、新业态、新形态、新方法、新手段在公安工作中不断涌现。微警务已覆盖了基层警务的全领域、全流程、全要素。"让信息多跑路，让群众少跑腿"的愿景已经在基层社会治理中得以实现，微警务成功打通了服务群众的"最后一公里"，群众足不出户便可办证办照，跨省申领身份证，迁移户籍不再是梦想，还有更多的"网上办""一次办"，省去了群众来回奔波的烦恼，节省了宝贵的时间和金钱，让群众真切感受到发展更有温度，幸福更有质感。

各级公安机关强力推行大数据战略，以数据驱动警务，以数据建模、研判社会治理风险隐患，打造社会治理立体防控体系，使大数据真正成为推动公安工作创新发展的大引擎，培育战斗力生成新的增长点，全面助推公安工作质量变革、效率变革、动力变革。基层公安机关利用物联网、人工智能、区块链等前沿技术和警务实战紧密结合，开发出大量的智能警务应用和产品，如智能安防、智能交通等广泛应用于民众的生产生活中，带来的不仅是生活的便利，更是进一步实现了智慧警务。"互联网＋警务"模式的确立，彻底告别了过去习以为常的人海战术和运动式的警务模式，结束了简单粗暴低下的警务效能，引领现代警务高素质、跨越式发展。

2019 年 5 月 8 日，习近平总书记在全国公安工作会议上强调，要坚持政治建警，全面从严治警，着力锻造一支有铁一般的理想信念、铁一般的责任担当、铁一般的过硬本领、铁一般的纪律作风的公安铁军。"四个铁一般"的公安铁军是党中央和人民群众在新时期对公安队伍整体形象提出的新标准、新要求。公安机关作为国家治理现代化的重要组成部分，全面聚焦推进国家治理现代化对公安工作和公安队伍提出新要求，着眼能力建设，把握现代化方向，提高公安队伍革命化、正规化、专业化、职业化水平。牢记对党忠诚、服务人民、执法公正、纪律严明的总要求，锚定"四个铁一般"，坚持不懈地用习近平新时代中国特色社会主义思想武装全警头脑，强化忠诚教育，锤炼忠诚干净担当的政治品格，确保公安队伍在任何时候任何情况下都坚决听党话、跟党走。开展全警实战大练兵就是公安部党委深入贯彻落实全国公安工作会议精神的重要部署，是锻造"四个铁一般"公安铁军的具体路径。全警实战大练兵，准确抓住了公安机关战斗力提升之"核"，练就过硬本领之"纲"。强化全警实战训练，锻造能打胜仗队伍，突出实战实用实效。坚持从高从难从严，着力练就克敌制胜的硬功夫，力争通过三年时间的不懈努力，推动全警专业素养和实战能力实现大飞跃、大提升，全面适应维护国家政治安全和社会稳定新形势新任务的需要。一切服从实战，一切面向实战，一切为了实战。在实战中锻造"四个铁一般"的公安铁军。

第二节 重构当代公安话语体系

话语体系是思想理论体系和知识体系外在的表达形式，同时，也是文化价值观念最直接的表现方式。各政党、各集团、各群体，为了宣扬各自的思想理论体系、文化价值观念，无不高度重视话语体系的构建，并随着时代的变迁，社会语境的变换，思想理论体系的变化，不断创新、重构话语体系，从而在话语权上赢得主动。

新中国成立 70 多年来，公安工作跟随社会的发展进步，探索建立了具有鲜明职业特色的公安话语体系，传播公安思想理论体系，弘扬公安文化价值理念，树立良好的公安形象。进入新时代，中国特色社会主义开启新征程新航向，社会的主要矛盾发生历史性转变，习近平新时代中国特色社会主义思想武装全警头脑，公安机关的思想理论体系和知识体系发生全新的变化，陈旧的话语体系显然难以准确、完整、科学地表达新的思想理论体系和知识体系，急迫需要创新、重构当代公安话语体系。

一、新中国公安话语流变

话语是指在特定社会语境中人与人之间从事沟通的具体言语行为。在说话人、受话人、文体、沟通、语境等话语诸要素之中，语境具有决定性意义。正如毛泽东同志在《反对党八股》一文中所描述："俗话说：'到什么山上唱什么歌。'又说：'看菜吃饭，量体裁衣。'我们无论做什么事都要看情形办理，文章和演说也是这样。"写文章，做演说，就是话语表达的社会行为。可见，不同的语境就需要有不同的话语文本、表述方式，才能获得理想的传播效果。时代在变迁，社会语境在变换，文本内容在变化，自然，话语及至话语体系也随之发生转变。

公安机关是人民民主专政的重要工具，是党和人民手中掌握的"刀把子"。鲜明的政治属性，注定公安机关不仅是政权机关，首要的是政治机关，讲政治是第一属性，坚持党对公安工作的绝对领导，全面领导是第一位的政治要求和根本原则。新中国刚成立，毛泽东同志就强调，"保卫工作必须特别强调党的领导作用，并在实际上受党委直接领导，否则是危险的"。周恩来总理语重心长地告诫："军队与保卫部门是政权的主要的两个支柱。你们是国家安危，系于一半。国家安危你们担负了一半的责任，军队是备而不用的，你们是天天要用的。"公安机关显著的政治属性所形成的公安话语必然具有强烈的意识形态色彩。遵循马克思列宁主义的国家观，任何一个阶级如果不在掌握政权的同时对意识形态、国家机器并在这套机器中行使其领导权的话，那么，它的政权就不会持久。公安话语及话语体系的构建纳入公安机关政治工作的范畴，直接为公安机关思想理论体系服务。

公安话语的构建总是与党和国家工作重心的确立一脉相承，并随着工作重心转移而发生根本性变化。回望来时的道路，公安话语凝固的概念清晰地勾勒出我国政治风云变幻的历史画卷。随着特定社会语境的转变，公安话语与时俱进。时势在变，话语在变，新概念、新范畴、新表述不断展现具有中国风格、中国气派的公安话语的活力与自信。

　　新中国成立伊始，道路选择、制度设计完全仿效苏联模式，公安话语和法制意识形态更是照抄照搬，甚至生搬硬套苏联体系，推行"全面苏化"。公安机关的组织体系脱胎于军队系统，而管理体制、勤务机制基本实行"拿来主义"，公安话语、思想理论体系、文化价值观念亦等同于苏联的翻版。公安机关为捍卫共产党的执政地位，维护新生共和国的政治安全和社会稳定，充分发挥人民民主专政的职能。列宁在《无产阶级革命和叛徒考茨基》一文中指出：专政是直接凭借暴力而不受任何法律约束的政权，无产阶级的专政是由无产阶级对资产阶级采用暴力手段来获得和维持的政权，是不受任何法律约束的政权。新中国成立初期，公安机关在伟大的斗争实践中构建起人民民主专政的话语体系，虽然存在着明显的苏联法学理论的痕迹与烙印，但在社会主义建设中发挥了非常重要的作用。肃反、剿匪、禁娼、阶级斗争、五类分子改造等话语表达具有强烈的时代性，特别是肃反，在长期的阶级斗争实践中，总结和发展了丰富的文本内容，形成完备的肃反话语体系。镇压反革命必定是新生政权的铁血手腕。1950 年 7 月 23 日发布的《政务院、最高人民法院关于镇压反革命活动的指示》强调，"积极领导人民坚决地肃清一切公开的与暗藏的反革命分子，迅速地建立与巩固革命秩序，以保障人民民主权利并顺利地进行生产建设及各项必要的社会改革，成为各级人民政府当前重要任务之一"。1951 年 2 月 20 日，中央人民政府委员会通过了《中华人民共和国惩治反革命条例》。此条例也成为公安机关肃反话语体系构建的蓝本。在后来的实际工作中，肃反话语表达失准，导致了阶级斗争的扩大化，教训惨痛。直到 1999 年修改宪法，才删去了"反革命罪"的表述。肃反话语才彻底退出历史的舞台。

　　改革开放后，在引进西方先进的技术和设备的同时，也流入了西方赤裸裸的思想理论体系以及意识形态。放眼世界，西方拥有先进的技术、先进理念、先进思想体系，完备的话语体系，完全主宰世界话语权。彻底结束以阶级斗争为纲，党和国家的工作重心转向发展经济，一切都是摸着石头过河。在向西方同行学习的过程中，公安话语以及话语体系表现出了显性的趋同。但凡先进的或实用的理念、方法、模式、概念、表述等都会直接"拿来"在中国土地上"套种"。情报主导、社区警务、危机公关等话语体系大行其道。尤其是西方的法治理念不仅在学术界，而且在实务界都受到顶礼膜拜，大有"言必称希腊"之势。西方的法治话语体系明显左右我国法治的意识形态。中国的法治实践几乎成为西方法治理论体系的"试验田"。

　　自 20 世纪 80 年代中期起，随着我国对外开放的加快，特别是随着西方文化大规模地传入，西方法治意识形态在我国法治领域的影响日渐形成，并不断强化。迄至今天，西方某些法治理论所描绘的法治状态已成为很多人对于法治社会的基本想象，从而也成为人们向往或追求的一种社会理想；对西方法治理论所推崇的某些原则的接受，很大程度上代替了人们对我国法治应有机理以及法治实际运作规律的思考与理解；西方各种法治理论或学说成为人们分析和论述理论问题以及考量与评价社会现象的重要依据与标准；西方各种法学著述和文献已成为当代中国法学的重要理论和知识资源；接受西方法学理论的训练则成为当代中国法学人乃至法律人所必不可少的经历，对西方法治理论和知识的掌握与了解亦成为体现或衡量法学人学术功底和理论素养的重要标准与尺度。虽然尚不能说西方法律思想和法学理论对我国法治意识形态具有潜在的主宰地位，但西方法治意识形态在我国法治领域中的影响无疑是较为深刻的。毫无疑问，在西方国家法治实践先行、法治理论先存的格局下，在中西方文化交流和传播的壁垒与藩篱已经打破和拆除的条件下，在美国等西方国家作为人类历史上较为成熟的法治国家这一事实已得到普遍认同的背景下，在我国法治仍处于创始阶段，法治理论、法律文化和法学知识资源相对匮乏的情况下，大量吸收和汲取西方法治理论、法律文化和法学知识以及这些理论、文化及知识在我国的广泛传播，不仅难以避免，而且有一定的必要性和积极意义。[①] 长期处于西学东渐的状态，受西方自由主义理论的深刻影响，公安话语中自觉或不自觉地杂糅进了西方的法治理论及其法治意识形态，自然影响到公安话语的权威和影响力。

新中国成立以来特别是伴随着四十多年改革开放的伟大实践以及取得的伟大成就，更加增强中国人民的道路自信、理论自信、制度自信、文化自信。在改革征程中，公安话语不断丰富和发展，既有本土化的创造，也有域外理论的引进。保驾护航、公民、自由、人权、专项行动、群体性事件等概念极富时代表征。中国特色社会主义进入新时代，确立依法治国方略，形成完善的中国特色社会主义法治体系，实现了党的领导、人民当家作主、依法治国三者的高度统一。公安机关主动运用新概念、新范畴、新表述总结公安工作的重大成就，传播公安法治理论和文化价值，推树时代新形象。公安话语体系变化高度契合中国特色社会主义政治体系。依法成为话语表述的主基调。诉求、回应、警务公开、民意导向、美好生活等概念无不体现了法治的精神、法治的品质、法治的愿景。

公安话语是执法语境下警民沟通的工具。从权力的视角看，公安话语是法

---

① 顾培东：《当代中国法治话语体系的构建》，载《法学研究》2012 年第 3 期。

律授权和依法履职的外在表达，职业特征、时代风格鲜明，尤其是话语的意识形态突出。也可以说，公安话语是党在长期领导政法工作以及公安工作的过程中，反复使用和不断改进的用语表达。公安话语的流变与党和国家工作重心转移、党的治国理政理念创新紧密相连。新使命、新理念、新思想引导公安话语与时俱进。这种流变基本有规律可循。具有里程碑意义的会议、事件基本就是引发公安话语流变的重要节点。譬如，党的全国代表大会、全国公安工作会议等。会议宣示了党和国家的理论创新成果，改革发展的成就，未来奋进的愿景，推出了大量的具有标识性意义的新概念、新范畴、新表述，重构了和新思维、新理论、新知识相适应的当代话语体系。公安机关积极运用新思维、新理论、新知识武装自己的头脑，主动转变观念，调整思路，创新体制机制，紧跟时代发展的步伐。2019 年 5 月 7 日，全国公安工作会议在北京召开。习近平总书记出席会议并发表了重要讲话。习近平总书记的重要讲话蕴含丰富思想内涵和科学方法，具有强大真理力量和实践伟力，是引领新时代公安工作创新发展的行动指南。习近平总书记重要讲话中关于公安工作的新思想、新理念、新方法就是当代公安话语。各级公安机关紧紧围绕新思想、新理念、新方法重构当代公安话语体系，充分表达对新时代公安工作一系列重大问题的清醒认识，就是必须毫不动摇地坚持和加强党对公安工作的绝对领导、全面领导，必须以强烈的担当精神切实履行好新时代使命任务，必须切实把严格规范公正文明执法要求落到实处，必须坚定不移地把新时代公安改革向纵深推进，必须一以贯之地坚持全面从严管党治警。

二、当代公安话语体系建设的意识觉醒

不管是域外法律文化的引入，还是本土文化价值观念的自生，两者杂糅在一起，生硬拼凑出了公安话语。用这种亦中亦洋的话语体系来表达中国特色的思想理论体系，在传统传播格局中毫无违和感。在不少人的眼中，能用世界先进的知识图谱来阐释、描述，足可证实思想理论的先进和知识体系的进步。在学术界大量的治学人士言必称西方，甚至于迷信西方的月亮比中国的圆，千方百计用外来的概念、表述为学术研究文本镀金，以此提高亮色。在洋为中用的旗帜下，企图用西方的话语体系来阐释中国现象和中国实践，标新立异，别出心裁，其结果只能是卖力地兜售西方的理论体系，拱手出让本土化的话语体系，丧失话语立场和话语权。

中国现象产生于中国的土壤，和国情民情休戚相关，一味地搬用西方的话语体系来解释求证中国现象和中国创造，必定是牵强附会，甚至牛头不对马嘴。中国特色社会主义是中国共产党带领亿万人民通过伟大实践对人类文明历

史作出的独特贡献。以往以西方为中心来建构的话语体系不可能准确生动地表述中国道路和中国经验，只有重新审视本土的道路和经验，重新构建符合自身发展的话语体系，才能实现对中国特色社会主义的自我理解，才能将中国道路融入多元化的世界，才能正确评判中国崛起对人类文明的贡献意义，才能创造崭新的世界图景。

公安机关和人民警察在警务实践中不断创新并丰富公安思想理论体系和知识体系，探索公安工作发展路径，以往深受西方思想理论影响的话语体系，已完全不能适应时代发展的需要，强烈需要重构适合自身体制机制发展需要的话语体系。群体性事件话语体系的确立可以视为公安话语体系重构自主意识的萌芽。古今中外，对群体性事件存在着各种各样的认知，民变、造反、持不同政见、闹事等概念纷纷粘贴在群体性事件的身上。社会转型时期，利益调整和诉求主体多元，必然诱发矛盾冲突叠加，群体性事件高企。长期以来，群体性事件被混同于治安事件，定义为"聚众共同实施的违反国家法律法规、规章，扰乱社会秩序，危害公共安全，侵犯公民人身安全和公私财产安全的行为"。由此可见，将群体性事件定性为违法的话语和西方所宣称的"民变""持不同政见"的话语高度吻合。2004 年，中共中央办公厅颁布了《关于积极预防和妥善处置群体性事件的工作意见》，明确群体性事件是"由人民内部矛盾引发，群众认为自身权益受到侵害，通过非法聚集、围堵等方式，向有关机关或单位表达意愿，提出要求等事件及其酝酿、形成过程中的串联、聚集等活动"。定义的表述淡化了"社会危害性"，突出强调自我维权意识。不同的表述，不同话语，自然就有不同的应对方法和手段。对违法行为，必然采取查处手段，而对维权行动，只能用化解的方式。防范处置群体性事件成为中国特色社会主义法治体系的伟大创造。此后，社会人、社会组织、底线思维、社会治理等新概念、新表述陆续出现，充分表明公安话语不再单纯趋同于西方理论，而是开启了本土化的尝试。

进入新时代，公安话语体系构建自主意识全面觉醒。随着经济社会的高速发展，崛起的中国正从世界秩序的外围逐步走向世界舞台的中央。我们以马克思主义为指导创立了新中国，建设了新中国，又发展了新中国。我们不仅解决了"挨打"问题、"挨饿"问题，而且我们还创造了第二次世界大战结束以来一个国家经济高速增长持续时间最长的奇迹，但是我们还没有解决"挨骂"问题。"挨骂"的实质就是在意识形态的斗争和国际话语权竞争中不能完全掌握主动。当今全球化时代，谁的话语体系更具有道义感召力和思想穿透力，谁的话语意蕴和叙事表达最能打动人，谁就拥有相应的国际话语权，谁就能在国际竞争中赢得优势。中国共产党带领中国人民在伟大的社会主义革命和建设中创立了中国特色社会主义理论，也形成了中国特色社会主义的理论话语，譬如，发展是硬道理、摸着石头过河、一个中心两个基本点、两手抓两手都要硬等理论话语深受人民群众的喜爱和欢迎。同时，毋庸置疑，我们的理论话语体系还不够完善、成熟，在国际上的话语权与我国的大国地位极不相称，不能充分适应理论发展的要求，不能满足国际话语竞争的需要，这就要求在现有话语体系的基础上，全面推进中国特色社会主义话语体系的创新。

现有话语体系的现实困境主要表现在三个方面。

（一）话语体系和时代发展脱节

时代发展中的新情况、新问题、新挑战层出不穷，必须要用新概念、新范畴、新表述来阐释中国现象。陈旧的理论话语抑或域外的理论体系无法科学地分析中国社会的发展变化，无法充分表达中国人民的创造伟力。利益格局调整和诉求主体多元，加之外部环境的日益复杂，基层社会治理隐藏不少的重大风险隐患。对此现象，实务界和学术界大都套用域外的理论体系来分析解释，来自本土的话语缺失，理论缺位，这种以理论阐释理论，以概念分析概念，以现象解释现象的话语体系苍白无力。党中央审时度势，总揽全局，从实际出发，从国情出发，提出了坚持底线思维、法治思维防范化解重大社会风险的理论话语。这就要求各级政府和公安机关在基层社会治理中结合本地实际，实事求是，用本土化的话语深度解读基层实践，构建起丰富的理论话语体系，准确表述将矛盾解决在当地、将风险化解在初始、将隐患消除在萌芽的时代意义。

（二）话语体系和群众路线疏离

话语体系是思想理论体系和知识体系的外在表达形式，因此只有为人民群众理解掌握运用才能转化为巨大的现实力量，实现其社会价值与功能。话语表达不仅表现出作风、文风，还有群众立场，因此必须坚决反对形式主义、官僚主义，杜绝本本主义和党八股。在当下的政治话语、理论话语中仍然充斥着大量的学术语言、专业术语、欧化语言，还有不少时髦词汇的存在，引起群众极大的反感。自媒体传播环境中，网民用自己的立场、观点、语言来阐释党的思想理论，必然造成思想理论的混乱。建设中国特色社会主义话语体系，必须充分考虑群众的思维方式和语言习惯，把艰深晦涩的道理转化为浅显易懂的语言，把抽象的思维逻辑转化为具象的生动表达，这样才能得到人民群众的接受，从而产生巨大的影响力。构建公安话语体系必须坚持以人民为中心的发展思想，秉持群众立场，尊重群众观点，吸纳群众语言，以问题导向为驱动，表现话语的大众化、社会化，以群众喜闻乐见的语言传播公安理论体系和知识体系。

（三）话语体系和全球化格局隔阂

"冷战"后的世界格局走向全球化，主要国家之间的竞争在一定程度上体现为话语体系的竞争。一个主权国家如果没有独立的话语体系，便不会有独立的价值观念与意识形态，就只能跟在别国的话语体系后亦步亦趋，最终成为其附庸。

当今的中国在世界格局中占据着重要的地位，已从世界秩序的外围走到了舞台的中央。但是在话语体系竞争中还没有解决"挨骂"的问题，主要表征一：对西方话语的迷信。习惯于套用西方概念和表述解释中国现象，把西方理论神圣化，把中国问题简单化，罔顾国家和民族的历史传统、文化价值、基本国情，全盘机械地照搬照抄西方的概念、范畴、表述，自然，话语体系的竞争只会是软弱无力。主要表征二：固化意识形态。话语具有明确的政治属性，其背后往往代表着表达者的阶级立场和利益诉求，完全属于意识形态。但话语体系的竞争并不意味着意识形态的交锋，而是将意识形态的竞争巧妙地融进话语表达之中，从而在表达中传播意识形态。如果脱离话语体系，一味地输出意识形态，话语体系的竞争就会陷入名副其实的骂战。甚至于关起门来自搞一套，自弹自唱，自我欣赏，自我陶醉，不顾外界的感受，其本身就失去了构建话语体系的意义。

实现中华民族伟大复兴的中国梦需要打造既符合中国国情，又顺应世界大势的话语体系，创立融通中外的新概念、新范畴、新表述，不仅让外国人听得懂、听得进，而且能够接受，乐于接受。通过重塑话语体系向时代和世界表达中国的民族文化、历史经验和发展道路，充分展示中国共产党所开创的中国特色社会主义道路、理论、制度、文化的时代魅力和光明前景。

三、公安话语体系建设的基本维度

党的十八大以来，以习近平同志为核心的党中央对构建有中国特色、中国风格、中国气派的话语体系高度重视。2016 年 5 月 17 日，习近平总书记在主持召开全国哲学社会科学工作座谈会上指出："发挥我国哲学社会科学作用，要注意加强话语体系建设。在解读中国实践、构建中国理论上，我们应该最有发言权，但实际上我国哲学社会科学在国际上的声音还比较小，还处于有理说不出、说了传不开的境地。要善于提炼标识性概念，打造易于为国际社会所理解和接受的新概念、新范畴、新表述，引导国际学术界展开研究和讨论。"

话语体系是一定时代经济社会发展方式，时代精神和文化传统的表达范式。每个时代都有反映这一时代的话语体系。中国特色社会主义进入新时代，赋予公安机关新职责新使命新担当，就需要有和新时代相匹配的新概念、新范畴、新表述来阐释、传播公安机关的新职责新使命新担当。新时代呼唤重构更加科学有力的话语体系。

在探索新时代公安话语体系的重构中，应高度重视把握历史、实践、国际三个基本维度。

（一）历史维度

警察是一项古老的职业。5000 年的中华文化浸润哺育了警察的职业精神、价值取向、警务规范、执法伦理。古老的中华文明积淀了民族最深沉的精神追求，产生了中华民族独特的精神标识，孕育了丰富的思想理论体系和知识体系，这些都是重构当代公安话语体系不可或缺的文化语境与修辞基础。自古以来，路不拾遗、夜不闭户的桃源胜景，始终是历朝历代社会治理的理想图景。历史长河中，中国的强盛总会呈现出政治清明、社会稳定的治安镜像。和谐、稳定、物阜、民丰、发展、进步，永远是统治者和百姓共同敬仰的时代话语。古代儒家思想中的一些精神本质和法治内核至今仍在发挥积极的作用。其中的民本思想话语和当下的人民至上的话语从某种意义上说是一脉相承。

话语体系属于上层建筑，必然受经济基础的影响和制约。国家和民族所拥有的历史传统、基本国情和发展道路，必然产生与之相适应的思想理论体系和价值观念，形成阐释和破解经济社会发展中所面临的历史性难题的理论、制度和文化，自然生成寓有时代特色的话语体系。

重构公安话语体系不能割裂历史，背离传统，首先要从浩瀚的历史文化中寻找到自己的根基和脉络。追本溯源，古代司法执法中丰富的理论体系和知识体系就是公安话语体系的根。农耕文明中极力倡导的邻里守望相助、以德服人等自治、德治、善治的话语表达沿用至今，仍旧是新时代基层社会治理中的积极力量。自治、德治、善治在"枫桥经验"的创新发展中发挥着重要的作用。党的群众路线不断从古代民本思想体系中汲取文化的精华，古为今用。

同时，重构公安话语体系要注重历史思想理论体系的当代表达。话语体系作为一种表达价值和思想相对稳定的符号形式，具有无法割裂的历史连续性。中华文化传统能够传承的主因就在话语体系的这种连续性。当代公安文化的兴盛和中华文化的薪火相传，连绵不绝有着重要关联。古代的司法礼仪、伦理、观念、表述等都是公安文化的重要历史内容。许多的执法理念、方法、手段都可溯源到古代文明。有些只是在表述上发生了历史的转换。"杀人偿命，欠债还钱""见义勇为、大义灭亲"等司法理念至今仍是立法、执法、司法的基本遵循。打更、设卡、盘查、悬赏、通缉等沿袭至今仍是公安机关重要的勤务手段。国家治理中的以民为本和以人民为中心的理论话语体系一脉相承，着重突出了人民群众的主体地位和首创精神，尊重人民群众创造历史的伟力，在不同时期展现出不同的表述方式。

（二）实践维度

波澜壮阔的改革开放伟大实践不仅推动了中国历史上最为广泛而深刻的社会大变革，也是展现人类历史上最为宏大的独特的实践创新。改革开放成就了人类社会发展史上惊天动地的奇迹，进一步增强了坚持中国特色社会主义的道路自信、理论自信、制度自信、文化自信。公安机关积极顺应改革发展大势，不断调整变革管理体制和勤务机制，创新警务理念、方法、手段，深刻回应人民群众的新期待、新要求，在探索实践中逐渐形成了中国特色的公安话语体系。

一是坚持立足本国国情。中国是发展中的大国，不平衡不充分的发展问题还普遍存在。公安话语体系必须突出中国特色、中国风格、中国气派，任何外来的思想理论体系在中国土壤中试种必定水土不服。意识觉醒后的公安话语体系开始积极地本土化探索。习近平总书记强调："当代中国的伟大社会变革，不是简单延续我国历史文化的母版，不是简单套用马克思主义经典作家设想的模板，不是其他国家社会主义实践的再版，也不是国外现代化发展的翻版。"立足本国国情，坚持马克思主义基本原理同中国具体实践相结合。坚持中国共产党的领导是中国特色社会主义的本质特征。习近平新时代中国特色社会主义思想是当代马克思主义中国化的最新成果，是新时代中国特色社会主义的话语体系。当代公安话语体系必须坚持以习近平新时代中国特色社会主义思想为统领，在实战中善于发现并提炼标识性概念，打造易于人民群众理解接受的新概念、新范畴、新表述来传播公安声音，讲好警察故事。

二是坚持问题导向。习近平总书记指出："改革是由问题倒逼而产生，又在不断解决问题中得以深化。"问题是话语的逻辑起点，而破解问题的实践则是话语的现实基础。基层社会治理中的新情况、新问题层出不穷，公安工作面临的难题与挑战前所未有。公安机关始终坚持专门工作与群众路线相结合的方针，紧紧依靠群众，坚持群众立场、观点、方法破除前进道路的难关和险阻，公安话语体系应准确地表述基层社会治理遭遇的新问题，以及破解问题的新理念、新方法、新手段，丰富公安思想理论体系和知识体系，弘扬公安文化的价值体系，展现公安队伍的时代风采。

三是坚持改革创新。改革创新是公安事业发展的不竭动力。信息化时代，新技术、新业态、新模式全面渗透公安工作，引领公安工作的理念、方法、手段、模式的重大创新，助推基层警务的质量变革、效率变革、动力变革。公安工作变革的过程有人民群众的参与，效果由人民群众评判，成果让人民群众共享。公安话语体系应顺应改革发展大势，积极运用变革的话语、标识性概念表述公安机关改革创新的理论、方法、模式、过程、结果、效益，利用新技术、新表述重构公安话语体系，创新公安话语体系。

（三）国际维度

长期的闭关锁国，经济社会和外界绝缘。国门大开，国人真切感受到和外面世界存在的巨大落差，并有了险被"开除球籍"的切肤之痛。正是从这种深重的生存危机感中奋起直追。历经 40 多年的改革开放，中国经济社会高速发展，物质财富和生活水平得到极大的提升。中国特色社会主义进入新时代，久经磨难的中华民族终于迎来了从站起来、富起来到强起来的伟大飞跃。在伟大的改革实践中，逐步探索出中国特色社会主义话语体系。但是，中国特色社会主义话语体系的建设与体现我国大国地位、展示负责任大国形象的要求还不匹配。在国际话语体系中"西强我弱"的态势没有根本改变，中国声音的传播力还相对较弱，国际话语权还掌控在西方强国手中。中国特色社会主义的话语体系还不能充分表达和反映中国特色社会主义的伟大实践。我国的理论研究、新闻传播、文学艺术还不能全面地阐释改革开放引发的人类发展史上的最伟大变革。许多人仍在套用西方的概念、表述、话语来解读中国现象、中国崛起。中国特色社会主义话语体系还不能充分展现民族文化的特色与气派。悠久的中华文明为世界的发展作出了不可磨灭的贡献，但是话语体系不仅表达缺少中国风格、中国气派，甚至抵挡不了"历史虚无主义"的进逼，更无力解决"挨骂"问题。凡此种种，正显示中国特色社会主义的话语体系的建设依然任重而道远。

中国的强盛和崛起为公安机关全面参与国际社会的治理创造了良好的外部环境。国际警务合作已从经验交流转向紧密的实务协同。中国力量深度参与国际维和维稳使命，中国警务的理念、方法、模式、经验、图景开始向世界传播。同时也明显地感觉到国际警务合作中，中国公安话语体系整体表现还相对弱小，话语权不够充分。国际话语体系的构建成为当前公安工作的一项紧迫的新课题。当今世界正面临百年未有之大变局。人类正处于大发展大调整时期，世界多极化，经济全球化深入发展，新一轮科技革命、产业革命正在孕育成长，和平发展、合作共赢的时代潮流更加强劲。同时，世界处于一个风险加剧的时期，发展鸿沟日益突出，"冷战"思维和霸权主义、强权政治阴魂不散，传统和非传统安全威胁并存。公安机关要充分利用国际社会发展的有利机遇期，在迎接外部挑战中构建国际话语体系，提升国际话语权和影响力。

一是表述发展理念。以人民为中心的发展理念是当代公安工作的行动指南。一切公安工作都以人民群众满意不满意、高兴不高兴、答应不答应作为出发点和落脚点。一切为了群众、一切依靠群众是公安工作发展的动力源。专门工作和群众路线相结合具有鲜明的中国特色，具备标识性的中国概念。在国际警务合作中，坚持表述群众的立场、观点、方法，从而找寻到破解警务难题的方法、路径，积极展现中国特色的公安话语体系。

二是交流治理经验。基层社会治理在实践探索中形成完备的理论体系和运行格局、模式、方法、体系。长期稳定的政治、经济、社会大局就是对中国经验的最好诠释。有关机构数据显示，我国每 10 万人中命案发生不到 1 起，低于德国、英国、澳大利亚、加拿大、美国等西方发达国家，在世界主要国家中处于极低水平。在当今世界国际乱局交织、局部冲突和动荡不断、恐怖袭击和个人极端事件频发的大背景下，中国作为一个拥有 14 亿多人口、幅员辽阔的发展中大国，能在快速变革和发展中保持总体稳定，可谓独一无二。是什么保持社会长期稳定？在我国，有着强有力的领导体制和自上而下的组织体系，构建起"横向到边、纵向到底"的社会治理网络，确保整个社会大局平衡可控。同时，我国有着科学完善的利益协调、矛盾化解、诉求表达、决策参与和应急管理等机制，能及时有效地消除不稳定、不安全因素，发现和解决苗头性问题，做到"明察秋毫之末""防患于未然"。[①]

三是传播维和意义。近年来，中国警方积极参与国际维和和人道救援行动，组织上海合作组织成员国警方联合反恐行动、湄公河流域中老缅泰联合执法、"一带一路"沿线国家警务合作行动等，中国警方以实际行动践行构建人类命运共同体理念。经过多年实践已证明，人类命运共同体理念符合人类发展的大势，符合世界各国的共同利益，符合各国人民的共同愿景，得到了国际社会的普遍认同，成为公安机关构建对外传播话语体系的指导思想和基本遵循。

四是分享先进技术。网络时代最核心的技术仍掌握在欧美发达国家的手中。在向国外同行学习先进技术和警务理念的同时，积极引进科技话语，适时转换成本土化的表达。大数据技术引入我国警务实战后已成为了推动警务创新发展的大引擎，培育战斗力生成新的增长点，全面助推公安工作质量变革、效率变革、动力变革。公安话语体系要准确地用本土化话语来表述大数据技术的理论、应用以及实务运用。

---

① 中共中央宣传部理论局：《中国制度面对面》，学习出版社、人民出版社 2020 年版。

四、公安话语体系的时代创新

特定社会语境是话语体系生存的环境和土壤。离开了特定社会语境，躲进书斋生拼硬凑出的话语体系只能是无本之木、无源之水，毫无生命力，也没有时代价值。特定社会语境本质就是时代的映射。时代在变，社会在变，话语体系自然要随之变化并重构。秋行夏令，只会造成话语体系的混乱、话语权的沦丧。可见，话语体系具有明确的本质属性。

一是社会性。社会实践是话语体系的源头。马克思、恩格斯指出："语言是一种实践，既为别人存在因而也为自我自身而存在的，现实的意识。语言也和意识一样，只是由于需要，由于和他人交往的迫切需要才产生。"语言的产生为话语体系后期奠定了基础，而物质劳动和精神劳动的分工，使话语体系的产生成为现实。话语及话语体系来自生产生活又服务于生产生活。语言的文本就是生产生活中最基本认知的提炼、升华，自然带有"烟火气"和内在的张力。

二是完整性。这是话语体系的基本功能。思想理论体系是人类认识世界、改造世界的实践行为的概括与反映。而这种概括反映就是依靠相对应的话语体系来组织和表达。因此，只有话语体系完整性才能发挥系统地、准确地表达思想理论体系的功能作用。

三是时代性。就是特定社会语境。时代风云总会浓缩在精炼的话语中，对话语体系的剖析就能还原时代的历史长卷。一旦脱离时代语境，话语体系就有可能失去生命力，而陈旧的话语体系一旦注入时代的元素，也能满血复活。最活跃、最昂扬的话语体系就具有最鲜明的时代特征。

四是程序性。话语体系的各要素都是按照严密的逻辑结构发挥作用。杂乱无章，毫无逻辑的碎片构不成话语体系。碎片只是一些闲言碎语，即便有思想的火花，但没有逻辑的连续和程序组合，难以完整地表达表达者的思想情感。

时代赋予话语体系以灵魂，话语体系准确表述时代风云际会。两者相辅相成，共荣共生。在人类文明发展史上，话语体系跟随时代变迁不懈追求创新。

（一）概念创新

人类在认识世界过程中，把所感觉到的事物的共同特点抽出来，加以概括，就成了概念。就如从舒适、愉悦的事物中概括出一个共同特点，得出"美好"的概念。概念是思想理论体系的核心要素，是话语体系的内在张力。概念鲜明突出了思想理论体系的价值导向，体现了强烈的政治诉求和时代愿景。概念也时刻离不开特定社会语境。语境的变换，概念的内涵及外延也会不断地拓展丰富，使概念常换常新。

人民群众对美好生活概念的理解，不同语境、不同时代迥然不同。新时代的美好生活不仅有物质层面要求，更有精神层面的追求，突出强调人的全面发展。概念的创新变化，必然引发思想理论体系的创新。公安机关坚持以人民为中心的发展思想就是为了实现人民群众对美好生活的向往。中国共产党人的初心使命就是为民族谋复兴，为人民谋幸福。实现中华民族伟大复兴的中国梦就是让人民群众过上美好幸福的生活。

依法治国最显著的概念就是法治。而法治的要义就是让公平正义的光芒照耀法治的天空。公安机关依法履职，就是要努力让人民群众在每一件事情的处理，每一起案件办理中感受到公平正义。公平正义是一切执法司法工作的生命线。法律面前人人平等，任何人都不能凌驾于法律之上。全社会要形成办事依法、遇事找法、解决问题用法、化解矛盾靠法的良好法治环境。

在基层社会治理实践中，公安机关和人民群众探索创新了许多具有标识性的概念，也对一些概念的内涵及外延进行创新，如"最多跑一趟""一网通办""最后一公里"，等等。新概念鲜明展示了公安机关执法理念、方法、手段的创新。这些新概念的话语必然要求话语体系重构。

（二）体系创新

话语体系由表达者、接受者、文本、语境、概念、表达、传播等诸要素组成，各要素之间，逻辑关系严密构成话语体系的完整性和关联性。任何一个要素的变化都会连带整个体系的调整和重构。话语范畴在特定社会语境也不是一成不变的，总是和相关联的要素广泛地紧密互构，产生出新范畴，从而使理论体系更加丰富，提高更宽领域的话语权。

特种行业管理是公安机关的一项重要基础工作。自古以来，随着经济社会的发展，特种行业管理范畴、对象不断发生调整变化，陈旧的业态、行业被淘汰，新兴的业态、行业被吸收进来，阵地建设的理念、方法、模式随之也发生变化，特种行业管理话语及话语体系需要重建。

基层社会治理的参与主体多元，各主体充分行使话语权，从而使治理的理念、方法、手段、模式越来越丰富，话语的范畴不仅专注于社会治安，还有公共安全、公民权益乃至于整个民生领域。范畴的创新从而使整个共建共治共享社会治理话语体系不断重构和创新。

网络时代，新技术、新业态、新模式的不断呈现，微警务的话语范畴不断拓展延伸。大数据、云计算等概念勾勒出了公安信息化的美好图景，而物联网、人工智能、区块链等新概念强烈地表达了智慧警务的愿景。新技术范畴重构起了科技兴警的话语体系。

（三）理论创新

话语体系是思想理论体系的外在表达。理论的先进与落后都能直观地从话语体系表现出来。理论创新就是话语体系的活水源头。新理念、新思维、新体系给话语体系输送源源不断的活力，彰显话语体系的先进性与时代感。而陈旧落后的理论只会使话语体系僵化呆滞，和时代严重脱节，甚至使话语的功能作用完全丧失。老旧的话语体系基本不再具有阐释和破解现实现象的功能。

先进的政党、阶层、群体无不高度重视理论创新，从而构建先进的话语体系，积极争取话语权。从新民主主义革命，到社会主义建设，到改革开放，中国共产党始终大力加强理论创新的建设，以先进的科学的话语体系阐释中国现象，中国问题，从而确立破解现实困难与风险的中国智慧、中国方案，创造令世人瞩目的中国奇迹、中国崛起。正如习近平总书记所论述："推进国家治理体系和治理能力现代化，发展社会主义市场经济，发展社会主义民主政治，发展社会主义协商民主，建设中国特色社会主义法治体系，发展社会主义先进文化，培育和践行社会主义核心价值观，建设社会主义和谐社会，建设生态文明，构建开放型经济新体制，实施总体国家安全观，建设人类命运共同体，推进'一带一路'建设，坚持正确义利观，加强党的执政能力建设，坚持走中国特色强军之路、实现党在新形势下的强军目标，等等，都是我们提出的具有原创性、时代性的概念和理论。"公安机关以习近平新时代中国特色社会主义思想武装头脑，积极探索社会治理的理论创新，重构具有原创性和时代性的公安话语体系。

（四）表述创新

表述是话语体系的外在表现形式。表述的方式、词汇、言语、语词、符号等都蕴含有丰富的时代话语。细微的变化都能透射出时代的愿景。表述的创新透露出了理论创新和话语体系重构的强烈信号。

表述创新应尊重客观规律。话语体系是一定时代经济社会发展状态和文化传统的综合表达。实践和创造是表述创新的现实基础。表述创新应合乎本民族的历史传统、基本国情和时代愿景，和与相应的思想体系和价值观念高度协调。

表述创新应体现语境变迁。不同语境必然需要有不同的表述方式、内容。因而，以表述的创新引导话语体系的重构。

表述创新应展示理论突破。新表述本身就是理论突破的完整表现。理论的突破有可能是局部，也可能是全部。表述创新应是对理论突破的清晰回应，不能有含糊不清，更不能模棱两可。从综合治理，到社会管理，再到社会治理，其实质都是探究社会政治安全和治安稳定的理论、路线、方针、政策的全面创新。党的路线、方针、政策具有强烈的时代性，并随着时代的变化而与时俱进。不同的时代语境下，必然有着不同的表述方式和载体。社会治理完全摆脱了公安唱独角戏的现实窘境，着力突出了社会协同、公众参与的格局。社会治理表述体现尊重人民主体地位和首创精神，汇聚起社会组织的力量。

表述创新应切合时代要求。时代风云总是以显性的状态展示，新理论、新话语、新概念、新思维等接连不断，应接不暇。新表述客观真实地记录时代的变化历程，需要准确科学地撷取新概念、新词汇、新思维，以崭新的文本传播新时代新气象。有时只是一字之差，也是对新时代的表述创新。打黑除恶和扫黑除恶，虽只有一字之差，但表述的方针、路线、任务、重心却有较大差异。扫黑除恶立足基层政权建设，特别是新农村建设和乡村振兴，矛头重点指向危害基层政权和社会稳定的黑恶势力。

（五）传播创新

公安机关国际警务合作已走向全球化，但在"西强我弱"的传播格局中一时还难以走出说不过、传不出的话语困境。长期以来，国际传播领域话语体系一直由西方主宰。发达国家既是国际话语的主产地，又是传播渠道的操控者。利用内容和渠道的双重操纵所形成的话语霸权构造西方世界的现实图景。有调查显示，当代国际受众68%借助于西方媒体了解中国，仅有22%受众从中国媒体了解中国。一些戴着"有色眼镜"的西方媒体对中国的报道充斥着西方观念、标准、立场和逻辑，使"中国故事"被打上沉重的"西方烙印"，西方媒体和政客屡屡以人权为幌子，设置"中国议题"，大肆非议中国法治，妖魔化中国警方，企图煽动警民对抗。西方话语霸权已成为世界理解中国的巨大障碍。

中国警方深度参与国际警务合作和世界维和行动，贡献出了中国力量、中国智慧、中国方案。应以令世人看得明、听得懂、理解透的中国话语体系传播中国警察故事，这是时代的迫切需要，也是公安工作的期盼。西方话语霸权不会恩赐，构建对外传播的话语体系唯有依靠自己。当下，对外传播的渠道还很狭窄，表述的声音还很弱小，显然与负责任的大国形象极不相称，与参与国际事务的中国力量极不相符，急迫需要构建先进的对外话语体系，关键的是对外传播的创新。

一是主体创新。当下的对外传播主要仰仗着官办的主流媒体，而国外受众先入为主地给媒体贴上了意识形态输出的标签，传播力、影响力大打折扣。国际组织是对外传播的重要平台和窗口，充分利用好这些平台和窗口，放大中国声音，清晰地表达中国诉求和中国愿景。对外传播不能忽视民间力量，应注意吸引、发动草根群体广泛参与传播中国警察的声音、讲好中国警察故事。

二是内容创新。中国警力参与国际事务不仅给当地民众带来福祉，也给世界同行带去先进的执法理念、方法、手段、模式。参与国际警务合作，各国警方超越意识形态的藩篱，共同构筑人类命运共同体，以实际行动维护和平、发展、公平、正义、民主、自由的全人类共同价值。对外传播话语体系在增强文化自信的同时保持开放的心态，加强和世界各国的交流，吸引借鉴古今中外一切文明成果，以文明交流超越文明隔阂，文明互鉴超越文明冲突，文明共存超越文明优越。

三是渠道创新。融媒体时代，传统媒体和新兴媒体长期共存、相互融合、优势互补。"冷战"结束后，西方传统媒体利用掌控国际媒体市场的机遇，打造了高度垄断的国际话语体系，大肆兜售西方的思想文化和价值观念，公开进行意识形态的渗透，策动"颜色革命"。网络新媒体的迅猛发展，为我国打破西方垄断谋求国际话语权提供了新契机。我国对外传播话语体系不仅要健全新媒体业态，更要引导草根阶层的自媒体传播，以民众的视角充分表达中国梦的话语体系。

四是手段创新。面对不同的文化背景和民族历史，对外传播中讲道理的手段日渐式微，讲故事大受推崇。将道理、观点、立场巧妙地隐藏在故事的情节、细节之中，潜移默化中达到说服效果，从而传播思想理论和价值观念。对外传播既要用世界的语言讲中国的故事，也要用中国的语言讲世界故事，这就要求我们的话语体系不仅要有中国民族特色，而且要有国际表达力，着力打造融通中外的新概念、新范畴、新表述，让中国故事不仅要使外国人听得懂、听得进，而且乐于接受。

第三节　重建警察公共关系

不同视角，对公共关系会有不同的释义和功能定位。一直以来，西方学者争论不休，有多少公共关系学者便会有多少种公共关系的定义。20世纪末，公共关系理论体系大举引进国内，学界和企业单位各取所需，推崇沿袭各自欣赏的思想理论和话语体系，因此在国内也难有一个统一的准确的定义范畴。公共关系理论进入国门后迅速在公安机关大行其道，学者和基层实务趋之若鹜，迅速营造起公共关系运用的深厚氛围。一些基层公安机关效仿域外同行纷纷将宣传科易名为公共关系科。是时代的风头，还是改革创新，见仁见智，公共关系的概念本就是可以随心所欲，实用为上。

从管理学的视角，公安机关是为整个社会和广大民众提供服务的公共性组织。改善警民关系，始终是公安机关强烈的政治诉求和现实愿景。因此，公共关系理论体系在公安机关具有明确的普适性，从首脑机关到基层所队，公共关系人人有责、人人有份。如果单纯将宣传改名换姓成公共关系，只能说是对公共关系理论体系的偏见与误解。

传播是公共关系的主要要素，也是公共关系的重要手段和工具。经过20余载的理论研究和实践证实，公共关系是一种特殊管理职能。正如美国著名公共关系学者卡特李普和森特认为，公共关系是这样一种管理功能，它能建立和维护组织与公众之间的互利互惠关系，而一个组织的成功或失败取决于公众。美国莱克斯·哈洛博士明确定义公共关系是一种特殊的管理职能。它帮助一个组织建立并保持与公共之间的交流、理解、认可与合作。它参与处理各种问题与事件。它帮助管理部门了解民意，并对其作出反应。它确定并强调企业为公众利益服务的责任。它作为社会趋势的监视者，帮助企业保持与社会同步。它使用有效的传播技能和研究方法作为基本工具。

公安机关经过实务检验，公共关系无论在队伍管理，还是业务建设都发挥着积极的管理职能作用。警察公共关系是公安机关为改善警民关系，促进人民群众对公安工作认识、理解与支持，实现树立良好队伍形象，营造和谐执法环境的目的而开展的一系列公共活动。而形象推树是公共关系的价值追求。沟通是改善警民关系的前置条件。以前的沟通主要倚重于传播，即人际传播、组织传播、大众传播等手段。在传统传播格局中，公安机关依靠政治、社会等方面的优势，对传播拥有绝对的主动权。由此，传播成为改善警民关系的不二法门，也是警察公共关系的唯一依靠。

新媒体时代，公安机关利用微传播和民众紧密交互，虽然沟通更便捷、更快速，但也对公安工作提出了新挑战。公安机关只有提供优质高效的公共安全产品，充分满足人民群众的多层次、差异化、个性化的需求，才是改善警民关系的根本方向。警察公共关系应着力于群众的获得感、幸福感和安全感，充分满足人民群众对美好生活的向往。公安机关要充分利用数据驱动、信息研判、舆情应对、微警务运用、智慧警务等新技术、新手段，在更广领域、层面广泛开展公共关系活动，充分回应人民群众的关切，构建新时代警察公共关系。

一、全警大公关

公关即公共关系，历经百余年的演变，功能已被引申发展成为一种状态、一门艺术、一项职业。我国人社部曾对公关职业作出定义，指专门从事组织机构、公共信息传播、关系协调与形象事务调查、资讯、策划和实施的人员。曾经一度公关先生、公关小姐的影视剧霸屏，可惜的是公关职业被污名化，沦为了权斗计谋的演武场。公共关系天赋管理职能，本身就是一种有意识的管理活动。社会组织希望建立良好的社会关系就需要公共关系活动的策划来实施和实现。可见，公关活动不光适用危机时刻，日常工作也需要。公安机关身处复杂的执法环境，面对多元化的诉求主体，极度渴望和民众及其他社会组织建立良好的公共关系，极力避免出现不应有的矛盾与冲突，提升警务效能和队伍战斗力。全警公关已是大势所趋。

（一）形象公关

警察形象是民众对公安队伍政治业务素质的总体评价，是公安工作的生命线，是和谐警民关系的强大动力。良好的警察形象是增进民众理解和支持的沟通基础。口号和概念虚拟的形象不可能获得民众的认可，只有先进典型、优质品牌和持久口碑等诸多要素的组合，才能塑造起真实的有公信力的警察形象。塑形的过程就是公共关系。典型的宣传、服务品牌的推广、口碑的营造都离不开公共关系的实施和实现。个体的人际关系不可能完成塑形的使命，需要组织的力量和全体参与。

（二）决策公关

坚持党的群众路线是公安机关一以贯之的方针。一切公安工作的出发点和落脚点都是为了实现好、维护好、发展好人民群众的根本利益，决策和部署以问题为导向，坚持群众的立场、观点、方法，满足人民群众对美好生活的需要。实施前，问计于民。实施中，问策于民。实施后，问效于民。决策实施的全流程、全环节，公共关系活动全覆盖。政策落地后，群众高兴不高兴、答应不答应、满意不满意，探寻的过程就是公共关系的实施。力求决策的精准有效实用，公共关系一刻也不能缺场。

（三）协同公关

共建共治共享的社会治理格局中，公安机关虽然告别了唱独角戏的窘境，但是担当主力军的角色当仁不让。基层社会治理涉及社会的方方面面、角角落落，社会协同、公众参与，一个也不能少，尤其是社会组织和新生力量的作用不容忽视。在社会治理格局中，各种组织和力量都是在法治的轨道上运行，严格遵循权力边界的约束。社会协同首先要有良好的公共关系，迫切需要有公共关系活动的策动和实施。公共关系就是协同的基础。发挥公共关系管理职能，消除掣肘和摩擦等不利因素，协调社会各方力量，心往一处想，劲往一处使，凝神聚力，提升社会治理体系和治理能力的现代化水平。动员、引导社会组织积极参与自治行动，切实履行社会责任。单纯的行政命令难以发挥应有的功效，更多地需要公关策动和引领。基层公安机关组织社会新生力量参与警营开放日、报告会、座谈会，编织社群网络等无一不是公关行动。

（四）媒体公关

警方和媒体都扮演着重要的社会角色，承担着不同的社会职责。各自履职尽责中，警媒双方既相互依存，又相互排斥；既相互合作，又相互对抗，可以说，警媒沟通是当今世界性难题。媒体始终是警方开展公共关系活动的重要客体。

实现警媒良性互动需要做好三方面的公关活动。

一是充公尊重媒体、善待媒体。警方尊重媒体的采访权、传播权、监督权，并尽可能为媒体活动提供必要的配合与便利。

二是求同存异。警媒因职责不同，在新闻价值的认同、形象宣传的定位、传播手段的运用等方面出现分歧，甚至产生矛盾是自然的，有冲突也是必然的。当务之急通过公共关系活动，警媒双方加强自我约束，对分歧和矛盾本着求同存异原则，尽力避免无谓的内耗，引导双方走向良性互动，共同维护公安机关的良好形象。

三是严格自律。警媒都没有给对方制定规则的权力，在彼此尊重的同时，加强自律意识，尤为重要。警方主动公开警务活动，增大警务信息公开的力度，打造阳光警务。媒体应强化法治观念，尊重并保护报道对象的合法权益，慎用监督权利。警媒之间建立沟通、协调长效机制。警方通过新闻发言人定期发布信息，回应媒体关切。警方适当组织"随警作战"，以增进媒体的理解和支持。同时，警方一方面依法保护媒体和媒体人的合法权益，另一方面对利用采访发布权实施新闻敲诈的无良记者坚决依法查处。

（五）危机公关

危机包括警务危机和形象危机，指公安机关和人民警察因执法过错或违法乱纪引发的危机。危机产生既有复杂的外因，也有深刻的内因。虽是偶发现象，但也存在必然。面对危机，公安机关快速反应，沉着应对，尽可能将影响和危害降低到最小程度。全警公关是危机处置的唯一选择。舆论引导是关键，利用微警务和民众开展良性互动和有效沟通，增进民众的谅解和信任。公关活动的过程本身就是公安队伍再教育、再提升的过程。利用反面典型，举一反三，从薄弱环节入手，开展民警思想、业务的培训，以全新面貌展示队伍的风采。

二、坚持合作共赢

合作共赢是公共关系建设的理想。基层社会治理的主体多元，合作始终是主基调。各主体都承担着各自的社会职责，缺一不可。在共建共治共享的制度设计框架下，各主体守土有责，守土负责，守土尽责，共同维护社会的和谐稳定。公安机关是基层社会治理的主力军，更需要和各主体之间通过合作协同，调动起一切积极因素参与到社会治理行动中来。警民之间、警方和社会组织之间，开展广泛的共建合作，没有行政命令，没有权力的强制干预，主要依靠法治思维、法治方式，遵循权利和义务对等原则，按照谁投入谁受益，谁参与谁享有的规则，动员、吸引社会各方力量自愿参与社会治理实践。公安机关的公共关系活动首要的是宣讲好共建共治共享制度的优越。通过传播，帮助民众充分认识，理解制度设计的内容、意义及愿景，从而自觉服从服务于这一制度。其次是明确各主体的主责主业。社会治理涉及生产生活的方方面面，各主体之间既分工又合作，既协调又配合，保证遇事有人问、出事有人管、责任有人担。最后是保证体系的良性运转。沟通是保障体系良性运转的重要手段。各主体之间不仅要有密切的信息交流，更要有充分的信息共享，而微警务就是沟通的最佳介质。

基层社会治理开展公共关系的终极目标是合作共赢。要实现这一目标，就需要有理念的创新和方式的变革。

（一）角色平等

无论传播格局的传播主体，还是社会治理格局的社会主体，社会角色一律平等，都是社会治理力量的一分子，理应受到社会尊重和平等对待。

（二）权由法定

在依法治国的环境中，各社会主体的权力边界、负面清单清晰明了。各主体依法履职，不倾轧，不擅越，各尽职守。公民全面享受应有的权利，履行应尽的义务。

（三）威权消解

基层社会治理是国家治理体系的重要部分。在党建引领下，各主体尽职尽责，没有高人一等的权力优势、地位优势和社会优势。各主体平等相待，相互尊重。尊重是公共关系的基本条件。只有对公共关系的客体的充分尊重，才有开展公共关系的可能。

（四）关系重构

警民鱼水情深，只是一种政治意识形态的话语，一种文学的描写。在依法治国的语境下，警民关系更是一种契约关系，一种供需关系。改善警民关系需要的是优质的公共安全产品的硬核。需要的是更多、更直接、更可持续的获得感、幸福感和安全感。

（五）信息共享

在现代社会，公共关系主要是通过信息的交流和沟通来实现。通过双向交流和信息共享，建立起社会组织和民众之间的共同利益和互动关系。微警务就是警民互动和信息共享的平台。警民之间在平等的基础上畅所欲言，充分表达诉求，警方积极回应关切，减少误解、偏见，实现最大公约数，画好同心圆。

三、时刻准备上热搜

热搜，顾名思义，即热门搜索、查询，指网站或平台为搜索引擎带来最多流量的几个或者几十个关键词，体现了一定时间段内搜索量和搜索有效人数的一种经营功能。同时，也从一个侧面反映了信息传播力和影响力。信息时代，热搜已经成为人们传播信息、关注信息、了解动态新闻的一种主要方式。每天，碎片化的阅读面对海量的信息，热搜成为一种明智的选择。根据个人的好恶和关注重点，有选择地接收感兴趣的信息，已成为网民的习惯。万众喧嚣中，让公安声音不被湮没，并能送达受众，上热搜成为最佳捷径。如何使公安的声音、话题、故事快速搭载上热搜的快车，却是警察公共关系面临的时代课题。

（一）话题经营

话题是舆论的灵魂，是传播的原动力。在不同的舆论生态下，话题呈现出五花八门的形态，一个动作、一个眼神、一个符号都能成为传播的话题，也能成为舆论的风口。话题蕴藏着丰富的思想基础和意识形态。特定的社会语境下，话题被解读出不同意识形态的话语。经过去中心化传播，演化成各种各样的舆论，走上热搜。话题寄托无限的愿景，网民往往将个人的诉求隐藏于话题之中积极参与传播，使话题在短时间内聚集起流量，推向热搜榜。热搜抓住网民普遍关注的话题，提供高效、迅捷、有意义、有价值的信息和知识，从而发挥其社会效应和社会价值的积极意义。因此，话题经营成为网络和新媒体传播的重要手段。

公安机关是话题的富地，自是受关注的重点。公安工作和群众的生产生活密切相关，一举一动、一言一行都能成为关注的话题。新媒体时代，公安机关通过微警务开展紧密的公共关系活动。利用话题交互加深民众对公安工作的理解和支持。首先，上头条是话题经营策略的首选。来自公安机关的话题都是和民众的切身利益息息相关，承载着便民、利民、惠民的价值导向，吸引民众的普遍关注，自然推向"上头条"。上热搜，其次是话题经营的另一策略。网民对同一话题的持续关注，必将话题推向热搜榜单。通过对公安话题的全方位、多角度的解读，确保话题的持续新鲜，吸引越来越多的搜索量和搜索有效人群，从而有效提升传播力和影响力。

（二）关键词凝练

关键词是热搜的灵魂。信息的海洋里，关键词释放的强大磁场总能帮助搜索引擎捕捉到希望的目标。海量信息波涛汹涌，应接不暇，关键词就成为迅捷、高效获取信息和知识的指引与遵循。关键词引领受众扫描重要资讯，捕捉时代热点，感应舆情脉搏。信息的泛滥和碎片化的阅读之间永无止境地纠结，常会使受众承受信息过载的煎熬。从各种阅读终端上轻易获取的信息，又有多少是迫切需要的。算法推荐强化了信息需求，貌似精准推送，而真正提供的有价值的、有营养的信息却是越来越稀缺，越来越珍贵。信息的过载反使受众为获得有价值、有营养的信息付出了高昂的成本，更加急迫需要提升媒体素养，不盲从，不媚俗，不趋奉，学习独立思考与理性批判，不为声音嘈杂而迷失独立的精神，不为浮华表象遮蔽真相与事实。关键词就成为受众热搜有价值信息的指路明灯。

公安机关不遗余力地利用传统媒体和新兴媒体传播公安声音，讲好警察的故事。而面对信息的奔流，如何使公安的声音、警察的故事清晰地、真实地直抵受众的心中，而不被信息泡沫蒙蔽和隔绝。公安宣传不仅面临传出去的压力，还面临送达的拷问，在传播终端的关键环节上，公共关系不能缺位。公共关系活动就是要帮助、指引受众如何从信息流中准确地捕捉、接收到公安的声音，关键词就成为最有效的工具。关键词顺应网络和新媒体传播的规律，合乎受众的消费心理。公安信息的传播要打破那些程式化、教科书式的清规戒律，变革理念、方法、手段、模式，精心提炼关键词，便利民众的阅读与搜索。

关键词首要的是大众化。接地气、有烟火气。公安微传播为民众提供服务，为民众所接受。关键词的提炼应从民众的需求着眼，从获得感、幸福感和安全感落笔。因此，关键词就是要学会使用群众的语言，坚持群众的立场、观点和方法。民众在备感亲切中自觉自愿地使用关键词。

其次是关键词的时代性。经济社会发展中遭遇的热点、难点、痛点，必然是传播的焦点、关注的重点，尤其是民众对感同身受的痛点和泪点不仅高度关注，而且直接参与传播。关键词就需要体现出时代的热点、痛点，吸引群众在持续的关注中感受到时代的进步和社会的温暖。

（三）热榜霸屏

热搜只是一种功能，便利了从海量的信息中获取有意义、有价值的信息。决定登上热搜榜单的唯一因素，只有流量。网络传播中，流量为王的价值标准无可撼动。如果在某一时间段内，热搜榜单全面覆盖绝大部分的传播形态，从而形成热榜霸屏的现象，这是网络传播最成功的标志。一些企业和个人为追求网红效应和市场利益最大化，不择手段，甚至运用网络"黑灰产"手法，虚构流量，企图达到热榜霸屏的目的，因而造成热搜榜娱乐化信息、商业化炒作、营销化套路泛滥盛行。网络生态本就五光十色，喧嚣与失语并存，糟粕与精华并在，真相和假象相连，现象与本质混杂，存在和虚无互动，各方力量和主体利用网络表达诉求，培植生存土壤，良莠不齐，泥沙俱下。要维护好网络清朗的天空，不仅需要满满的正能量充盈空间，更需要热榜霸屏。公安的声音、警察的故事昂扬主流价值理念，充满正能量。而要让公安的声音、警察的故事实现热榜霸屏的传播效果和社会影响力，就需要一系列的公共关系活动来策动和达成，需要各级公安机关运用网络和新媒体传播的规律、手段、方法、形态建设网络空间的警察公共关系。

第四节　打造智慧警务

警务是公安文化的核心和基础。长期的警务实战孕育了公安文化、培育了公安文化、发展了公安文化，警务创新赋予公安文化新的生命与活力。随着互联网、云计算的发展，以海量信息和数据挖掘为特征的大数据时代已经到来，为公安工作的跨越式发展提供了千载难逢的机遇。2018年1月24日，公安部部长赵克志在全国公安厅局长会议上强调："要把握时代发展大势，大力实施公安大数据战略，着力打造数据警务、建设智慧公安，全面推动公安工作质量变革、效率变革、动力变革，努力实现公安机关战斗力的跨越式发展。要坚持实战引领，充分运用大数据等新技术手段，积极构建以大数据智能应用为核心的智慧警务新模式，着力提高预测预警能力、精确打击能力和动态管理能力，不断提升公安工作智能化水平。"大数据战略、智慧公安、智慧警务、质量变革、效率变革、动力变革等新概念、新范畴、新表述重新构建公安机关全新理论体系和话语体系。大数据、云计算、物联网、人工智能技术的深度运用，引领公安机关的执法理念、方法、手段、模式发生深刻变化，着力打造智慧警务，建设智慧公安，为公安文化提供充沛的能量和发展契机。

智慧警务是基于传统警务和现代科技的深度融合，运用大数据、云计算、物联网、人工智能等技术手段构建有利于便民服务，又贴近公安实战的信息化体系，从而使公安工作运行高效规范，警种业务有机协同，数据动态鲜活，信息高度共享的警务工作新模式。基层公安机关积极顺应警务发展潮流，加快推进大部门、合成作战的改革，从体制、机制上保障从"汗水警务"向"智慧警务"的转型升级，从而实现基层警务智能化。智慧警务是未来警务发展的必然趋势，也是公安信息化建设的理想愿景。

一、数据驱动警务

数据是对客观事物属性的记录，是信息的具体表现形式。直白地说，数据就是信息的载体，信息通过数据的形式表现出来才便于学习、计算和接受。数据的形态各式各样，随处可见。一旦经过技术处理并赋予特定的意义，数据就会展现出潜在的生命与价值。大数据时代，你的指尖每敲击一下键盘就自动上传为互联网海量数据的一部分。用信息刻录时代为社会留痕，也续存梦想。"中国之声"的宣传语形象而生动地展示了数据的力量、信息的力量。信息采集始终是公安基层基础工作的重要内容。过去完全依靠于手工操作，串百家门、知百家情成为最理想的工作标准。信息的采集、分析、甄别、演算、提取，全链条、各环节费时费力，而且经过千辛万苦打造的信息产品投入实战又时过境迁，计划总是赶不上变化，而现在的智慧警务却是利用技术手段，数据的收集、分析、建模、运用一气呵成，实时实地指导实战。20世纪80年代，美国纽约警察局利用"犯罪地图"分析犯罪发生的规律并有效预测犯罪的发生，从而组织优势警务资源加以应对。有人称这种对犯罪追本溯源的方法为"数据驱动的警务管理"模式。随着经济社会的快速发展，犯罪的形态、手法发生了深刻变化，集团化、网络化、智能化成为各类犯罪的主要特征。传统的警务模式完全不能适应犯罪的新变化、新规律。通过数据驱动的警务新机制，使警务工作由被动变主动，由事后处置变事前预防，由局部变整体，由短期变长期，这是大数据引领基层警务变革的重要成果，也是智慧警务的首要特征。

信息化时代，数据犹如空气一般无处不在，无时不有。看似平常稀松的数据导入公安模型，就能快速催化出理想的治理价值。而最优质的价值就体现在社会治安的预警预测预防上。数据驱动警务首先表现在事前的预防。公安机关充分利用数据分析、建模，实时反映治安动态，准确预测出稳定的风险隐患，主动出击，立足抓早抓小，化解在基层，解决在初始。其次表现在事中的调度。随着数据的更新变化，实时调整部署，快速优化警务资源配置，变化警务策略、方法、手段，实现精准施策，快速高效。最后表现在事后的分析。根据现场重现和实战复盘，对警务全要素、全流程进行分析研判，总结、获取客观真实的经验及教训，为未来警务提供有价值的参照。

二、政策云计算

制定政策是公安机关履行管理职能的常见方法，也是重要手段。为确保新政的普惠和实用，政策的制定、贯彻、落实、执行始终坚持从群众中来、到群众中去的路线。如此循环往复，不断地调整修正。为满足大多数人的利益诉求，制定政策的精神只能粗线条、大水漫灌式，保证了政策的普惠性而放弃了精准性。在大数据时代，云计算技术便可以帮助对政策的制定实现普惠性和精准性相统一。

云计算以互联网数据为中心，提供快速且安全的云计算服务与数据存储，让每一个使用互联网的人都可以使用网络上的庞大计算资源和数据中心。云计算的核心是可以将很多的计算机资源协调在一起，使用户通过网络可以获取到无限的资源，同时获取的资源不受时间和空间的限制。

云计算突出强调用户的体验。过去，制定政策主要依赖于经验，突出强调群众的意见。而现在制定政策积极利用云计算，完全遵从于用户的需求。公安机关利用云计算技术，经过对数据资源的计算、萃取、提炼，充分把握民众的不同诉求，在政策的制定中，不仅全面考虑大多数人的利益，而且兼顾到少数人的诉求，从而实现普惠性与精准性的统一。

大数据、云计算的引领下，政策制定坚持问题导向、目标导向、效果导向。发展的难点、民生的痛点、关注的焦点就是政策的出发点和落脚点。公安机关"放管服"改革重点聚焦民生领域，以大数据、云计算分析捕捉民众的期盼和愿望，精准施政，从而出台一系列便民利民惠民的良策。

三、服务在云端

云本是网络、互联网的比喻说法，亦可特指网络。云计算、云存储、云服务等都是依托网络的应用技术。云存储是以数据存储和管理为核心的云计算系统。用户可以将本地的资源上传云端上，可以在任何地方连入互联网来获取云上的资源。同理，云服务就是利用存储在云端的网络资源为用户提供服务。公安机关将公安局、派出所、警务室搬上云端，开在百姓的家门口。百姓足不出户，便可享受到公安服务。微警务就是为百姓提供服务的工具和平台。

在大数据的驱动下，公安服务从面对面走向键对键，从窗口服务走向指尖服务，帮助群众克服来回跑、反复跑、多次跑的烦恼，让民警和群众充分享受智慧警务建设和公安大数据的红利。面对不同阶层、群体的差异性、个性化需求，公安机关不断开发微警务应用产品，为不同阶层、群体提供定制化服务。特别是交通出行、居家安防等方面为群众提供高度智能化的公共安全产品，并根据用户的体验，不断改进产品的性能。越来越多的智慧社区、智慧校园、智慧医院的建设，使群众的获得感、幸福感和安全感更生动、更充实、更温暖。

四、"数据警察"呼之欲出

数据是重要的警务资源，也是核心战斗力。看似稀松平常的数据，在大数据、云计算、人工智能等新技术的魔力点化下，便可达到情景再现，现场复原，时过境迁，陈旧的数据印痕却能让历史告诉未来。数据驱动警务的新模式给基层社会治理的理念、方法、手段带来深刻的变化。

从指认到刷脸。指认是确保执法质量的重要手段，也是证据获取规范化的重要一环。指认的前置条件是高度契合的人际关系，但受环境、心理、意识等因素的影响导致指认效果的偏差，甚至产生指鹿为马的恶果，导致冤假错案。人脸识别是人工智能中较完善的技术，利用生物、生理、心理、社会等方面数据的聚合，自动搜索、比对、锁定预置的对象，完全排除了人为因素的干扰，实现搜索的精准性。

从盘问到透视。盘问是现场执法的一种警务方法。民警凭借工作经验，根据工作对象的神情、步履、姿态、言语、着装、证件、随身物品等，自主分辨、判断、发现可疑。大数据技术可以将锁定的对象变得完全透明，各种数据的汇聚，使任何自然人的社会关系、行为特征、消费习惯、政治主张以及收入、家庭、社交、生物指标等各个方面的信息一目了然，通过量化打分、比对、锁定，实现"一抓一个准"。

从搜捕到定位。传统警务基本处于被动响应，依赖于报警、巡逻和快速反应，这种漫无目地街头巡防和大面积地搜捕，场面热闹却很低效，甚至劳民伤财，动辄引来舆论危机。物联网将人、物、事、网等紧密联结，清晰地实时地勾画出每一个自然人的行动轨迹和社会关联。只要一点触碰，便自动报警、自动定位、自动上传、自动更新，由此便手到擒来。

在大数据、云计算、物联网等新技术的大力支撑下，智慧警务在基层公安机关得到广泛的运用，智慧公安的轮廓也更加清晰可见。水到中流浪更急，行到半山坡更陡。智慧公安建设已进入攻坚克难关键时刻，正急需一批具有公安实战经验和新技术手段运用能力，具有专业素质的警察队伍领衔智慧公安披坚执锐的重任，当此时，"数据警察"呼之欲出。

数据是大数据、云计算、人工智能等新技术的最重要依存，既是事实或观察的结果，又是对客观事物的逻辑归纳，更是用于表示客观事物的未经加工的原始素材，既表现为模拟形态，如声音、图像，也有数字形态，如符号、文字、数值等。数据的分布十分广泛，需要管理、归纳、运用、转化的过程。智慧公安建设中的数据提取、导入、存储、优化以及运用的共享、分析、挖掘等流程及职能，肩负起这份重大职责，"数据警察"当仁不让。

依据智慧公安发展的需求，数据警察将是一种新型力量，通过利用新一代信息技术，以智慧公安平台体系为作战武器，从而降服犯罪，保障公共安全，同时服务于智慧公安体系的新型警种。① "数据警察"负责整个公安工作的数据整合、分析、处理和应用，进而参与和指导整个警务流程再优化。"数据警察"也可以是一种新型岗位。依据历史犯罪数据、视频监控数据、舆论数据、实际调查数据、网络电子数据等对公共安全事件进行高精度监控，并通过数据分析预测某一时间段中公共安全事件可能会出现的地点，以进行提前预防或应对。为适应信息化建设的需要，基层公安机关大都设置有数据分析、管理的岗位，并积极参与警务实战，而将数据分析管理的力量汇编、整合成为一支新型警种，还需要较长的过程。

数据是智慧警务、智慧公安建设的重要资源。在此背景下，每一位公安民警应具备数据素养。首先是具备数据意识。主动破除数据壁垒和信息孤岛，实现数据的共享共治。其次是具备数据思维。努力把技术流、数据流和业务流融合起来，丰富应用模型，推动形成研发、应用、反馈、完善的闭环运作。最后是具备数据运用能力。适应岗位要求，积极掌握数据的采集、处理、分析和应用技能，向数据要战斗力。

---

① 李建华：《"数据警察"导论》，中国人民公安大学出版社 2019 年版。

后　记

　　三十余载的从警生涯，亲身参与、见证、记录基层公安工作的发展变化。当年，走出校门投身派出所工作，入户登记，摸底排查，化装侦查，蹲坑守候，设卡堵截，全城搜捕……应接不暇的日常勤务和独具特色的职业话语镌刻下深深的人生烙印。那时，装备落后，管理粗放，沟通靠吼，办案靠走，力量分散，效能低下，治安态势高企。只为守护一方平安，基层公安机关和民警栉风沐雨，焚膏继晷，砥砺前行。

　　进入网络时代，网络和新媒体技术不断渗透基层警务各领域、各层面。基层公安机关顺应科技发展大势，主动引入网络和新媒体技术，积极打造微警务应用，全面探索汗水警务向智慧警务的转变。新技术、新业态、新方法、新手段强烈激发基层公安工作理念、体制、机制、模式的嬗变。警民沟通从面对面走向键对键，服务在云端。社会治理的人、物、事、网全要素联通，人机协同构建治安立体防控体系。大数据、云计算、物联网、人工智能的大力支撑，数据驱动深刻引领基层警务实战，智慧公安崭露希望的曙光。

　　微警务以"微"的思维、"微"的方法、"微"的手段融入基层警务，不断增强基层实力、激发基层活力、提升基层战斗力，加快构建富有活力和效率的新型警务组织体系和基层社会治理体系，全面助推公安工作质量变革、效率变革、动力变革。

　　本书撷取微警务的某些横断面深入剖析、研读、展望，希冀为微警务的探索和发展提供有益参考与借鉴。视域、能力所限，一孔之见必然存在欠缺，热忱期盼读者和战友们批评指正，不胜感激。

　　写作期间，深得家人、战友、朋友的鼎力支持与帮助，在此一并致谢！